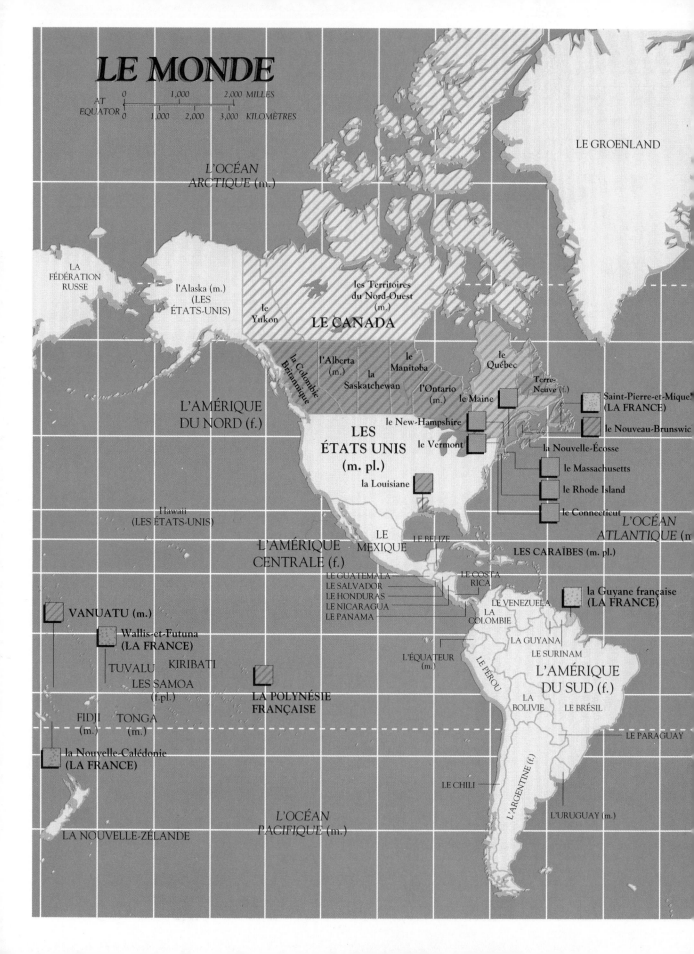

LE MONDE

AT EQUATOR

0   1,000   2,000 MILLES

0   1,000   2,000   3,000   KILOMÈTRES

L'OCÉAN ARCTIQUE (m.)

LE GROENLAND

LA FÉDÉRATION RUSSE

l'Alaska (m.) (LES ÉTATS-UNIS)

le Yukon

les Territoires du Nord-Ouest (m.)

LE CANADA

la Colombie-Britannique

l'Alberta (m.)

la Saskatchewan

le Manitoba

l'Ontario (m.)

le Québec

Terre-Neuve (f.)

Saint-Pierre-et-Mique. (LA FRANCE)

le Nouveau-Brunswic

la Nouvelle-Écosse

L'AMÉRIQUE DU NORD (f.)

le Maine

le New-Hampshire

le Vermont

LES ÉTATS UNIS (m. pl.)

le Massachusetts

le Rhode Island

le Connecticut

la Louisiane

L'OCÉAN ATLANTIQUE (m

Hawaii (LES ÉTATS-UNIS)

L'AMÉRIQUE CENTRALE (f.)

LE MEXIQUE

LE BELIZE

LES CARAÏBES (m. pl.)

LE GUATEMALA

LE SALVADOR

LE HONDURAS

LE NICARAGUA

LE PANAMA

LE COSTA RICA

LE VENEZUELA

LA COLOMBIE

la Guyane française (LA FRANCE)

VANUATU (m.)

Wallis-et-Futuna (LA FRANCE)

TUVALU

KIRIBATI

LES SAMOA (f.pl.)

LA POLYNÉSIE FRANÇAISE

FIDJI (m.)

TONGA (m.)

la Nouvelle-Calédonie (LA FRANCE)

L'ÉQUATEUR (m.)

LA GUYANA

LE SURINAM

L'AMÉRIQUE DU SUD (f.)

LE PÉROU

LA BOLIVIE

LE BRÉSIL

LE PARAGUAY

L'ARGENTINE (f.)

LE CHILI

L'URUGUAY (m.)

L'OCÉAN PACIFIQUE (m.)

LA NOUVELLE-ZÉLANDE

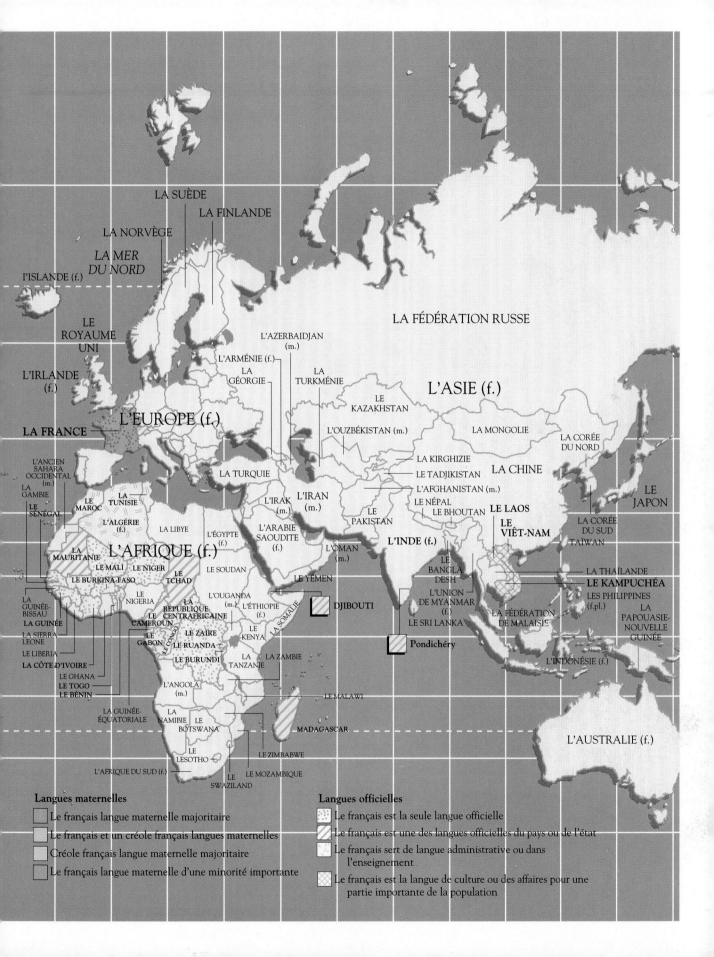

L'EUROPE

Langues maternelles

- Le français langue maternelle majoritaire
- Le français langue maternelle d'une minorité importante

Langues officielles

- Le français est la seule langue officielle
- Le français est une des langues officielles du pays ou de l'état
- Le français est la langue de culture ou des affaires pour une partie importante de la population

LA FINLANDE

LA FÉDÉRATION RUSSE

LA NORVÈGE

L'ESTONIE (f.)

LA MER BALTIQUE

LA SUÈDE

LA LETTONIE

LA FÉDÉRATION RUSSE

LA LITUANIE

LE DANEMARK

LA BIÉLORUSSIE

LA MER DU NORD

LES PAYS-BAS (m. pl.)

LA POLOGNE

L'UKRAINE (f.)

LE ROYAUME-UNI

L'ALLEMAGNE (f.)

LA MOLDAVIE

LA BELGIQUE
la Wallonie

LA RÉPUBLIQUE TCHÈQUE

LA SLOVAQUIE

LE LUXEMBOURG

L'AUTRICHE (f.)

LA HONGRIE

LA ROUMANIE

LA SUISSE

LA SLOVÉNIE

LA CROATIE

L'OCÉAN ATLANTIQUE (m.)

LA FRANCE

le Val d'Aoste

LA BOSNIE-HERZÉGOVINE

LA SERBIE

LA BULGARIE

L'ITALIE (f.)

LE MONTÉNÉGRO

LA MACÉDOINE

MONACO

la Corse

L'ALBANIE (f.)

LA TURQUIE

L'ANDORRE (f.)

la Sardaigne

LA GRÈCE

L'ESPAGNE (f.)

LA MER MÉDITERRANÉE

CHYPRE

0	50	100 MILLES
0	50	100	150 KILOMÈTRES

LA FRANCE

Langues maternelles

Le français langue maternelle majoritaire

Le français langue maternelle d'une minorité importante

Langues officielles

Le français est la seule langue officielle

Le français est une des langues officielles du pays ou de l'état

Le français est la langue de culture ou des affaires pour une partie importante de la population

LE ROYAUME-UNI

LA MER DU NORD

LES PAYS-BAS (m. pl.)

LA BELGIQUE
la Wallonie

LE LUXEMBOURG

LA MANCHE

Dunkerque
Calais
Boulogne
Lille
LA PICARDIE
Amiens
Dieppe
Charleville

Cherbourg
Le Havre
Rouen
LA CHAMPAGNE
Reims
Verdun
Metz
LA LORRAINE
Nancy
Strasbourg

Caen
la Seine
Paris
l'ÎLE-DE-FRANCE (f.)

St. Malo
LA NORMANDIE
Versailles
Fontainebleau
Troyes

L'ALSACE (f.)

Brest
le Mont-St. Michel
Chartres
LES VOSGES
Colmar

LA BRETAGNE
Rennes
Le Mans
Orléans
la Loire

L'ALLEMAGNE (f.)

Angers
Blois
Tours
la Saône
Dijon
Besançon

Nantes
la Loire
LA TOURAINE
Bourges
LA BOURGOGNE

LE JURA

LA SUISSE

LA VENDÉE
Poitiers
LE POITOU
La Rochelle

LA FRANCE

Lyon

le Val d'Aoste

L'OCÉAN ATLANTIQUE (m.)

Limoges
Clermont-Ferrand

Grenoble

L'ITALIE (f.)

L'AUVERGNE (f.)
Rocamadour
Bordeaux

LES ALPES

la Garonne
Moissac
Albi

LE MASSIF CENTRAL

le Rhône

LE DAUPHINÉ

Nîmes
Avignon
Nice

Toulouse

Montpellier
LA PROVENCE
Cannes
Arles
Aix-en-Provence
Marseille

MONACO

Biarritz
LE PAYS BASQUE
Lourdes
Carcassonne

LE LANGUEDOC

LES PYRÉNÉES (f.pl.)
Perpignan

LA MER MÉDITERRANÉE

la Corse

L'ANDORRE (f.)

L'ESPAGNE (f.)

```
0       50      100 MILLES
|---|---|---|---|
0   50   100  150 KILOMÈTRES
```

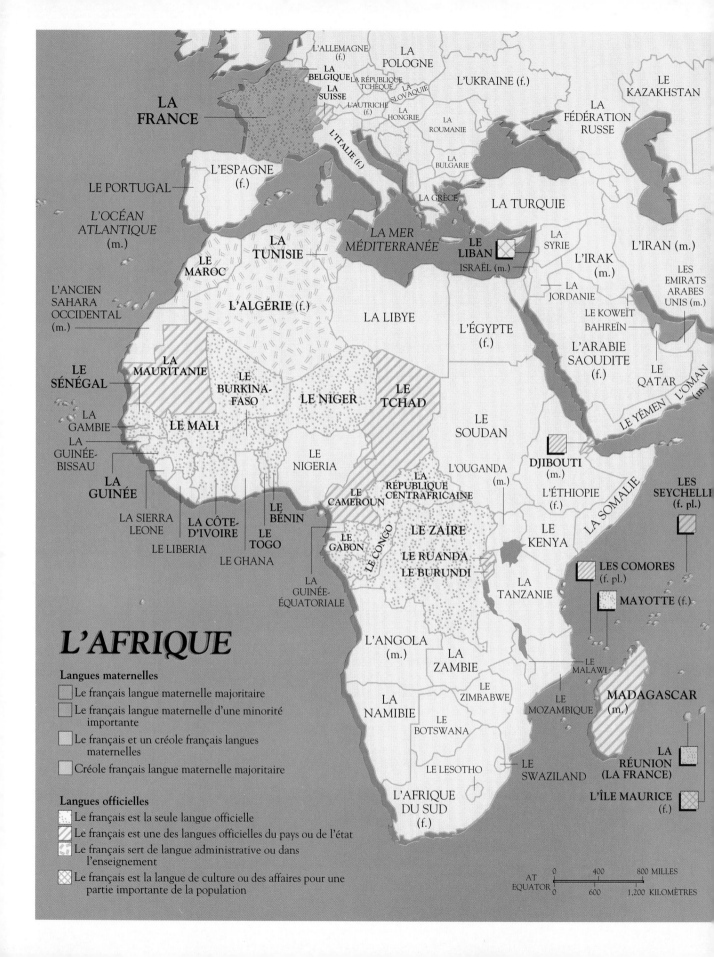

L'ALLEMAGNE (f.)
LA BELGIQUE
LA SUISSE
LA POLOGNE
L'UKRAINE (f.)
LE KAZAKHSTAN
LA RÉPUBLIQUE TCHÈQUE
LA SLOVAQUIE
L'AUTRICHE (f.)
LA HONGRIE
LA ROUMANIE
LA FÉDÉRATION RUSSE
LA FRANCE
L'ITALIE (f.)
LA BULGARIE
L'ESPAGNE (f.)
LE PORTUGAL
LA GRÈCE
LA TURQUIE
L'OCÉAN ATLANTIQUE (m.)
LA MER MÉDITERRANÉE
LE LIBAN
LA SYRIE
L'IRAN (m.)
ISRAËL (m.)
L'IRAK (m.)
LES EMIRATS ARABES UNIS (m.)
LA TUNISIE
LE MAROC
LA JORDANIE
L'ANCIEN SAHARA OCCIDENTAL (m.)
L'ALGÉRIE (f.)
LA LIBYE
LE KOWEÏT
BAHREÏN
L'ARABIE SAOUDITE (f.)
LE QATAR
L'ÉGYPTE (f.)
LA MAURITANIE
LE BURKINA-FASO
LE NIGER
LE TCHAD
L'OMAN (m.)
LE SÉNÉGAL
LE YÉMEN
LA GAMBIE
LE MALI
LE SOUDAN
LA GUINÉE-BISSAU
LE NIGERIA
DJIBOUTI (m.)
LA GUINÉE
L'OUGANDA (m.)
LES SEYCHELLES (f. pl.)
L'ÉTHIOPIE (f.)
LA SIERRA LEONE
LA CÔTE-D'IVOIRE
LE BÉNIN
LE CAMEROUN
LA RÉPUBLIQUE CENTRAFRICAINE
LE LIBERIA
LE TOGO
LE KENYA
LA SOMALIE
LE GHANA
LE GABON
LE CONGO
LE ZAÏRE
LE RUANDA
LE BURUNDI
LES COMORES (f. pl.)
LA GUINÉE-ÉQUATORIALE
LA TANZANIE
MAYOTTE (f.)

L'AFRIQUE

L'ANGOLA (m.)
LA ZAMBIE
LE MALAWI
MADAGASCAR (m.)

Langues maternelles

☐ Le français langue maternelle majoritaire

☐ Le français langue maternelle d'une minorité importante

☐ Le français et un créole français langues maternelles

☐ Créole français langue maternelle majoritaire

LE ZIMBABWE
LA NAMIBIE
LE MOZAMBIQUE
LE BOTSWANA
LA RÉUNION (LA FRANCE)

Langues officielles

☐ Le français est la seule langue officielle

☐ Le français est une des langues officielles du pays ou de l'état

☐ Le français sert de langue administrative ou dans l'enseignement

☐ Le français est la langue de culture ou des affaires pour une partie importante de la population

LE LESOTHO
LE SWAZILAND
L'ÎLE MAURICE (f.)
L'AFRIQUE DU SUD (f.)

AT EQUATOR
0   400   800 MILLES
0   600   1,200 KILOMÈTRES

Bonne route !

Bonne route !

À la découverte du français dans le monde

Patricia P. De Méo

James W. Brown

B. Edward Gesner

Dalhousie University

John S. Metford

Consulting Editor

Holt, Rinehart and Winston
a division of
Harcourt Brace & Company
Toronto Montreal Fort Worth New York Orlando Philadelphia
San Diego London Sydney Tokyo

Canadian Cataloguing in Publication Data

De Méo Patricia
Bonne route

Includes index.
ISBN 0-03-922778-2

1. French language – Textbooks for second language learners – English speakers.* I. Brown, James W. (James White), 1942 –   . II. Gesner, Edward, 1942 –   . III. Title

PC2129.E5D45 1994   448.2'421   C94-932149-4

Publisher: Heather McWhinney
Editor and Marketing Manager: Christopher Carson
Director of Publishing Services: Jean Davies
Editorial Manager: Marcel Chiera
Production Manager: Sue-Ann Becker
Production Supervisor: Carol Tong
Editorial Co-ordination: Séjourné Metford Inc.
Copy Editor: Michel Gontard/First Folio Resource Group
Cover and Interior Design: Dennis Boyes
Interior Illustration: Kathryn Adams
Cover Illustration: Federico Botana
Typesetting and Assembly: Dennis Boyes
Printing and Binding: Quebecor Printing Book Group

This book was printed in the United States of America on acid-free paper.

1 2 3 4 5   99 98 97 96 95

Preface

Why a new textbook?

Bonne route ! À la découverte du français dans le monde provides not only a grounding in the French language, but also a genuine introduction to francophone cultures worldwide, with an emphasis on North America and France. It responds to the need frequently expressed by students and instructors for a lively resource that develops communicative proficiency while at the same time focussing on grammatical accuracy.

In keeping with current teaching / learning theory, language is presented as required by realistic contexts. Only as much of a given language form is presented as the context suggests. Succeeding contexts create a need for presentation of other (more advanced) aspects of the language form. Language forms thus appear in a spiral fashion with partial presentations leading to syntheses. The positive role that awareness and appreciation of francophone cultures play in successful language learning is built into situation contexts and interwoven with language forms and practice.

Throughout its development, *Bonne route !* has received extensive – and highly successful – testing in classrooms. Responses of students and instructors have been carefully integrated into the overall design and the detailed content of the textbook.

Bonne route ! is designed for use by students at the university or college level with minimal or no French background. Its organisation is appropriate for either semester or full-year systems. A high degree of flexibility and a wide range of features make it attractive for instructors using assorted styles and for students having various learning needs.

Overall concept

Fully dimensioned, dynamic characters

To maximize the realism of context, culture, and language and to promote student identification and involvement with these, the textbook provides a coherent story line with a cast of true-to-life characters. The main cast includes Canadian and American men and women of various ages and backgrounds; some are students, others are in the working world. In the early chapters, the characters meet and get to know one another at a summer immersion programme in Quebec. After planning their projects for the next year, they part ways. The plot follows their interaction with local residents in various destinations in the francophone world, including Senegal, Martinique, France, Belgium, and the United States. Throughout, the characters maintain contact with each other to share their new experiences and insights.

Spirited dialogue • International locations • Cultural notes

Lifelike scenes and interaction being a priority for this approach, the characters' dialogues are contemporary and fast-paced. In keeping with their lively personalities, emotional discussions and humorous exchanges appear as naturally as conversations about issues or plans. These qualities make it natural to detail contrasts in culture or language use between France and francophone Canada, and provide insights into the culture of francophone regions and countries such as Louisiana, Senegal, Martinique, France, and Belgium.

Efficient spiral presentation of language items

Each chapter focusses on realistic experiences from the lives of different combinations of the characters. Language forms and vocabulary items are chosen to meet the needs of the situation rather than vice versa. Language forms accompanying a given situation reflect what francophones would really say; this leads naturally to the spiral approach to grammar. For example, the first chapter offers a partial presentation of the pronoun **en**, there because its use is functionally logical in the communicative situation presented. In later chapters, other uses of the pronoun **en** appear, as needed by later communicative situations. Earlier uses are revisited frequently through **Rappel !** At a further stage, all uses of the pronoun are brought together as a synthesis presentation.

The multiple passes at grammar structures as they are functionally required by context, help students to use the forms appropriately to speak and write more effectively.

Authentic or realistic readings • Full colour, functional photographs and illustrations

Authentic published materials intermixed with realistic readings contribute to a real-life atmosphere. Key words or expressions are glossed. In the case of the dialogues and chapter readings, students are not expected to understand every word, or to use all the terms as part of their active vocabulary. They should, however, be able to read effectively for meaning and use the ideas provided in the readings. Photographs and illustrations, most in full colour, are tightly linked to the geographical, cultural, or interpersonal focus of the dialogues, exercises, or readings, and have been chosen to provide extra dimensions.

Overall structure

The textbook begins with an introductory section, *Mise en route*, that offers background information on the French-speaking world and contact between English and French. Along with several learning strategies, classroom "survival expressions" and a pronunciation table are provided. The regular chapters are preceded by the *Chapitre préliminaire*, a shorter chapter offering elementary French material in an easy access format, appropriate to true beginners.

Over the course of the textbook, the chapter focus shifts from the city of Quebec to embrace progressively wider perspectives.

Québec : Chapitre préliminaire + Chapters 1, 2, 3, 4
Au Québec et en Amérique francophone : Chapters 5, 6, 7
En France et en Europe francophone : Chapters 8, 9, 10
La francophonie dans le monde : Chapters 11, 12, 13, 14

Each chapter begins with an overview page, listing the communicative objectives, language structures, active vocabulary sets, and main cultural focusses of the chapter. Then follow *Scène 1 and Scène 2*, each containing an initial conversation / culture section (*Sur le vif !*) and a set of language presentations (*Fonctions et observations langagières*). Finally, *Plus loin* provides a reading passage, a set of integrated activities, and a full list of active vocabulary for the chapter. Appendices contain various reference materials.

Overview pages

Mise en contexte : The context for the two dialogues of the chapter.
Objectifs communicatifs : The language functions targeted in the chapter.
Structures et expressions : The language forms introduced and practised in the chapter.
Vocabulaire actif : The individual vocabulary lists provided on specific subjects.
Culture : The main cultural focusses of each chapter.

Scène 1, then Scène 2

Each *Scène* contains the following:

Sur le vif !
A dialogue that illustrates, in a realistic context and with a cast of characters, the objectives, structures, and vocabulary presented in the *Scène*.

On the first reading of each conversation, students should attempt to pick out as many cognates as possible and refer to the translations for the glossed words. This will give them a general sense of the meaning and the tone of the exchange. Further readings will let them refine their understanding. When listening to the dialogue on the tape, students should go through the same process again, paying special attention to pronunciation and intonation.

Pour en savoir plus : Cultural or linguistic information designed to give extra dimension to the dialogue.

Vous avez bien compris ? Exercises and activities to help students check their comprehension of the conversation as well as improve their ability to understand spoken French. This section will also give students a chance to start formulating their own answers.

Réflexions sur la culture : Activities designed to stimulate thought about the cultural phenomena in the conversation and the notes, and to relate francophone culture to their own culture. By reflecting upon their own culture, students will better grasp the extent of cultural content in any conversation or social situation.

Fonctions et observations langagières

References to communicative functions introduce the explanations of related language forms. Examples of these usages are provided, many taken from the chapter dialogues. Cultural insights are carefully integrated. Several on-going features contribute to the integrated learning of new language forms linked with cultural context and related vocabulary (*Rappel !* ; *À noter !* ; *Vocabulaire actif*).

Allez-y ! A variety of exercises and activities following each new language feature, designed to help students use the feature naturally and correctly. Work with partners or with small groups is encouraged, and language is always practised in meaningful, and often personalized, contexts.

Rappel ! Reminders of language forms presented earlier to ensure that new language forms build upon students' earlier knowledge.

À noter ! Aspects of an explanation deserving special attention.

Vocabulaire actif : Vocabulary needed for particular subjects.

Plus loin

The final section is composed of reading material and integrative exercises.

Lecture

An authentic or realistic reading document that is thematically, culturally, and linguistically related to the focus of the chapter. Students should read the text several times, first noticing cognates and checking glossed terms and then guessing the meaning of other expressions from the context as needed. The lexique or a dictionary should only be consulted after these steps. The *Allez-y !* section following the *Lecture* will help students achieve the best level of comprehension and expression.

Activités d'intégration

A variety of interactive oral activities and writing exercises designed to let students actively synthesize the full contents of the chapter, including *Scène 1* and *Scène 2* (dialogues, language structures, vocabulary, cultural information, communication strategies, etc.), and the *Lecture*. As students progress through the chapters, they will naturally create more complex situations, re-introducing what they have learned in the preceding chapters.

Vocabulaire actif
This list, at the end of each chapter, summarizes the active vocabulary words and expressions for the chapter. It includes the individual *Vocabulaire actif* lists within the chapter and adds other key terms and expressions related to the focus of the chapter.

Appendices
The following are provided: phonetic symbols, a glossary of grammatical terms, verb conjugation tables, French-English and English-French vocabularies, and an index.

Ancillaries
Lab Manual / Workbook
Audio Tapes and Tapescript
Listening Cassette
Instructor's Manual

Acknowledgements

We gratefully acknowledge the help of many individuals in the creation of this text. Several people provided cultural insights which helped us to shape our characters and conversations: Dr. Max Michalon, Dr. Gloria Onyeoziri-Miller, Ginette Richard and Annette Thibodeau. Several people read the conversations closely and gave detailed feedback regarding the language used by the characters; these include Jean-Claude Bergeron, Roland Bonnel, Martine Borde, Sandra Clark, Peter Edwards, Michel Gagnon, Ludovic Lapôtre and Nathalie Tremblay. Several other people read the entire manuscript carefully and gave invaluable suggestions: Bibiana Burton, Vito De Filippo, Gordon DeWolf. We also wish to acknowledge a number of reviewers. We thank in particular: Pat Aplevich, Raymond Beauchesne, Marianne Beauvilain, Janis Black, Louise-Marie Bouchard, Glen W. Campbell, Ellen Chapco, Sister Mary Frances Dorschell, Maura Dubé, Daniel Fearon, John Greene, Elizabeth Guthrie, Diane Huot, Jurate D. Kaminskas, Patrick Karsenti, Amin Khafagi, Michael Kliffer, Jean-Paul Mas, Kenneth Meadwell, Joseph Morello, François Paré, Raymond Pelletier, Susan Purdy, Christiane Richards, David Smith, David M. Stillman, Véronique Szlavik, Alain Thomas, A. Thoms, Marie Tremblay, Don Gamble, Gerald Moreau, James J. Herlan, Heather Franklyn. We are grateful for the suggestions made by students in sections of French 1000 during the 1992-93 and 1993-94 academic years. We thank Bonita Outhit for her ever-cheerful and efficient clerical help.

We thank the staff at Harcourt Brace for their on-going support: special thanks to Heather McWhinney, Chris Carson, Marcel Chiera, Carol Tong, and Françoise Bénillan. We gratefully acknowledge the key role of Dr. John Metford in the final revision of the text.

Finally, we thank our families for their support and patience.

A Note from the Publisher

Thank you for selecting *Bonne route ! À la découverte du français dans le monde*, by Patricia P. De Méo, James W. Brown and B. Edward Gesner. The authors and publisher have devoted considerable time to the careful development of this book. We appreciate your recognition of this effort and accomplishment.

We want to hear what you think about *Bonne route ! À la découverte du français dans le monde*. Please take a few minutes to fill in the stamped reply card at the back of the book. Your comments and suggestions will be valuable to us as we prepare new editions and other books.

Cast of characters

Core characters (In order of appearance)

Maria Chang (French immersion summer course student): Maria takes a one-year position as an English teaching assistant at a secondary school in Charleville, France, visiting Paris on her way. Majoring in French and political science, Maria is from Fort Saint-Jean, British Columbia. She was born in Seattle, Washington, to a Chinese-American father and an Italian-Canadian mother from Toronto, Ontario.

Jane Harrison (French immersion summer course student): After the summer course, Jane remains at Laval University in Quebec to study French for the following year. She plans to resume her studies in French at Middlebury College in Burlington, Vermont. Jane comes from Boulder, Colorado.

Gérard LeBlanc (assistant for French immersion summer course): Gérard spends a year in Poitiers, France, starting Ph.D. work on French linguistics; as part of his research he interviews a French family. An Acadian from Shippagan, New Brunswick, Gérard is intrigued by the Poitiers area of France from which his family emigrated in the 1700s. Gérard is a mature student who worked on his father's fishing boat before returning to university for graduate studies.

Jocelyne Tremblay (assistant for French immersion summer course): Jocelyne follows her ideals to Senegal where she works for C.I.D.A. (Canadian International Development Agency). She is an *artisane*, a weaver, with a degree in fine arts. Her home is in Chicoutimi, Quebec.

Réjean Charbonneau (instructor for French immersion summer course): A French professor at Laval University, Réjean teaches for two terms at the Université des Antilles-Guyane in Fort-de-France, Martinique on an exchange with a colleague from Fort-de-France. Réjean is originally from Chambly, Quebec.

Robert Therrien (French immersion summer course student): Robert continues his French studies at Laval University. Growing up in Sudbury, Ontario, with an anglophone mother and a father of Franco-Ontarian stock, stimulated his interest in francophone folklore and traditions.

Gabrielle Boilly (assistant for French immersion summer course): Gabrielle's contract as an *animatrice* at Laval University is renewed for the next year. With a degree (in math) from the Collège Saint-Boniface in her home town in Manitoba, she is familiar with the problems of linguistic assimilation.

Heather Sawchuk (French immersion summer course student): An oceanographer, Heather spends a year working in a marine ecology research institute in Marseille, France. She rents a house with her husband (Michael

O'Brien) and children (Emily, 12; Andy, 8) in the nearby village of Roquevaire. Heather lives in Halifax, Nova Scotia, but comes originally from Saskatchewan. She earned her Ph.D. in San Diego, California.

Michael O'Brien (French immersion summer course student): An artist, Michael accompanies his wife and children to Roquevaire, France where he paints, looks after the house, and cooks. Michael is from San Diego, California.

Joseph Arceneaux: (researcher visiting Laval University): Joseph is a member of the Cajun francophone minority in Lafayette, Louisiana. He works for CODOFIL (Council for the Development of French in Louisiana) researching francophone issues in Canada. He explains his views in a talk show in New Orleans, Louisiana.

Contact characters (By city, in order of appearance)

Quebec City: **Cécile Charbonneau:** Cécile writes international cookbooks and is married to Réjean Charbonneau.

New Orleans: **Carole Broussard:** The host of a Radio Acadie program in Louisiana, Carole interviews Joseph Arceneaux.

Paris: **Chantal Collard:** A contact of Maria's in Paris, France, Chantal plays squash with her and shows her some of the attractions of the French capital.

Roquevaire (France): **Henri and Odile Arnaud:** The Arnauds are the friendly owners of the house in Roquevaire, France, that the Sawchuk-O'Brien family rents. **Marie-Josée Lacoste:** A newly graduated biologist, Marie-Josée is a colleague and friend of Heather Sawchuk in the marine ecology institute in Marseille, France.

Gravelbourg (Saskatchewan): **Mme Sawchuk:** The mother of Heather Sawchuk, she visits her daughter and her family in Roquevaire, France.

Brussels: **Jean-Luc Barthomeuf:** This Belgian friend shows Gérard and Maria around part of the Belgian capital.

Fort-de-France (Martinique): **Max Londé:** Professor at University of Antilles-Guyane at Fort-de-France. **Hélène Londé:** Married to Max; they have known the Charbonneaus for many years. **Yves:** Nephew of the Londés; **Aline:** Friend of Yves.

Dakar (Senegal): **Fatou Sorano:** An elementary school teacher in Dakar, Senegal, Fatou becomes a friend of Jocelyne Tremblay when Jocelyne finds herself teaching in the same school. **Maman:** Fatou's mother works in a government office in Dakar, Senegal, and treats Jocelyne as part of the family. **Souleye Diop:** A friend of Fatou in business for himself, Souleye accompanies Fatou and Jocelyne to the Musée des Arts africains in Dakar.

Marseille: **Hassan El Nouty:** A medical student of Arab origin and friend of Marie-Josée Lacoste. Marie-Josée and Hassan frequently visit Heather and Michael.

Table des matières

Chapitre 3 *Une soirée de rencontres* *101*

Chapitre 4 *Au restaurant* *133*

Chapitre 5 *Une excursion dans la région de Québec* *165*

Chapitre 6   *Que nous réserve l'avenir ?*   201

Chapitre 7   *Joseph en Acadie*   231

Chapitre 8   *Maria apprend à se débrouiller*   265

Chapitre 9   *La famille Sawchuk / O'Brien dans le Midi*   297

Chapitre 10   *Gérard se rend à Charleville-Mézières*   331

Chapitre 11   *Les Charbonneau à la Martinique*   363

Chapitre 12   *Jocelyne à Dakar*   393

Chapitre 13 *Un environnement préoccupant* *423*

Chapitre 14   *De retour à Québec*   *451*

Mise en route

Bienvenue au monde francophone

Bonne route, the title of this textbook, draws attention to the fact that as you increase your proficiency in French, you begin a new journey into the entire French-speaking world (**La francophonie**).

Did you know that...

• during the 17th century, French settlements were made in India (Chandernagor and Pondichery)?
• French was spoken in the Russian, Prussian, and Swedish courts during the 18th century?
• the largest concentration of **Québécois** outside of Canada is in Florida?
• there are more francophones in Canada than in Belgium and Switzerland combined?

70 million native speakers worldwide

You may be surprised to learn that approximately 70 million people in the world are native speakers of the French language. In addition to the more than 56 million French-speakers from France, there are about 6 and a half

Village cadien près de Lafayette (Louisiane)

Les Champs-Élysées à Paris

Le domaine de la Pagerie (Martinique)

La baie de Ha! Ha! à Saint-Jean (Québec)

million francophones in Canada, 2 million in the United States, and many millions worldwide, stretching from the island of Haiti in the Caribbean all the way to New Caledonia in the Pacific.

International language

French is an official language for many major international organizations, including the United Nations. The greatest number of native French-speakers are found on the European continent, mainly in France, Belgium, Switzerland, Luxembourg, and Monaco. Another 50 million people use French as a working second language, for example in many African countries, where French is an official language. In fact, there is a high concentration of francophones on the African continent, largely due to French colonial expansion during the 17th through 19th centuries. Significantly, a summit meeting of the leaders of the world's francophone nations was held in Dakar, Senegal, one of the many French-speaking countries of Western Africa.

Language of culture

French is not only a major language in the world today, it has also been a language of great historical and cultural significance. The French have long been major players in world diplomacy. Francophone writers, artists, and musicians have had a great influence in shaping Western civilization. It is not surprising then, to find that French is a vigorous force in the modern world. We are witnessing a renewal of its linguistic vitality and literary and cultural activities in the francophone world on our own continent – **le Québec, l'Acadie, la Louisiane** – as well as in various other smaller yet equally vibrant francophone communities in North America.

Geographical distribution

As you begin to communicate meaningfully and effectively in French, you will have the opportunity to become better acquainted with the various areas of the francophone world and their diverse and fascinating cultures. The maps at the beginning of the book draw your attention to the locations of the countries and regions that you will be learning more about throughout the pages of *Bonne route !*

Chamonix dans les Alpes françaises

Linguistic variation

Since the francophone world encompasses approximately 120 million speakers, it is not surprising to find that there is a considerable amount of linguistic variation among these people. Certainly everyone is familiar with the differences in accent between British, American, and Canadian speakers of English, not to mention the differences found *within* each of the above groups! Such distinctions also affect other aspects of the language as well, for example, spelling, vocabulary, and stress.

British English	Canadian English	American English
colour; cheque	colour; cheque	color; check
lorry; lift	truck; elevator	truck; elevator
laboratory	laboratory	laboratory

We find that these types of differences also occur between French as it is spoken in France, in Canada, and in the other francophone countries of the world. You might already know that an automobile is most frequently called **une voiture** in France and **une auto** in Quebec. Naturally, there are plenty of other words to designate an automobile in both Quebec and France, words

Le marché Kermel à Dakar (Sénégal)

La terrasse Dufferin à Québec

that often belong to a more familiar register of speech. Can you think of various other equivalents for "automobile" in English?

These linguistic variants have been taken into account in *Bonne route !* French-Canadian usage is included wherever possible, along with other variants from other parts of the francophone world.

Linguistic borrowing

You are probably aware that in recent years and to varying degrees, the borrowing of English words into French has become an important phenomenon in many parts of the francophone world, including France. While many francophones are distressed by this trend, if you read a French newspaper or newsmagazine, you may be surprised by the number of English words you find. Here is a recent headline from a newsmagazine that happens to contain a very large number of borrowed words.

Mitsou, chanteuse québécoise

French and English in contact

Language and culture

When you learn a second language, you become aware of the influences of that language on your own native tongue. This awareness helps to facilitate the learning process. If you are an English speaker learning French for example, you will find that the task of vocabulary acquisition becomes much easier as you come to understand the various cultural influences that the French-speaking world has had on your daily life.

Of course there are also new sounds, words, and phrases to be learned as well as new grammatical structures and rules of pronunciation. However, you will find that there are new ways of communicating beyond just the obvious linguistic differences. Language is embedded in culture, and it derives much of its significance not only from what people say to each other, but also from how they say it and in what context.

One of the fascinating (if sometimes frustrating) things about learning a new language, is that what is an appropriate level of courtesy in one language may not be appropriate in another. For example, English-speaking North Americans might well greet their professor by saying "Hi!" Greeting a professor in France with the word-for-word equivalent (**Salut !**) would be considered overly familiar to the point of being offensive and rude. In French-Canadian universities, on the other hand, **Salut !** might be appropriate for greeting one's professor.

Similarly, in English, as in French, you would not greet a head of state in the same manner as you would greet your friend on the street. Nor would you show your anger (language-wise) in the same way with a teacher, a parent, or a close friend. Language, behaviour, and formulas for expressing courtesy vary according to the perceived levels of formality or informality and its context. Such variations are called registers of speech; they constitute a very important part of any verbal interaction.

Thus, speaking another language means much more than learning new words, or translating directly from one language to another. These are areas that we will be emphasizing throughout *Bonne route !*

Recognizing French words

As you read the following headlines, notice how many of the words are already familiar to you:

DEMOGRAPHIE GENETIQUE MEDICINE

LA REVOLUTION DES BÊBÊS

Face à une nouvelle taxe sur les prêts étudiants

Les étudiants protestent

SOCIETE DE DEVELOPPEMENT DU COTON DU CAMEROUN

L'opéra à Paris : mission accomplie

L'architecte canadien Carlos Ott est content de son œuvre.

Cognates

Were you able to understand some or even most of what you just read? Those French words that resemble English words are called cognates (**mots apparentés**). Make a list of those you found; you may be surprised at how long the list is!

Beware, however, of difficulties with cognates. They are usually pronounced, and sometimes spelled, somewhat differently from their counterpart in the other language. For example, compare both the pronunciation and spelling of the cognates *society* and **société**. Here are a few cognates to help you get started. As your instructor models them, note how the pronunciation differs from their English counterparts:

Cognates		
architecture	musique	sports
artiste	nature	télévision
cinéma	théâtre	journalisme
danse	science	sculpture

Les faux amis

Unfortunately, many words that look like cognates may have slightly different or even very different meanings in another language. Such words are called **faux amis** (literally *false friends*). For example, **actuel** means *current*. Here are a few faux amis to be wary of:

Faux amis			
actuellement	*currently*	chambre	*bedroom*
collège	*secondary school*	sensible	*sensitive/appreciable*
sympathique	*nice*	librairie	*bookstore*

Contextual guessing

In the headline «**Face à une nouvelle taxe sur les prêts étudiants Les étudiants protestent**», were you also able to guess the meaning of the words **face à** and **prêts**, even though they do not resemble their English counterparts? How about **œuvre** in the headline «**L'architecte canadien Carlos Ott est content de son oeuvre**»? Contextualized guessing is an important aid in learning a second language and can save many a trip to the dictionary. Try guessing the meaning of the words in bold print in the text that follows, then check with your instructor to see if you were right.

<<**Comme** le Coca-Cola, le rock est un produit **pétillant** qui s'adresse **d'abord et avant tout** aux adolescents et qui **accorde beaucoup** d'importance à l'**emballage.**>>

L'actualité

How to be a good language learner: some tips

In the preceding pages, you have seen some linguistic, social, and cultural features of the francophone world that may help you to familiarize yourself with the territory, so to speak, and to help you overcome some of the obstacles along the way. Learning a second language is a demanding task, but it can bring great pleasure and, if approached in the spirit of discovery, can open up vast new horizons for you.

The opportunity to learn a new language brings you an exciting second chance to interact with other people in the world, to help shape events, and to further the progress of mutual understanding and tolerance. After all, communicating is sharing.

Finding out *how* to learn, practise, monitor, revise, see patterns, and so on, will help you to become a more effective language learner. In the paragraphs that follow, you will find some practical tips to help you on your way. Other **petits conseils** concerning language learning techniques and strategies will be found in many of the chapters of *Bonne route !*

Take risks. Any learning situation, precisely because it is a new experience, involves risk-taking. You should expect to make mistakes as part of the learning process, and know that you will learn from these mistakes, and often get a good laugh from them, too!

Attend to meaning. Try to remember that meaning does not come from the sum total of words tacked one upon the other. Meaning is a global awareness of what is being communicated, and a good language learner attends to words, voice, gestures, the situation, and a host of other factors that make up a speech event. Above all, meaning is contextual and, as we have already pointed out, is often socially or culturally determined, so you must be attentive not only to what is being said, but also to *how, when, where, why, by whom, to whom,* etc.

Attend to form. Try to be aware that form is the means by which a message is conveyed. Words are forms, and so are sentences, paragraphs, and so on. It is important to note that such combinations and patterns are based on rules, in this case, rules of grammar, style, and register. A change in form signals a change in meaning, for example, I give, I gave. Almost anyone can communicate by means of gestures, shrugs, and grunts with some basic vocabulary thrown in, but *real* communication occurs with the mastery of form. We must try to do more than simply get the message across. We should try to communicate with accuracy and efficiency.

Attending to form means *concentrating* on details, as you read, write, listen, and speak, and requires extensive practice such as verb conjugations. The *practice* components of this text are designed to be as interesting as possible, but only you can acquire these structures for your own active use by bringing a concentrated effort to your practice sessions. This means for example, that whenever you write something, you should expect to make several drafts, and to revise and correct your work. *All* good writers do this, particularly so in a second language.

Expose yourself to French. Take every available opportunity to listen to French radio, watch French television, go to French movies, or find a French equivalent of whatever type of magazine you enjoy in English. Do not expect to understand every word, especially at first. Indeed, you should congratulate yourself if you have followed the general meaning! Little by little, you will find that you are understanding more and more of what you watch and read.

Be persistent! Try as much as possible to work on your French on a daily basis, even if only for a short time. As in most endeavours, nothing replaces steady work. Before long, you will be rewarded for your efforts – both linguistically and culturally.

Pour survivre en salle de classe

Survival expressions

You will find the following words and expressions, including the numbers from 0 to 60, useful as you begin to interact with your instructor and classmates in French. Feel free to turn to these pages as often as you need to.

Verifying comprehension

Vous comprenez ? / Est-ce que vous comprenez ? / Comprenez-vous ?	*Do you understand?*
Oui, je comprends (bien).	*Yes, I understand (well).*
Non, je ne comprends pas.	*No, I don't understand.*
Non, je comprends mal.	*No, I don't understand well.*
Pourriez-vous répéter ?	*Would you repeat?*
Pardon ? Comment ?	*Pardon?*

Asking for information/replying

Comment dit-on X en français ?	*How do you say X in French?*
On dit ...	*You say...*
Qu'est-ce que X veut dire ? / Que veut dire X ?	*What does X mean?*
Ça veut dire ...	*It means...*

Qu'est-ce que c'est ?	*What is that?*
C'est (un bureau).	*It is (a desk).*
Je ne sais pas.	*I don't know.*
Je ne suis pas sûr-e.	*I'm not sure.*

Making requests/Giving instructions

Écoutez (bien).	*Listen (carefully).*
Répétez, s'il vous plaît (s.v.p.).	*Please repeat.*
Parlez plus lentement, s.v.p.	*Please speak more slowly.*
Parlez plus fort, s.v.p.	*Please speak more loudly/louder.*
Répondez à la question, s.v.p.	*Please answer the question.*
Lisez ...	*Read ...*
Prenez (un stylo).	*Take (a pen).*
Écrivez (votre nom).	*Write (your name).*
Épelez (votre nom).	*Spell (your name).*
Ouvrez votre livre à la page ...	*Open your book to page ...*
Fermez votre livre.	*Close your book.*
Regardez le tableau.	*Look at the blackboard.*
Pour demain, étudiez ...	*For tomorrow, study ...*
préparez la leçon ...	*prepare lesson ...*
Remettez vos devoirs.	*Hand in your homework/assignment(s).*
Asseyez-vous.	*Sit down.*
Levez-vous.	*Stand up.*
Levez la main.	*Raise your hand.*

Talking about language

un mot	*word*
une phrase	*sentence*
une question	*question*
une explication	*explanation*

Basic expressions of courtesy

Pardon / Excusez-moi.	*Pardon/Excuse me.*
S'il vous plaît (s.v.p.).	*Please.*
Merci (beaucoup) !	*Thank you (very much)!*
De rien !	*You're welcome!*
Un moment ... une petite seconde ...	*Just a minute ...*

Other useful expressions

Ça y est !	*Here we are; here we go!*
On y va !	*Let's go!*
oui ; non	*yes ; no*
N'est-ce pas ?	*Isn't it?/Don't you think so?*
D'accord !	*O.K.!*

Classroom vocabulary

le professeur-la professeure*	*instructor/professor*
l'étudiant-l'étudiante	*student*
le cours	*class/course*
la salle de classe	*classroom*
le tableau	*blackboard*
le livre	*book*
le cahier	*workbook/exercise book*
la page	*page*
à la page	*on/to page...*

*The feminine forms of some professions tend to be used only in Canada.

Numbers from 0 to 60

0 = zéro	18 = dix-huit	40 = quarante
1 = un	19 = dix-neuf	41 = quarante et un
2 = deux	20 = vingt	42 = quarante-deux
3 = trois	21 = vingt et un	50 = cinquante
4 = quatre	22 = vingt-deux	60 = soixante
5 = cinq	23 = vingt-trois	
6 = six	24 = vingt-quatre	
7 = sept	25 = vingt-cinq	
8 = huit	26 = vingt-six	
9 = neuf	27 = vingt-sept	
10 = dix	28 = vingt-huit	
11 = onze	29 = vingt-neuf	
12 = douze	30 = trente	
13 = treize	31 = trente et un	
14 = quatorze	32 = trente-deux	
15 = quinze	33 = trente-trois	
16 = seize		
17 = dix-sept		

Allez-y !

1. Make up a student number and read it to a classmate who will write it down. Did he or she get it right? Now, invent an address, telephone number and driver's licence number and read them to a classmate. Then reverse roles.

2. Look at the maps of **La francophonie** in the front of this book. As your instructor calls out the name of a country or region, see how quickly you can identify it.

Mise en route **11**

3. Here are examples of some articles that students may purchase for their room or apartment before going back to school. Select three or four items and ask a partner how much they cost: **Combien coûte ... ?   Ça coûte ...** Then try to total the cost of several items.

25 % de rabais
1. Ens. de couteaux Infinity de Wiltshire. Ord. 16,99 à 26,99. Solde **12,74** à **20,24** ch.

40 % de rabais
2. Ensemble 15 pièces, de qualité. Ord. 69,99. Solde **39,99** l'ens.

25 % de rabais
3. Planche à pâtisserie Cushionaire. Ord. 17,99. Solde **12,99** ch.

35 % de rabais
4. Choix de moules Baker's Secret. Ord. 5,49 à 11,98. Solde **3,56** à **7,78** ch.

25 % de rabais
Henckels
COUTEAUX 4-STAR
5. Toute la collection de ces couteaux de réputation mondiale. Manches en polypropylène à l'épreuve du lave-vaisselle. Ord. 33 $ à 96 $. Solde **24,75** à **72 $** ch.

25 % de rabais
TOUTES LES PLANCHES À DÉCOUPER
6. Ord. 7,79 à 40,98. Solde **5,84** à **30,73** ch.
Articles de cuisine, rayon 637.

ACHAT VEDETTE !

7. Ciseaux J.A. Henckels. Tant qu'il y en aura! Ord. 28 $. Solde **21 $** ch. **PRIME :** couteau à découper.

25 $ de rabais
8. Autocuiseur Tefal de 6 l. Ord. 134,99. Solde **109,99** ch.

15 % de rabais
9. Poêle T-Fal de 24 cm et poêle à crêpes **EN PRIME !** Ord. 18,99. Solde **15,99** ch.

50 % de rabais
10. Choix de rôtissoires ovales. Ord. 13,98 à 39,98. Solde **6,99** à **19,99** ch.

33 % de rabais
11. Batterie Prima, 13 pièces de T-Fal. Ord. 149,99. Solde **99,99** l'ens.

25 % de rabais
Batterie Impériale T-Fal
12. Fond Ultrabase épais. Intérieur Ultra T-Plus n'attachant pas. Choix divers. Ord. 22,98 à 55,99. Solde **17,23** à **41,99** ch.

Prime-crédit cinq dollars
5 5 5
Les primes-crédit : c'est comme des sous, un point, c'est tout !

5

4. Look at the chart below of average temperatures around the world in February (**février**) and July (**juillet**):

Température maximale en degrés Celsius

		février	juillet
Port-au-Prince	(Haïti)	25,5°C	28,5°C
Abidjan	(Côte-d'Ivoire)	27°C	24,5°C
Paris	(France)	4°C	20°C
Tunis	(Tunisie)	11,5°C	26°C
Bruxelles	(Belgique)	3,5°C	17,5°C
Montréal	(Canada)	-9°C	21°C
Papeete	(Tahiti)	27°C	25°C

À noter !
The decimal point is indicated by a comma (**virgule**) in French. Most Francophone countries use the Celsius system.
-9°C = moins neuf degrés Celsius

Choose a partner and quiz each other about the chart, for example:

Port-au-Prince en février ?　　**25,5°C (vingt-cinq virgule 5 degrés)**
3,5°C ?　　**Bruxelles en février.**

Did you know that...

• French was spoken at the English court in the 11th century, during the Norman conquest?
• approximately 60% of English vocabulary is derived from French?

L'alphabet

You will need to know the French alphabet for spelling words in French. Although the letters are the same, their names are pronounced differently from their English equivalents. Practise repeating the *names* of the letters with your instructor. The following **aide-mémoire** might help you to remember how to pronounce their names.

letters   The letters' names sound like this:

a	a	as in	ananas	n	aine	as in	Seine
b	bé	as in	bémol	o	o	as in	allô
c	cé	as in	célèbre	p	pé	as in	péquiste
d	dé	as in	décimal	q	cu	as in	lacune
e	e	as in	Europe	r	erre	as in	erre
f	ef	as in	nef	s	esse	as in	laisse
g	gé	as in	géant	t	té	as in	thé
h	ache	as in	hache	u	u	as in	unique
i	i	as in	ici	v	vé	as in	vélo
j	gi	as in	gigue	w	double vé	as in	«double vé»
k	ka	as in	karaté	x	ix	as in	mixte
l	elle	as in	ficelle	y	i grec	as in	y + grec
m	aime	as in	aime	z	zed	as in	«zed»

Allez-y !

Practise spelling your name and the town you are from for a classmate, who will try to write them down. You might also spell the name of your university/college.

Initials and acronyms are called **sigles** in French. They are frequently used both in writing and in speaking to refer to the names of political parties, organizations, companies, countries, and so on.

Que veut dire ... ?

One student should ask the meaning of the following **sigles**, and another should try to answer. Your instructor will be able to help you.

modèle : Que veut dire EDF ?

Je ne sais pas. or **Ça veut dire Électricité de France.**

1. PQ   4. TPS   7. CGT
2. MLF   5. SNCF   8. ONF
3. BNP   6. NPD   9. STCUM

Et aussi ...

Many of these **sigles** are pronounced like words rather than as a succession of letters. After you pronounce the following **sigles**, ask your instructor about their meaning, if you can't guess:

1. OTAN   3. SMIC   5. OVNI   7. ALENA
2. ONU   4. CÉGEP   6. SIDA   8. UQUAM

Les accents ou marques orthographiques

The use of certain accents or spelling marks may change the pronunciation of the vowel or consonant they accompany. There are five of these **signes diacritiques** in all. Note their use in the following chart:

signe diacritique	possibilités	par exemple
l'accent aigu *acute*	é	écoutez
l'accent grave *grave*	à, è, ù	à, chère, où
l'accent circonflexe *circumflex*	â, ê, î, ô, û	château, fenêtre, île, hôtel, dû
le tréma *dieresis*	ë, ï	Noël, naïf
la cédille *cedilla*	ç	garçon

À noter !

In French, as in English, when the letter c is followed by **a, o,** or **u,** it is normally pronounced as a /k/ (e.g. **cabale**), but when followed by e or i, it is pronounced as an /s/ (e.g. **ceci**). A cedilla under a **c** followed by **a, o,** or **u** indicates that an /s/ should be pronounced (e.g. **français, garçon, reçu**).

Prononciation

The following table shows the basic *sounds* of French with their phonetic transcription, some common spellings, and a few examples. You will find the phonetic transcription particularly useful when you work on pronunciation, both with your instructor and with the *Cahier* and audio tapes. Good pronunciation is important. Sound conveys meaning and can aid or impede successful communication.

Prononciation – tableau de référence

Vowels

Oral vowels symbol	common written forms	examples
/i/	i, y	ici, fiche, Orly
/e/	é, ée, ez, er	résidence, fée, entrez, regarder

/ɛ/	e, è, ê; ai *or* ei + *pronounced consonant*	cher, chère, fête, chaise, peine
/a/	a, à	madame, là, artiste
/ɑ/	a, â	château, pas (Can.)
/ɔ/	o	collègue, organise, historique
/o/	o, ô, au(x), eau(x)	repos, **au**, animaux, beau(x)
/u/	ou, où, oû	vous, où, goût
/y/	u	du, salut, une
/ø/	eu, œu	peu, vœu
/œ/	eu, œu + *pronounced consonant*	seulement, professeur, œuvre
/ə/	e	je, le, petit, premier

Nasal vowels

symbol	common written forms	examples
/ɛ̃/	in, ain, im, aim, ein	vin, vain, important, faim, hein, rein
/ɑ̃/	an, am, en, em	étudiant, campus, entrez, emporter
/ɔ̃/	on, om	bon, accompli
/œ̃/	un, um	un, parfum

Semi-vowels

| /j/ | i, y + *pronounced vowel*; -ille; -il(le) *preceded by* a *or* e | étudiante, dossier, yeux, travail, bouteille, gentille |

(continued next page)

| /ɥ/ | u + *pronounced vowel* | suis, suédois, persuader |

| /w/ | ou + *pronounced vowel*;
oi; oi(n) (= lwal) | oui, jouet
toi, voilà, loin |

Consonants

symbol	common written forms	examples
/p/	p	pas, populaire, appelle
/t/	t, th	très, théâtre, raquette
/k/	c + a, o, u; k; qu	culotte, collègue, caché, kangarou quitter
/b/	b	biographique, beaucoup
/d/	d	madame, dans, de
/g/	g; g + a, o, u	Gagnon, programme, Guy
/f/	f, ph	fort, physique
/v/	v	va, venez, voici
/s/	s, ss, ç, c + i *or* e t + ion	sauter, dessert, ça, cinéma, c'est, nation
/z/	z; s *between 2 vowels*	zone; résidence
/ʃ/	ch	chambre, architecture
/ʒ/	g + e *or* i; j	voyage, Gilberte, mangeons, je
/l/	l	le, la, les, large
/r/	r	furet, résidence
/m/	m	monitrice, somme
/n/	n	animal, traditionnelle
/ɲ/	gn	signature, montagne

Bonne route : Mode d'emploi

You are now ready to turn to the preliminary chapter of *Bonne route !*

Please keep in mind that language does not exist in a vacuum. In any given situation, you will need to know simultaneously what language forms are grammatically correct and culturally appropriate. In *Bonne route !* we have attempted as much as possible, to integrate rather than separate, acts of communication, structures, vocabulary, and cultural connotations of French. The overall structure and role of the various components of each chapter were detailed in the *Preface*.

We encourage you to take advantage of the extra practice made available through the workbook and tape programme accompanying *Bonne route !* Many of the activities in the workbook come with a key to facilitate self-correction. Those exercises not included in the answer key might be handed in to your instructor for further corrective feedback.

Escalier à Paris

Bonne route !

La porte Saint-Louis à Québec

Maria arrive à Laval

Mise en contexte

Une étudiante de Colombie-Britannique arrive à l'Université Laval, près de la ville de Québec, pour commencer un programme d'été pour non-francophones. Elle va au bureau des inscriptions et ensuite à sa chambre, dans la résidence, où elle fait la connaissance de sa camarade de chambre.

Objectifs communicatifs

Scène 1
Se présenter, répondre aux présentations
Identifier les personnes et les choses
Poser des questions, répondre à des questions
Exprimer la négation

Scène 2
Indiquer ses origines
Décrire les possessions
Renvoyer à quelque chose qu'on a déjà mentionné (en)

Structures et expressions

Scène 1
Les pronoms sujets
Le verbe être
L'interrogation
• N'est-ce pas ?
• par l'intonation
La négation: ne (n') + verbe + pas

Scène 2
La préposition de et l'adverbe où
Le verbe avoir
Les articles indéfinis
Le pluriel régulier des noms
L'expression il y a
Le pronom en

Vocabulaire actif

Scène 1
Quelques expressions idiomatiques pour (se) présenter, saluer

Scène 2
Les possessions

Culture

Les cours d'été de français pour non-francophones
Les niveaux de langue
Quelques différences entre le français canadien et le
    français européen
La musique québécoise

Étudier à l'Université Laval (Québec)

Scène 1 *L'arrivée*

Sur le vif !

Maria Chang, a university student from northern British Columbia, has arrived at Laval University to begin a summer immersion programme. She is directed to the Pavillon Charles de Koninck where registration is taking place. Maria goes to the registrar's office.

Maria : Bonjour, Madame. Je m'appelle Maria Chang et° je suis étudiante° dans° le programme d'immersion.

Madame Gagnon : Bonjour, Maria¹. Moi, je suis° Madame Gagnon, co-ordonnatrice du programme. Bienvenue² à° Québec, et à Laval.

Maria : Merci, Madame. C'est ici° les inscriptions°?

Madame Gagnon : Oui, c'est ici. Assoyez-vous un instant°. (*She gets Maria's application form from a file.*) Oui, oui, votre° dossier est là°, et il est complet. Vous êtes de° Colombie-Britannique, n'est-ce pas ?

Maria : C'est ça°, Madame¹, je viens° de Fort Saint-Jean.

Madame Gagnon : Bien°. Voici° le plan du campus. Vous êtes dans la résidence Lemieux, la chambre° numéro 14. Voici la clé° de° votre chambre.

Maria : Merci, Madame.

Madame Gagnon : Bienvenue.²

Maria : La résidence est loin°?   far

Madame Gagnon : Non, ce n'est pas loin. Regardez sur le plan° du campus.   Look on the map
La résidence Lemieux est là.

Maria : Merci bien, Madame.

Madame Gagnon : De rien.[2] Au revoir°, Maria. Bonne journée° et bon   Good bye; Have a nice day;
séjour° à° Laval !   have a good stay; at

Maria : Au revoir, Madame.

Pour en savoir plus

Bienvenue !

1. In general, it is far more common in francophone Canada than in France
to use first names with someone whom you are meeting for the first time.
Social status and ages of the speakers come into play, but as a general rule,
francophone Europeans tend to be somewhat more formal than French-
Canadians.
2. The expression **bienvenue** has two common meanings in Canadian French,
both of which are illustrated in this conversation. Compare:

English	Canadian French	European French
Welcome!	**Bienvenue !**	**Bienvenue !**
(to Laval)	**(à Laval)**	**(à Laval)**
You're welcome!	**De rien !** or **Bienvenue !** (fam.)	**De rien !**

Vous avez bien compris ?

Would Madame Gagnon or Maria be more likely to make the following
comments? Or would neither? Be prepared to justify your answer (in French
if possible).

1. Je suis de Colombie-Britannique.
2. Je suis professeure (Can.) à l'Université Laval.
3. Bon séjour à Laval, Madame Gagnon.
4. Le premier cours est demain (*tomorrow*).
5. Bienvenue à Montréal, Maria.

Réflexions sur la culture

Try to think of one or two examples of formal vs. informal register that you
use in speaking or writing your first language. In what circumstances do you
normally use these registers?

Fonctions et observations langagières

I. Se présenter, répondre aux présentations

You saw one type of introduction in the conversation:

Maria : Bonjour, Madame. Je m'appelle Maria Chang ...

There are, in both English and French, *formal* (or *more formal*) and *informal* (or *less formal*) levels of language. In general, the informal style is usually reserved for friends, family, pets, and those people in the same occupation or social setting as the speaker. Canadians tend to make greater use of the informal style than do the European French.

Vocabulaire actif : *Présentations*

	More formal style	Less formal style
Introducing oneself	Permettez-moi de me présenter. Je m'appelle Jean Duclos.	Salut. Je m'appelle Jean Duclos.
Responding to an introduction	Bonjour, Monsieur[1] Duclos (Madame / Mademoiselle[2] / Mesdames / Messieurs) Enchanté-e[3]	Bonjour Jean. Salut, Jean.

À noter !

1. The abbreviations for common titles when they are written before names are: **M.** (**Monsieur**), **Mme** (**Madame**), **Mlle** (**Mademoiselle**).
2. The title **Mademoiselle** (*Miss*) is used only for young girls or teenagers. It is usually considered more polite to address all women over 20 as **Madame**.
3. A man would respond, **Enchanté**; a woman would respond, **Enchantée**. The written difference is not reflected in pronunciation in this instance, though it is often in others. The convention ...é-e is used in this textbook to show that the term applies equally to males and females.

Allez-y !

Faisons connaissance !
What would you say in the following circumstances? How might the other person respond?

1. You are introducing yourself to :
   a. a new neighbour
   b. a fellow student
   c. your History professor
   d. your new room-mate
2. You have just been introduced to :
   a. your best friend's uncle
   b. your best friend's sister (your age)
   c. the person sitting behind you in Chemistry class
   d. your new bank manager

Personnalisons !

Introduce yourself to the person sitting nearest to you. Try to pronounce your name as you believe a francophone would probably say it.

II. Identifier les personnes et les choses

In the conversation *L'arrivée*, characters identify themselves and provide some additional information:

Maria : ... je suis étudiante.
Madame Gagnon : Vous êtes dans la résidence Lemieux ...

Les pronoms sujets

Referring to people without naming or describing them is done by using pronouns. Here are the pronouns used as subjects:

je	I	**nous**	we
tu	you (singular, less formal)	**vous**	you (singular, more formal OR plural)
elle	she; it	**elles**[*]	they (feminine)
il	he; it	**ils**[*]	they (masculine)
on	one (often used to mean **nous** or people in general)		

[*] If the plural includes both masculine and feminine, the form **ils** is used.

Le verbe être   To Be

The common verb **être** is conjugated as follows in the present tense:

être	
je **suis**	nous **sommes**
tu **es**	vous **êtes**
elle / il / on **est**	elles / ils **sont**

III. Poser des questions; répondre à des questions

N'est-ce pas ?

In the conversation, Mme Gagnon wants to make sure that she has the right file when she is talking to Maria Chang. She confirms Maria's home province as follows:

Madame Gagnon : Vous êtes de Colombie-Britannique, **n'est-ce pas** ?

N'est-ce pas ? is normally used at the end of a sentence if you expect a *yes* answer to your question.

L'intonation montante

On the other hand, Maria uses a technique called *rising intonation* when asking Mme Gagnon whether the residence is far:

Maria : La résidence est loin ?

The use of rising intonation to indicate a question is usually done with questions that may be answered by either *yes* or *no*.

Allez-y !

Oui !

Ask a question from the elements below. Your partner will use a subject pronoun in the answer to avoid unnecessary repetition.

modèle : Marie / petite
Marie est petite ? / Marie est petite, n'est-ce pas ?
Oui, elle est petite.

1. La résidence / loin
2. M. et Mme Gagnon / de Québec
3. Philippe / étudiant
4. Tu / dans la chambre
5. Vous / étudiants
6. Je / en (*in*) classe
7. Marc et Louise / de Calgary
8. Jane / américaine

IV. Exprimer la négation

When Maria asks whether the residence is far, she receives the following reply:

Madame Gagnon : Non, ce **n'est pas** loin.

NOUS NE FUMONS PAS

Les pluies acides endommagent de plus en plus nos lacs
et l'effet de serre menace l'équilibre écologique. Ça devrait nous faire réfléchir.

Certains scientistes y ont réfléchi.

Les réacteurs nucléaires ne rejettent dans l'atmosphère aucun des gaz
responsables des pluies acides et de l'effet de serre.

Mais les centrales nucléaires ne produisent-elles pas des déchets radioactifs ?
C'est vrai. Mais depuis plus de 30 ans, ces déchets sont entreposés
près des centrales selon des méthodes éprouvées et hautement sécuritaires.
De plus, l'industrie nucléaire a même proposé une technique de stockage permanent,
qui fait présentement l'objet d'études environnementales.

De toutes les sources d'énergie au Canada, l'énergie nucléaire constitue
un excellent choix pour vivre en harmonie avec l'environnement. Pensons-y.

Il est temps de parler de l'avenir.

Pour plus de renseignements :
1 800 387-4477

The elements **ne** (or **n'**) and **pas** surrounding a verb serve to make it negative. Here are some examples:

Je **ne** suis **pas** professeur.
Elle **n'**est **pas** artiste.

Allez-y !

Oui ou non ?
Ask a classmate whether the information provided below is accurate.

modèle : Tu es étudiant ?
Oui, c'est ça. / Non, je ne suis pas étudiant; je suis astronaute.

1. Le campus est joli (*pretty*) ?
2. Maria est canadienne ?
3. Mme Gagnon est professeure ?
4. Tu es artiste ?
5. Brian Mulroney est premier ministre ?
6. Hillary Clinton est présidente ?
7. La capitale du Canada est Winnipeg ?
8. Les Blue Jays sont canadiens ?

Le pavillon de Koninck à l'Université Laval

Scène 2 | *En résidence*

Sur le vif !

When Maria arrives at her room in residence, her roommate, Jane Harrison, has already arrived and has put her things away. Maria remembers that she is required to use French at all times, even with her anglophone classmates!

Jane : Entrez ! (*Maria comes in.*) Salut ! (*Maria shakes Jane's hand.*) Jane Harrison. Et toi°? Tu es ma camarade de chambre°?

Maria : Oui. Maria Chang. (*She looks around.*) Elle est bien°, la chambre°.

Jane : Oui, pas mal. Un peu petite°, mais° ça va°.

(*Maria brings in her suitcase and boxes, and begins unpacking.*)

Maria : Je suis de Fort Saint-Jean, moi. Et toi, tu es d'où ?

Jane : Fort Saint-Jean ? C'est où, ça°?

Maria : C'est en Colombie-Britannique.

Jane : Eh bien°, moi°, je suis de Burlington, au Vermont. (*She watches Maria unpack.*)
Ah, tu as un baladeur°! Super°! Tu as des cassettes de Gilles Vigneault¹ ou° de Céline Dion²?

Maria : Oui, j'en ai. Ils sont fantastiques, hein ?

you; my roommate

nice; room

a bit small; but; it's OK

Where's that?

Well; me

walkman; Great; or

26

Jane : Et tu as un ordinateur°, toi aussi.   computer

Maria : Oui, bien sûr°. Mais je n'ai pas d'imprimante° ici. Tu en as une, toi ?   of course; printer

Jane : Oui. Elle est là-bas°.   over there
(*Jane offers to share the printer with Maria.*)

Jane : Oh ! Tu as une raquette de tennis. Il y a des courts de tennis pas loin.

Maria : Oui ? Super !

Jane : (*pointing*) C'est une raquette de badminton, ça ?

Maria : Non, c'est une raquette de squash. Il y a un club de squash à Laval ?

Jane : Je ne sais pas. On va° explorer un peu ?   Shall we go

Maria : Bonne idée !
(*Jane and Maria go for a walk to familiarize themselves with the Laval campus. Maria takes her tennis racket and Jane her swimsuit. At the gym, they part ways, Jane to swim and Maria to the tennis court in search of a partner.*)

Pour en savoir plus

Céline Dion

1. Gilles Vigneault is probably Quebec's most famous and influential poet-singer-songwriter. He started to gain a following in the 1960s, and many of his songs have become expressions of Quebec's national identity; this is particularly true of *Gens du pays* and *Mon pays*. Vigneault belongs to a tradition of Quebec singers called **chansonniers**.
2. Céline Dion is a more recently popular Quebec singer. Born in Charlemagne, she has gathered a huge following from both her French and English hits. Céline has won numerous Félix and Juno Awards for best female artist and a Grammy Award with Peabo Bryson for the theme song from the movie *Beauty and the Beast*.

Vous avez bien compris ?

Write the name of the character (Maria or Jane) who corresponds to the following statements. If the statement corresponds to neither, write X.

1. _____ est américaine.
2. _____ est canadienne.
3. _____ est de Montréal.
4. _____ est de Fort Saint-Jean.
5. _____ a une télé pour la chambre.
6. _____ a un lecteur de cassettes.
7. _____ a des cassettes de Vigneault et de Dion.

Réflexions sur la culture

1. Several francophone singers such as Gilles Vigneault and Céline Dion are well known in North America outside Quebec. What other francophone artists do you know of?

2. What factors do you feel contribute to artists having more or less recognition outside Quebec?

Fonctions et observations langagières

I. Indiquer ses origines

De; d'où

The preposition **de** indicates origin. Before a vowel or silent h, **de** is contracted to **d'** (**d'Orono, d'Halifax**):

> *Jane* : ... je suis **de** Burlington.

The adverb **où** (*where*) is often combined with **de** when asking about origins. The contracted form is **d'où** (*from where*):

> *Maria* : Et toi, tu es **d'où** ?

> **À noter !**
>
> The question form **Tu es d'où ?** is informal and a similar one **D'où tu es ?** is more informal. A more formal style would be: **D'où es-tu ?** or **D'où êtes-vous ?**. More on this in Chapter 2.

Allez-y !

Tu es d'où ?
Find out the home town of several classmates.

Jeu de mémoire
Study for a minute the following list of the main characters you will be meeting in *Bonne route !* and their home towns. Then each person should cover one column and ask his/her partner where each of the characters is from.

Jocelyne Tremblay (Chicoutimi)   Gabrielle Boilly (Saint-Boniface)
Réjean Charbonneau (Chambly)   Gérard LeBlanc (Shippagan)
Jane Harrison (Burlington)   Heather Sawchuk (Halifax)
Maria Chang (Fort Saint-Jean)   Michael O'Brien (Halifax)
Robert Therrien (Sudbury)   Joseph Arceneaux (Lafayette)

modèles : Jocelyne est d'où ? **Elle est de Chicoutimi.**
          Jocelyne est de Sudbury ? / Jocelyne est de Sudbury, n'est-ce pas ?
          Non, elle est de Chicoutimi.

II. Décrire les possessions

Le verbe avoir

The verb **avoir** (*to have*) is perhaps the most common way of denoting possession and is also one of the most frequently used irregular verbs in French. You saw examples of **avoir** in the conversation:

Jane : Ah, tu **as** un baladeur !

	avoir	
j'**ai**		nous **avons**
tu **as**		vous **avez**
elle / il / on **a**		elles / ils **ont**

À noter !

Compare: elles / ils **ont** – elles / ils **sont**.

Allez-y !

Pratique pratique

Practise using the various forms of the verb **avoir** by substituting the subjects in parentheses. Vary the intonation so that you sound enthusiastic, ironic, skeptical, or envious.

1. J'ai une jolie (*pretty*) chambre. (Tu, Marie, Georges et Martine, vous, nous).
2. Elles ont des cassettes. (Pierre, Pierre et François, nous, vous, je)

Les articles indéfinis

The verb **avoir** is often followed by an indefinite article:

Tu as **un** vélo ?	*Do you have **a** bike?*
Tu as **des** cassettes ?	*Do you have **any** cassettes?*
J'ai **des** cassettes.	*I have **some** cassettes.*

All nouns in French have a gender, and the words modifying the noun take the gender of the noun:

| vélo (*masculine*) | → | **un** vélo / **des** vélos |
| cassette (*feminine*) | → | **une** cassette / **des** cassettes |

À noter !

In English, we often omit the words *any, some* ("I have cassettes.").
Be careful not to forget **des** in French.

In the negative, the indefinite articles all become **de** (**d'** before a vowel or a
silent *h*) when used with the verb **avoir**:

Je n'ai pas **de** vélo   Nous n'avons pas **d'**affiches (*posters*).
Elle n'a pas **d'**imprimante.   Il n'a pas **de** cassettes.

Vocabulaire actif : *Les possessions*

Entertainment
un baladeur   *walkman*
une chaîne stéréo   *stereo system*
une cassette
un lecteur de cassettes   *cassette player*
un disque laser (disque compact)   *compact disk*
un instrument de musique   *musical instrument*
un piano, une guitare, une flûte
un magnétophone   *tape recorder*
un magnétoscope   *VCR*
une télé   *TV*
une machine à popcorn

Sports; transportation
une bicyclette / un bicycle (Can.)
   un bicyclette / un vélo (Fr.)   *bicycle*
une voiture   *car*
une raquette (de tennis, de squash, de badminton)   *racket*
une piscine   *swimming pool*
un court de tennis

Study tools
un dictionnaire (bilingue)   un livre   *book*
un ordinateur *computer*   une imprimante   *printer*

Miscellaneous
un radio-réveil *clock-radio*   un réveille-matin   *alarm clock*
un chat *cat*   un chien   *dog*
une affiche *poster*

Les noms au pluriel

Noun plurals are usually formed by simply adding the letter -s to the end of the noun. The -s is generally not pronounced:

un livre   →   des livres   une cassette   →   des cassettes

Allez-y !

Tu as ... ?
Ask a partner whether he or she has the items shown in the vocabulary box on the preceding page.

modèle : Tu as des cassettes de Madonna ?
  Oui, j'ai *des* cassettes de Madonna.
  Non, je n'ai pas *de* cassettes de Madonna.

Il / Elle a ... ?
Two groups of two students combine to form a foursome. Find out which items the "new" group of two students owns, and be ready to report the groups' findings to the class:

modèle : Il / Elle a des affiches ?
  Oui, il / elle a des affiches.
  Non, il / elle n'a pas d'affiches.

Et vous ?
Find out whether your instructor owns any of the items.

Il y a ...

This expression, derived from the verb **avoir,** is useful for indicating the existence of things or people. The expression **il y a** is both singular and plural.

  Il y a une place ...   *There **is** a space...*
  Il y a des courts de tennis ...   *There **are** tennis courts...*

Note the use of **il y a** in the negative:
  Il n'y a pas *de* piscine.
  Il n'y a pas *de* courts de tennis.

Allez-y !

À l'université
Ask a classmate whether there are the following things at your university/ college.

modèle : Il y a des résidences françaises ?

Oui, il y a des résidences françaises.
Non, il n'y a pas de résidences françaises.

1. des concerts de musique classique
2. un département d'anthropologie
3. une banque
4. une galerie d'art
5. une piscine
6. un département de musique
7. une équipe (*team*) de football
8. une patinoire

III. Renvoyer à quelque chose qu'on a déjà mentionné

Le pronom **en**

You may have noticed that you were using repetitive language in the previous exercises:

Tu as une bicyclette ?
Oui, j'ai **une bicyclette.** / Non, je n'ai pas **de bicyclette.**

When answering questions, it is in fact much more natural to replace some words by a pronoun.

In French, the pronoun **en** is used to replace a noun preceded by an indefinite article:

Tu as **des** cassettes ? Oui, j'**en** ai.

• The pronoun precedes the verb:
J'**en** ai. *I have some.*

• If singular, the article **un** or **une** must appear along with the pronoun in an affirmative answer, but not in a negative one:

Tu as une bicylette ?   Tu as des affiches ?
Oui, j'**en** ai **une.** *I have one.*   Oui, j'**en** ai. *I have some.*
Non, je n'**en** ai pas. *I don't have one.*   Non, je n'**en** ai pas. *I don't have any.*

• Note the word order with the expression **il y a**:
Il y a un ordinateur ? Oui, il y **en** a **un.** / Non, il n'y **en** a pas.

Allez-y !

Tu as ... ?
Ask a classmate whether he or she has the items shown in the vocabulary box *Les possessions* (page 31). The answer should include the pronoun **en**.

modèle : Tu as une bicyclette ?
Oui, j'en ai une.

À l'université

Ask a classmate whether the following things may be found at your university/college.

modèle : Il y a un club de squash ?
    Oui, il y en a un. / Non, il n'y en a pas.

1. un département d'art dramatique
2. un département de mathématiques
3. une faculté de médecine
4. un gymnase

5. des concerts de musique rock
6. un ciné-club français
7. une cafétéria
8. des courts de tennis

Plus loin L'Université Laval : quelques faits importants

Pré-lecture

The following text is taken from brochures describing Laval University. By noticing the large number of cognates in the text, and by making educated guesses, you will be able to understand all of the information.

Présentation
La plus vieille université de langue française en Amérique (1852).
Située dans la ville de Sainte-Foy, à 5 kilomètres de la ville de Québec.
Plus de 36 000 étudiants par année (y compris au-delà de 11 000 étudiants à temps partiel).
Des centres de recherche de réputation internationale.

Des programmes pour tous les goûts
Plus de 300 programmes touchant quelque 140 champs d'études.
Possibilité d'obtenir un baccalauréat (1er cycle), une maîtrise (2e cycle) ou un doctorat (3e cycle).

Cours d'immersion
Programme spécial de français pour non-francophones à l'École des Langues Vivantes
– L'Université Laval
Niveaux élémentaire et intermédiaire

Allez-y !

Le pavillon Casault,
Université Laval

Vérification

For each answer, indicate the strategies you used (finding cognates, using inference), and the key words you found helpful.

1. When was Laval University founded?
2. Is it the oldest or the youngest francophone university in North America?
3. Are there more than or less than 33 000 students?
4. Does this include or exclude part-time students?
5. Is it located in or near Quebec City?
6. Are there numerous or few programmes?
7. Are there important research activities under way at Laval?
8. Can you get a Bachelor's degree from Laval?
9. Can you do an advanced level immersion programme at Laval?
10. What do you think the word **faits** in the title means?

Activités d'intégration

Vous avez la parole ! *(activité orale)*
Choose as a partner a classmate that you have not already met. Imagine that one of you has just arrived at the university/college, and wants to find out what facilities there are. Introduce yourselves, using some of the examples given for the less formal style of greeting, then ask about the facilities available.

En résidence
Work with a partner you have not yet worked with, if possible. Imagine that you are new room-mates, just meeting as you unpack your things in residence. Introduce yourselves, find out where the other person is from, and inquire about each other's possessions.

Vocabulaire actif

Présentations, p. 22
Les possessions, p. 31

Noms
la cafétéria *cafeteria*
le-la camarade de chambre *roommate*
la capitale *capital*
la chambre *room, bedroom*
le concert *concert*
l'étudiant-l'étudiante *mf student*
le programme d'immersion *immersion program*
la résidence *residence*
l'université *f university*

Verbes
Assoyez-vous. *Sit down.* (Can.)
Asseyez-vous. *Sit down.*
avoir° *to have*
Entrez. *Come in.*
être° *to be*
il y a *there is/there are*
voici *here is*
voilà *there is*

Conjonctions
et *and*

Prépositions
à *to/at*
de *from/for/of*
dans *in*
en (résidence) *in (residence)*
pour *for*

Adverbes
bien *well*
demain *tomorrow*
là *there*
ne... pas *not*
où *where*

Adjectifs
fantastique *fantastic*
joli-e *pretty*
petit-e *small*
super *super*

Autres
Bienvenue. *Welcome/You're welcome.* (Can)
C'est ça. *That's right.*
De rien. *You're welcome.*
en français *in French*
merci *thank you*
non *no*
oui *yes*

° verb presentation in chapter

Perspectives à l'Université Laval

CHAPITRE I

La première classe

Mise en contexte

Les étudiants du programme d'immersion vont à leur premier cours. Ils font la connaissance de leurs professeurs et commencent à se connaître.

Objectifs communicatifs

Scène 1

Identifier les personnes et les choses (suite)
Saluer, parler de choses et d'autres, prendre congé
Dire ce qu'on aime et ce qu'on n'aime pas
Demander et donner des renseignements
Identifier les choses (suite)

Scène 2

Présenter les autres
Renvoyer à quelqu'un ou à quelque chose qu'on a déjà mentionné (**le, la, l', les**)
Parler d'activités et de préférences passées
Expliquer ce qu'on fait dans la vie
Discuter d'activités
Exprimer les quantités
Exprimer la durée

Structures et expressions

Scène 1

L'interrogation avec **Qui est-ce ?**
Conjugaison des verbes réguliers en -er
• les verbes **aimer, adorer, détester, préférer**
• les verbes + nom
L'interrogation avec **Est-ce que ... ?**
Les articles définis : **le, la, l', les**

Scène 2

Les pronoms objets directs : **le, la, l', les**
L'imparfait (présentation partielle)
Les verbes + infinitif
La préposition **depuis** + présent pour exprimer la durée

Vocabulaire actif

Scène 1

Les études
Les goûts et les préférences
Les activités

Scène 2

Présentations
La musique et la danse
Les sports
Le cinéma et la télévision
Les professions
Les nombres (70 - 1 000 000)
Des notions de durée

Culture

La musique québécoise (suite)
Les loisirs et les passe-temps
Les normes sociales et linguistiques
L'assimilation des francophones

Rester en forme à l'Université Laval

Scène 1</div> *En route*

Sur le vif !

The summer immersion classes begin today. Jane and Maria are walking from the residence to the building where they will have their first class. They meet the people Maria had played tennis with the preceding afternoon.

Say!; Look at that young man

Maria : Tiens° ! Regarde ce jeune homme° là-bas.

Jane : Qui est-ce ?

Maria : C'est Gérard. Il est étudiant en linguistique et il aime le tennis. *(Gérard comes up to them.)* Salut Gérard ! Je te présente ma camarade de chambre, Jane.

Gérard : Salut, Jane; salut Maria. Comment ça va ce matin ? Tu n'es pas fatiguée° après la partie° de tennis hier ?

tired; game

in shape

Maria : Non, ça va, merci. Je suis en forme° ! Et toi ?

never mind; there is

plays

Gérard : Je souffre, mais tant pis°. Tiens, voilà° Jocelyne. *(He turns to Jane.)* Jocelyne est ma partenaire au tennis. Elle joue° très bien !
(Jocelyne comes up and joins the conversation.)

near

Maria : Jane, je te présente Jocelyne. Elle vient de Chicoutimi[1], près du° lac Saint-Jean. Jocelyne ... Jane, ma camarade de chambre.

40

Jocelyne : Salut, Jane. Tiens , est-ce que tu étais° à la classe d'aérobic ce matin ?   were you

Jane : Salut! Oui, j'aime faire de° l'aérobic le matin°. Écoute° , Maria et moi,   I like doing; in the morning; Listen
nous aimons les sports, mais aussi° la musique. Est-ce qu'il y a des spectacles   also
en ce moment ?

Jocelyne : Certainement. Il y a un concert de Roch Voisine[2] à la télévision demain.

Maria : Oui ? Super! J'adore sa voix°!   voice

Gérard: Et il y a aussi plusieurs° spectacles en ville ou à Montréal. Par   several
exemple, il y a Daniel Bélanger[2], Hart Rouge[2] ou même° Madonna, au stade   even
du Parc olympique !

Jocelyne : Ou bien, pour encore plus° de variété, il y a Jean-Pierre Ferland[3] ...,   still more
et ce n'est pas fini°.   finished

Maria : Comment choisir°!   How to choose !

Pour en savoir plus

1. Chicoutimi (population approximately 62 000) is located 200 km north of
Quebec City, in the Saguenay-Lac Saint-Jean region. Founded in 1676, it
quickly became an important trading post and earned the nickname **la
métropole du Saguenay** in the seventeenth century. One of the campuses of
the Université du Québec is located there.

Le lac Saint-Jean (Québec)

2. Roch Voisine is a Francophone Acadian song writer-composer-singer from
New Brunswick; he is extremely popular in France as well as Quebec. Daniel
Bélanger, a Quebec singer, won the 1993 Album of the Year in Quebec in the
pop-rock category. Hart Rouge is a group from Saskatchewan composed of
three sisters and their brother; they sing mainly in French.

3. Jean-Pierre Ferland, a more traditional singer, decided in 1954 to devote his energy full time to his music. He writes songs of love, memories, hopes and fears.

Vous avez bien compris ?

Answer the following questions.
1. Qui est étudiant en linguistique ?
2. Maria est fatiguée ? Pourquoi (*why*) ?
3. Qui gagne (*wins*) probablement plus de (*more*) points, Gérard ou Jocelyne ?
4. Où est-ce qu'il y a un concert de Roch Voisine ?
5. Où est-ce qu'il y a d'autres (*other*) spectacles ?

Réflexions sur la culture

1. Which other artists do you know of who sing or perform in more than one language?
2. Do the artists sing similar kinds of songs in each language? Why or why not? Give examples.

Fonctions et observations langagières

I. Identifier les personnes et les choses (suite)

Qui est-ce ?; c'est; il / elle est

In their conversation, Maria is identifying for Jane someone she recently met. She gives his name and his major.

> *Jane* : Qui est-ce ?
> *Maria* : C'est Gérard. Il est étudiant en linguistique.

• To enquire about a person's identity, use **Qui est-ce ?**

• To *identify* a person by name or by profession, use **c'est** (singular) or **ce sont** (plural);
• To *refer back to* a specific person, use **il / elle est** or **ils / elles sont**:

Qui est-ce ?
C'est Gérard. Il est étudiant en linguistique.
Ce sont Maria et Jane. Elles sont étudiantes en français.

À noter !

In the above examples, **étudiant** and **étudiantes** are used without the indefinite articles **un / des,** since they indicate professions. Indefinite articles are used after **c'est / ce sont.**

Compare: **C'est Gérard. Il est *étudiant*.** and: **C'est un *étudiant*.**

Allez-y !

Et vous ?
Form a group of four, and find out each other's major, or area of interest. You might then, on the blackboard or on the overhead projector, make a composite class profile.

Vocabulaire actif : *Les études*

étudiant *m*	en	*sciences* *f*
étudiante *f*		biologie *f*
		chimie *f* (*chemistry*)
		géologie *f*
professeur *m*	de (d')	informatique *f* (*computer science*)
professeure *f*		mathématiques *f*
		médecine *f*
		physique *f*
		psychologie *f*
		sciences humaines *f*
		économie *f*
		histoire *f*
		sociologie *f*
		sciences politiques *f*
		anthropologie *f*

(continued next page)

lettres f (*arts*)
langues f (*languages*)
anglais m (*English*)
français m
philosophie f
linguistique f

modèle : Tu es étudiant-étudiante en sciences ?
    Non, je suis étudiant-étudiante en philosophie.

À une party

Imagine that you are at a class party. Ask your partner to identify one or two people on the other side of the room, and to tell you something about them. If your partner does not know, he or she will guess.

modèle : Qui est-ce ?
    C'est Patrick. Il est étudiant en anglais.

II. Saluer, parler de choses et d'autres, prendre congé

It is natural for a certain amount of "small talk" to occur at the beginning of a conversation such as enquiries about health, how things are going, etc.

Gérard : Salut, Jane; salut Maria. Comment ça va ce matin ?

• Here are some expressions to help you begin conversations:

Vocabulaire actif : *Bonjour! Ça va ? Au revoir!*

	More formal style	Less formal style
Greeting / Making small talk	Bonjour, Monsieur. Comment allez-vous ? *How are you?*	Salut, Monique. Comment ça va ? *How are things?*
	Je vais bien, merci. Et vous ? *I'm fine, thanks. And you?*	Pas mal (comme ci, comme ça), merci. Et toi ? *Not bad (so-so), thanks. And you?*
	Très bien, merci. *Very well, thanks.*	Moi, ça va, merci. *I'm fine, thanks.*

	Pas très bien. *Not very well.*	Ça va mal. *Things are not going well.*
Taking leave	Au revoir, Madame. *Good-bye.*	Au revoir, Jean. *Good-bye.* Salut Ciao (France) Bye (Canada)
	Bonsoir, Monsieur. *Good evening.*	
		Bonsoir, Monsieur. *Good evening.*

À noter !

In Quebec, **bonjour** may be the equivalent of both *hello* and *good-bye*. This is particularly true of telephone conversations, although **au revoir** is increasingly common. The same remark, as we have just seen, may be made for **salut** in informal conversations throughout the francophone world.

Francophones often initiate and conclude conversations by a handshake or, depending on how well the participants know each other, by two or more kisses (**la bise**) on the cheeks. In Quebec, two **bises** are standard, while in France, two, three or even four **bises** may be exchanged depending on the region.

Just before concluding a conversation, you may want to use one of the following expressions:

Vocabulaire actif : *Au revoir*

À bientôt !	*See you soon!*
À la prochaine !	*Be seeing you!*
À demain !	*See you tomorrow!*
À lundi, mardi,	*See you Monday, Tuesday,*
mercredi, jeudi	*Wednesday, Thursday,*
vendredi, samedi, dimanche !	*Friday, Saturday, Sunday!*
Bonne journée !	*Have a good day!*
Bonne soirée !	*Have a nice evening!*
Bonne fin de semaine*! *(Can.)*	*Have a good weekend!*
Bon week-end*! *(Fr.)*	*Have a good weekend!*
Bon séjour !	*Have a nice stay!*

*In many cases, Québécois French avoids anglicisms more than does European French, although it is Québécois French that has often had a reputation for being heavily influenced by English.

Allez-y !

Salutations

What might you say (**en français**) in greeting the following? How would you ask how they are doing? How might you take leave of them?

1. your sister
2. your dentist
3. your pet snake
4. a policeman/woman
5. your professor
6. a young child

Parler de choses et d'autres *(small talk)*
Imagine the above characters in pairs and create appropriate small talk between them.

III. Dire ce qu'on aime et ce qu'on n'aime pas

Exprimer les goûts et les préférences

The characters in the conversation shared their likes and dislikes:

Maria: J'adore sa voix.

• The following will help you express your tastes in some detail:

Vocabulaire actif : *J'aime / Je déteste*

J'aime assez	Je n'aime pas tellement
I rather like	*I'm not very fond of*
J'aime bien	Je n'aime pas beaucoup
I rather like	*I don't like much*
J'aime	Je n'aime pas
I like	*I don't like*
J'aime beaucoup	Je n'aime pas du tout
I like very much	*I don't like at all*
J'adore	Je déteste
I love	*I hate*
Je préfère / J'aime mieux	
I prefer	

Les verbes réguliers en -er au présent

• The verb **aimer** (*to like*) is called a *regular* verb; that is, its conjugation follows a pattern similar to that of other verbs in that group. The group consists of most verbs ending in -er. Therefore, the verbs **détester** (*to dislike*) and **adorer** (*to adore*) have the same endings.

---

aimer

j'aime	nous aimons
tu aimes	vous aimez
elle / il / on aime	elles / ils aiment

À noter !

The endings -e, -es and -ent are not pronounced.

• The verb **préférer** (*to prefer*) takes the regular -er verb endings. Note, however, the spelling changes that occur in the *stem* of the verb, and the changes in pronunciation associated with the accents:

---

préférer

je préfère	nous préférons
tu préfères	vous préférez
elle / il / on préfère	elles / ils préfèrent

Allez-y !

Cherchez le verbe.

Find examples of **-er** verbs in the conversation *En route*. What is the infinitive form of each one?

Pratique pratique

Substitute the subject in parentheses for the subject provided in the sentences below.

1. Nous adorons les films italiens. (je, tu, Georges, vous, Hélène et Sophie)
2. Je préfère les films français. (nous, elle, vous, tu)
3. Est-ce que tu aimes les sports ? (vous, Paul, elles)
4. Je déteste les serpents (*snakes*). (tu, Henri, nous, vous, Chantal et Pierre)

Et toi ?

Compare your tastes for the following items with a partner's, adding other items if you like.

modèle : J'adore les sports. Et toi ?
         Moi, j'aime assez les sports.

les sports	l'opéra
les films italiens	les films canadiens
la musique rock	la musique classique

IV. Demander et donner des renseignements

Rappel !

You learned in *Chapitre préliminaire* that *rising intonation* or the expression **n'est-ce pas** may be used to ask a "yes-no" type question. For example, Tu aimes la ville de Québec? Tu es de Chicoutimi, n'est-ce pas?

Est-ce que ... ?

The words **est-ce que** are a very simple and commonly used way of forming a question in French. **Est-ce que** (or **Est-ce qu'** before a vowel) is simply placed before the subject and verb of a sentence.

Tu es de Calgary.	→	Est-ce que tu es de Calgary ?
Il est étudiant.	→	Est-ce qu'il est étudiant ?

• The following regular **-er** verbs are useful in discussing activities and interests:

Vocabulaire actif : *Activités*

chanter *to sing*
danser *to dance*
écouter (la radio)
to listen (to the radio)
étudier *to study*
habiter *to live*
embrasser *to hug/to kiss*

marcher *to walk*
parler *to speak/to talk*
regarder (la télévision)
to watch (television)
skier *to ski*
voyager *to travel*

• The adverbs below can help you express nuances of meaning relating to activities:

Vocabulaire actif : *Adverbes de nuance*

+	+ / -	-
souvent *often*	quelquefois *sometimes*	rarement *rarely*
beaucoup *a lot*		
bien *well*	assez bien *fairly well*	mal *badly*
très bien *very well*		

par exemple: Je chante mal. / Elles skient assez bien. / Il danse très bien.

Allez-y !

Est-ce que...?
Combine the elements provided to formulate a question using **Est-ce que.**
Don't forget to add any necessary words.

modèle : Paul / avoir / chien
   Est-ce que Paul a un chien?

1. Henri et Patrick / être / étudiants de philosophie
2. Il y a / dictionnaires bilingues à la bibliothèque
3. Tu / avoir / bicyclette
4. Vous / avoir / baladeur
5. Hélène / être / étudiante en sociologie
6. Tu / écouter souvent / radio

7. Marc / habiter / en résidence
8. Nous / étudier beaucoup
9. Vous / danser souvent
10. Charles et Paulette / chanter bien

Trouvez quelqu'un qui ...

Circulate among your classmates. Try to find a person or persons who correspond to each statement below. Practise using **Est-ce que** to ask your questions.

_____ chante très bien.
_____ danse mal.
_____ regarde rarement la télé.
_____ écoute souvent la radio.
_____ ne voyage pas beaucoup.
_____ et _____ parlent assez bien le français.
_____ marche assez souvent.
_____ et _____ aiment bien l'université.
_____ et _____ skient quelquefois très bien.
_____ parle italien.
_____ et _____ habitent en résidence.
_____ étudie les mathématiques.

V. Identifier les choses (suite)

Les articles définis : le, la, l', les

Compare the following excerpts from the conversation *En route*:

> *Gérard* : ... après la partie de tennis hier ? (...*after the tennis game yesterday?*)
> *Jane* : ... nous aimons les sports. (...*we like sports.*)

• In the first sentence, the article **la** is translated as *the*, identifying a *specific* thing.
• In the second example, the article is not translated; it serves to identify a thing in a *general* and not a specific sense.

le	+ masculine noun	(le folklore)
la	+ feminine noun	(la musique)
l'	+ masculine or feminine noun beginning with a vowel	(l'émission)
les	+ plural (masculine or feminine)	(les activités, les sports)

À noter !

Since articles are used so widely in French, you would be wise to learn new nouns along with their article, for example, **le ski**. This will help you remember to use the article, and also to remember the gender.

Allez-y !

Sherlock au travail

What would you expect to find in the room of a student who has the following interests? You may invent objects in addition to the list of suggestions below.

modèle : Martine aime / tennis *m*

Martine aime le tennis; il y a sûrement (*surely*) une raquette dans sa (*her*) chambre.

Préférences
Martine aime / squash *m*
Jean-Paul aime / musique classique *f*
Janine aime / cyclisme *m*
Luc aime écouter / informations *f* (*news*)

Barbara aime / théâtre *m*
Claire aime / politique *f*
Stéphane aime / rock *m*
Thomas aime / nature *f*
Andrée aime / littérature *f*
Marie aime / musique *f* folk

Objets
radio *f*
Les Misérables
baladeur *m*
skis *m*
guitare *f*
vélo *m*
disques de Mozart *m*
biographie *f* de Gandhi
raquette *f*
masques *m*

Étudier à l'Université du Nouveau-Brunswick à St. Jean

Scène 2   *En classe*

Sur le vif !

The teacher greets the class and introduces some of the staff.

M. Charbonneau : Bonjour, tout le monde°! Bienvenue à Laval. Je m'appelle Réjean Charbonneau. Je vous¹ présente mes collègues : Gabrielle Boilly est animatrice°, et Gérard LeBlanc est animateur. Jocelyne Tremblay est monitrice°; elle organise les activités et les excursions.

M. Charbonneau asks the students to introduce themselves to a neighbour and then to fill out their fiches° biographiques. *They are to exchange* fiches *with their partner, and after looking at the other person's* fiche, *they are to ask a few questions. Students and staff then mix:*

Jocelyne : Alors, comme ça°, Robert, je vois que° tu¹ es de Sudbury² et que tu es étudiant en français. Tu es à Québec depuis longtemps°?

Robert : Non, depuis hier° seulement. Et toi ? Tu es de Chicoutimi, n'est-ce pas ?

Jocelyne : Oui, c'est ça°. Mais moi, je suis à Québec depuis trois semaines°. Dis-moi°, tu aimes la ville de Québec ?

Robert : Oh, oui. Je l'aime beaucoup! J'adore les villes historiques. Et toi, je vois que tu¹ aimes les textiles.

---

everyone

animator
facilitator

language monitor card

so, then; I see that
Have you been in Quebec long?

since yesterday

that's right; weeks
Tell me

Jocelyne : Oui, j'aime beaucoup les métiers d'art°. J'aime aussi le folklore en général.   crafts

Robert : Je vois aussi que tu aimes les animaux°.   animals

Jocelyne : Oui, je les adore. J'ai un furet°... Il s'appelle Gaston. Il est très drôle° et très doux°. *(She whispers.)* Gaston est caché° dans ma chambre.   ferret
funny; gentle; hidden

Robert : Tu n'es pas sérieuse !
They talk some more, then each person introduces his or her partner to the group.

Robert : Je vous présente Jocelyne Tremblay, notre° monitrice. Elle est de Chicoutimi. Elle est diplômée en° arts avec une majeure[3] en textiles. Elle aime aussi le folklore québécois et les métiers d'art en général. Elle est gourmande° et elle aime bien cuisiner°. Elle est sportive°, mais elle déteste regarder les émissions sportives à la télévision. Elle aime les animaux exotiques, surtout les furets. Elle a ...   our
has a degree in
likes to eat
to cook; athletic

(Jocelyne immediately has a coughing fit, and cuts Robert off.)

Jocelyne : C'est bien°, Robert. Je pense que ça suffit°. Merci! Permettez-moi de vous présenter Robert Therrien. Robert est de Sudbury; il est franco-ontarien, mais il parle français depuis quelques années° seulement[4]. Il aime la nature et le camping, et il aime aussi la politique.   That's fine; I think that's
enough
a few years

Pour en savoir plus

1. Most Québécois professors would call students by their first name, and use **vous** when talking to one student as well to several; students would normally use **vous** with the professor and call him/her **Monsieur** or **Madame** (**M.** or **Mme**). This is a sign of social distance and respect. On the other hand, students would use **tu** with each other, and with the three young assistants, a sign of social closeness. Note, however, that there is considerable variation in this regard in Quebec. Some professors use the less formal **tu** with their students, and vice-versa.

2. Sudbury is located in northeastern Ontario, about 400 km north of Toronto. Its population (88 000) is roughly 30% French and 70% English. Once strictly a mining town, Sudbury now offers more employment opportunities since the Ontario Government has moved many of its ministries there. A long-term regreening program is returning trees and grass to much of the area. The city boasts the bilingual Laurentian University (*Université Laurentienne*) and the Science North complex.

3. In Quebec and in francophone Canada in general, the term **majeure** (*major*) is used, as in this dialogue. In Europe, however, one would normally use **dominante**.

4. Francophones in many parts of English Canada find themselves assimilated in large numbers into the English-speaking population. In families where one parent is anglophone and one is francophone, English often becomes the language of the home. However, many young people coming from such families, like Robert, are now reestablishing their francophone roots, and it seems that more young families are choosing to speak both languages at home.

Vous avez bien compris ?

Mais tu n'as rien compris!
Horace Pasbrillant has read the conversation *En classe*, and thinks he has understood everything. However, he needs to improve his listening skills.

modèle : M. Charbonneau est étudiant.
　　　　Mais, non! Il n'est pas étudiant; il est professeur !

1. Jocelyne est étudiante.
2. Jocelyne a un rat dans sa chambre.
3. Gabrielle est étudiante.
4. Gaston est en classe.
5. Robert est de Hamilton.
6. Gaston est féroce.
7. Jocelyne est de Toulouse.
8. Gérard est moniteur.
9. Robert est étudiant en biologie.
10. Robert est à Québec depuis trois semaines.

Réflexions sur la culture

1. (Small group and then whole class discussion) How do you visualize the characters that you've met so far? Do you think that any cultural stereotypes contribute to the visualization?
2. Do you know of any traditional Québécois films? See how many films you and your classmates can think of.
3. Where are there concentrations of Canadian francophones outside of Quebec?

Fonctions et observations langagières

I. Présenter les autres

In *En classe*, M. Charbonneau introduces Gabrielle, Gérard and Jocelyne to the class members:

> *M. Charbonneau* : Je vous présente mes collègues ...

Rappel!

In *Chapitre préliminaire*, you saw different ways of introducing yourself and responding to an introduction: **Permettez-moi de me présenter ... ; Salut ! ...**

• Just as in introducing yourself, there are more and less formal ways of introducing others.

Vocabulaire actif : *Présentations*

	More formal style	Less formal style
Introducing someone	Je vous présente… (*one or more people*)	Je te présente… (*one or more people*)

Allez-y !

Présentations

What would you say in the following circumstances? How might the people you are introducing respond? You are introducing your friend Paul (**mon ami Paul**) to:

a. a classmate
b. the pharmacist at your neighborhood drugstore
c. the librarian at your college
d. a parent

Jeu de rôles (*role-play for three students*)
You and a close acquaintance arrive at a mutual friend's home and her father answers the door. Introduce yourself, then introduce your friend.

II. Renvoyer à quelqu'un ou à quelque chose qu'on a déjà mentionné

Les pronoms objets directs : le, la, l', les

If someone asked you, "Do you like Hitchcock movies?" you would be unlikely to answer, "Yes, I like *Hitchcock movies* quite a lot." Rather, you would say, "Yes, I like *them* quite a lot." In the example above, *Hitchcock movies* is the *direct object* of the verb like, and *them* is the *direct object pronoun*.

• You will see that the direct object pronouns are easy to remember, they have exactly the same form as the definite articles:

le	–	(masculine singular)	*him, it*
la	–	(feminine singular)	*her, it*
l'	–	(masculine or feminine singular + vowel)	*him, her, it*
les	–	(masculine or feminine plural)	*them*

These pronouns replace a name of a person or a thing and precede the verb:

Est-ce que tu aimes **les** films de Hitchcock ?
Oui, je **les** aime beaucoup.
Est-ce que tu aimes **le** cinéma en général ?
Oui, je **l'**adore.
Est-ce que les enfants regardent **la** télévision ?
Oui, ils **la** regardent.

À noter !

In the *negative*, word order is as follows:

subject	+	**ne**	+	pronoun	+	verb	+	**pas**
Je		ne		l'		aime		pas.
Ils		ne		**la**		regardent		pas.

Rappel !

It is the pronoun **en** that is used to replace a noun accompanied by an *indefinite article*: Tu as **un** vélo ? Oui, j'en ai un.

Allez-y !

Est-ce que tu aimes ... ?
Discuss your interests in groups of three, using the vocabulary lists on the next page.

– Ask your question using **Est-ce que** and the verb **aimer**.
– In answering, use a verb that best expresses your meaning:
   J'adore ... J'aime (beaucoup, bien, assez)
   Je n'aime pas (tellement) ... Je déteste
– Answer using a pronoun whenever appropriate, and adding some detail.

modèle : Est-ce que tu aimes **la musique** ?

Oui, je *l'adore*. Je préfère la musique classique, surtout (*especially*) la musique de chambre. Et toi ?

Moi, je préfère la musique rock. J'adore les *Crash Test Dummies*.

Vocabulaire actif : *La musique et la danse*

la musique rock	le ballet
la musique classique	la danse moderne
la musique folk	la danse aérobique
la musique moderne	le disco
le jazz	
la musique de (*name of musician/composer*)	

Vocabulaire actif : *Les sports*

le baseball	le patinage *skating*
le basketball	le ski alpin / nordique / nautique
le cyclisme	*downhill / cross-country / water*
le football	le soccer
le golf	le squash
le hockey	le tennis
la natation *swimming*	le volleyball

À noter !

Names of some sports are different in North American and European French. Some of these differences are summarized below:

Canadian French	European French
le ballon-panier	le basketball
le ballon-volant	le volleyball
le soccer	le football / le foot
le football	le football américain

Vocabulaire actif : *Le cinéma et la télévision*

les films policiers (*detective*); les émissions (*programmes*) policières

les films d'aventure; les émissions d'aventure

les films comiques; les émissions comiques

les films d'épouvante (*horror*)

les drames psychologiques

les comédies musicales

les films de (*name of filmmaker*)

Et vous ?

Ask your instructor questions about some of her/his interests, using the list above. Don't forget to use **vous**!

III. **Parler d'activités et de préférences passées**

| **L'imparfait (au singulier)** |

[handwritten: Indefinite period of time in the past]

When we talk about our tastes in the past, we often say, in English, "*I used to* like..., hate...; *I used to* swim a lot," etc. In both cases, we are talking about an indefinite period of time, as opposed to, for example, a definite period of time: "Yesterday, I swam a mile."

The tense in French which corresponds to "I used to..." is the **imparfait**.

> **À noter !**
>
> The **imparfait** has other uses as you will see in Chapters 6 and 10.

• The stem, or base form, of the **imparfait** is the **nous** form of the verb in the present tense, minus the present tense endings:

> nous aimons (*stem* = **aim-**)
> nous avons (*stem* = **av-**)

Only the verb **être** has an irregular stem: **ét-**

• The endings of the **imparfait** are added to the stem. Only the forms for **je, tu, elle / il / on** are presented here.

	aimer	**avoir**	**être**
j' -ais	aimais	avais	étais
tu -ais	aimais	avais	étais
elle / il / on -ait	aimait	avait	était

> **À noter !**
>
> The endings **-ais** and **-ait** are pronounced identically.

Allez-y !

Quand tu étais à l'école élémentaire ...

Ask a classmate about her or his tastes and activities while in elementary school. Use vocabulary from the boxes in the previous section.

[handwritten in left margin: Aimer / ais / ais / ait / aimons / aim eiz / ait]

modèle : Quand tu étais à l'école élémentaire (secondaire), est-ce que tu
aimais les sports? (la musique rock, etc.)
Oui, j'aimais ... / Non, je n'aimais pas ...

IV. Expliquer ce qu'on fait dans la vie

In introducing his colleagues, M. Charbonneau identified their jobs:

M. *Charbonneau* : Gabrielle Boilly est animatrice, et Gérard Leblanc est
animateur.
Jocelyne Tremblay est monitrice ...

• Below is a list of professions in French. Most have a masculine and feminine
form. Canadian French has been much more progressive in feminizing names
of professions than has European French.

Vocabulaire actif : *Les professions*

féminin	masculin
actrice	acteur
artiste	artiste
avocate	avocat *lawyer*
chanteuse	chanteur *singer*
comptable	comptable *accountant*
dentiste	dentiste
électricienne	électricien
étudiante	étudiant *student*
femme d'affaires	homme d'affaires *businesswoman/man*
fermière	fermier *farmer*
informaticienne	informaticien *computer scientist*
journaliste	journaliste
docteure (Can.)	docteur *doctor*
(femme) médecin (Fr.)	médecin *doctor*
musicienne	musicien
ouvrière	ouvrier *worker / working-class*
plombière (Can.)	plombier *plumber*
(femme) plombier (Fr.)	plombier *plumber*
professeure (Can.)	professeur *teacher / professor*
(femme) professeur (Fr.)	professeur
scientifique	scientifique *scientist*
secrétaire	secrétaire
vendeuse	vendeur *salesperson*

Qui est-ce ?

Identify the people below by giving their probable profession and possible name(s). For students, add their area of study.

modèle : C'est Marthe. Elle est journaliste.

V. Discuter d'activités

La structure verbe + infinitif

In the conversation *En classe*, Robert uses this construction in describing Jocelyne's interests:

> *Robert* : ... et elle **déteste** regarder les émissions sportives...

• The verbs **aimer, adorer, détester,** and **préférer** are often followed directly by another verb, in what is called the *infinitive* form.

Allez-y !

Tu aimes danser ?

Interview a partner to determine her or his taste for the following activities. Then, make a foursome with another pair, and compare your likes and dislikes.

– aller au théâtre / au cinéma
– chanter
– étudier les maths, etc.
– parler en classe de français
– marcher
– lire *to read*

– écouter la radio
– habiter en résidence
– danser
– skier
– regarder la télévision
– parler de la politique

VI. **Exprimer les quantités**

Rappel !

In *Mise en route*, you saw numbers up to 60.

• Here are higher numbers to begin to use:

Vocabulaire actif : *Les nombres de 70 à 1 000 000*

> 70 = soixante-dix
> 71 = soixante et onze
> 72 = soixante-douze
> 73 = soixante-treize
> 80 = quatre-vingts
> 81 = quatre-vingt-un
> 90 = quatre-vingt-dix
> 91 = quatre-vingt-onze
> 100 = cent
> 101 = cent un
> 200 = deux cents
> 201 = deux cent un
> 1 000 = mille
> 1 001 = mille un
> 2 000 = deux mille
> 1 000 000 = un million (de)

À noter !

In Canada, numbers are usually separated by spaces or commas:
10 000 or 10,000. In Europe, periods are sometimes used : 10.000.

• In Quebec, people tend to give telephone numbers one figure at a time, as is done in English. For example: 555-1212 = cinq cinq cinq, un deux un deux.
• In France, one typically divides the number into two-figure segments. For example: 55.12.12.20 = cinquante-cinq, douze, douze, vingt.

Allez-y !

Quel est ton numéro de téléphone ?
Exchange telephone numbers as you would in Quebec, inventing numbers if you wish.

modèle : Quel est ton numéro de téléphone ?
C'est le 555-1212

Now, how would you say the following French telephone numbers?

1. 31.97.62.81
2. 80.67.77.09
3. 69.70.71.14
4. 42.78.22.95
5. 59.89.90.47
6. 26.13.15.71

Quelle est ton adresse ?

Exchange real or imaginary addresses in French.

modèle : Quelle est ton adresse ?
C'est 555, rue (*street*)...avenue...boulevard...

Questions démographiques

Share information about numbers of people.

1. Quelle est la population de votre (*your*) ville (*town/city*) ?
2. Quelle est la population du Canada ?
3. Quelle est la population des États-Unis (*United States*) ?
4. Il y a combien (*how many*) d'étudiants à votre université ?
5. Il y a combien (*how many*) d'étudiants dans votre classe la plus grande (*biggest*) ?
6. ?

Combien coûte ...?

Ask questions about the articles in the ad below.

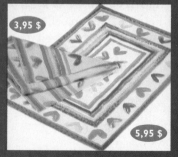

modèle : Combien coûte _____ ? *How much does _____ cost?*

VII. Exprimer la durée

Depuis + le présent

Choose **depuis** to indicate duration from the past to the present.

• Although used with the *present* tense, **depuis** designates an action that began in the past and is still going on at the moment of speaking. Typically, it means *for*.

> Tu **es** là **depuis** longtemps ?
> *Have* you *been* here *for* a long time?

• However, when used with an expression marking the beginning of an action, **depuis** means *since*. Words expressing the beginning of an action might include **hier** (*yesterday*) as well as the days of the week that you learned earlier in Chapter 1.

> Non, (je suis là) **depuis** ce matin seulement.
> No, (I've been here) only *since* this morning

---

depuis + expression of length of time = *for*
depuis + expression marking *beginning* of action = *since*

Vocabulaire actif : *Des notions de durée*

10 minutes	
une heure	*an hour*
trois jours	*three days*
une semaine	*a week*
un mois	*a month*
un an	*a year*
peu de temps	*a short while/not very long*

Allez-y !

Depuis longtemps ... ?
Use **depuis** in both the question and answer.

modèle : Jacques est étudiant (un mois)
    Jacques est étudiant depuis longtemps ?
    Non, (il est étudiant) depuis un mois seulement.

1. Le professeur est là (deux minutes)
2. Tu es à Laval (ce matin)
3. Marc et Chantal sont mariés (*married*) (7 mois)
4. Tu habites en résidence (cinq jours)
5. Roland est bouddhiste (2 ans)
6. Pauline a un piano (hier = *yesterday*)
7. Maria et Jane ont une machine à popcorn (une semaine)

Et toi ?
Ask a classmate a few questions using **depuis**.

modèle : Tu / être / à l'Université X ?
           Tu es à l'Université X depuis longtemps ?
           Non, je suis étudiant-étudiante depuis un mois seulement.

1. Tu / être / dans la salle de classe
2. Tu / habiter / en résidence
3. Tu / habiter / à (*city*)
4. Tu / étudier / le français, etc.
5. Tu / avoir / un chat, un chien, etc.

Plus loin   *Fiches biographiques*

Pré-lecture

On the following pages, you will find the **fiches biographiques** filled out by all of the students and staff at the summer immersion programme. Even though there may be words you have not yet seen, you can probably guess at the meaning of most of them. Try to do so whenever possible.

FICHE BIOGRAPHIQUE

Université Laval, *cours d'immersion*

nom : __THERRIEN__

prénom (s) : __Robert__

sexe : __X__ masculin _____ féminin   âge __22 ans__

lieu de résidence permanente :

　　　ville : __Sudbury__

　　　province : __Ontario__

profession (+ majeure, si étudiant / étudiante) : __étudiant__
__(de français)__

Passe-temps et préférences :

　__la guitare et la musique folk__
　__la politique du bilinguisme__
　__le ski__
　__la nature__
　__le camping__

FICHE BIOGRAPHIQUE

Université Laval, *cours d'immersion*

nom : __SAWCHUCK__

prénom (s) : __Heather__

sexe : _____ masculin __X__ féminin   âge __45 ans__

lieu de résidence permanente :

　　　ville : __Halifax__

　　　province : __Nouvelle - Écosse__

profession (+ majeure, si étudiant / étudiante) : __scientifique__
__(écologie marine)__

Passe-temps et préférences :

　__l'écologie, l'environnement__
　__les romans policiers__
　__les promenades__

FICHE BIOGRAPHIQUE

Université Laval, *cours d'immersion*

nom : __O'BRIEN__

prénom (s) : __Michael__

sexe : __X__ masculin _____ féminin   âge __46 ans__

lieu de résidence permanente :

　　　ville : __Halifax__

　　　province : __Nouvelle - Écosse__

profession (+ majeure, si étudiant / étudiante) : __artiste__
__(peintre)__

Passe-temps et préférences :

　__les beaux-arts, la cuisine__
　__les vins (collection d'étiquettes)__
　__les voyages, les surprises__
　__les grands chiens__

FICHE BIOGRAPHIQUE

Université Laval, *cours d'immersion*

nom : __LE BLANC__

prénom (s) : __Gérard__

sexe : __X__ masculin _____ féminin   âge __25 ans__

lieu de résidence permanente :

　　　ville : __Shippagan__

　　　province : __Nouveau - Brunswick__

profession (+ majeure, si étudiant / étudiante) : __étudiant__
__(prépare un doctorat en dialectologie française)__

Passe-temps et préférences :

　__la bonne cuisine, la mer (la pêche)__

　__la politique__

FICHE BIOGRAPHIQUE
Université Laval, cours d'immersion

nom: HARRISON

prénom (s) : Jane

sexe : _____ masculin __X__ féminin   âge 19 ans

lieu de résidence permanente :

ville : Burlington

état : Vermont

profession (+ majeure, si étudiant / étudiante) : étudiante
(de français)

Passe-temps et préférences :

le journalisme, le ski, la religion

le théâtre et la danse

FICHE BIOGRAPHIQUE
Université Laval, cours d'immersion

nom : CHARBONNEAU

prénom (s) : Réjean

sexe : __X__ masculin _____ féminin   âge 53 ans

lieu de résidence permanente :

ville : Chambly

province : Québec

profession (+ majeure, si étudiant / étudiante) : professeur

Passe-temps et préférences :

la littérature antillaise, l'art antillais

la poésie, les discussions

FICHE BIOGRAPHIQUE
Université Laval, cours d'immersion

nom: BOILLY

prénom (s) : Gabrielle

sexe : _____ masculin __X__ féminin   âge 23 ans

lieu de résidence permanente :

ville : Saint - Boniface

province : Manitoba

profession (+ majeure, si étudiant / étudiante) : professeure
(diplômée du Collège Saint - Boniface)

Passe-temps et préférences :

le kayak
la nature, la tranquillité
le cyclisme, la musique classique (la flûte)

FICHE BIOGRAPHIQUE
Université Laval, cours d'immersion

nom: CHANG

prénom (s) : Maria

sexe : _____ masculin __X__ féminin   âge 20 ans

lieu de résidence permanente :

ville : Fort Saint - Jean

province : Colombie - Britannique

profession (+ majeure, si étudiant / étudiante) : étudiante
(de français)

Passe-temps et préférences :

le cyclisme, la raquette, le ski de fond

les beaux - arts

```
┌─────────────────────────────────────────────────────┐
│                                                       │
│               FICHE BIOGRAPHIQUE                      │
│          Université Laval, cours d'immersion          │
│                                                       │
│   nom: _TREMBLAY_____        │
│                                                       │
│   prénom (s) : _Jocelyne_____        │
│                                                       │
│   sexe : _____ masculin ___X___ féminin    âge 22 ans │
│                                                       │
│   lieu de résidence permanente :                      │
│                                                       │
│        ville : _Chicoutimi_____       │
│                                                       │
│        province : _Québec_____      │
│                                                       │
│   profession (+ majeure, si étudiant / étudiante) : __artisane__ │
│   _____   │
│                                                       │
│   Passe-temps et préférences :                        │
│                                                       │
│                                                       │
│     _les textiles (je suis tisserande)_____    │
│     _le folklore, les traditions du Québec_____    │
│     _la cuisine_____    │
│     _les animaux_____    │
│     _____     │
│     _____     │
│                                                       │
└─────────────────────────────────────────────────────┘
```

Allez-y !

Qui suis-je ?

Glance through the **fiches biographiques** and pick the one that most appeals to you. Then, work with a partner for the following role-play, adopting the role of the character you have chosen.

1. Greet each other.
2. Introduce yourselves.
3. Tell where you're from and find out where your partner is from.
4. Express one or two of your likes and dislikes and find out those of your partner.

modèle : *Robert* : **Salut ! Robert Therrien.**
　　　　　Gabrielle : **Salut ! Gabrielle Boilly.** (*They shake hands.*)
　　　　　Robert : **Moi, je suis de Sudbury. Et toi ?**
　　　　　Gabrielle : **Je suis de Saint-Boniface, etc.**

Hypothèses

Judging from the fiches, who would probably like (**aimerait probablement**) the following? Note that there may be more than one correct answer. Work with a partner if you like. Give your answers in complete sentences.

modèle : Jocelyne aimerait probablement les légendes africaines; elle aime le folklore en général.

1. les concerts de Zachary Richard
2. le musée Cousteau à Monaco
3. la tapisserie de Bayeux
4. le musée Rodin à Paris
5. les élections fédérales

Activités d'intégration

Monsieur / Madame X
There is a blank **fiche biographique** in your workbook. As a class, invent a character who will reappear throughout the book, deciding on this mystery person's background and interest. This may also be done in small groups or as individuals. In future chapters we will refer to this character as **M./Mme X** (your *personnage-mystère*). It will be up to you to make this character come alive through the course of the text.

Quel concert ?
Decide with your partner which singer you are going to see on the weekend.

Rédaction
Imagine that you are requesting a French-speaking pen pal (**correspondant-correspondante francophone**). The agency responsible for pairing pen pals has asked you to write a short description of your interests. In doing so, refer to the vocabulary lists in this chapter.

Le jumelage
Exchange your description with that of a classmate whom you do not know. Circulate in the class in an attempt to find another student who has interests closely matching those of the student whose description you are holding. In asking information of your classmates, you might model your questions on those below:

- Comment s'appelle l'étudiant-l'étudiante ?
- Il / Elle habite ...? étudie ...? aime ...? etc.

Vocabulaire actif

Les études, p. 43
Bonjour ! Ça va ? Au revoir ! p. 44
Au revoir, p. 46
J'aime / Je déteste, p. 47
Adverbes de nuance, p. 49
Activités, p. 49
Présentations, p. 55
Le cinéma et la télévision, p. 57
La musique et la danse, p. 57
Les sports, p. 57
Les professions, p. 59
Les nombres de 70 à 1 000 000, p. 61.
Des notions de durée, p. 63

Noms
l'ami-l'amie *mf* friend
l'animal *m* (les animaux) *animal(s)*
la classe *class*
l'école *f* school
l'émission *f* (TV) show
le film *movie/film*
le matin *morning*
le numéro *number*
la rue *street*
le téléphone *telephone*
la ville *town/city*

Verbes
adorer° *to adore*
aimer° *to like*
détester° *to dislike*
organiser *to organize*
préférer° *to prefer*

Conjonctions
mais *but*
quand *when*

Prépositions
depuis *since*
sur *on*

Adverbes
aussi *also*
hier *yesterday*
mieux *better*
sûrement *surely*
surtout *especially*
très *very*
un peu *a little*

Adjectifs
exotique *exotic*
fatigué-e *fatigued/tired*
francophone *French-speaking*

Autres
depuis *since*
par exemple *for example*
quand *when*
Qui est-ce ? *Who is it?*
Tiens ! *Say!/Look!*
tout le monde *everyone*

° verb presentation in chapter

La ville de Québec

CHAPITRE 2

On se retrouve à la cafétéria

Mise en contexte

Maria, Gabrielle, Heather, Gérard et Michael se retrouvent à la cafétéria de l'Université Laval. Puis Robert et Jocelyne arrivent avec visiteur de Louisiane.

Objectifs communicatifs

Scène 1
Décrire les personnes et les choses
Parler des membres d'une famille et de leurs possessions
Décrire les personnes

Scène 2
Faire des projets
Bien s'exprimer : les verbes suivis des prépositions à et de
Exprimer des opinions, demander l'avis de quelqu'un

Structures et expressions

Scène 1
Les adjectifs
  • invariables (genre)
  • réguliers
Les adjectifs possessifs
Indiquer la possession avec **être à** + pronon tonique et
  par la préposition **de**
Le verbe **avoir** pour exprimer l'âge

Scène 2
Le temps présent pour exprimer le futur
Les verbes **aller** et **venir**
Les contractions **au, aux; du, des**
Les pronoms **y** et **en**

Vocabulaire actif

Scène 1
Décrire les personnes ou les choses
Les membres de la famille
Exprimer l'âge
Les descriptions physiques

Scène 2
Les activités en ville ou sur le campus
Donner son opinion

Culture

Le français canadien et le français européen (suite)
L'impact de l'anglais sur le français et vice-versa
La taquinerie dans la culture française
Les minorités francophones : le Québec au Canada;
  la Louisiane aux États-Unis

Des muffins haute cuisine

Le déjeuner

Sur le vif !

Maria et Gabrielle déjeunent (*are having breakfast*)¹ à la cafétéria avec un autre membre de la classe, Heather. Gérard arrive :

is there someone (sitting here)?

Gérard : Excusez, il y a quelqu'un° ?

come sit down.

Gabrielle : Ah, salut, Gérard. Non, viens t'asseoir°. Ça va, toi ?

I'm feeling great; looks for

Gérard : Oui, je suis en pleine forme°. (*Il regarde, cherche° Michael.*) Mais où est Michael ?

Heather : Il est encore dans notre chambre; il arrive. (*Heather regarde les plateaux°.*) Regarde donc° tout le plastique et le papier. C'est atroce !

the trays; Just look at

Gérard : C'est normal, Heather. La cuisine est atroce aussi. Il est abominable, ce° café ! (*Il indique l'assiette de Gabrielle°.*) Et ça, Gabrielle, qu'est-ce que c'est dans ton assiette ?

this; Gabrielle's plate

Gabrielle : Mais tu vois bien° que ce n'est pas une banane ! C'est un muffin², mon petit drôle°³, et il est délicieux. Et en plus°, je trouve que le café est bon. Écoute, Gérard, ce n'est pas un restaurant gastronomique; c'est une cafétéria universitaire.

You can plainly see
smart alec; besides

72

Gérard : Je sais°, je sais … Mais je pense à ma famille, aux déjeuners. Chez moi, mon père prépare toujours le café, et il est superbe. Et les muffins de ma mère, ils sont fantastiques ! Mon frère a seulement° 10 ans, et il en mange° quatre par jour°! Ici, à la cafétéria, eh bien, c'est très ordinaire.

I know
only; he eats
per day

Maria : Je comprends, Gérard. Mon père est boulanger°, et le pain° et les gâteaux° à la maison° sont formidables.

baker; bread
cakes; at our house

Michael : Salut, tout le monde ! Bon appétit !

Gérard : Qui c'est ? (*Il se tourne°.*) Incroyable°, mais c'est Michael ! Tu es là enfin°, gros paresseux° [3]!

turns around; Unbelievable;
finally; (you) lazybones

Heather : Viens, Michael, il y a une place ici.

Michael : Merci. Alors, quoi de neuf°, tout le monde ?

what's new

Maria : Oh, rien°, on parle de la nourriture° à la cafétéria … ce n'est pas une conversation très gaie.

nothing; food

Michael : Quel° est le problème ? Il y a un grand choix°…

What; choice

Maria : Oui, mais ce n'est pas très bon.

Michael : Ah ! Heureusement° que je ne suis pas difficile, moi. Ce café est pour° moi ?

Luckily
for

Gérard : Non, il est à moi. Touche pas !

Pour en savoir plus

1. As we have already noted, there may be a good deal of variation in vocabulary from one francophone country or region to another. The equivalent of "to have breakfast" is usually **déjeuner** in Canada, but **prendre le petit déjeuner** in Europe. Here are some more examples, all related to meals:

Vocabulaire actif : *Les repas*

français européen	français canadien	anglais
le petit déjeuner	le déjeuner	*breakfast*
le déjeuner	le dîner	*lunch*
le goûter	la collation	*snack*
le dîner	le souper	*dinner/supper*

Une boisson saine : le jus d'orange

2. Why is there no translation in French for *muffin*, or in English for the French word **croissant**? As we borrow a part of another culture's "reality" (in this case culinary), we import the corresponding words as well. English has accepted relatively few French words in the twentieth century, but French has borrowed a substantial amount from English in the last few decades.

3. French speakers are noted for their enjoyment of teasing (**la taquinerie**). Thus Gabrielle does not mean literally that Gérard is a little smart alec when he inquires (presumably tongue-in-cheek!) about the muffin she has ordered. A better translation might be something like "You silly character, you silly rascal, etc." Similarly, Gérard is obviously teasing Michael when he calls him a **gros paresseux** (*big lazybones*).

Vous avez bien compris ?

Give the name of the character who would be the most likely to say the following in the context of the mini-conversation. Be prepared to justify your response.

1. J'arrive toujours après (*after*) les autres.
2. J'aime bien les muffins de la cafétéria.
3. Michael arrive bientôt (*soon*).
4. Ça va très, très bien, merci.
5. Mais non, je ne suis pas paresseux.
6. Je trouve que le café ici est horrible.
7. Mon père prépare des petits pains délicieux.

Réflexions sur la culture

1. What are the first five French words commonly used in English that come to your mind? Do you use most of these words fairly frequently? In particular, can you think of some common food items (or other items) that keep their French names in English or another language? Check with your neighbours to see if you often use the words on their lists, and vice-versa.

2. Do you feel that teasing (**la taquinerie**) is also an integral part of your own culture?

Fonctions et observations langagières

I. Décrire les personnes et les choses

L'accord des adjectifs

We are constantly describing ourselves, others and the world around us as we express opinions, pleasure and displeasure, and so on. We very frequently use

adjectives in doing so. You will recall these examples from *Le déjeuner*.

> *Gérard* : La cuisine est **atroce** aussi.
> *Maria* : les gâteaux … sont **formidables**.

You will remember from Chapter 1 that nouns in French may be either masculine or feminine (*le livre, la chambre*), and as well they may be either singular or plural (*le livre, les livres*). In French, the same is true of adjectives, and they are said *to agree with* the noun or pronoun that they describe or qualify, both in *gender* (masculine/feminine) and in *number* (singular/plural).

> *Gérard* : Et les muffins de ma mère, ils sont **fantastiques** !

Les adjectifs invariables (genre)

• A large number of French adjectives have the same form for both the masculine and feminine singular – they end with the letter -e. And, as with *les livres*, they form their plural with the consonant -s. In terms of pronunciation, since the final -s is silent, *all four forms have the same pronunciation.*

	singulier	pluriel
m	superbe	superbes
f	superbe	superbes

Vocabulaire actif : *Description de personnes et d'objets*

-iste	-ique
égoïste (*selfish*)	comique
idéaliste / matérialiste	énergique
optimiste / pessimiste	fantastique
réaliste / irréaliste	magnifique
sexiste / non-sexiste	sympathique / sympa (*fam.*) *nice*
triste	

-able	-ible
agréable / désagréable	horrible
confortable (*things only*)	possible / impossible
formidable (*wonderful/great*)	sensible (*sensitive*)
incroyable (*unbelievable*)	
raisonnable	

-aire
célibataire (*unmarried*)
nécessaire
ordinaire / extraordinaire
populaire

As well as:

autre (*other*)	juste / injuste		
célèbre (*famous*)	superbe / atroce	facile / difficile	riche / pauvre
calme	anglophone	francophone	honnête
sincère	stupide	drôle (*funny*)	bête (*silly*)
bizarre	timide (*shy*)	modeste	moderne

What examples of this type of adjective can you find in the texts below?
You are not expected to understand all the words.

Grues blanches et plaines boréales
Wood Buffalo

La baie des marées géantes
Fundy

C'est le plus grand parc du Canada et il abrite l'unique zone de nidification de la grue blanche d'Amérique, une espèce menacée, de même que le plus important troupeau de bisons au monde. Cette région sauvage de marais, de forêts, de ruisseaux sinueux, de grandes rivières vaseuses et de vastes étendues marécageuses a peu changé depuis l'époque de la traite des fourrures. Les résidants Cri et Chipewyan y vivent encore de la chasse et de la pêche. Vous pourrez découvrir la beauté hivernale de ce parc en chaussant vos skis ou vos raquettes pour parcourir son vaste réseau de pistes.

Il y a deux visages à Fundy: l'un est constitué de rivages brumeux, de falaises abruptes et de rochers sculptés par les plus hautes marées du monde; l'autre nous offre des forêts lumineuses et des ruisseaux aux eaux vives et cristallines. Une marche sur le fond de la baie à marée basse vous permettra d'examiner de près quantité de bigorneaux, d'anémones de mer, d'anatifes et d'autres animaux marins mais gare à la marée montante! Aussi, vous pourrez épier chevreuils, ratons laveurs et lynx roux au cours de randonnées vers le plateau boisé de l'arrière-pays.

Allez-y !

Pas d'accord !

modèle : Tu es pessimiste, n'est-ce pas ?
Mais non, je suis optimiste.

1. Est-ce que tu es calme ?
2. Est-ce que le français est difficile ?
3. Les salles de classe sont désagréables, n'est-ce pas ?

4. Est-ce que les professeurs sont horribles ?
5. La cuisine en résidence est superbe, n'est-ce pas ?
6. Est-ce que le climat ici est atroce ?

Mon opinion
Complete the sentences below by adding an adjective of your choice. Compare your answers to those of one or two classmates.

1. Les chambres en résidence sont _____.
2. La musique de Beethoven est _____.
3. La musique rap est _____.
4. J'ai 50% à mon quiz. C'est _____.
5. J'ai 90% à mon quiz. C'est _____.
6. Eric Lindros est _____.
7. Les Blue Jays de Toronto sont _____.
8. La classe de français est _____.

Les adjectifs réguliers

• Another group of adjectives is often called *regular*; the feminine of these adjectives is formed by adding an -e to the masculine singular form. As usual, simply add an -s for the plural.

	singulier	pluriel
m	Il est amusant.	Ils sont amusants.
f	Elle est amusante.	Elles sont amusantes.

What examples of this kind of adjective can you find in the two texts on page 77 ?

Vocabulaire actif : *Description de personnes et d'objets*

-(vowel)	-n	-s
compliqué	américain	anglais
fatigué	fin *nice* (Qué.)	français
joli		québécois
fiancé / marié / divorcé		

-ant	-ent	-t
amusant	compétent	fort *strong*
arrogant	incompétent	parfait *perfect*
charmant	content	
élégant	différent	

embêtant *annoying*	excellent	**-d**
fatigant *tiring*	intelligent	laid *ugly*
important	lent *slow*	rond *round*
indépendant	patient	
intéressant	prudent *careful*	
méchant *mean*	récent	
passionnant *fascinating*	violent	

What examples of this type of adjective can you find in the ad below? You are not expected to understand all the words.

CERTAINS PROFESSIONNELS FONT PARFOIS LEURS PREMIERS PAS SANS VRAIMENT SAVOIR OÙ ILS METTENT LE PIED.

Allez-y !

Ne soyons pas sexistes !

Pay particular attention to the *forms* of the adjectives as you work on the following activity.

modèle : Les femmes sont assez tolérantes.
   Et les hommes sont assez tolérants aussi.

1. Les femmes sont assez patientes.
2. Les hommes sont assez individualistes.
3. Les femmes sont assez sensibles.
4. Les hommes sont assez indépendants.
5. Les femmes sont assez dynamiques.
6. Les hommes sont assez embêtants.
7. Les femmes sont assez intelligentes.
8. Les hommes sont assez réalistes.
9. Les femmes sont assez compétentes.
10. Les hommes sont assez arrogants.

Mini-sondage

Describe the following:

modèle : musiciens rock
   En général, ils sont assez riches !

À noter !

Be careful of the adverb **assez**; it can mean *fairly, rather* or *enough*. No doubt rock musicians are often both *rather* rich and rich *enough*! You will frequently find it useful, when giving your views, to modify some adjectives with adverbs. For example, concerning rock musicians, you might have said that:

Ils sont **très** célèbres.
Ils sont **trop** (*too*) arrogants.
Ils sont **complètement** égoïstes.
Ils sont **absolument** fantastiques.
Ils sont **quelquefois** (*sometimes*) bizarres.
Ils sont **souvent très** énergiques.
Ils sont **presque** (*almost*) **toujours** (*always*) **assez** intéressants.

1. les personnages politiques
2. les présidents-présidentes d'université
3. les joueurs (*players*) de hockey
4. les vedettes de cinéma (*movie stars*)
5. les professeurs-professeures
6. les animateurs d'émissions télévisées ou radiodiffusées comme Oprah
   Winfrey et Peter Gzowsky
7. les «verts» (les écologistes)
8. les enquêteurs (*poll-takers*)

Interview

Use a few of the following questions to interview a classmate about some of
his or her personality traits.

1. Est-ce que tu es presque toujours optimiste ?
2. Est-ce que tu es assez idéaliste ?
3. Tu es toujours sincère, non ?
4. Tu es prudent-e ?
5. Tu es très, très modeste, c'est vrai ?
6. Tu es quelquefois trop matérialiste ?
7. Tu es souvent un peu (*a bit*) violent-e, non ?
8. Tu es parfait-e, oui ?!
9. ?

II. **Parler des membres d'une famille et de leurs possessions**

Les adjectifs possessifs

To talk both about ownership and about what members of our immediate and extended families are doing, we have several options, such as the following that you have seen in *Le déjeuner*:

Heather : Il est encore dans **notre** chambre ...
Gérard : Et les muffins de **ma** mère ... il est **à moi** !

When we express ownership, we frequently use possessive adjectives.

Gérard : Et ça, Gabrielle, qu'est-ce que c'est dans **ton** assiette ?

À noter !

While possessive adjectives indicate the identity of the possessor, the adjective itself agrees both in gender and in number with the person or thing possessed. Thus, **sa raquette** may mean either *his* or *her racket*, **son muffin** either *his* or *her muffin*, etc.

---

	singulier		pluriel	
	m	*f*	*m / f*	
	mon muffin	**ma** raquette	**mes** oranges	*my*
	ton muffin	**ta** raquette	**tes** oranges	*your*
	son muffin	**sa** raquette	**ses** oranges	*his/her/its*
	notre muffin	**notre** raquette	**nos** oranges	*our*
	votre muffin	**votre** raquette	**vos** oranges	*your*
	leur muffin	**leur** raquette	**leurs** oranges	*their*

Possessive Adjectives (handwritten marginal note)

À noter !

• Before feminine nouns beginning with a vowel or silent **h**, the *masculine* singular form of the possessive adjective is used:

   mon amie, **ton** auto, **son** école

• There is a liaison with the plural forms **mes, tes, ses, nos, vos, leurs** and a following word beginning with a vowel or silent **h: mes amis, nos enfants**, etc.

Allez-y !

Pratique pratique

Use the example to help you decide what form of the possessive adjective would be appropriate in the following contexts (the names in parentheses are the "owners"):

modèle : (Andrew) La grande photo montre _sa_ ville.

1. (Mélanie) La petite photo montre ___ chat.
2. (nous) ___ sport préféré est le hockey.
3. (Louise et Yves) J'aime bien ___ bicyclettes.
4. (moi) Voici ___ nom et ___ adresse.
5. (vous) Vous mangez à la cafétéria avec ___ amis ?
6. (Robert) ___ amis habitent toujours avec ___ parents.
7. (Evelyne et Doris) Elles détestent ___ cours de géographie.

Organisons un voyage !

What possessions would you probably want to take with you if you were planning to spend a year studying French at Laval? If your best friend were also going, what do you think she/he would not want to leave behind?

modèle : Je voudrais (*would like*) emporter (*take*) mon vélo et mes cassettes.
Je pense que X voudrait emporter sa raquette de squash et ses skis.

Être à + les pronoms toniques

The expression **être à** indicates possession. It is followed by a noun or a stress pronoun.

Il y a une bicyclette dans le couloir (*corridor*).
Elle est à Paul.   *It's Paul's.*
Elle est **à moi**.   *It's mine.*

Les pronoms toniques		
moi *me*	nous *us*	
toi *you (fam.)*	vous *you (formal or plural)*	
elle *her*	elles *f them*	
lui *him*	eux *m them*	

À noter !

Stress pronouns are also used for purposes of emphasis, as in the following expressions :

J'ai un chat. Et toi ?
Moi, je n'ai pas de chat.

J'ai une bicyclette, **moi aussi.**
Tu as une machine à popcorn, **toi aussi ?**

Allez-y !

Pratique pratique

Who owns each of the following items? The real owners are highlighted. Use
à + stress pronouns to be as clear as possible.

modèle : (**moi** ou toi) le dernier muffin
Il est à moi.

1. (**Suzanne** ou Nick) l'imprimante laser
2. (**Georges** ou Sandra) les cassettes de Roch Voisine
3. (**Louisa** ou Sandra) le baladeur
4. (**Philippe et Adrienne** ou nous) la voiture américaine
5. (**Suzanne et Louisa** ou Philippe et Adrienne) les livres de français
6. (**toi et moi** ou Thomas) la machine à popcorn

La préposition **de**

• One might also express the idea of ownership, or relationship between
people, by using the preposition **de.**

C'est la voiture **de** Pierre.	*It's Peter's car.*
Le fils **de** Jean est à Hamilton.	*John's son is in Hamilton.*
C'est l'oncle **de** Gregory.	*That's Gregory's uncle.*
Voici la chambre **de** notre fille.	*Here is our daughter's room.*

• You will find the following vocabulary useful when talking about members
of your immediate or extended family.

Vocabulaire actif : *Les membres de la famille*

l'homme *man*	l'enfant *child*
la femme *woman*	la fille *girl*
	le garçon *boy*
la mère *mother*	la tante *aunt*
le père *father*	l'oncle *uncle*
les parents *parents; relatives*	la nièce *niece*

(*continued next page*)

la femme *wife*	le neveu *nephew*
le mari *husband*	la cousine *cousin*
la fille *daughter*	le cousin *cousin*
le fils *son*	la petite-fille *granddaughter*
la sœur *sister*	le petit-fils *grandson*
le frère *brother*	la belle-mère *mother-in-law*
la grand-mère *grandmother*	le beau-père *father-in-law*
le grand-père *grandfather*	la belle-sœur *sister-in-law*
les grands-parents *grandparents*	le beau-frère *brother-in-law*

Allez-y !

L'arbre généalogique de Jocelyne

Jocelyne Tremblay spent part of her last holidays in Chicoutimi completing a sketch of part of her family tree. Ask a classmate what relationship the other family members are to Jocelyne.

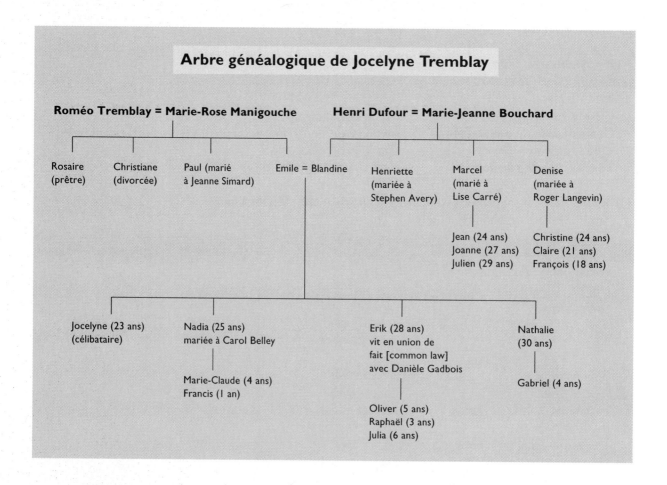

Arbre généalogique de Jocelyne Tremblay

modèle : Qui est Nadia ?
        C'est la sœur de Jocelyne.
        Qui est Marie-Rose Manigouche ?
        C'est sa grand-mère.

III. Décrire les personnes

Expressions avec avoir

When talking about his mother's delicious muffins, Gérard points out:

Gérard : Mon frère **a** seulement **10 ans**, et il en mange quatre par jour.

In French, it is the verb **avoir** that is used to express age.

Vocabulaire actif : *Exprimer l'âge*

Tu **as** quel âge ? (*How old are you?*)
J'**ai** 23 ans. (*I'm 23.*)
Quel âge **a** votre maison ?
Elle **a** 120 ans.

À noter !

The word **ans** is always mentioned in French, although *years old* is optional in English.

• The verb **avoir** is also used to describe *parts* of the body:

Elle a les cheveux courts et bruns. (*She has short, brown hair.*)
Il a les yeux verts et les cheveux noirs. (*He has green eyes and black hair.*)
The definite article **les** is used after **avoir** in these expressions.

Quelques adjectifs descriptifs

• When describing a person's physical characteristics, the following adjectives are useful (and not only for expressions using **avoir**):

Vocabulaire actif : *La description physique*

| court - courte *short* | (Il a les cheveux courts.) |
| long - longue | (Il a les cheveux longs.) |

(continued next page)

châtain *chestnut brown*   (Elle a les cheveux châtain.*)
roux - rousse *red* (*for hair*)
blanc - blanche *white - grey* (*for hair*)
blond - blonde
bleu - bleue *blue*
brun - brune *brown*
vert - verte *green*
clair - claire *light*
foncé - foncée *dark*
petit - petite *short*
grand - grande *tall*
fort - forte *strong/stout/large*
mince *slim*

* Note that **châtain** is invariable and does not agree with **cheveux**.

Allez-y !

Ma famille
With a classmate, take turns briefly describing the members of your own family. Use as many descriptive adjectives as possible.

modèle : J'ai une sœur formidable et trois frères assez embêtants. Ma sœur Monique a 20 ans. Elle étudie l'espagnol à l'université. Elle est grande; elle a les cheveux roux et les yeux verts. Elle est très intelligente et très sympathique. Un de mes frères ...

L'enfant idéal
Imagine that you are describing to a classmate the ideal children you would like to have some day. Describe the children. Include their age, what they are doing, their physical characteristics and personality.

Le personnage politique idéal; la vedette de cinéma idéale; la personne qui va vous embaucher (*is going to hire you*) l'été prochain
Describe the person whom you selected.

Rencontres à la cafétéria de Laval

Scène 2 · *Quoi faire ?*

Sur le vif !

begin; plan; meet

Les étudiants commencent° à planifier° leur semaine, et rencontrent° un voyageur de la Louisiane.

I know
wine
tonight

Gérard : Écoutez, vous autres, j'ai une idée. Je connais° un bon restaurant où on prépare des steaks extraordinaires et où le vin° et le café sont excellents. On y va ce soir°?

party

Maria : Ce soir, il y a la soirée° chez M. Charbonneau; on y va demain soir ?

before

Michael : Excellente idée, et pourquoi pas aller au cinéma avant°? Tu viens, Gabrielle ?

the others

Gabrielle : Oui, bien sûr ! On invite les autres° aussi ?

Heather : Certainement !

(Robert et Jocelyne arrivent d'une autre table avec Joseph Arceneaux, un visiteur à Laval.)

works

Robert : Bonjour, tout le monde. Je vous présente Joseph Arceneaux, qui travaille° pour le CODOFIL[1] en Louisiane.

Maria : Qu'est-ce que c'est, le CODOFIL?

tries; protect

Joseph : Eh bien[2], c'est un organisme qui essaie° de protéger° et de développer le français des Cadiens[3] en Louisiane. Je viens étudier la situation des francophones au Canada.

89

shape	**Jocelyne** : Est-ce que vous trouvez que le français au Canada est en bon état° ?
uneven laws	**Joseph** : À mon avis, c'est inégal°. Dans certaines provinces, il y a un danger réel d'assimilation. Au Québec, ça va bien. Je pense que les lois° …
She interrupts him.; Let's not talk about	**Maria** : *(Elle l'interrompt.)*° Ne parlons pas de° la loi 101[4] ! C'est une catastrophe !
you're wrong	**Robert** : Ah, là, tu as tort°, Maria. Le français au Québec ne peut pas survivre sans la protection de la loi 101.
	Gérard : Robert a bien raison !
smiles	**Jocelyne** : *(Elle sourit° à Robert.)* Je suis heureuse de trouver un Ontarien qui comprend la situation des Québécois.
clear	**Joseph** : C'est sûrement compliqué. Mais en Louisiane, c'est clair°, la langue française est en danger.
her watch; we must	**Gabrielle** : Au Manitoba aussi. *(Elle regarde sa montre°.)* Tiens[2], il faut° aller en classe. Vous venez ?
Go ahead; I'll be right there	**Michael** : Allez-y°, j'arrive°.
See you soon	**Gabrielle** : À tout à l'heure°, Michael.
that; the last one	**Heather** : Ce° Michael, toujours le dernier° !

Pour en savoir plus

1. CODOFIL stands for Council for the Development of French in Louisiana (Conseil pour le Développement du français en Louisiane). The spelling of Joseph's last name, Arceneaux, is typical of Louisiana. There are many Arsenaults in the Acadian areas of the Maritime provinces of Canada.

Le CODOFIL
en français, s.v.p.

2. All languages tend to make use of what are often called "pause phenomena." As we stall for time in deciding what we are going to say next, we frequently, in English, say something like Uh … Oh, well … you know … like … and so on. Here are a few useful "fillers" you may hear in French (we encourage you to begin to use them):

Euh …	*Uh …*
Eh bien (ben, ben alors) …	*Well (now)…*
Oh, tu sais / vous savez …	*Oh, you know…*
Voyons …	*Let's see…*
Enfin, tu vois / vous voyez …	*Now, you see…*
Et pis / Ça fait que *(Can.)* …	*So…*

Interjections are also common in most languages. Here are a few common French interjections:

Tiens / Tenez ...	*Hey...; Here...*
Dis / Dites (donc) ...	*Say...*
Ouf ...	*Phew...*
Bof (*with shrug*) ...	*So what?*

3. Acadians are French-speaking residents of Louisiana, descended from the Acadians deported from the Maritime provinces of Canada beginning in 1755. A number of Acadians eventually reached Louisiana, and began settlements there. The name **Cadien** (formerly *Cajun*) derives from **Acadien**.

4. Bill 101, adopted in 1977, declared French the only official language of Quebec. Its proponents believed it to be vital for the preservation of the French language in Quebec. It was a source of controversy, as a number of anglophone Quebeckers felt, and still feel, that the law discriminates against them.

Musicien cadien (Louisiane)

Vous avez bien compris ?

Give a two to three word answer to the following questions.

1. Est-ce qu'ils vont au restaurant ce soir ? Pourquoi (*Why*) ?
2. D'où vient Joseph Arceneaux ?
3. Qu'est-ce que le CODOFIL essaie de protéger ?
4. Quelle loi protège le français au Québec ?
5. Pourquoi est-ce que les amis quittent la cafétéria ?

Réflexions sur la culture

1. Why do you think the government of Quebec felt the need to declare the province unilingual French? Do you share Maria's or Robert's reaction to it?
2. Do you know of examples, other than the Acadians, of ethnic groups being deported or interned? Discuss.

Fonctions et observations langagières

I. Faire des projets

Employer le présent pour indiquer le temps futur

Gabrielle, Gérard and the others are making some decisions and plans for what they are going to be doing later on and right away:

> *Gérard* : Je connais un bon restaurant où on prépare des steaks
> extraordinaires ... On y va ce soir ?
> *Gabrielle* : Tiens, il faut aller en classe. Vous venez ?

The simplest way to express the idea that something will be taking place at some point in the future is to use the *present tense* of the verb. This is generally used in expressions relating to intentions. The context itself (**... il faut aller en classe. Vous venez ?**) or an adverbial expression indicating future time (**On y va** *ce soir* **?**) make it clear that the action has not taken place yet.

Les verbes **aller** et **venir**

You may have noticed that you have been using parts of the irregular verbs **aller** (*to go*) and **venir** (*to come*) since the preliminary chapter of *Bonne route*.

> Ça *va* bien ?
> Je *viens* de Fort Saint-Jean.
> On y *va* demain soir ?

• It is time now to learn their complete conjugations.

Irregular Verbs (Present Tense)

aller	
je **vais**	nous **allons**
tu **vas**	vous **allez**
elle / il / on **va**	elles / ils **vont**

& tenir →

venir	
je **viens**	nous **venons**
tu **viens**	vous **venez**
elle / il / on **vient**	elles / ils **viennent**

À noter !

The verb **tenir** *(to hold; to take)* is conjugated like **venir**. See *Pour en savoir plus* note number 2 for idiomatic usage of **tenir**.

Allez-y !

Pratique pratique

Make sure you are comfortable with the various forms of **aller** and **venir** by constructing a few sentences in the present tense:

modèle : Je / aller / Kingston
> **Je vais à Kingston.**

1. Yvette / venir / demain
2. Patrick / aller / en classe maintenant
3. Tu / venir / avec Suzanne, n'est-ce pas ?
4. Nous / venir / souvent ici
5. Sandrine, Odile et Zoé / aller / Rimouski
6. Je / aller / quelquefois / la cafétéria
7. Vous / venir / maintenant ?
8. François et Marie-Luce / venir / aujourd'hui (*today*)
9. La mère / tenir / son enfant

Quand je vais à la plage (*beach*)
Ask a classmate how he or she feels in the following situations.

modèle : aller à la piscine
> Quand je vais à la piscine, je suis content-e. Et toi ?
> **Moi, je suis fatigué-e quand je vais à la piscine !**

1. aller à la plage
2. aller à la montagne (*mountains*)
3. aller à la bibliothèque (*library*)
4. aller chez tes grands-parents
5. aller en classe en autobus

Adjectifs utiles	
content-e	fatigué-e
triste	charmant-e
optimiste	prudent-e
énergique	patient-e

II. Bien s'exprimer : les verbes suivis des prépositions **à** et **de**

Les contractions **au, aux; du, des**

When making plans to go out to dinner, Michael suggests:

> *Michael* : ... pourquoi pas aller **au** cinéma avant ?

• The verb **aller** is often followed by the preposition à to indicate destination
(**aller** *à* **la banque** – to go *to* the bank).

• Similarly, the verb **venir** is often followed by the preposition **de** to indicate
the point of origin (**venir** *de* **la banque** – to come *from* the bank). Other verbs
are also followed by either the preposition à or de.

• When these prepositions are followed by the definite articles **le** or **les**, their forms contract as follows:

à + le = au	à + les = aux
de + le = du	de + les = des

Here are a few examples of **à** and **de** followed by the definite articles:

Je vais **au** théâtre ce soir.
Il va **à l'**hôtel maintenant (*now*).
Marc va **à la** résidence.
Il vient **du** musée.
Nous arrivons **de la** bibliothèque.
Je viens **de l'**aéroport (*airport*).

Quelques oppositions : **à** ou **de** ?

• Choosing **à** or **de** will often change a verb's meaning. **Jouer** and **penser** are two of the most common cases.

Elle joue **au** squash. (jouer à + sport)	Il joue **de la** flûte et **du** piano. (jouer de + instrument)
Je pense **aux** vacances (*vacation*). (penser à quelque chose / à quelqu'un = *to think about something/someone*)	Qu'est-ce que tu penses **des** acteurs ? (penser de quelque chose / de quelqu'un = *to have an opinion about something/someone*)

Allez-y !

Mais non !

modèle : Georges (le cours d'histoire)
        Georges va au cours d'histoire ?
        Mais non! Il vient du cours d'histoire !

1. Gabrielle (la cafétéria)
2. Monsieur et Madame Charbonneau (le théâtre)
3. Andrew (l'Université Laval)
4. Gérard et Joseph (le restaurant)
5. Jocelyne (la réunion [*meeting*] du directeur)
6. Maria et Jane (la résidence)
7. Robert (le Musée de la Civilisation)
8. Heather et Michael (le concert de Gilles Vigneault)

Vive la liberté !

Imagine that you have very little studying to do this week-end, and are able to make a few plans.

Vocabulaire actif : *Activités en ville ou sur le campus*

aller à un concert	aller au théâtre
aller au cinéma *go to the movies*	aller dans un bar
aller à la piscine *go to the pool*	aller chez le dentiste
aller au stade *go to the stadium*	
aller au gymnase *go to the gym*	
aller à la bibliothèque *go to the library*	
aller dans une discothèque	inviter des amis
jouer du piano	jouer de la flûte
jouer au tennis	jouer au basketball
retrouver un(e) ami(e) *meet a friend*	

modèle : Alors, on va au cinéma samedi soir, Marc ?

Non, je préfère aller dans un bar. Un bon groupe rock vient samedi au Petit Odéon ...

Les pronoms **y** et **en**

In order to avoid unnecessary repetition, the pronouns y and **en** are used to replace objects of the prepositions.

• **Y** replaces objects of the preposition **à** or of prepositions of location (such as **chez** or **en**), while **en** replaces objects of the preposition **de**. For example:

Est-ce que tu vas **à la banque** ? Oui, j'y vais.
Est-ce que Paule va **chez Marie** ? Oui, elle y va.
Est-ce que tu habites **en résidence** ? Oui, j'y habite.
Est-ce que vous jouez **au tennis** ? Oui, nous y jouons.
Est-ce que tu penses **aux vacances** ? Oui, j'y pense souvent.
Est-ce que Lucien joue **de la clarinette** ? Oui, il en joue.
Est-ce que tu viens **du cours de maths** ? Oui, j'en viens.

Pronoun Notes

y replaces	– the name of a location (**à la banque; chez Marie; en résidence**)
	– the object of the preposition **à** when it is **a thing** (**au tennis; aux vacances**)
en replaces	– the object of the preposition **de** (**de la clarinette; du cours de maths**)

Allez-y !

Interview

Use a pronoun in answering the following questions.

1. Est-ce que tu joues au basketball ? (au tennis ? au badminton ? au hockey ?)
2. Est-ce que tu joues du piano ? (de la guitare ? de la flûte ? de la trompette ? du saxophone ?)
3. Est-ce que vous allez souvent au théâtre ? au cinéma ? à la piscine ? au gymnase ?
4. Est-ce que tu penses souvent à l'environnement ?
5. Est-ce que tu penses souvent aux problèmes politiques ?
6. Est-ce que vous parlez souvent de problèmes politiques ?
7. Est-ce que tu parles souvent de l'environnement ?

III. Exprimer des opinions; demander l'avis de quelqu'un

Exprimer son opinion

An expression of opinion may **look** like a statement of fact or a description, as the following excerpts from the conversation *Quoi faire ?* show:

Joseph : ... la langue française est en danger.
Robert : ... tu as tort, Maria.

• We often explicitly identify our opinions as such. Here are some of the ways this is done in French:

Vocabulaire actif : *Donner son opinion*

À mon avis...	*In my opinion ...*
Je pense* que...	*I think that...*
Je trouve* que...	*I find that...*
J'ai l'impression que...	*I have the impression that*

*penser and trouver are regular -er verbs

Demander son opinion à quelqu'un

• In order to ask someone's opinion, you might use one of the following expressions :

Je pense / trouve que la pollution est un problème grave. Et toi / vous ?
À votre avis (À ton avis) (*In your opinion, ...*), est-ce que la pollution est un problème grave ?

Selon vous / toi (*According to you* ...), est-ce que la pollution est un problème grave ?

Vocabulaire actif : *Demander l'opinion de quelqu'un*

Je pense / trouve ... Et toi / vous ... ?
À ton / votre avis ... ?
Selon toi / vous ... ?

Allez-y !

Tout le monde a une opinion !
Use the grid below to ask a classmate's opinion of one of the topics suggested.

modèle : À ton avis, est-ce que la musique rock est intéressante ?
Non, (je pense que) la musique rock est ennuyeuse.

Sujet	+ être	+ Opinion
la musique rock		intéressant
la musique classique		un danger
le baseball		un problème très grave
le ballet		mauvais
la danse aérobique		amusant
		ennuyeux (Fr.) / ennuyant (Can.)[1]
la pollution		fascinant
l'énergie nucléaire		horrible
l'alcool		superbe
le café		nécessaire
le tabac		fantastique
		frustrant
		simple
		sain *healthy*
		malsain *unhealthy*

[1] The adjective **plate** (literally "flat") is also commonly used in Quebec to mean "boring."

Encore des opinions
With the help of your instructor, if necessary, formulate an opinion on another issue about which you feel strongly. Then, ask other students if they agree.

| **Plus loin** | *Réponse* (par Barnabé Laleye) |

Pré-lecture

Imagine the response you would give if someone asked you who you are. What aspects of yourself would you identify? – your nationality or province of origin? your personality? your profession? your racial or ethnic background? Discuss your answer with a classmate.

The following poem by Barnabé Laleye was published in the literary journal *Présence africaine*. Read the first line of the poem. What kind of response would you anticipate from the poet?

> – Monsieur, qui êtes-vous ?
> – Rien°, trois fois rien°.
>
> Je ne suis pas brésilien
> Je ne suis pas africain
> Je ne suis pas américain
> Je ne suis pas antillais
> Je suis un Noir et c'est tout.
> Le reste n'a guère° d'importance.

nothing; absolutely nothing (for "Rien°, trois fois rien°")

hardly any (for "n'a guère°")

| **Allez-y !** |

Discussion
Were your predictions accurate? Discuss and compare your predictions to the poem itself. Can you summarize in one sentence the major idea of the poem?

Rédaction
Compose a short text, a poem if you wish, taking this one as a model. Begin with **Monsieur / Madame, qui êtes-vous ?**, and finish it in your own words.

Activités d'intégration

Qui suis-je ? (*activité orale*)
As a class or in several large groups, ask questions until you guess the identity of a person that one member of the class or group will choose. It must be possible to answer the questions with **oui** or **non**.

Qui suis-je ?

modèle : Est-ce que c'est une femme ?
Est-ce qu'elle est chanteuse ?
Est-ce qu'elle est dynamique ?
Est-ce qu'elle est québécoise ?

Les va-et-vient de la semaine (*activité orale*)

Compare (with a classmate) your typical weekly comings and goings. For example: **Le mardi soir je travaille à la maison et le jeudi soir je vais presque toujours à la bibliothèque, mais le vendredi soir ... Et toi ?** Then, suggest some possible activities for the coming days. For example: **Tu viens à la résidence demain soir ? On déjeune ensemble dimanche ?**

Monsieur / Madame X (*activité orale ou écrite*)

Describe your "mystery person" as completely as you can and fill out a week's appointment book for him or her.

Vocabulaire actif

Les repas, p. 73
Descriptions de personnes et d'objets, p. 76-79
Les membres de la famille, p. 85
Exprimer l'âge, p. 87
La description physique, p. 87-88
Activités en ville ou sur le campus, p. 95
Donner son opinion, p. 96
Demander l'opinion de quelqu'un, p. 97

Noms
le café *coffee*
les cheveux *m hair*
la chose *thing*
la loi *law*
la personne *person*
la photo *photo/picture*
la place *place/spot*
le problème *problem*
la soirée *party*
le steak *steak*
les vacances *f vacation*
le vin *wine*

Verbes
aller° *to go*
arriver *to arrive*
chercher *to look for*

être à *to belong to*
inviter *to invite*
manger *to eat*
préparer *to prepare*
trouver *to find/to feel*
venir° *to come*

Adverbes
absolument *absolutely*
assez *fairly/rather/enough*
ce soir *tonight*
complètement *completely*
encore *again/still*
enfin *finally*
maintenant *now*
pourquoi *why*

Prépositions
après *after*
avant *before*
chez *at the home of*
sans *without*

Autres
en danger *in danger*

° verb presentation in chapter

La place d'Armes à Québec

CHAPITRE 3

Une soirée de rencontres

Mise en contexte

M. et Mme Charbonneau reçoivent les étudiants du programme d'immersion.

Objectifs communicatifs

Scène 1
Décrire les personnes et les choses (suite)
Faire des compliments, exprimer l'admiration

Scène 2
Terminer une conversation
Décrire des activités
Parler d'activités et d'événements passés
Renvoyer à quelqu'un qu'on a déjà mentionné (*lui, leur*)

Structures et expressions

Scène 1
Les adjectifs
  • qui précèdent le nom
  • formation irrégulière
Le pluriel des noms irréguliers
  (al → aux, eu → eux)

Scène 2
Le verbe **faire**
Le passé composé avec l'auxiliaire **avoir**
Les pronoms objets indirects **lui, leur**

Vocabulaire actif

Scène 1
Les adjectifs descriptifs qui précèdent le nom
Les adjectifs descriptifs irréguliers
Les adjectifs de nationalité, d'ethnie ou d'origine
  géographique
Les adjectifs invariables
Les adjectifs devant / après le nom
Les couleurs

Scène 2
Terminer une conversation
Les sports, les travaux ménagers et les attitudes
Expressions utiles pour parler du passé

Culture

Les compliments, l'étiquette
Les attitudes envers les animaux de compagnie
Les Antilles
L'art antillais
La restauration et le développement urbains
Les recettes traditionnelles

Costume traditionnel martiniquais

Entretien avec M. Charbonneau

Sur le vif !

notices

M. Charbonneau a invité ses étudiants chez lui pour une soirée. Michael remarque° et admire beaucoup le labrador des Charbonneau.

What's his name?

Michael : Quel beau chien ! J'ai un grand chien, moi aussi. Il lui ressemble beaucoup. Comment s'appelle-t-il° ?

name

M. Charbonneau : Il s'appelle Napoléon. C'est un nom° parfait pour lui; il aime tout contrôler.

In any case; he seems

Michael : Ah, un petit empereur ? En tout cas°, il est très beau, et il a l'air° très intelligent aussi.

M. Charbonneau : Ah, c'est gentil¹.

pats; And besides; well behaved
opened; door; gentle as a lamb; I
can't stand; jump around

Jane : *(Elle flatte° Napoléon)* Et puis°, il est bien sage°. Quand vous avez ouvert° la porte°, il était doux comme un agneau°. Je ne supporte pas° ces chiens qui sautent partout° quand on arrive.

102

Michael : Malheureusement°, notre chien à nous° n'est pas très bien dressé°. Nous devons le mettre° dans la cuisine° avant d'ouvrir° la porte. Mais nos enfants l'adorent.

Unfortunately; our dog; trained
We must put him; kitchen; before
opening

M. Charbonneau : C'est l'essentiel. *(Il montre du doigt° quelques objets sur le mur°.)* Tenez, puisque° vous aimez les belles choses, regardez ma petite° collection d'art antillais°². Qu'est-ce que vous pensez de la poupée°?

points to
wall; since; little
West Indian; doll

Michael : Elle est très intéressante ! D'où est-ce qu'elle vient ?

M. Charbonneau : J'ai acheté° la poupée à Haïti³. Il y a des gens° qui pratiquent° le vaudou³ là-bas°, vous savez.

bought; there are people
practise; (down) there

Michael : Oui, mais je pense qu'ils ne sont plus° très nombreux°.

no longer; numerous

M. Charbonneau : On n'est pas sûr de leur nombre. *(Il indique une des toiles° au mur.)* Cette peinture° vient de la Guadeloupe⁴.

paintings
painting

Jane : J'aime bien les couleurs vives° de la scène ! Est-ce qu'elles sont typiques de l'art de cette région ?

bright

M. Charbonneau : Oui, en effet°. J'ai aussi un exemple intéressant des bijoux en or°⁵ de la Martinique⁶, mais il faut trouver ma femme pour le voir°. C'était un cadeau° et elle le porte° ce soir.

Yes, indeed.
gold jewellery; to see it
gift; wears

Michael : Vous avez là une collection fascinante !

M. Charbonneau : Vous trouvez°¹?

Do you think so?

(La conversation continue.)

Pour en savoir plus

1. In French, one does not always respond to compliments by saying thank you. There is a tendency among the French to pass off compliments, to weaken them or even to express mild disagreement. For example: **Ah, c'est gentil ! ... Vous trouvez ?.**
2. The Antilles refers to a chain of islands in the West Indies, divided into two parts: the Greater Antilles and the Lesser Antilles. Haiti belongs to the Greater Antilles. La Martinique, la Guadeloupe and la Dominique belong to the Lesser Antilles.
3. Haiti is a francophone republic in the Greater Antilles. **Le vaudou** is a form of animist religion that is practised by Creoles in Haiti and in parts of North America, particularly certain parts of the southern United States and New York City. The priest, called "hougan," may enter into a trance during ceremonies and thus provide the spiritual link between the people and the divinities. Voudou combines elements of the Roman Catholic religion and indigenous religions of Western Africa.

Artisan à Fort-de-France
(Martinique)

4. La Guadeloupe comprises twin islands in the Leeward Islands of the Lesser Antilles. With five other small islands, it also constitutes an overseas department of France, or **Département d'Outre-Mer (DOM)**. The Eastern island, Grande-Terre, is mostly covered with sugar plantations, while the Western island, Basse-Terre, is dominated by a volcano: la Soufrière (1 467 m).

5. Long chains hung with pendants are worn with the special dress for feast days; earrings are large but light. Ornaments are designed in various traditional African shapes: in balls, superimposed, in layers, beehive, and so on.

6. La Martinique is an island in the Windward group of the Lesser Antilles. It constitutes an overseas department of France. One of her most famous sons is the poet Aimé Césaire (born 1913), considered one of the fathers of the literary political movement of **négritude** and an inspiration to all Francophone Caribbean writers. He has been an elected member of the French legislature, representing la Martinique, since 1945.

Circuler à Fort-de-France

Vous avez bien compris ?

Reread the conversation and answer **vrai** or **faux** to the following questions. If the answer is false, try to correct it.

1. Michael a un beau chien.
2. Le nom du chien de M. Charbonneau est «Empereur».
3. Michael trouve l'art antillais très intéressant.
4. Jane aime les couleurs vives.

Répondez aux questions suivantes :

1. Comment est le chien de Michael ?
2. La poupée de M. Charbonneau est anglaise, n'est-ce pas ?
3. Mme Charbonneau porte quelle sorte de bijou ce soir ?

Réflexions sur la culture

1. Do you think we tend to over-compliment in North America? How do we typically respond to compliments? Do you know how people respond to compliments in yet another culture?
2. What kinds of things do you collect? Do you know people from other cultures who have different collections? Why do you think people collect particular things?

Fonctions et observations langagières

I. Décrire les personnes et les choses (suite)

Les adjectifs descriptifs qui précèdent le nom

In complimenting M. Charbonneau on his dog, Michael says:

Quel *beau* chien! J'ai un *grand* chien, moi aussi.

In the dialogue *Une soirée de rencontres*, many things are described with adjectives. As you will have noticed, adjectives may follow or precede the noun they qualify.

• The vast majority of adjectives usually follow nouns; however, some common exceptions to this rule are a few short, one- or two-syllable adjectives.

Vocabulaire actif : *Adjectifs descriptifs qui précèdent le nom*

	sing.		*pl.*	
m	*f*	*m*	*f*	
beau (bel[1])	belle	beaux	belles	*beautiful*
bon	bonne	bons	bonnes	*good*
grand	grande	grands	grandes	*big/tall*
jeune	jeune	jeunes	jeunes	*young*
joli	jolie	jolis	jolies	*pretty*
mauvais	mauvaise	mauvais	mauvaises	*bad*
nouveau (nouvel[1])	nouvelle	nouveaux	nouvelles	*new*
petit	petite	petits	petites	*short/small*
vieux (vieil [1])	vieille	vieux	vieilles	*old*

[1] The forms **bel, nouvel** and **vieil** are used before masculine nouns beginning with a vowel or silent **h**:

un **beau** chien	→	un **bel** homme
un **nouveau** vélo	→	un **nouvel** appartement
un **vieux** livre	→	un **vieil** oncle

À noter !

The plural of the indefinite article **des** normally becomes **de, d'** before a plural adjective:

de beaux hommes; **de** nouveaux appartements

Allez-y !

Petites annonces

Reconstruct the short want ads from the newspaper format below. Be sure to include articles and pay careful attention to the placement of adjectives.

modèle : Cherche copain (*friend*) (bon)
Je cherche un bon copain.

1. Celtics cherchent joueurs de basketball (grand)
2. Avocate cherche ordinateur (nouveau)
3. Artiste cherche appartement (beau)
4. Cherchons amis (nouveau)
5. Femmes d'affaires cherchent appartements (beau)

Qu'est-ce que tu cherches ?
Use the adjectives from the previous box *Vocabulaire actif* to discuss with a classmate what kind of want ad he or she might put in the school paper.

modèle : Moi, je cherche une nouvelle bicyclette.
Et toi, qu'est-ce que tu cherches ?
Moi, je cherche une nouvelle raquette de tennis, etc.

Soyons plus précis !
Below is a list of general statements. Make them more specific by adding the adjectives in parentheses to the statement. Be sure to place the adjective in the proper position.

1. C'est un programme d'immersion. (bon)
2. Il y a un hôtel à Québec. (superbe)
3. Les étudiants arrivent de Fort Saint-Jean. (nouveau)
4. C'est une écrivaine (*writer*). (québécois)
5. Cette actrice est très célèbre. (joli)
6. Elle écoute une chanson. (vieux)
7. J'ai deux chiennes. (intelligent)
8. Il invite ses amis. (jeune)
9. J'ai un ordinateur. (vieux)
10. M. Charbonneau a des tableaux. (beau)

Les adjectifs et noms irréguliers

Many adjectives are irregular insofar as they do not form the feminine in the same way as those you learned in Chapter 2. On the other hand, several irregular adjectives follow certain patterns in forming the feminine:

Vocabulaire actif : *Adjectifs descriptifs irréguliers*

Adjectives ending in	**masculine**	**feminine**
	cruel	cruelle
el / elle	culturel	culturelle
	essentiel	essentielle
	exceptionnel	exceptionnelle
	intellectuel	intellectuelle
	naturel	naturelle
	paternel	paternelle
	personnel	personnelle
	quel	quelle *what/which*
	sensationnel	sensationnelle
en / enne	canadien	canadienne
	moyen	moyenne *average*
on / onne	bon	bonne *good*
	mignon	mignonne *cute*
f / ve	actif	active
	agressif	agressive
	attentif	attentive
	naïf	naïve
	neuf	neuve *new*
	sportif	sportive *athletic*
	veuf	veuve *widowed*

Adjectives in the above groups form the *plural* in a regular manner, that is, by adding -s.

eux / euse	ambitieux	ambitieuse
	amoureux	amoureuse *in love*
	chanceux	chanceuse *lucky*
	courageux	courageuse
	dangereux	dangereuse
	délicieux	délicieuse
	ennuyeux	ennuyeuse *boring*
	généreux	généreuse
	heureux	heureuse *happy*

(continued next page)

malheureux	malheureuse	*unhappy*
merveilleux	merveilleuse	
paresseux	paresseuse	*lazy*
sérieux	sérieuse	

The plural form of masculine adjectives ending in **-x** does *not* require adding an **-s**.

Il est généreux. / Ils sont généreux.

• For some adjectives, only the masculine plural form is irregular. For example:

Vocabulaire actif : *Adjectifs descriptifs irréguliers (al → aux)*

sing.		pl.	
m	*f*	*m*	*f*
général	générale	génér**aux**	générales
principal	principale	princip**aux**	principales
social	sociale	soci**aux**	sociales
spécial	spéciale	spéci**aux**	spéciales

• Some nouns also have irregular plurals:

Vocabulaire actif : *Noms irréguliers*

Nouns ending in	sing.	pl.
al → aux	animal	animaux
	journal	journaux
eu → eux	cheveu	cheveux *hair*
	jeu	jeux *game*
eau → eaux	bateau	bateaux *boat*
	drapeau	drapeaux *flag*

Allez-y

Devinette

As you learn a second language, it is important to note patterns that seem to be quite regular. For example, you have seen in this chapter a number of adjectives that seem to suggest patterns:

English	French
compet*ent*	compétent
amus*ing*	amusant
com*ical*	comique
fantas*tic*	fantastique
gener*ous*	généreux

Judging from the patterns, how do you think the following adjectives are said in French?

1. charming
2. classic
3. socialist
4. impatient
5. Australian

6. nervous
7. probable
8. physical
9. serious
10. innocent

Les opinions

Write out a description of your feelings about four of the subjects listed with the appropriate adjectives. Be sure to make adjective agreement. Then, exchange and compare your descriptions with a classmate and discuss your opinions.

modèle : **Je trouve le foot (le soccer) amusant.**
        Moi, je trouve le foot (le soccer) stupide.

Phénomènes :
les dîners romantiques, l'artisanat, le cinéma (français, italien, etc.), la musique (rock, classique, etc.), les journaux, le professeur, le ballet, les écologistes, les Canadiens, la chambre, la résidence, la salle de classe, le cours de français, les cheveux, ma ville, mon village, le foot, le hockey, les bateaux, etc.

Adjectifs :
cruel, classique, joli, populaire, sensationnel, sérieux, exotique, intelligent, paresseux, merveilleux, sportif, beau, ennuyeux, agressif, heureux, vieux, etc.

Vocabulaire actif : *Les adjectifs de nationalité, d'ethnie ou d'origine géographique*

africain	coréen (*Korean*)	martiniquais
afro-américain	écossais (*Scottish*)	mexicain
afro-canadien	espagnol	néerlandais (*Dutch*)
algérien	européen	nigérien
allemand (*German*)	français	portugais
américain	grec / grecque	québécois
amérindien (*Native*)	haïtien	russe (*Russian*)
anglais	indien	sénégalais
australien	irlandais (*Irish*)	suisse
asiatique	israélien	ukrainien
belge (*Belgian*)	italien	zaïrois
canadien	japonais	
chinois	marocain	

À noter !

Adjectives of nationality begin with a small letter, while **nouns** of nationality begin with a capital:

un enfant coréen   →   un Coréen
une femme zaïroise   →   une Zaïroise

Les gens célèbres
Using two or three adjectives that you have learned so far, describe the following celebrities:

modèle : Anne Murray
        Elle est canadienne, blonde et dynamique.

1. Jean Chrétien
2. Wayne Gretzky
3. Julia Roberts
4. Le Prince Charles
5. Celine Dion
6. Whitney Houston
7. Catherine Deneuve
8. Luciano Pavarotti
9. k. d. lang
10. Nelson Mandela

Les adjectifs irréguliers (suite)

• A few French adjectives are quite irregular and need particular attention. You have already seen some of these, while others will soon become part of your active vocabulary.

Vocabulaire actif : *Adjectifs irréguliers (suite)*

m	*f*	
franc	franche	*frank*
faux	fausse	*false*
doux	douce	*soft/gentle*
fou	folle	*crazy*
gentil	gentille	*nice*
cher	chère	*dear/expensive*
léger	légère	*light*
bas	basse	*low*
gros	grosse	*big/fat*
bon marché	bon marché	*inexpensive*
chic	chic	*fashionable*
snob	snob	*snobbish, conceited*
super	super	*super/great*
sympa	sympa	*nice* (fam.) (Fr.)
travailleur	travailleuse	*hard-working*
public	publique	*public*
sec	sèche	*dry*
inquiet	inquiète	*worried*

• A small number of adjectives are *invariable as far as gender is concerned.* They form the plural in the normal way, by adding **-s.**

Vocabulaire actif : *Adjectifs invariables (genre)*

chic	snob	super	sympa

À noter !

Bon marché is an idiomatic expression rather than a true adjective. It does not agree in gender and number with the noun it modifies.

Les adjectifs devant / après le nom

You will have noticed that **cher** means d*ear (beloved)* as well as *expensive.* A small number of French adjectives change their meaning depending on whether they precede or follow the noun. A few of the most commonly used follow:

Vocabulaire actif : *Adjectifs devant / après le nom*

Devant	Après
mon **cher** ami	un livre **cher**
my dear friend	*an expensive book*
un **ancien** président	une ville **ancienne**
a former president	*an old city*
un **pauvre** homme	un homme **pauvre**
a poor man, i.e. pathetic	*a poor man, i.e. penniless*
son **propre** argent	les mains **propres**
his own money	*clean hands*
la **même** chose	la ville **même**
the same thing	*the city itself*
la **dernière** semaine	la semaine **dernière**
the last (final) week	*the last (most recent) week*

Allez-y !

Perceptions

Each partner, in turn, sketches an object or names a person or place. Then, each partner writes down a brief sentence containing one or two appropriate adjectives from the above lists. Compare your selections and discuss differences or similarities.

Avant ou après ?

In the following sentences, insert the adjective either before or after the noun, and give its correct form:

1. Québec est une ville (ancien).
2. La Tour d'Argent est un restaurant (cher).
3. Pierre Trudeau est un Premier Ministre du Canada (ancien).
4. Mon Jean (cher), comme tu es beau aujourd'hui !
5. Elle voudrait habiter dans son appartement (propre).
6. L'homme (pauvre) cherche une chambre (bon marché).
7. Marie n'aime pas l'alcool; elle préfère les liqueurs *f* (doux). (This is the Franco-canadian expression for soft drink; the European French equivalent is **boisson gazeuse**.)

Quiz – De quelle couleur ?

Ask your partner to describe the colours of various flags without looking at the illustration.

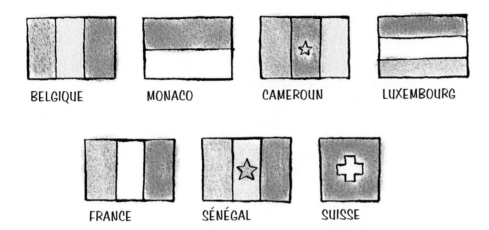

modèle : De quelle couleur est le drapeau français ?
Il est bleu, blanc et rouge.

Vocabulaire actif : *Les couleurs*

blanc - blanche	*white*	noir - noire *black*
bleu - bleue	*blue*	orange - orange
brun - brune	*brown*	rouge - rouge *red*
gris - grise	*gray*	roux - rousse *red/rust (for hair)*
jaune - jaune	*yellow*	vert - verte *green*
violet - violette	*purple*	

À noter !

In asking about colour, the question usually begins:
De quelle couleur ... (*What colour ...*)

---

1. le drapeau québécois
2. le drapeau mexicain
3. le drapeau canadien
4. le drapeau américain
5. le drapeau anglais
6. le drapeau allemand
7. le drapeau suisse
8. le drapeau italien
9. le drapeau japonais
10. le drapeau de votre province / État

Quelle couleur ?

Ask a classmate the following:

modèles : sa couleur favorite
          Quelle est ta couleur favorite?
          C'est le bleu.

          couleur de sa maison (*house*)
          De quelle couleur est ta maison?
          Elle est verte.

1. sa couleur favorite
2. couleur de sa voiture ou de sa bicyclette
3. couleur de son chien ou de son chat (si elle ou il en a un)
4. couleur de la maison de ses parents
5. couleur de son livre de français
6. couleur de son dictionnaire
7. couleur de son stylo

II. Faire des compliments; exprimer l'admiration

• Exclamations using the regular adjective **quel** are often used as compliments. Simple declarative sentences, presented as exclamations, may be used in a similar way.

Michael : **Quel** beau chien !
             Elle est très intéressante !
             Vous avez là une collection fascinante !

• Responses to compliments may themselves be complimentary:

Vous êtes trop gentille, aimable, etc.
Merci de / pour votre gentillesse.

or they may be somewhat reduced in intensity, as you will remember from note 1 in *Pour en savoir plus*.

Vous trouvez ? ... Vous croyez ? (*You think so?*)

Allez-y !

Faire des compliments.

Compliment the people below on their characteristics or possessions. How might they respond?

1. Votre ami-e a une belle collection d'art québécois.
2. Votre professeur-e a une jolie maison.
3. Votre camarade de chambre a une chaîne stéréo magnifique.
4. Votre copain-copine a une belle chienne.
5. Votre frère ou votre sœur a un jean très chic.
6. Votre camarade a une chambre super.
7. Votre père a une voiture neuve.
8. Votre mère a beaucoup de patience.

Mais tu es trop gentil-gentille !

You want to get on the good side of a classmate. Make up three or four complimentary remarks and find out how he or she responds, then exchange roles.

modèles : J'aime (bien / beaucoup) ton père. Il est sympa !
J'adore tes disques. Ils sont supers ! (*informal*)
J'apprécie énormément ta collection de films !

La vieille ville à Québec

<table>
<tr><td>**Scène 2**</td><td>*Entretien avec Mme Charbonneau*</td></tr>
</table>

Sur le vif !

Entre-temps°, Mme Charbonneau parle à Maria.

Mme Charbonneau : Alors, vous aimez la ville de Québec ? Ça me fait plaisir°, puisque c'est ma ville natale°.

Maria : Ah, oui ? Eh bien, je vous envie°, Madame. J'aime les vieilles villes. J'ai joué° la touriste hier ; j'ai visité la Citadelle[1]. Tout le Vieux Québec[2] me semble° très européen, avec ses petites rues, ses vieilles maisons.

Mme Charbonneau : Oui, en effet. C'est sans doute° très différent de Fort Saint-Jean ?

Maria : Oui, très. Fort Saint-Jean est une petite ville très calme, très loin de tout°. Mais à mon avis, elle est jolie aussi. Québec est une ville tellement° active et je n'ai pas encore l'habitude° des conducteurs° ; ils sont agressifs ! Mais c'est une ville fantastique. Oh, et j'ai déjà trouvé° le club de squash à Laval, alors je suis très contente.

Mme Charbonneau : Vous faites beaucoup de sport ?

Maria : Oui, j'adore le squash, et je fais aussi du cyclisme. Et vous ?

118

Meanwhile

That makes me happy
my hometown

I envy you
played
seems to me

undoubtedly

far from everything; so
not yet used to; drivers
I have already found

Mme Charbonneau : Moi, j'aime surtout voyager. J'aimerais° un jour visiter la Colombie-Britannique. Mon fils a fait un beau voyage là-bas et il m'a montré° ses photos. C'est tellement beau !

(Elles regardent des photos.)

Maria : Est-ce que vous voyagez beaucoup ?

Mme Charbonneau : Oui, je voyage pour mes recherches°. J'écris des articles sur la cuisine° pour des journaux° et je prépare des livres de cuisine internationale. Je collectionne des recettes° de partout°.

Maria : J'aime regarder les livres de cuisine, mais je cuisine très mal. Avez-vous des recettes favorites ?

Mme Charbonneau : Eh bien, une de mes recettes préférées vient justement° de chez nous°; c'est le cipaille[3] traditionnel, une sorte de tarte faite de six sortes de viandes° différentes. Vous y avez goûté° ?

Maria : Pas encore, mais j'aimerais l'essayer. Est-ce que vous avez eu des expériences fascinantes, ou même dangereuses pendant vos voyages ?

Mme Charbonneau : Fascinantes, oui. Dangereuses, pas vraiment°. Je planifie° avec soin°, et je ne suis pas trop° timide. J'aime l'aventure. Parfois°, quand mon mari est libre°, il m'accompagne. Mais généralement je voyage seule°. Et maintenant j'ai des connaissances° dans plusieurs pays°. Je leur envoie° des télécopies° pour demander de nouvelles recettes. Oh, excusez-moi, Maria. Je devrais circuler parmi° les invités. On se reparle° dans quelques minutes?

Maria : Bien sûr. Et moi, je fais de même°. À plus tard°, Madame.

Right margin glosses:
I would like

showed

research
cooking; newspapers
recipes; from everywhere

actually
our area
meat; tasted it

not really
plan; carefully; too; sometimes
free
alone; acquaintances; countries
send them; faxes
among; Shall we talk again

the same; See you later.

Pour en savoir plus

1. La Citadelle : A military fortification built in the early 1820s in Quebec City. Constructed on the city's highest point, a 100 m escarpment named Cap Diamant, it is the largest fortified base in Canada still occupied by troops.

2. Quebec's old quarter has been preserved, and the city is divided between the upper city (**la haute ville**) and the lower city (**la basse ville**). Many cities are divided between the old city and the new city, as for example Montreal and New Orleans. Many French cities are also being reconstructed along similar lines as modernization becomes more prevalent.

3. Cipaille : A dish that originally used 6 game meats, but now simply contains different meats. Its composition reflected the lifestyle of early settlers (hearty eating and availability of game), for whom meat was a very important staple because of the harsh climate conditions. Meat was supplemented with garden vegetables and orchard fruit.

Le cipaille, mets québécois traditionnel

Vous avez bien compris ?

Reread the conversation and answer **vrai** or **faux** to the following questions. If the answer is false, try to correct it.

1. Mme Charbonneau vient de Fort Saint-Jean.
2. Maria n'aime pas beaucoup Québec.
3. Mme Charbonneau voyage pour collectionner des objets de cuisine.

Répondez aux questions suivantes:

1. Le quartier «européen» de Québec est très moderne, non ?
2. Maria pense que les conducteurs à Québec sont horribles, non ?
3. Maria cuisine très bien, n'est-ce pas ?
4. Mme Charbonneau a peur de (*is afraid of*) la technologie, non ?

Réflexions sur la culture

1. Do you know of any reconstruction projects in cities near your home or university/college? Do you think they contribute to or detract from harmonious city planning? Justify your answer.
2. Do you know of traditional dishes from other cultures? How do they show some of those cultures' characteristics?

Fonctions et observations langagières

I. Terminer une conversation

At the end of *Une soirée de rencontres*, Mme Charbonneau politely breaks off her conversation with Maria so she can attend to her other guests.

> *Mme Charbonneau* : Oh, excusez-moi, Maria. Je devrais circuler parmi les invités. On se reparle dans quelques minutes ?

Below are some expressions to help you bring a conversation to its end:

Vocabulaire actif : *Terminer une conversation*

Most formal
Je vous demande pardon, mais...   *Excuse me, but...*

Formal and less formal
Excusez-moi, mais...   *Excuse me, but...*
Voulez-vous bien m'excuser ?   *Would you please excuse me?*
Excusez-moi.   *Excuse me.*
Je devrais + *infinitive*   *I should + verb*

Least formal
Bon, ben, écoute, je me sauve ...   *Well now, you see, I'm off*

Allez-y !

Excuse-moi, mais ...
What would you most likely say in breaking off a conversation with the following?

1. votre professeur-e
2. votre petit frère
3. votre dentiste
4. un copain
5. vos grands-parents

Au plaisir ...
Below is a list of some of the characters. How would they probably end their conversation?

1. M. Charbonneau / Michael
2. Mme Gagnon / Maria
3. Heather et Michael / Gérard

4. Robert / Jocelyne
5. Gabrielle / Mme Charbonneau

II. Décrire des activités

When describing people or things, you frequently use adjectives. To describe activities, you often use the verb **faire** (to do, to make, to play or participate in a sport):

faire	
je **fais**	nous **faisons**
tu **fais**	vous **faites**
elle / il / on **fait**	elles / ils **font**

• You have already seen **faire** in a few idiomatic expressions. For example: Ça me **fait** plaisir, **faire** une excursion. Other useful activities that may be described with **faire** are given in the box *Vocabulaire actif.*

Deltaplane au mont Saint-Pierre en Gaspésie (Québec)

Randonnée à vélo en Estrie (Québec)

Vocabulaire actif : *Les sports, les travaux ménagers et les attitudes*

le verbe **faire +**

Sports
de l'aérobic
de la bicyclette / du vélo *cycling*
du camping *camping*
du canotage *boating/canoeing*
du jogging *jogging*
de la marche *walking*
de la musculation *body-building*
de la natation *swimming*
un pique-nique *a picnic*
une promenade *to take a walk*
du ski alpin / nautique
    downhill/water skiing
du ski de fond *cross-country skiing*
du sport

Chores

les courses *shopping/errands*
la cuisine *cooking*
les devoirs *homework*
la lessive *laundry*
le lit *to make the bed*
le ménage *housecleaning*
les provisions de la semaine
    weekly grocery shopping
la vaisselle *dishes*

Attitudes
attention *to pay attention*
de son mieux *to do one's best*
plaisir *to please*

Allez-y !

Que font-ils ?

Look at the visuals of people engaged in various activities and describe them to a classmate.

Je fais souvent du jogging. Et toi ?

Using the activities from the box on sports and chores, make a list of things you do/don't do and things you like/don't like to do. Then, circulate to find someone in the class with similar tastes.

modèle : Tu aimes faire la vaisselle ?

> **Oui, j'aime faire la vaisselle, je l'adore !**
>
> **Non, je n'aime pas faire la vaisselle, je ne la fais jamais !**

À noter !   ne ... jamais = never

Quand j'étais enfant ...

Compare your childhood habits to those of a classmate.

modèle : Quand j'étais enfant, je faisais souvent de la bicyclette; ma famille faisait souvent du camping; je faisais la vaisselle ... Et toi ?

III. **Parler d'activités et d'événements passés**

Le passé composé   *Immediate Past Tense or Definite Time Period*

In *Une soirée de rencontres*, several characters describe past actions:

Maria : Hier, **j'ai visité** la Citadelle.
M. Charbonneau : **J'ai acheté** la poupée à Haïti.

• The **passé composé** in French is used to describe:

– actions that are completed at a specific time in the past
– actions that had a definite beginning or ending in the past.

• It is formed by combining the auxiliary verb **avoir** with the past participle of the verb in question:

subject	+	auxiliary verb	+	past participle	
J'		ai		visité	la Citadelle.

À noter !

Not all verbs in French use **avoir** as an auxiliary, as you will learn in a subsequent chapter. Some of the verbs that you have learned so far that do *not* use **avoir** are: **aller, arriver, entrer, venir.**

Le participe passé

• The past participle of regular **-er** verbs is formed by dropping the final **-er** from the infinitive and replacing it with **-é**:

parler	→	parlé	(Nous avons parlé.)
chanter	→	chanté	(Ils ont chanté.)
marcher	→	marché	(Vous avez marché.)

• The past participle of the irregular verbs that you have learned so far is:

avoir	→	**eu**	(J'ai eu une bonne surprise hier.)
être	→	**été**	(La soirée a été un succès.)
faire	→	**fait**	(Elle a fait du jogging.)

Irregular Past Participle

• To make a verb in the **passé composé** negative, place **ne (n')** before the auxiliary verb and **pas** after it:

Je **n'**ai **pas** parlé / chanté / marché.
Tu **n'**as **pas** parlé / chanté / marché.

• Short or commonly used adverbs are placed between the auxiliary verb and the past participle:

J'ai **souvent** visité le musée.

Allez-y !

Test de mémoire
Supply the correct form of the **passé composé** in the following sentences. Make them either affirmative or negative in order to reflect what the characters did and said in the conversations of *Une soirée de rencontres*.

modèle : Michael / admirer / Napoléon
      Michael a admiré Napoléon.

1. M. et Mme Charbonneau / visiter / Haïti
2. Mme Charbonneau et Maria / parler / de la ville de Québec
3. Mme Charbonneau / refuser / de circuler parmi les invités
4. Maria / visiter / la Citadelle
5. Mme Charbonneau / voyager / toute seule
6. Mme Charbonneau / visiter / la Colombie-Britannique
7. M. Charbonneau / montrer / sa collection d'art antillais à Michael
8. Michael / visiter / la Guadeloupe

Ce n'est pas votre affaire !

Ask a classmate the following personal questions and be prepared to report back the answers. Take turns asking and answering the questions.

1. avoir / de bons professeurs l'an dernier ?
2. écouter / la radio hier soir ?
3. étudier / beaucoup la semaine dernière ?
4. parler / à ses parents hier ?
5. manger / au restaurant la semaine passée ?
6. retrouver (*meet*) / ses copains au café hier après-midi ?
7. faire du ski / dans les Laurentides l'année dernière ?
8. trouver (*find*) / un bel appartement dans le vieux quartier de la ville ?
9. voyager / à Haïti le mois dernier ?
10. faire la vaisselle / hier matin ?

Vocabulaire actif : *Expressions utiles pour parler du passé*

l'an dernier / l'année dernière	*last year*
le mois dernier	*last month*
la semaine dernière	*last week*
la semaine passée	*last week*
avant-hier	*the day before yesterday*
hier	*yesterday*
hier après-midi	*yesterday afternoon*
hier matin	*yesterday morning*
hier soir	*yesterday evening*
déjà	*already*
ne ... pas encore	*not yet*

As-tu déjà visité ... ?

Ask a classmate whether he or she has already visited the following places.

modèle : Monaco

Est-ce que tu as déjà visité Monaco ?
Oui, j'ai déjà visité Monaco; c'est très beau !
Non, je n'ai pas encore visité Monaco.

1. Québec
2. le Maroc
3. Haïti
4. Baton Rouge
5. Paris
6. Tahiti
7. Bruxelles
8. Genève
9. le Sénégal

IV. Renvoyer à quelqu'un qu'on a déjà mentionné

Les pronoms objets indirects : **lui, leur**

In the *Chapitre préliminaire*, you learned how to refer back to something using the pronoun **en** and in Chapter 1 you also learned how to refer back to people or things using the direct object pronouns **le, la, l', les**. In *Une soirée de rencontres*, Mme Charbonneau talks about friends in other countries:

> *Mme Charbonneau* : Je leur envoie des télécopies...

• Indirect object pronouns are used to replace nouns referring to persons or animals when those nouns are preceded by the preposition à:

À noter !

Certain verbs in French require the preposition **à** before an indirect object that follows. Some common verbs requiring the preposition **à** are:

donner *to give*	Je donne un bouquet à mon père.
montrer *to show*	Je montre mon chien à Louise.
parler	Je parle à mes amis.
raconter *to tell a story/tale/etc.*	Je raconte une histoire aux enfants.
ressembler *to look like*	Je ressemble à ma mère.
téléphoner	Je téléphone à mes parents.

• Masculine and feminine have the same forms in the third person:

Sing.	*Pl.*
lui *to/for (her/him/it)*	leur *to/for (them)*

{ Indirect Object Pronouns }

• **Lui** and **leur** are placed immediately before the verb:

Parlez-vous souvent à votre professeur ?
Oui, je **lui** parle souvent.

• In the negative, **lui / leur** remain immediately before the verb.

Tu ressembles à tes frères ?
Non, je ne **leur** ressemble pas.

Allez-y !

C'est vrai / C'est faux ...

Ask a classmate whether the following sentences are true or false. He/she will respond using **lui** or **leur**. If the sentence is false, correct it.

modèle : Le professeur de français donne quelquefois des devoirs intéressants aux étudiants.
            Vrai ou faux?
            Oui, c'est vrai. Il leur donne quelquefois des devoirs intéressants.

1. Tu ressembles à ta mère.
2. Ta / ton camarade de chambre téléphone souvent à ses amis.
3. Votre professeur de français dit (*says*) souvent **Salut!** aux étudiants.
4. Tu montres quelquefois tes lettres à ta / ton camarade de chambre.
5. Tu racontes souvent des histoires (*stories*) drôles à tes copains.
6. La professeure téléphone souvent aux étudiants.
7. Tu ressembles à ton grand-père.
8. Tu parles à tes parents tous les jours.

Faire son testament

You have an eccentric friend who has just made his last will and testament. A classmate asks you what your friend is leaving to various people. Be sure to reply with a pronoun. Exchange roles.

objets

son baladeur   sa collection de bouchons *bottle caps*
son ordinateur   sa tarentule
ses vieux livres   sa machine à popcorn
sa chaîne stéréo   sa nouvelle voiture
sa raquette de tennis

personnes

sa mère   ses 10 chats
son père   son cousin
sa vieille tante   sa petite sœur
son vieil oncle

modèle : Qu'est-ce qu'il laisse à sa vieille tante ?
            Il lui laisse sa nouvelle voiture.

Moi, je ressemble à ...

With a partner, tell what famous person you think you look like and your partner will confirm or deny using a pronoun.

modèle : Moi, je ressemble à Alex Trebek.
            Mais non, tu ne lui ressembles pas. Tu ressembles à John Candy !

Plus loin *Annonces de restaurants*

Pré-lecture

Newspapers often have a page devoted to restaurant advertisements. You will find below a selection of restaurant ads from the Montreal newspaper *La Presse*. What kinds of restaurants (cuisine of what countries) would you expect to find in Montreal? What kinds of information would you expect to find in a newspaper advertisement?

Thursday's **Crocodile**

Festin de la Mer

du 16 février au 8 mars 1994

Les océans se rencontrent
au **Thursday** et au **Crocodile**.
Des poissons et des crustacés importés des
quatres coins du monde vous feront vivre
vingt milles lieus sous les mers.

- Pétoncles de Terre Neuve - Crevettes bleues de Mer de Chine
- Pattes de crabe d'Alaska - Turbot du Groenland
- Saumon de l'Atlantique - Mahi-Mahi du Pacifique Sud
- Dorade rose du Golf du Mexique

**Nos arrivages journaliers vous offrent la fraîcheur et la
variété de nos produits vous assure une nouvelle expérience!**

Thursday's 1449, rue Crescent **288-5656**
Crocodile 4238 boul. St-Laurent **848-0044**

AU COIN BERBÈRE

Spécialité COUSCOUS
ouvert 7 jours
de 17 hrs à minuit

Ouvert après minuit
sur réservation

73, Duluth Est • **844-7405**

Chez Beauchesne

FONDUES • CRÊPES • PÂTES • STEAKS • FRUITS DE MER

• À VOLONTÉ •

FONDUE CHINOISE ~ RÔTI DE BŒUF ~ MOULES ET FRITES

Dîner d'affaires • Bières importées
• Nouveau service de traiteur •

3971, Hochelaga, Montréal - Tél.: 257-9274
(à deux pas du Stade. Parking sur le côté)

LE PÉGASE

Cuisine française

15% de réduction
sur présentation de
cette annonce les
mardis et mercredis.

Apportez votre vin

Ouvert du mardi au dimanche

1831, rue Gilford (à l'est de Papineau)
Réservations : 522-0487

Restaurant

La Lune Indienne

Cuisine Indienne Exotique

Obtenez **25%** de rabais
sur la commande de table
d'hôte (boisson non-comprise)
Table d'hôte à partir de **9.95$**

**2077, rue St-Denis
281-1402**   Métro Sherbrooke

EL COYOTE

Restaurant et bar Mexicain

Spécial de mi-saison

Apportez cette annonce
et obtenez un plat principal
GRATUIT
(1 coupon pour deux personnes)
à l'achat d'un autre
plat principal d'une valeur égale
ou plus élevée (max. 8 $)

1202, rue Bishop, 875-7082
Ouvert le dimanche de 17h à 23h.

*Bistro italien
au cœur de
la petite Italie*

BISTRO
Piccola
CASA

*Bistro Piccola Casa
vous offre toutes ses*

SAUCISSES GRILLÉES
PIZZA
PASTA   à **5**⁹⁹$
MOULES

ET SAUCISSES
PAYSANNES
à **6**⁹⁹$

Soupe ou salade du jour
incluse seulement le midi
**6740 boul. St-Laurent
274-3223**
Stationnement gratuit à l'arrière

Allez-y !

Cherchons un bon restaurant !
Which of the restaurants listed offers the type of food or entertainment that each of the following people wishes to find?

1. Jacqueline is on a very tight budget.
2. Patrick wants to go out on Thursday and receive a discount.
3. Hélène loves North African food.
4. Georges loves seafood, but Betty prefers steak.
5. Pauline wants to meet friends near the Sherbrooke subway station.

Rédaction
Imagine that your roommate has left you a note, asking you to pick a restaurant for your birthday dinner. Choose two or three possibilities and write a note back to your roommate, indicating why these restaurants appeal to you.

modèle : Le restaurant Le Palais de l'Inde est une possibilité.
        J'aime beaucoup la cuisine indienne ...

Activités d'intégration

Oral and written activity with a partner
Find out what leisure activities your partner participates in, write them down and report back to the class. Include a description of your partner.

modèle : Chloé est très sportive.
        Elle est grande et elle a les cheveux longs et bruns.
        Elle fait souvent du tennis; elle a une vieille raquette.

Role-play (group activity)
Act out a conversation at a student party. Include meeting other students, small talk and compliments on their possessions and apartment or room, breaking off the conversation.

Telling a story (oral or written)
Recount the organization of a successful party you and your friends put together. Tell whom you invited and what chores each did.

Monsieur / Madame X (oral or written)
Describe your mystery character a bit more fully and tell what activities he or she likes to participate in.

Vocabulaire actif

Noms
le copain-la copine *friend/pal*
la cuisine *cuisine/cooking*
la femme *woman*
l'homme *man*
l'invité-l'invitée *mf guest*
le nom *name*
le pays *country*
la peinture *painting*
le quartier *quarter*
la recétte *recipe*
la région *region*
la tableau *painting*
la toile *canvas*
le voyage *voyage*

Verbes
avoir l'air *to seem*
circuler *to circulate*

demander à *to ask*
donner à *to give to*
faire *to do/to make/to play a sport*
montrer à *to show to*
raconter à *to tell (a story, tale, etc.) to*
remarquer *to notice*
ressembler à *to look like*
téléphoner à *to phone/to call*
visiter *to visit*

Adverbes
malheureusement *unfortunately*
parfois *sometimes*

Prépositions
loin de *far from*
parmi *among*

Conjonctions
puisque *since*

Autres
À plus tard. *See you later.*
Ah, c'est gentil. *That's kind of you.*
en tout cas *in any case, anyway*
en effet *indeed*
Vous trouvez ? *Do you think so?*

Restaurant à Québec

CHAPITRE 4

Au restaurant

Mise en contexte

Quelques participants du programme d'immersion passent une soirée ensemble dans un bistrot à Québec. C'est de façon animée qu'ils discutent de questions qui les intéressent beaucoup.
Puis ils parlent d'un projet d'excursion dans la région de Québec.

Objectifs communicatifs

Scène 1
Commander à boire ou à manger
Exprimer la quantité
Renvoyer à quelque chose qu'on a déjà mentionné (*en*)
Exprimer un désir
Critiquer et approuver; dire qu'on est d'accord ou non

Scène 2
Faire des projets
Exprimer des notions temporelles
Exprimer des notions spatiales
Bien s'exprimer : les verbes réguliers en **-ir**

Structures et expressions

Scène 1
Les articles partitifs (+ révision des articles indéfinis et définis)
Les verbes **boire, manger** et **acheter**
Les adverbes de quantité (**assez de, trop de, beaucoup de ...**)
Le pronom **en** (suite)
  • pour remplacer un article partitif + nom
  • pour remplacer **de** + nom dans une expression de quantité
  • pour remplacer un article indéfini + nom
Les verbes **vouloir** et **pouvoir**

Scène 2
Le futur proche (**aller** + infinitif)
Il est (x) heures
Les prépositions de lieu
Les verbes réguliers en **-ir**

Vocabulaire actif

Scène 1
Expressions utiles dans un restaurant
Les boissons
La nourriture
Expressions de quantité
Critiquer, approuver

Scène 2
Exprimer le temps
Les prépositions de lieu
Dans la salle de classe
Destinations en ville
Verbes en **-ir**

Culture

Le rôle du vin en France et au Québec
Le mouvement anti-fumeur
Les sites religieux ou spirituels

Bien manger à Harbourfront, Toronto

Scène 1 | *Conflits*

Sur le vif !

Les étudiants, les animateurs et la monitrice sont au Bistro-Bar dans le Vieux Québec. Le serveur vient prendre les commandes°.

to take their order

What would you like

Le serveur : Vous désirez°, Madame ?

a glass of

Jane : Pour moi, un verre de° vin blanc[1], s'il vous plaît.

Robert : Et moi, je voudrais un double espresso.

What do you have?

Maria : Un jus de fruits pour moi, s'il vous plaît. Qu'est-ce que vous avez° ?

Le serveur : Il y a du jus de pomme ou d'orange.

then

Maria : Un jus d'orange, alors°. Merci.

Le serveur : Et pour vous, Monsieur ?

the wine list

Michael : Moi, je voudrais du vin ce soir. Hmmm ... *(Il étudie la carte des vins°.)* Un verre de beaujolais[1], s'il vous plaît.

(Le serveur finit de prendre les commandes.)

You know; health

Maria : Vous savez,° l'alcool et le café sont très mauvais pour la santé°. Je

134

n'en bois jamais. Les jus de fruits sont beaucoup plus sains.

Robert : Je sais que je bois beaucoup de café ... peut-être même° trop ... mais c'est si bon !

    maybe even

(Michael allume une cigarette.)

Maria : Et tu fumes° en plus°? Mais c'est très dangereux, ça²!

    smoke; as well

Michael : Oh, là, là, Maria. Tu exagères ! Un petit verre de vin et une cigarette de temps en temps, ce n'est pas si grave ! Ne sois pas° fanatique !

    Don't be

Maria : Je ne suis pas fanatique, je suis tout à fait° raisonnable. Tu peux acheter° des cigarettes, mais je ne veux pas respirer° la fumée à table. Il y a assez de pollution sans avoir en plus° des cigarettes à table ! Tu veux bien éteindre° ta cigarette, s'il te plaît ?

    quite
    buy; to breathe
    besides/in addition
    Would you put out

Heather : Je suis d'accord avec° Maria. Tu pollues l'air, Michael.

    I agree with

Michael : *(Il regarde autour de° la table; tout le monde semble être d'accord avec Maria.)* Bon, ça va. Je l'éteins. Je suis membre d'une minorité persécutée.

    around

(On rit°. Le serveur apporte° les boissons° et l'addition°.)

    laughs; brings; drinks; bill

Michael : Il est délicieux, ce vin. Est-ce que tu en veux un peu, Heather ?

Heather : Oui, je veux bien°, merci.

    Yes, I would

Pour en savoir plus

1. Everyone knows of the importance of wine in French culture, but normally it is used as an accompaniment to meals in France, and not as a social drink as in North America. Michael is drinking a beaujolais, a red wine, usually drunk very young, grown in the southern Bourgogne area of France.

Régions vinicoles de France

2. The anti-smoking movements in English-speaking North America tend to be more outspoken, and obtain more results, than their counterparts in Quebec or France. Thirty-six per cent of the Quebec population smokes, as opposed to 24% to 26% of the population in the other provinces. However, Montreal restaurants that seat over 25 people must reserve half the available seats for non-smokers.

Vous avez bien compris ?

Un peu de cohérence, s.v.p.!
Re-establish a coherent story line by putting the following sentences in order.

1. Le serveur vient prendre les commandes.
2. Heather défend Maria.
3. Michael défend l'alcool et le tabac.
4. Robert commande un café.
5. Michael commande (*orders*) du vin.
6. Maria déclare que le vin, le café et le tabac sont malsains.

Réflexions sur la culture

1. How is wine regarded in a culture with which you are familiar? Give examples to illustrate your response.
2. Compare ways in which attitudes toward smoking have or have not changed in two cultural or social groups with which you have been in contact.
3. How have you developed your own views on various kinds of beverages and on smoking?

Fonctions et observations langagières

I. Commander à boire ou à manger

Quelques formules

In the conversation *Conflits*, the characters use a variety of expressions to order their drinks, as does the waiter in taking orders:

> *Serveur* : **Vous désirez**, Madame ? / **Et pour vous**, Monsieur ?
> *Jane* : **Pour moi**, un verre de vin blanc, **s'il vous plaît**.
> *Robert* : **Et moi, je voudrais** un double espresso.

> **Ordering food and drink : formulas**
> 1. Pour moi, ...s.v.p. ou .... pour moi, s.v.p.
> 2. Et moi / Moi, je voudrais ...., s.v.p.

Vocabulaire actif : *Dans un restaurant*

l'addition *bill*	la carte *menu*
un client-cliente *customer*	le menu *menu* (Fr.)
un serveur *waiter*	un prix fixe *set menu*
une serveuse *waitress*	le plat du jour *daily special*
	commander *to order*

Les articles partitifs

You will have noticed a new article in the conversation *Conflits* (**du** jus de pomme). It is used with items that are not normally counted. For example, you drink *some water*, not *a water* or *two waters*. The notion of *some* with these mass nouns is expressed by a special article called the *partitive*.

	Before a masculine noun	Before a feminine noun	Before any noun beginning with a vowel or silent h
Affirmative	du vin	de la bière	de l'eau *water* de l'huile *oil*
Negative	pas de vin	pas de bière	pas d'eau pas d'huile

À noter !

An exception to this occurs in the context of ordering food and drink in a restaurant. In this context, one does indeed order **un café, un jus de fruits**. It would not be incorrect, however, to use the partitive article in this context.

Rappel !

Just as with the indefinite plural article **des**, the notion of *some* is not always expressed in English. One might say "I would like some coffee" or "I would like coffee." However, in French, an article must always be used. For example: **Je voudrais** *du* **café.**

• On the other hand, in the conversation you will also have noticed indefinite articles (**un** double espresso) such as those you saw in the *Mise en route*. Choose indefinite articles (**un, une, des**) for nouns, called *count nouns* that can be used both in the singular and the plural (one glass – two glasses; a book – some books).

Rappel !

The definite article is used to refer to particular nouns (*le café, à la cafétéria* = *the coffee at the cafeteria*) or to general categories (**j'aime** *le café* = *I like coffee.*)

Allez-y !

Les goûts
Express your tastes and restaurant habits with respect to the drinks listed in the vocabulary box below. Choose the necessary articles carefully.

Vocabulaire actif : *Les boissons (drinks)*

la bière *beer*	le vin blanc *white wine*
le Perrier	le vin rouge *red wine*
le champagne	le cidre *cider*
le café *coffee*	la limonade *lemon-lime pop*
le thé *tea*	le jus de fruits *fruit juice*
le lait *milk*	l'eau minérale *f mineral water*
les liqueurs douces *f soft drinks* (Can.)	
les boissons gazeuses *f soft drinks* (Fr.)	

---

modèle : le vin
  J'adore *le* vin, alors je commande souvent *du* vin.
  Je déteste *le* vin, alors je ne commande jamais (*never*) *de* vin.

Qu'est-ce qu'il y a dans votre cuisine ?
Which of the following items might you find in your classmate's or instructor's kitchen? They will answer, truthfully or imaginatively.

café *m*	Grand Marnier *m*	arsenic *m*
thé *m*	bière *f*	cidre *m*
eau minérale *f*	lait *m*	limonade *f*
jus d'orange *m*	armagnac *m*	

modèle : Je pense qu'il y a du café.

C'est vrai, il y a du café.

Ce n'est pas vrai; il n'y a pas de café.

Quel restaurant !

You are trying to order your meal at a bistro in Quebec, but unfortunately they seem to be out of everything you want. One person will play the role of the waitress or waiter, and the other(s) will be customers.

modèle : soupe à l'oignon (*onion*) / soupe aux pois (*pea*) / soupe aux tomates

Le serveur : **Vous désirez, Madame / Monsieur ?**

Vous : **Je voudrais de la soupe à l'oignon, s.v.p.**

Le serveur : **Je regrette, Madame, mais nous n'avons pas de soupe à l'oignon aujourd'hui.**

Vous : **Ah, bon. Alors, de la soupe aux pois.**

Le serveur : **Je suis désolé** (*I'm terribly sorry*), **Madame, mais nous n'avons pas de soupe aux pois non plus** (*either*).

Vous : **Vous avez de la soupe aux tomates ?**

Le serveur : **Oui, Madame, il y a de la soupe aux tomates.**

Vous : **Bon, de la soupe aux tomates, s.v.p.**

1. pâté de campagne (*country*) / pâté au cognac / pâté aux truffes (*truffles*)
2. vin blanc / vin rouge / champagne
3. bière allemande (*German*) / bière française / bière canadienne
4. jus de pomme / jus d'orange / jus de tomate
5. crêpes au jambon / crêpes au poulet / crêpes au fromage (*cheese*)

Consommations

Vocabulaire actif : *La nourriture (food)*

les viandes *f meats*	les légumes *m vegetables*
le bœuf	la carotte
le bifteck *steak*	les frites *fries*
le steak (haché) (*ground*) *steak*	les haricots *m beans*
le jambon *ham*	la laitue *lettuce*
le poisson *fish*	l'oignon *m*
le porc *pork*	les (petits) pois *m peas*
le poulet *chicken*	la pomme de terre *potato*
le rôti *roast*	la tomate

(continued next page)

le veau *veal*

la salade *salad/lettuce*

les crudités *f assorted raw
vegetables/salads*

les fruits *m*
la banane
l'orange *f*
la poire *pear*
la pomme *apple*
le raisin *grape*
le raisin sec *raisin*

les plats *m dishes*
la crêpe
le pâté
la pizza
la quiche
le sandwich
la soupe

les desserts *m*
le biscuit *cookie/cracker*
le chocolat
la crème caramel *caramel custard*
la crème glacée *ice cream* (Can.)
la glace *ice cream* (Fr.)
le gâteau *cake*
la mousse (au chocolat)

les céréales *f*
le pain *bread*
le petit pain *roll*
le riz *rice*

Marché fermier à Hamilton

Des clients indécis

The customer can't decide what to order, and asks the waiter or waitress for advice.

modèle : *La serveuse* : **Vous désirez, Madame / Monsieur ?**
   Vous : **Je ne sais pas. Qu'est-ce que vous me conseillez** (*advise/recommend*) **?**
   La serveuse : **Le poisson est excellent.**
   Vous : **Bon, du poisson, alors. Merci.**

1. soupe aux tomates
2. mousse au chocolat
3. crêpes au jambon

4. quiche
5. café
6. muffins

7. cidre
8. croissants
9. steak au poivre

Les verbes **boire, manger, acheter**

The students at the bistro discussed their drinking habits:

Robert : Je sais que **je bois** beaucoup de café ...

	boire
je **bois**	nous **buvons**
tu **bois**	vous **buvez**
elle / il / on **boit**	elles / ils **boivent**

participe passé : **bu (j'ai bu)**

• The verb **manger** is a regular -er verb with one peculiarity. It is a "stem-changing" verb. Since the consonant **g** + **o** produces a "hard g" sound like *go* in English, an **e** is inserted in the conjugation of the **nous** form to keep the same pronunciation:

	manger
je mange	nous mangeons
tu manges	vous mangez
elle / il / on mange	elles / ils mangent

À noter !

The verb **nager** (*to swim*) is conjugated like **manger**.

• The verb **acheter** is also stem-changing. Note the accents and the pronunciation:

	acheter
j'achète	nous achetons
tu achètes	vous achetez
elle / il / on achète	elles / ils achètent

Rappel !

You saw in Chapter 1 the stem-changing verb **préférer**.

Allez-y !

Tu aimes ... ? Tu manges ... ?
Ask a classmate about his or her eating habits.

modèle : la pizza

- **Tu aimes la pizza ?**
- **Oui, je l'aime bien.**
- **Alors, tu achètes souvent de la pizza ?**
- **Oui, assez souvent. Et toi ?**
- **Moi, je n'aime pas la pizza. Je ne mange jamais de pizza.**

1. les fruits   4. le chocolat   7. les croissants   10. les biscuits au chocolat
2. les crêpes   5. le rosbif   8. les salades   11. la crème glacée
3. la quiche   6. le poisson   9. le poulet   12. les fruits

Tu aimes ... ? Tu bois ...?
Ask a classmate about his or her drinking habits.

modèle : Tu aimes le champagne ?

**Oui, je l'adore. Mais c'est très cher; j'achète rarement
du champagne. Je bois surtout du vin. (quelquefois, tous
les jours, etc.)**

1. la bière   5. l'eau minérale
2. le vin   6. les jus de fruits
3. le café   7. les liqueurs douces / boissons
4. le thé   gazeuses

Rappel !

Au Québec on dit *les liqueurs douces*; en Europe on dit *les boissons
gazeuses*.

II. Exprimer la quantité

In the conversation, Maria criticized the others for drinking coffee and
alcohol. Robert recognized that he drinks a lot (**beaucoup**), maybe even too
much (**trop**) coffee.

• These adverbs of quantity are used to express non-specific amounts of
things:

Vocabulaire actif : *Expressions de quantité*

assez (de + *noun*)	*enough*
beaucoup (de + *noun*)	*many/much/a lot*
combien (de + *noun*)	*how many/how much*
un peu (de + *noun*)	*a little*
peu (de + *noun*)	*few/little*
tant (de + *noun*)	*so many/so much*
trop (de + noun)	*too many/too much*

These expressions may be:
  – used alone. For example: **Est-ce que tu bois beaucoup de café ? Oui,** *trop.*
  – followed by a noun. For example: **Je bois** *beaucoup de café.* **J'ai** *trop de*
    travail. **Elle a** *peu d'amis.*
  – followed by another adjective or adverb. For example: *trop* **fatigué,**
    beaucoup *trop* (*much/too much*) *trop* **souvent,** etc.

Allez-y !

Un régime liquide
Your friend is on a liquid diet. Find out what he or she drinks. Use adverbs of
quantity as much as possible.

modèle : Qu'est-ce que tu bois au petit déjeuner ?
         Au petit déjeuner, je bois un cocktail énergique : beaucoup de jus
         d'orange, un peu de miel (*honey*) **et du lait écrémé** (*skimmed*).
         Je bois toujours beaucoup d'eau minérale.

Moi, j'ai faim !
Look at the visual and tell a friend what you would like to have
for a midnight snack.

III. Renvoyer à quelque chose qu'on a déjà mentionné

Le pronom **en**

In the conversation, Maria reacts to her friends' ordering wine and coffee by
saying:

> *Maria* : **L'alcool et le café sont très mauvais pour la santé. Je n'***en* **bois**
>   **jamais.**

Maria might have said: **Je ne bois jamais** *d'*alcool ni (*nor*) *de* café.
She avoids repetition by using the pronoun **en**.

• **En** replaces a noun preceded by a partitive article (**du, de la, de l'** or **de, d'** in the negative):

> **Tu veux *du* fromage ? Oui, j'*en* veux s'il te plaît.**

• It replaces a noun preceded by **de** in an expression of quantity:

> **Tu bois beaucoup *de* café ? Oui, j'*en* bois *beaucoup*.**

• The pronoun **en** also replaces a noun preceded by an indefinite article (**un, une, des** or **de, d'** in the negative):

> **Tu as *une* machine à espresso ?**
> **Oui, j'*en* ai *une*. (Non, je n'*en* ai pas.)**

Rappel !

The direct object pronouns **le, la, l', les** are used to replace a direct object noun preceded by a definite article.
> **Tu aimes *la* soupe à l'oignon ? Oui, je *l'*aime beaucoup.**

Allez-y !

Tu aimes ... ? Tu manges ... ? Tu bois ... ?
Interview a classmate about her or his eating and drinking habits. Avoid repetition this time by using a pronoun (**en, le, la, l', les**) in the answer.

modèle : la pizza
> – **Tu aimes la pizza ?**
> – **Oui, je l'aime bien.**
> – **Alors, tu en achètes souvent ?**
> – **Oui, j'en achète assez souvent, et j'en mange beaucoup !**

1. la soupe aux pois
2. le jambon
3. la limonade
4. le bifteck
5. les pommes
6. le lait
7. les muffins
8. les biscuits
9. le cidre

Tu as de l'imagination ?
Work with a partner and find out whether each of you has the following things or qualities. You may wish to qualify your answer by using an adverb:

> **beaucoup, un peu, quelquefois, souvent, trop, ne...pas assez** (*not enough*)

modèle : Tu as de l'imagination ?
> **J'en ai quelquefois. / Je n'en ai pas de trop.**

1. imagination *f*
2. énergie *f*
3. patience *f*
4. courage *m*
5. temps libre *m* *free time*
6. argent *m* *money*
7. travail *m* *work*
8. talent musical *m*

IV. **Exprimer un désir**

VOULOIR

As you saw in the conversation, the verb **vouloir** can serve several different communication purposes:

- expressing one's wishes.
    Maria : **Je ne veux pas respirer la fumée.** *I don't want to breathe the smoke.*
- asking someone to do something.
    Maria : **Tu veux bien éteindre ta cigarette ?** *Would you put out your cigarette?*
- offering / inviting.
    Michael : **Tu en veux un peu ?** *Would you like a little?*
- accepting.
    Heather : **Oui, je veux bien.** *Yes, I would.*

Stem-changing Verbs!

vouloir	
je **veux**	nous **voulons**
tu **veux**	vous **voulez**
elle / il / on **veut**	elles / ils **veulent**
participe passé : **voulu** (j'ai voulu)	

À noter !

The form **je voudrais** means "I would like."

• The verb **vouloir** may be followed by a noun or by another verb in the infinitive form, as you saw in the examples above and in the following:

Tu veux de la soupe ?
Tu veux danser ?

• The verb **pouvoir** expresses what can and cannot be done, as in the opinion expressed by Maria:

POUVOIR

Maria : **Tu peux acheter des cigarettes ...**

pouvoir	
je **peux**	nous **pouvons**
tu **peux**	vous **pouvez**
elle / il / on **peut**	elles / ils **peuvent**
participe passé: **pu** (j'ai pu)	

Note the similarity of the conjugation pattern between the verbs **pouvoir** and **vouloir**.

À noter !

The verb **pouvoir** is followed by a verb in the infinitive form, or stands alone.

Je ne peux pas aller au cinéma. / Je ne peux pas.

Allez-y !

On pense à l'avenir.

Supply the correct form of the verb (**vouloir** ou **pouvoir**) in the following sentences.

1. Georges _____ devenir (*to become*) médecin.
2. Marie et Paule_____ devenir avocates.
3. Tu _____ devenir diplomate ?
4. Non, je _____ devenir dentiste.
5. Hélène _____ aller au restaurant. Est-ce que vous _____ y aller (*go there*) ?
6. Non, nous avons trop de travail. Nous ne _____ pas.

Tu veux sortir (*go out*) ce soir ?

Work with a partner. One person will invite the other one to do something that evening. The other person will either accept or decline and offer an excuse.

modèle : aller au cinéma ?   →   non (pas d'argent) / oui

        Tu veux aller au cinéma ?

        Non, je ne peux pas. Je n'ai pas d'argent. / Oui, je veux bien.

1. dîner chez moi ?   →   oui
2. aller au concert ?   →   oui
3. jouer au squash ?   →   non (trop fatigué-e)
4. écouter de la musique ?   →   oui
5. aller au cinéma ?   →   non (travail)
6. étudier à la bibliothèque ?   →   non (parents viennent)
7. jouer aux cartes ?   →   oui
8. dîner au restaurant chinois ?   →   non (des allergies)

V. Critiquer et approuver; dire qu'on est d'accord ou non

In this chapter, you saw several ways of expressing your opinions and asking for someone's opinions. The conversation *Conflits* included a number of instances of agreeing and disagreeing, criticizing and approving:

Maria : Mais c'est très dangereux, ça !
Michael : Tu exagères !
Heather : Je suis d'accord avec Maria. Tu pollues l'air, Michael.

The following sections let you go farther in expressing your views:

Vocabulaire actif : *Critiquer et approuver, exprimer l'accord ou le désaccord*

avoir raison *to be right*	avoir tort *to be wrong*
avoir raison de + infinitif	avoir tort de + infinitif
être d'accord *to agree*	ne pas être d'accord *to disagree*
C'est (bien) vrai !	Tu exagères ! Vous exagérez !
That's (quite) right!	*You're going too far!*

Allez-y !

À mon avis ...
Combine elements from the three columns in order to express your opinions. A classmate will then agree or disagree with your opinion, and you may wish to respond.

modèle : Tu as tort de manger à la cafétéria.
Je ne suis pas d'accord; la cuisine n'est pas mauvaise.
Ce n'est pas vrai; elle est affreuse !

Je	avoir raison de	fumer
Tu	avoir tort de	étudier
Nous, les étudiants		habiter en résidence
		faire du sport
Les professeurs		polluer l'environnement
On		aller souvent au cinéma
		développer l'énergie solaire
		recycler le plastique
		combattre le racisme
		critiquer nos parents

Défense de fumer

Pour ou contre ?

Make up a few slogans to illustrate some of your real or imaginary favourite causes or pet peeves. Classmates will agree or disagree.

modèles : Vive (*hurrah for*) les vacances !
Je suis tout à fait d'accord !

À bas (*down with*) les examens !
Tu as raison !

For instance, what do you think of: **la guerre** (*war*), **l'énergie nucléaire, les disques compacts, la télévision** ...

Le château Frontenac à Québec

Scène 2 *Projet d'excursion*

Sur le vif !

Jocelyne et Gérard passent près de la table en sortant° du Bistro-Bar.

Jocelyne : Bonsoir, tout le monde !

Jane : Vous voulez vous asseoir ?

Gérard : Oui, avec plaisir, mais quelques moments seulement ! Il y a une réunion° des animateurs à sept heures et demie et nous ne voulons pas être en retard. *(On leur trouve des chaises.)*

Jocelyne : N'oubliez pas°, demain, nous allons faire une belle sortie°. Nous allons d'abord° visiter l'île d'Orléans[1], puis° Sainte-Anne de Beaupré[2]. Les catholiques du Québec et du monde entier° font des pèlerinages° à Sainte-Anne de Beaupré. Et il y a quelquefois des miracles, comme° à Lourdes[3].

Heather : *(Elle chuchote° à Jane.)* On va demander° des cheveux pour Michael ; il n'en a presque plus°!

Jane : Chut°! Je ne suis pas catholique, mais j'ai déjà visité Sainte-Anne de Beaupré, et les miracles, ce n'est pas une blague°. N'oublie pas, pour beaucoup de personnes la vie spirituelle est très importante.

Heather : Je taquinais° Michael, c'est tout.

as they are leaving

meeting

Don't forget; outing
first; then
entire world; pilgrimages
like

whispers; ask for
he has almost none left!

Shh!
joke

was teasing

149

break the awkward silence.

Maria : (*Elle essaie de rompre le silence gêné.°*) Est-ce que nous allons faire des promenades dans la nature demain ? La nature, c'est aussi un miracle ...

leave
don't be late!; last
missed; left
We'll meet

Jocelyne : Nous n'allons pas marcher loin demain, mais nous allons voir du beau pays. Et beaucoup de belles églises ! En tout cas, l'autobus va partir° à neuf heures du matin; ne soyez pas en retard°! La dernière° fois, plusieurs personnes ont manqué° l'autobus parce qu'il est parti° à l'heure. Rendez-vous° devant le pavillon Charles de Koninck. La cafétéria va fournir des sandwiches et des fruits pour le pique-nique.

again

Heather : (*Elle chuchote encore.°*) Oh, non ... un autre miracle à demander !

Do be quiet!

Jane : Mais tais-toi donc°!

real

Robert : Moi, je vais rester ici demain. Jouer au bon petit touriste, ça ne m'intéresse pas. Moi, je veux voir le vrai° Québec, pas les sites touristiques.

Jocelyne: Il y a beaucoup de «vrai Québec», tu sais. Par exemple, je connais l'île d'Orléans et Sainte-Anne de Beaupré. Ce sont des sites touristiques, c'est vrai, mais ils ont une importance historique au Québec. Et puis, il y a de jolies

Come on

choses à voir en route. Allez°, tu vas les visiter avec nous, n'est-ce pas ?

only

Robert : Je vais y penser. Mais je ne veux pas seulement° visiter le Québec des touristes.

(*La discussion continue.*)

Pour en savoir plus

1. L'île d'Orléans is a long and narrow island in the St. Lawrence near Quebec City. In 1535, Jacques Cartier named it Bacchus Island because of the number of vineyards there. The island provides many of the fruits and vegetables consumed in the Quebec region. It is a picturesque island and a popular tourist site.

L'île d'Orléans (Québec)

2. In the seventeenth century, a chapel was dedicated to St. Anne de Beaupré because it was believed that she had saved many shipwrecked sailors. More than a million pilgrims visit the basilica in St. Anne de Beaupré each year, some of them hoping for a miracle.

3. Lourdes, located in the Pyrenees in the south-west of France, is the site of a basilica built in 1876. It is the most popular pilgrimage destination in the world after Mecca and Medina. It also offers an underground basilica that was built in 1958.

Vous avez bien compris ?

Un choix à faire
Choose the best end to each sentence:

1. Sainte-Anne de Beaupré
   a. est à l'île d'Orléans
   b. est un musée
   c. est un site religieux
2. Heather
   a. aime plaisanter (*to joke*)
   b. est tout à fait sérieuse
   c. n'aime pas les miracles
3. Jane
   a. aime plaisanter
   b. n'est pas émotive (*emotional*)
   c. pense que la religion est importante

Réflexions sur la culture

1. Are there important religious or spiritual sites in your area? Describe them.
2. Is the spiritual side of life important to you? Explain.

Fonctions et observations langagières

I. Faire des projets

Le futur proche

You will have noticed a new verb form in the conversation *Projet d'excursion*.

Heather : On **va demander** des cheveux pour Michael ...

This tense is called the **futur proche** and is used to refer to events in the near future. Note that this near future depends on the perspective of the speaker.

For example, people often speak of their next vacation, which might not be due for many months, by using this **futur proche** tense.

• The **futur proche** is formed by using the present of the verb **aller** with an infinitive:

je vais		parler *I am going to speak.*
tu vas		
elle / il / on va	+	
nous allons	+	manger *We are going to eat.*
vous allez	+	
elles / ils vont		danser *They are going to dance.*

À noter !

If the sentence is negative, **ne** and **pas** surround the verb **aller,** not the other verb.

Ils *ne* vont *pas* danser ce soir.

Allez-y !

Qu'est-ce qu'ils vont faire ?
Construct affirmative or negative sentences that reflect the conversation *Projet d'excursion.*

modèle : Jocelyne et Gérard / aller à une réunion des professeurs
Jocelyne et Gérard ne vont pas aller à une réunion des professeurs.

1. les étudiants / visiter l'île d'Orléans
2. les étudiants / visiter Sainte-Anne de Beaupré
3. M. Charbonneau / venir avec les étudiants
4. Jane / demander / des cheveux pour Michael
5. Maria / rester à Laval
6. Jane / demander un miracle à Sainte-Anne de Beaupré
7. l'autobus / partir à l'heure

Hypothèses
What activities are the students going to do on their excursion? A classmate will react to your opinion.

modèle : chanter dans l'autobus
Je pense qu'ils vont chanter dans l'autobus.
Je ne suis pas d'accord; moi, je pense qu'ils ne vont pas chanter dans l'autobus. Ils vont parler de l'excursion.

1. Jocelyne / amener (*to bring along*) Gaston
2. acheter des souvenirs
3. acheter des sandwiches à un kiosque
4. visiter la basilique de Sainte-Anne de Beaupré
5. aller à la messe (*mass*) à la basilique
6. faire de la marche
7. jouer aux cartes (*to play cards*) dans l'autobus
8. acheter un cadeau pour M. Charbonneau
9. aimer l'excursion
10. acheter un Big Mac au McDonald de Sainte-Anne de Beaupré

II. Exprimer des notions temporelles : dire l'heure qu'il est

Various expressions of time were used in the conversation *Projet d'excursion*. Here are two; try to find others.

> *Jocelyne* : l'autobus va partir **à neuf heures du matin**; ne soyez pas **en retard** !

Quelques expressions

Rappel !

You have already been using a number of expressions useful for describing time:

aujourd'hui	*today*	demain	*tomorrow*
ce matin	*this morning*	ce soir	*tonight*

• Following is more vocabulary you will need to express time:

Vocabulaire actif : *Exprimer le temps*

le matin	*morning/in the morning*
l'après-midi	*afternoon/in the afternoon*
le soir	*evening/in the evening*
la nuit	*night/in the night*
hier	*yesterday*
maintenant	*now*
avant	*before*
après	*after*
à l'heure	*on time*
en retard	*late*
en avance	*early*

• As you may have noticed, when combining **matin**, **soir**, **après-midi** with **demain** or **hier**, no article is necessary. For example: **demain matin**, **hier après-midi**, **demain soir**.

Rappel !

Les jours de la semaine :
lundi   mardi   mercredi   jeudi   vendredi   samedi   dimanche

---

Dire l'heure

Expressing *what time it is*, on the hour, involves a very simple expression:
   Quelle heure est-il ?
   Il est (x) heure(s).

Il est une heure.	*It is one o'clock.*
Il est deux heures.	*It is two o'clock.*
Il est midi.	*It is noon.*
Il est minuit.	*It is midnight.*

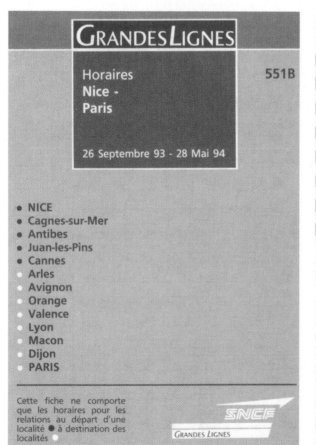

Numéro de train		5118	5792	6646/7	814	5510	6636/7	6636/7
Notes à consulter		1	2	3	4	5	6	7
					TGV			
Nice-Ville	D					06.00	06.22	06.22
Cagnes-sur-Mer	D					06.11	|	|
Antibes	D					06.19	06.38	06.38
Juan-les-Pins	D					|	|	|
Cannes	D					06.31	06.50	06.50
Marseille-St-Charles	A				08.44	08.31	08.50	08.50
Arles	A					10.03	09.53	09.53
Avignon	A			00.19	09.47		10.22	10.22
Orange	A			|			10.41	10.49
Valence Ville	A		00.24	01.28	10.47		11.33	11.43
Lyon-Perrache	A		01.23	02.30	|			
Lyon-Part-Dieu	A		|	|	|			
Macon-Ville	A		02.18	|	|			
Dijon-Ville	A	02.53	03.26	04.25	|			
Paris-Gare-de-Lyon	A	06.00	06.29		13.49			

1.   Circule : du 18 déc au 2 mai : les lun, sam, dim sauf les 25 déc, 1er jan et 4 avr;Circule les 24, 31 déc et 5 avr- 2e CL.

2.   2e CL certains jours ⟶ 🚢 temporaire.

3.   Circule : les lun, sam sauf les 1er, 13 nov, 25 déc, 1er jan, 4 avr, 14 et 23 mai;Circule les 2, 11 nov, 24, 31 déc, 5 avr, 12 et 24 mai- ⟶.

4.   Circule : jusqu'au 6 mars : tous les jours- 📱 1re CL assuré certains jours-💯 - ♿.

5.   ♿.

6.   Circule : jusqu'au 30 jan et à partir du 5 mars : tous les jours.

7.   Circule : du 31 jan au 4 mars : tous les jours.

Nota : A Paris-Gare-de-Lyon, l'office de tourisme de Paris assure un service d'information touristique et de réservation hôtelière

• You may also specify what part of the day it is by adding:

Il est une heure **du matin.** (1 h)
    It is one o'clock in the morning. (1:00 a.m.)
Il est deux heures **de l'après-midi.** (14 h)
    It is two o'clock in the afternoon. (2:00 p.m.)
Il est sept heures **du soir.** (19 h)
    It is seven o'clock in the evening. (7:00 p.m.)

À noter !

As you can see, French does not use a.m./p.m.; you simply indicate, as above, whether it is morning, afternoon, or evening. You may also express the time on a 24 hour basis when you want to be formal, especially in a text.

For example: **Une heure du matin** becomes **1 h.**
              Sept heures du soir becomes **19 h.**

• Expressing *(at) what time* something will happen is done by using the preposition **à**:

À quelle heure ... ? ... à 9 h ...
L'autobus va partir **à 9 h / à neuf heures**. *The bus is going to leave at 9 o'clock.*

• Minutes before or after the hour are given as follows:

Il est 3 h 10 / Il est trois heures dix.
Il est 9 h 50 / Il est dix heures **moins** dix / neuf heures cinquante.

There are a few special expressions in French, as in English :

9 h 15 = neuf heures **et quart**
9 h 30 = neuf heures **et demie**
9 h 45 = dix heures **moins le quart**

À noter !

French-Canadian usage is slightly different:
   3 h 10   Il est trois heures **et** dix
   6 h 15   Il est six heures **un quart**
   9 h 45   Il est dix heures **moins quart**

Allez-y !

Mes cours
Write out your weekly schedule and compare it to a classmate's.

modèle : lundi – 9 h 30   français
              – 10 h 30   sociologie
              – 13 h 30   maths

Tu veux jouer au tennis ?
Your friend wants to play tennis Tuesday and Thursday. The friend suggests a possible time; you say whether you're free at that time.

modèle : Tu veux jouer au tennis mardi à 3 h ?
         Non, je ne peux pas. J'ai mon cours d'histoire.

Comment s'organiser ?
You are trying to organize a small excursion to the city with a friend or two, but each one already has 4 or 5 things to do in the city. At first, each one makes a list of things he or she is going to do, with the time already planned. Then, put yourselves into groups of 2 or 3 and organize the excursion.

III. **Exprimer des notions spatiales**

Characters in *Projet d'excursion* refer several times to destinations and to locations:

Jocelyne et Gérard passent **près** de la table en sortant ...
Jocelyne : Rendez-vous **devant** le pavillon Charles de Koninck.

Rappel !

You learned a number of words to help you express location in earlier chapters:

où *where*   de *from*
ici *here*   là *there*
dans *in*   chez *at the home of/at*
loin de *far from*   à *to/at*

• Using the following expressions will help you locate people and things accurately:

Vocabulaire actif : *Prépositions de lieu*

au milieu de	*in the middle of*
devant	*in front of*
derrière	*behind*
entre	*between*
à côté de	*next to*
en face de	*across from*
à gauche (de)	*to the left (of)*
à droite (de)	*to the right (of)*
sur	*on*
sous	*under*
près de	*near*
loin de	*far from*

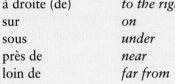

En salle de classe

A student closes his or her eyes and tries to answer the other student's questions.

modèle : Est-ce que Philippe est à côté de Suzanne ?
   Non, il est derrière elle.

Vocabulaire actif : *Dans la salle de classe*

la chaise	*chair*
la fenêtre	*window*
le mur	*wall*
la porte	*door*
la table	
le tableau noir	*blackboard*

Les touristes

Imagine that you are a tourist in your city. Ask for information.

Vocabulaire actif : *Destinations en ville*

la banque *bank*   les boutiques *f shops*
un centre d'achats (Can.) / un centre commercial (Fr.) *shopping center*

(continued next page)

le théâtre	la gare *train station*
le cinéma *movie theatre*	l'église *f church*
les jardins publics *m public gardens*	
le magasin *store*	
la mairie (Fr.) / l'hôtel de ville (Can.) *city hall*	
le musée *museum*	le parc
le poste de police	le bureau de poste *post office*
le restaurant	le supermarché

modèle : Excusez-moi. Est-ce qu'il y a une Banque de Montréal près d'ici ?
**Oui, Madame. Il y en a une dans la rue Sainte-Catherine,
en face du cinéma Odéon. Ce n'est pas loin.**

IV. Bien s'exprimer : les verbes réguliers en -ir

You may have noticed new verb forms in the conversation *Projet d'excursion*:

Jocelyne : La cafétéria va **fournir** des sandwiches.

These verbs belong to the second largest group of regular verbs in French, those ending in **-ir**.

• Here, as a model, is the conjugation of the verb **finir** (*to finish*):

finir	
je finis	nous finissons
tu finis	vous finissez
elle / il / on finit	elles / ils finissent
participe passé : fini (j'ai fini)	

Vocabulaire actif : *Verbes en -ir*

accomplir	*to accomplish*	obéir	*to obey*
choisir	*to choose*	punir	*to punish*
finir	*to finish*	réfléchir	*to reflect/to think*
fournir	*to supply*	réussir	*to succeed/to manage*
grandir	*to grow*	rougir	*to redden/to blush*

À noter !

The verbs **partir** and **sortir**, although ending in **-ir**, are not regular verbs. Their conjugations are presented in Chapter 6.

Allez-y !

À quelle heure finit ... ?
Answer the following questions:

1. À quelle heure finit votre cours de français ?
2. À quelle heure finis-tu de faire de la marche ?
3. À quelle heure finit la classe d'aérobic ?
4. À quelle heure finissez-vous de dîner (souper), vous et votre famille ?
5. En général, est-ce que vous finissez vos devoirs avant de regarder la télévision ?

Interview
Formulate questions to ask a friend from the facts given:

modèle : tu / rougir / facilement (*easily*)
Est-ce que tu rougis facilement ?

1. tu / grandir / encore
2. tes copains-copines / obéir à / toutes les lois (*laws*)
3. tu / choisir / facilement / des cadeaux pour ta famille
4. tu / réussir à / comprendre les exercices de laboratoire
5. la cafétéria / fournir / de bons sandwiches à emporter (*to take out*)
6. tu / choisir (au passé composé) / de bons cours cette année
7. le système judiciaire / punir / assez sévèrement les criminels

Plus loin   *Brochure du musée de la Civilisation du Québec*

Pré-lecture

What kind of museum do you prefer to visit? State and explain your preferences.

• Le musée des Beaux-Arts ?   *Fine arts museum (painting, scupture)*
• Le musée de la Civilisation ?
• Le musée des Sciences naturelles ?
• Le musée de la Science et de la Technologie ?
• Une autre sorte de musée ?

The following excerpts are taken from a brochure published by the *musée de la Civilisation du Québec*, in Quebec City.

Objets de civilisation
SALLE° 1

De magnifiques pièces provenant des° collections du musée : mobilier° et objets du° passé.

room
coming from; furniture
from

Le Frère André et la Fondation de Montréal
SALLE 1

Deux scènes présentant des personnages en cire°, grandeur nature°. Une donation du musée de Cire de Montréal.

wax; life-size

Tunisie, terre de rencontre
Commanditée° par la Banque Nationale.

sponsored

SALLE 1

De fabuleux objets venus du passé font revivre° les grandes périodes qui ont forgé l'histoire de la Tunisie.

make come alive

Architectures du XXᵉ siècle au Québec
Commanditée par Ciments° Saint-Laurent.

Cement

SALLE 2

Présentation de plusieurs productions architecturales reflétant° l'évolution de la société québécoise.

reflecting

Sport et olympisme
SALLE 3

Quelles sont les origines du sport olympique ? Comment organise-t-on les Jeux olympiques ? À quoi ressemble la vie° d'un athlète d'envergure° internationale ? Une exposition qui répond à vos questions.
Exposition présentée dans le cadre° du Symposium international sur le sport.

What is the life like; standing

framework

Messages
Commanditée par Bell.
SALLE 4

La communication entre les individus, la communication entre les continents ! Quels mécanismes sont en jeu°, quels moyens° technologiques ?

come into play; means

Le panorama de Québec
SALLE 4

Quel spectacle que° ces premiers grands formats panoramiques laissés° par les photographes° et les aquarellistes° du XIXᵉ siècle°!

What a spectacle are; left
photographers; water-colourists;
century

Allez-y !

Réaction !

Which displays would you like to visit? Why? Which displays do not interest you? Why not?

Rédaction !

Imagine that you have visited the *Musée de la Civilisation*. Write a post card on which you describe your reaction to one of the displays.

modèle : **Cher / Chère (*Dear*) Paul / Paulette,**
      J'ai visité le musée de la Civilisation hier.
      Il y avait une exposition formidable ! C'était ...
      Dans l'exposition, il y avait ... J'ai pu ...

Activités d'intégration

Jeu de rôles
Simulate an outing among classmates to a coffee shop or bistro. Place your drink and food orders with the waiter or waitress. Discuss any topic you feel comfortable with – your courses, music, sports...; this should lead you to agree or disagree with others' opinions.

Chère Maman, Cher Papa ...
Imagine that you are a visiting student from a French-speaking area. You arrived when classes began. Write a letter home in which you describe the town, the university/college, your classes, your classmates, and/or friends.

Monsieur / Madame X
Your mystery character has strong opinions about an issue of public interest and writes a short letter to the editor to express his or her view of the matter.

Une excursion
Plan an excursion with some classmates. Decide where to go, when to leave, and what to do or see. Compare the excursions proposed by several groups.

Une journée à Québec
Consult the map of Quebec City. Decide where you would like to go in the morning, the afternoon and the evening. Compare your choices with those of some classmates and try to come to an agreement.

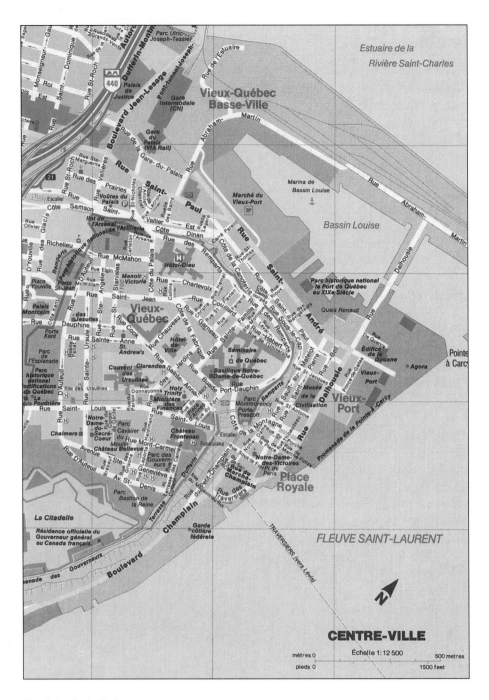

Plan de la ville de Québec

Vocabulaire actif

Dans un restaurant, p. 137
Les boissons, p. 138
La nourriture, p. 139
Expressions de quantité, p. 143
Critiquer et approuver, exprimer
  l'accord ou le désaccord, p. 147
Exprimer le temps, p. 153
Dans la salle de classe, p. 157
Prépositions de lieu, p. 157
Destinations en ville, p. 157
Verbes en -ir, p. 158

Noms
l'alcool *m alcohol*
l'argent *m money*
la boisson (Fr.) *beverage*
le breuvage (Can.) *beverage*
l'énergie *energy*
le plan *plan/map*
la pollution *pollution*
le site *site/area*
la société *society*
le souvenir *souvenir*
le temps *time*
le-la touriste *tourist*
le travail *work*
le verre *glass*

Verbes
apporter *to bring*

accepter *to accept*
acheter° *to buy*
arriver *to arrive*
boire° *to drink*
commander *to order*
commencer *to begin*
continuer *to continue*
désirer *to desire/to wish for*
développer *to develop*
faire un voyage *to take a trip*
identifier *to identify*
imaginer *to imagine*
manger° *to eat*
oublier *to forget*
polluer *to pollute*
pouvoir° *to be able to*
regretter *to regret*
rentrer *to come back/to return*
rester *to stay*
sembler *to seem*
travailler *to work*
utiliser *to use*
vouloir° *to wish*

Adjectifs
désolé-e *terribly sorry*
émotif-émotive *emotional*
libre *free*
plusieurs *several*
malsain-e *unhealthy*

sain-e *healthy*
touristique *touristic*

Adverbes
alors *then*
d'abord *first*
ensuite *then*
lentement *slowly*
puis *then*
de temps en temps *from time
  to time*
ne ... jamais *never*
ne ... plus *no longer*
peut-être *perhaps/maybe*
tout à fait *completely*

Prépositions
avec *with*
contre *against*
moins *less*
pendant *during*
pour *for*
sans *without*

Autres
Allez ! *Come on!*
Bonsoir *Good evening*
un verre de *a glass of*

° verb presentation in
chapter

La basilique Sainte-Anne de Beaupré

CHAPITRE 5

Une excursion dans la région de Québec

Mise en contexte

La monitrice, les animateurs et les étudiants du programme d'immersion partent en excursion.

Objectifs communicatifs

Scène 1
Parler du temps qu'il fait et du climat en général
Exprimer des notions de temps : les mois, les
 saisons, la date
Parler de vêtements; le verbe **mettre**
Parler d'activités et d'événements passés
Demander et donner des renseignements

Scène 2
Parler du passé récent
Bien s'exprimer : les adjectifs démonstratifs
Bien s'exprimer : la conjugaison des verbes
 réguliers en -re
Décrire les sentiments et réactions physiques
Décrire des routines

Structures et expressions

Scène 1
Quelques expressions avec **faire** (faire beau, du soleil...)
Le verbe **mettre**
L'accord du participe passé – les verbes conjugués avec
 avoir
L'interrogation
 – l'inversion
 – les adverbes interrogatifs

Scène 2
Le passé récent (**venir de** + infinitif)
Les adjectifs démonstratifs
Les verbes réguliers en -re
Quelques expressions avec **avoir** (**avoir chaud, faim...**)
Les verbes pronominaux pour parler de routines (emploi
réfléchi) avec les pronoms **me, te, nous, vous, se**

Vocabulaire actif

Scène 1
Le temps qu'il fait
Les mois de l'année, les saisons
Les vêtements

Scène 2
Quleques verbes en -re
Sentiments, besoins, réactions
Décrire des routines et des habitudes
Expressions pour nuancer les habitudes
Le plan d'une maison

Culture

Le tourisme – Montre-t-il le vrai caractère d'une région ?
Le français canadien et le français européen (suite)
Le «fast food» en Europe et en Amérique du Nord

La chute Montmorency

Scène 1 · *Quelques sites*

Sur le vif !

La monitrice Jocelyne, les animateurs Gabrielle et Gérard et les étudiants du programme d'immersion font une excursion en bus[1] près de la ville de Québec. (*Dans le bus.*)

Jane : Dis donc, Maria, es-tu contente de faire enfin une petite promenade ? Nous ne perdons pas notre temps en immersion, mais franchement° on travaille presque trop !

Maria : Tu as bien raison ! Regarde, il fait un temps magnifique ce matin. Il est seulement dix heures et demie, et j'ai déjà trop chaud. J'ai mis un chandail°, mais je vais l'enlever°.

Jocelyne : *(avec un sourire)* Bien sûr, il fait toujours beau et chaud à Québec en été ! Mais attention, nous sommes en août, en hiver, ce n'est pas pareil°, tu sais. Il neige beaucoup, et il fait incroyablement° froid. Je pense à ma visite au Carnaval l'année dernière. Quel froid ! De la neige partout, et une température de moins° 27 degrés !

Robert : Incroyablement froid ? Allez, Jocelyne, je viens de Sudbury !

(marginal glosses)
frankly

sweater; take it off

it's not the same
unbelievably

minus

166

Maria : (*De l'autre côté du bus; elle fouille° dans son sac à dos.*) Dis, quand est-ce qu'on arrive à l'île d'Orléans ? C'est frustrant ! Je ne trouve pas ma carte° de la région ! J'ai ... [searches / road map]

Jane : Ta carte, ce matin tu l'as mise sur ton bureau, avec nos biscuits.

Maria : Oh, c'est pas vrai ! Je les ai laissés dans notre chambre ...

Jane : Tiens, il y a des chutes° fantastiques à gauche ! Vous les voyez, Maria et Robert ? Qu'est-ce que c'est ? [falls]

Jocelyne : C'est la chute Montmorency[2] – c'est notre mini-Niagara ! Et regardez à droite, la voilà°, l'île d'Orléans. Nous sommes presque sur le grand pont° qui va dans l'île. Tout le monde peut bien voir ? [there it is / bridge]

Tous : Ooh ! Comme c'est beau ! Laisse-moi voir !
(*Plus tard.*)

Robert : J'aurais dû rester° à Laval après tout°. Je répète, jouer au bon petit touriste, ça ne m'intéresse pas. [I should have stayed; after all]

Jocelyne : Écoute, veux-tu monter° au Saguenay avec moi à la fin du programme d'immersion ? Le lac Saint-Jean, les bois°, le pays° de Louis Hémon – le Nord[3], quoi° – ça aussi, c'est le «vrai Québec». Tu viens du Nord, toi aussi, tu vas aimer «mon» Québec. [come up / woods; the country / in a word]

Robert : Tu es bien gentille; c'est vrai que tu viens de Chicoutimi. J'ai lu *Maria Chapdelaine*[4] et j'aimerais beaucoup voir la région du lac Saint-Jean. J'accepte avec grand plaisir.

Jocelyne : Eh bien, c'est décidé !

Pour en savoir plus

1. Puisque notre conversation se déroule° à Québec, nous voyons encore une fois des mots ou des expressions qui seraient° normalement différents en France. À titre d'exemple, on fait une distinction en France entre **un bus** (ou **un autobus**) qui circule à l'intérieur d'une ville et **un car** (ou **un autocar**) qui relie° des villes, villages ou régions, etc. Au Canada, par contre, on entend souvent les mots **bus** ou **autobus** dans les deux contextes. [takes place / would be / links]
2. La chute Montmorency, nommée par Champlain en l'honneur du vice-roi de Nouvelle-France, est haute de 84 mètres, et dépasse donc les chutes du Niagara. La neuvième chute du Canada pour la hauteur, elle forme une cascade spectaculaire. On peut l'admirer de près° ou bien depuis° un pont de 1737 m qui relie la côte nord du Saint-Laurent à l'île d'Orléans. [from up close; from]
3. Le nord du Québec peut être considéré comme symbolique du Québec historique. Aux XVIIIe et XIXe siècles, beaucoup de pionniers et d'aventuriers y sont allés, y compris° des trappeurs. Chaque année, on organise une traversée à la nage° du lac Saint-Jean entre Roberval et Péribonka. [including / a swim across]

Le port de Chicoutimi

4. Louis Hémon était un Français qui est venu s'installer dans la région du lac Saint-Jean. C'est à Péribonka que se situe l'action de son grand roman *Maria Chapdelaine*, publié en 1916. Le roman a rendu immortels les périls et l'attrait° de la vie dans le nord du Québec.

attraction

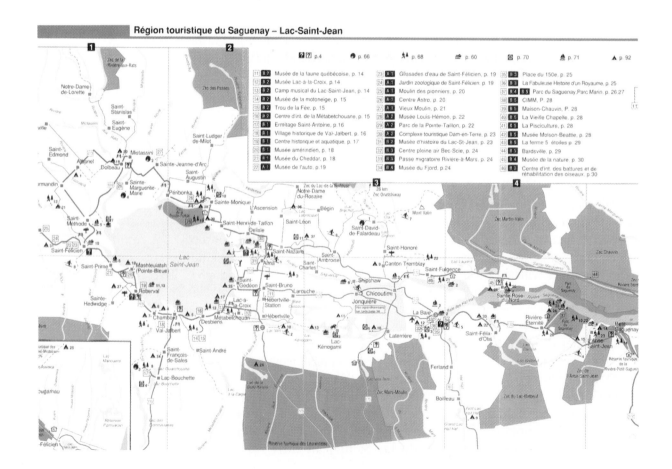

Région touristique du Saguenay – Lac-Saint-Jean

Vous avez bien compris ?

Répondez

1. Pourquoi est-ce que les étudiants semblent être contents de faire une excursion ?

2. Quel temps fait-il typiquement au Québec en été ? Et en hiver ?

Un choix à faire

Choisissez la meilleure fin de phrase :

1. Robert

    a. voudrait être un bon petit touriste.

    b. voudrait voir l'île d'Orléans et Sainte-Anne de Beaupré.

    c. voudrait voir autre chose que les sites touristiques.

2. Jocelyne invite Robert à

    a. dîner chez elle.

    b. monter au Saguenay avec elle.

    c. aller voir la vraie ville de Québec.

Réflexions sur la culture

1. Robert pense que les visites aux sites touristiques ne permettent pas *(don't allow one)* de comprendre le vrai caractère d'une région. Êtes-vous d'accord ? Pourquoi ou pourquoi pas ?

2. Le roman *Maria Chapdelaine* a incarné la vie du nord du Québec à une époque donnée *(at a given period)*. Connaissez-vous des romans qui incarnent d'autres cultures ? Décrivez-les.

Fonctions et observations langagières

I. Parler du temps qu'il fait et du climat en général

The weather seems to be a natural subject for conversation as we can see from the following excerpts from the dialogue:

> *Maria* : Regarde, il fait un temps magnifique ce matin.
> *Jocelyne* : ... il fait toujours beau et chaud à Québec en été !
>   ... en hiver ... Il neige beaucoup et il fait incroyablement froid.

• Here is some vocabulary you will find useful for describing various kinds of weather. Note the use of the verb **faire** in many of the expressions:

Vocabulaire actif : *Le temps qu'il fait*

Quel temps fait-il ?	*What is the weather like?*
Il fait (très) beau.	*It's (very) nice.*
Il fait mauvais.	*The weather is poor.*
Il fait très chaud.	*It's very hot.*
Il fait chaud.	*It's warm.*
Il fait frais.	*It's cool.*
Il fait froid.	*It's cold.*
Il fait du soleil.	*It's sunny.*
Il fait soleil. (Can.)	*It's sunny.*
Il fait du vent.	*It's windy.*
Il vente. (Can.)	*It's windy.*
Il y a du brouillard.	*It's foggy.*
Le ciel est couvert.	*It's cloudy (overcast).*
Il y a des nuages.	*It's (partly) cloudy.*
Il pleut. Il va pleuvoir. Il a plu.	*It's raining. It's going to rain. It rained.*
Il mouille. (Can.)	*It's raining.*
la pluie	*rain*
Il neige. Il va neiger.	*It's snowing. It's going to snow.*
la neige	*snow*
une tempête (de pluie ou de neige)	*a (rain, snow) storm*
Il va y avoir un orage.	*There's going to be a storm.*
La température est de 7 degrés Celsius.	*The temperature is 7 degrees Celsius.*
les prévisions météorologiques (la météo)	*the weather forecast*
le bulletin météorologique	*the weather forecast (in the newspaper, on the radio or television)*

II. Exprimer des notions de temps : les mois, les saisons, la date

In the dialogue, people discuss weather in relation to the time of year. Since it is also common to talk about the weather patterns of various months and seasons, now is a good time to learn the words for the twelve months and the four seasons in French.

Vocabulaire actif : *Les mois de l'année, les saisons*

Les mois de l'année		Les saisons	
janvier	*January*	le printemps	*spring*
février	*February*	l'été *m*	*summer*
mars	*March*	l'automne *m*	*fall*
avril	*April*	l'hiver *m*	*winter*
mai	*May*		
juin	*June*		
juillet	*July*		
août	*August*		
septembre	*September*		
octobre	*October*		
novembre	*November*		
décembre	*December*		

• To express the notion of *in January, in August*, etc., one may say **en janvier, en août** or **au mois de janvier, au mois d'août,** etc.

• For the seasons, use **en** for all seasons but spring, where **au** is used, for example, **en automne, au printemps.**

• Do not use capital letters when writing the months of the year or the days of the week in French.

• To ask the date, one may say either:

On est / Nous sommes le combien aujourd'hui ? or quite simply:
Quelle est la date ?

To answer, use the formula:
le + number + month, except for the first of the month where **le premier** is used. For example:

On est (C'est) aujourd'hui le premier mars, le quatorze août, le vingt-deux septembre, le trente novembre, etc.

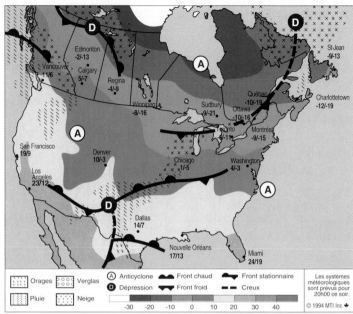

La Presse

Toutes les cartes et prévisions météorologiques proviennent des Technologies Météorologiques Inc., à Montréal.

LES PRÉVISIONS POUR MONTRÉAL ET LES ENVIRONS

aujourd'hui		
Maximum **-9**	☀	Ciel ensoleillé avec quelques nuages. Vents SO 20-35 km/h.

ce soir		
Minimum **-15**	🌙	Ciel nuageux, possibilité d'une averse de neige tard ce soir et cette nuit. Vents devenant O 10-15 km/h ce soir.

demain		
Max./Min. **-8/-17**	☀	Ensoleillé et froid. Vents SO 10-15 km/h.

mercredi		
Max./Min.: **-7/-16**		Ciel ensoleillé. Vents SO 10-15 km/h.

Québec	Ottawa	Toronto
Max./Min.: **-10/-19**	Max./Min.: **-10/-16**	Max./Min.: **-6/-11**
Aujourd'hui	Aujourd'hui	Aujourd'hui
Ciel ensoleillé, venteux avec températures froides.	Ensoleillé en matinée, quelques nuages en après-midi.	Ennuagement en après-midi, températures froides.

Allez-y !

Vive la différence !

À votre avis, quel temps fait-il probablement dans les villes suivantes en février et en juillet ?

modèle : À Edmonton, en février, il fait très froid et il neige beaucoup.

1. Los Angeles	**2.** Montréal	**3.** Anchorage	**4.** Winnipeg
5. Miami	**6.** Calgary	**7.** Chicago	**8.** Halifax

Je suis curieux !

Interviewez un·e camarade de classe.

1. À ton avis, quelle est la température typique dans ta région en mai ? En novembre ?
2. Pleut-il souvent dans la région où tu habites en hiver ?
3. Quelle est ta saison préférée ? Pourquoi ?
4. Est-ce que tu aimes les grandes tempêtes de neige? Pourquoi ?
5. J'ai déjà oublié, quel temps a-t-il fait hier ? Et avant-hier (*the day before yesterday*) ?
6. Est-ce que tu fais souvent du sport ? Quel est ton sport préféré en été ? En hiver ?
7. Qu'est-ce que tu espères faire cette année en décembre ? Et au mois de mai ?
8. Dis, on est le combien aujourd'hui ?
9. C'est quand, ton anniversaire (*birthday*) ?
10. Et quelle est la date de l'examen final en français, ce semestre ?

III. Parler de vêtements; le verbe **mettre**

• Another weather-related topic is clothing.

Vocabulaire actif : *Les vêtements*

UN CHAPEAU

DES GANTS (M)

UNE ÉCHARPE

DES CHAUSSURES (F)

DES BOTTES (F)

UNE BLOUSE

UNE CHEMISE

UNE CRAVATE

UN PANTALON

UNE CEINTURE

UN COLLANT

UN CHANDAIL

DES CHAUSSETTES (F)

UN JEAN

UN BLOUSON

UN COSTUME

UN MANTEAU

UN IMPERMÉABLE

UN PYJAMA

DES SOUS-VÊTEMENTS (M)

• A commonly used verb for the topic of clothing is **mettre** (*to put on*):

Elle **met** sa robe avant de sortir.
Nous avons **mis** nos gants pour faire du ski.

• The conjugation of **mettre** is as follows:

mettre	
je **mets**	nous **mettons**
tu **mets**	vous **mettez**
elle / il / on **met**	elles / ils **mettent**
participe passé : mis (j'ai mis)	

Allez-y !

Que mettre aujourd'hui ?
Pour chaque date, décidez quels vêtements vous devez mettre.

modèle : C'est le 15 janvier. Il fait très froid. Qu'est-ce que vous mettez ?
Le 15 janvier, je mets *un manteau et des gants*.

1. C'est le 14 juin. Il commence à pleuvoir.
2. C'est le 20 août. Il fait très chaud.
3. C'est le 3 mai. Surprise ! Il neige.
4. C'est l'Halloween. Je veux paraître sophistiqué-e.
5. C'est le 31 décembre. Il y a une tempête de neige.
6. C'est le 20 mars. Il fait du vent.
7. C'est le 7 février. C'est l'anniversaire de Carlos.
8. C'est le 10 juillet. On va à la plage.

Un cadeau pour les sportifs
Posez-vous des questions sur les sports que vous aimez ou détestez quand il fait froid, chaud, etc. Puis expliquez quels vêtements spécialisés vous portez selon le temps qu'il fait. Référez-vous à la publicité pour équipements sportifs ci-dessous.

Vocabulaire utile
planche *f board*
cuissard *m cycling shorts*

survêtement *m tracksuit*
canne à pêche *m fishing rod*

IV. Parler d'activités et d'événements passés

L'accord du participe passé avec **avoir**

You might remember Jane's response when Maria complains that she cannot find her road map:

> *Jane* : Ta carte, ... tu l'as **mise** sur ton bureau ...

• As you saw in the last section, the normal past participle of **mettre** is **mis**. However, in this example you see an extra **e**. If the past participle of a verb conjugated with the auxiliary **avoir** is preceded by a direct object, the past participle must agree in gender and number with the direct object. Look at the examples below:

> Ma robe ? Je l'ai laissée dans ma chambre.
> Mes devoirs ? Je **les** ai faits hier soir.

Compare the example above with the following:
> J'ai **laissé** ma robe dans la chambre.
> J'ai **fait** mes devoirs hier soir.

Allez-y !

Si je me rappelle bien ...
Reconstruisez votre emploi du temps en formant des phrases complètes et remplacez les mots soulignés par un pronom.

modèle : écouter la radio à 10 h
   Je *l*'ai écoutée à 10 h.

Votre emploi du temps :
1. quitter la maison à 9 h
2. laisser les lettres de ma sœur chez son ami à 9 h 20
3. acheter les crayons dont j'avais besoin (*that I needed*) à 9 h 45
4. étudier ma leçon de français à 10 h
5. aider mon amie à faire ses devoirs à 1 h 30
6. déposer (*drop off*) les livres de mon amie à la bibliothèque à 5 h

Pas d'excuses !
Carole fait toujours tout ce qu'il faut, mais Philippe est un peu paresseux. Faites une liste des choses qu'il n'a pas faites.

modèle : Carole a fait les courses (*errands*). Et Philippe ?
   Non, il ne *les* a pas *faites*.

1. Carole a fait la lessive (*washing*). Et Philippe ?
2. Elle a lavé la voiture. Et Philippe ?
3. Elle a brossé le furet. Et Philippe ?
4. Elle a regardé la télévision. Et Philippe ?
5. Elle a préparé leurs goûters. Et Philippe ?

V. Demander et donner des renseignements

Comment poser des questions

Rappel !

You already know three ways to ask questions in French. They have been used in *Projet d'excursion* (Chapter 4) and in the previous conversation:

- intonation   *Jocelyne* : Tout le monde peut bien voir ?
- n'est-ce pas ?   *Jocelyne* : tu vas les visiter avec nous, n'est-ce pas ?
- est-ce que ...   *Maria* : quand est-ce qu'on arrive à l'île d'Orléans ?

- A fourth and final way to ask *yes/no* questions is to reverse the normal word order of subject and verb. This is usually called *inversion*. Look again at the following examples taken from the conversation:

Jane : Maria, **es-tu** contente de faire enfin une petite promenade ?
Jocelyne : Écoute, **veux-tu** monter au Saguenay avec moi ... ?

À noter !

- If the verb doesn't already end in **d** or **t**, a **-t** is added in the third person singular.
    A-t-il de l'argent ?   *But:* Est-il ici ce matin ?
    A-t-elle visité l'île d'Orléans ?

- If the subject is a noun, it remains before the verb and the appropriate subject pronoun is repeated after the verb. Compare:
    Est-**il** à Montréal ?
    Jean est-**il** à Montréal ?

Allez-y !

Pratique pratique
Refaites les phrases suivantes en effectuant (*using*) l'inversion sujet / verbe.

modèle : Il arrive à cinq heures.
   Arrive-t-il à cinq heures ?

1. Elle arrive demain.
2. Tu as un berger allemand (*German shepherd*).
3. Ils sont déjà à Gaspé.
4. Marc vient ce soir.
5. Vous n'aimez pas le thé.
6. Elle n'est pas en classe jeudi.
7. Elles vont faire une excursion samedi.
8. Pierrette a fini ses devoirs.

Vive les voyages !

Avant d'organiser une excursion de classe pour les vacances de mars, Claudine Théoret décide de demander des renseignements sur les stations de ski près de Québec. Elle note quelques questions préliminaires avant de composer une lettre. Quelles questions va-t-elle poser dans sa lettre ? Utilisez l'inversion.

modèle : hôtels chers ? — hiver
   Les hôtels sont-ils chers en hiver ?

1. temps – très froid d'habitude ?
2. auberges de jeunesse (*youth hostels*) dans la région ?
3. chambre avec une famille – possibilité ?
4. beaucoup de bons restaurants ?
5. pistes (*slopes*) près des hôtels et des auberges ?
6. prix des remonte-pentes (*lifts*) raisonnables ?
7. activités intéressantes – soir ?
8. ?

D'autres manières de questionner

Information questions are frequently asked by means of an interrogative adverb:

Vocabulaire actif : *Les adverbes interrogatifs*

quand (*when*)	Quand est-ce qu'on arrive à l'île d'Orléans ?
pourquoi (*why*)	Pourquoi Robert n'est-il pas content ?
comment (*how*)	Comment ça va, Gérard ?
où (*where*)	Où est Sainte-Anne de Beaupré ?
combien[1] (*how much/how many*)	Il coûte combien, ton chandail ?

[1] **Combien** may be followed by **de** + noun, ie. **combien d'argent, combien de personnes** (*how much money/how many people*).

• To invert or not to invert, that is the question! Maria might have said:

Quand arrive-t-on à l'île d'Orléans ?

However, inversion with interrogative adverbs tends to be somewhat formal, that is more typical of written French, and it may be avoided with **est-ce que**.

Maria : Quand est-ce qu'on arrive à l'île d'Orléans ?

You may also remember the examples of informal questioning with **où** from the *Chapitre préliminaire*, where **où** occurred at the beginning or the end of the question, but without either inversion or **est-ce que**.

Maria : Et toi, tu es d'**où** ?   Et toi, d'**où** tu es ?

Similarly, our characters frequently avoided inversion in the questions they asked each other during their excursion.

Jane : Vous les voyez, Maria et Robert ?

Allez-y !

Allô, allô ...

Georges téléphone à Maria pour l'inviter à une soirée. Imaginez les questions posées par Maria.

Maria : ?
Georges : La soirée va être chez Yvette.
Maria : ?
Georges : Vingt ou vingt-cinq copains vont être là.
Maria : ?
Georges : C'est parce que Frédéric n'est pas libre demain soir.
Maria : ?
Georges : Oui, elles viennent ensemble.
Maria : ?
Georges : Je pense qu'elles vont arriver vers huit heures.
Maria : ?
Georges : Non, tu n'as pas besoin d'apporter de la bière.
... (Imaginez encore quelques questions et réponses.)

On organise une sortie.

Vous n'avez pas bien entendu (*heard*) les directives que votre professeur de biologie a données au sujet d'une excursion qu'il organise pour la semaine prochaine. Posez-lui quelques questions.

modèle : *Votre professeur* : Nous allons à …
          Vous : Pardon ? Où allons-nous ?

1. Le bus va stationner devant la …
2. Nous allons partir à … heures.
3. Il est important d'avoir le manuel de biologie parce que …
4. Apportez … dollars, c'est assez parce que nous allons pique-niquer.
5. Je pense que nous allons passer l'après-midi près de …
6. Nous allons retourner au campus à …

Je veux savoir …

Demandez à votre voisin ou voisine des renseignements sur ses cours, ses intérêts, ses problèmes, ses projets pour le week-end, etc. Essayez de varier votre manière de poser les questions.

Une grange traditionnelle à l'île d'Orléans

Scène 2 *Quelques achats°*

Sur le vif !

Les étudiants font le tour de l'île, avec plusieurs arrêts° pour visiter une vieille ferme°, des églises, une boutique d'artisanat° et quelques autres sites intéressants. Tout le monde est maintenant au kiosque Roger Pouliot, près du village de Sainte-Pétronille.

Michael : Quelle île extraordinaire, je voudrais avoir mes pinceaux°!

Gabrielle : Oui, tu as raison, c'est splendide. Vas-tu acheter des souvenirs, Jane ? Ils vendent probablement des spécialités de la région.

Jane : Ben, peut-être. Oui, pourquoi pas ?

Robert : Moi, je veux savoir pourquoi. Pourquoi est-ce que le bus s'est arrêté ici ? J'ai bien apprécié l'architecture des granges° et la beauté des paysages°. Je viens d'avoir° une discussion intéressante avec l'artisan qui faisait des sculptures en bois. Mais maintenant, je ne vois pas l'intérêt ...

Jane : Oh, Robert, ne sois pas° si difficile ! Regarde cette belle petite cruche° de sirop d'érable°. *(Au vendeur)* S'il vous plaît, elle coûte combien, la cruche ?

Vendeur : Sept piastres° ¹ cinquante, Madame. C'est pas trop dispendieux ¹.

Jane : *(avec un sourire)* C'est avec la TPS°, j'espère ! Et toi, Michael, est-ce que tu achètes quelque chose ?

Michael : Moi ? Eh bien, j'ai soif, j'achète une limonade. Et un litre de cidre québécois, pour çe soir, bien sûr. Il faut penser à ma réputation ! Avez-vous encore° faim, Gabrielle et Heather ? Je pense que je vais acheter un hot dog[1] et des frites.

still

(Ils finissent les achats et c'est le départ pour Sainte-Anne de Beaupré, où ils arrivent vers° trois heures.)

at about

Heather : Mon Dieu[2], quel scandale, il y a un McDonald's[3] à cent mètres de la basilique !

Gérard : Pourquoi tu n'es pas contente, Heather ? (*taquin°*) Peux-tu déjà voir du plastique ?

teasing

Heather : Tu es très drôle, toi. Bon, dépêche-toi°, allons visiter la basilique. Ou as-tu envie d'un Big Mac, Gérard ?

hurry up

Robert : Dites°, le Parc du mont Sainte-Anne est près d'ici, n'est-ce pas ? J'adore le ski.

Say

Gabrielle : Oui, à quatre ou cinq kilomètres. Mais pour le ski, il faut attendre un peu. Reviens° en hiver ! Allez, à la basilique, tout le monde ...

Come back

(Après la visite de la basilique, tout le monde remonte dans le bus pour rentrer à Laval.)

Michael : Ouf ! C'était une merveilleuse journée, mais je suis crevé°. Ce soir, je vais me reposer ! Maria, je vais même boire un verre ou deux de cidre ! Je vais me coucher tard et me lever tard demain matin. C'est dimanche, jour de repos.

beat (exhausted)

Heather : De toute façon, Michael, tu te couches toujours tard et tu te lèves toujours tard aussi.

Maria : Moi, je vais me lever tôt et faire une longue promenade en vélo. Et toi, Jane ?

Jane : Je vais aller à l'église, et puis peut-être faire une longue marche à pied.

(Dans le bus, les étudiants discutent déjà de l'excursion de la fin de semaine suivante !)

Pour en savoir plus

1. Au Canada et en France, on s'exprime souvent différemment. Voici d'autres différences que vous pouvez trouver dans *Sur le vif* :

Au Canada	En France / Europe
piastres (informal)	dollars
dollars (standard)	dollars
dispendieux	cher
chien chaud / hot dog	hot dog

as

translations

weaker

would say

invade

such as

are found

boast of; Although

ordinary

2. Au fur et à mesure° que vous étudiez une langue seconde, faites attention aux traductions° littérales. On peut traduire mot à mot l'expression **Mon Dieu !** comme *My God!*, mais cette expression est en fait moins forte° en français qu'en anglais. Dans cette dernière langue, on dirait° plutôt *Good grief!*

3. Le phénomène «fast food» commence à envahir° l'Europe; des restaurants tels que° McDonald's et le petit Colonel (*Kentucky Fried Chicken*) se trouvent° dans presque toutes les grandes villes. Il y a, par exemple, un restaurant McDonald's sur les Champs-Élysées, à Paris, ainsi que des entreprises françaises comme les **mini-Maxim's** et les **croissanteries** qui vantent° les qualités de leur «gourmet fast food». Bien que° le terme **restauration rapide** existe en français, c'est **le fast food** qu'on emploie de plus en plus dans la langue courante°, surtout dans les formules publicitaires.

Vous avez bien compris ?

Qui parle ?
Justifiez votre réponse.

modèle :   _____ J'ai envie de revenir à l'île d'Orléans avec mon vélo.
Je pense que Maria dit ça parce qu'elle adore le cyclisme.

1. _____ J'ai envie de retourner à l'île d'Orléans pour peindre un peu. (*do a bit of painting*)
2. _____ Je vais essayer de passer une semaine au mont Sainte-Anne en février.
3. _____ J'aime beaucoup les boutiques d'artisanat de l'île d'Orléans.
4. _____ Non, je n'ai pas envie de McCroquettes de poulet, merci.
5. _____ On travaille énormément dans les cours de langue intensifs.
6. _____ À mon avis, il ne fait pas tellement (*so*) froid au Québec en hiver.

Vérification
Répondez aux questions suivantes :

1. Qu'est-ce que Jane décide d'acheter ?
2. Michael a faim et soif ? Est-ce qu'il achète quelque chose ?
3. Pourquoi est-ce que Heather est choquée (*shocked*) à Sainte-Anne de Beaupré ?
4. À votre avis, est-ce qu'il est plus intéressant de visiter le mont Sainte-Anne en été ou en hiver ? Pourquoi ?

Au kiosque
Vous êtes au kiosque Roger Pouliot. Qu'est-ce que vous allez peut-être acheter pour vous-même (*yourself*) ? Et pour des amis ?

Et les personnages de *Bonne Route*, qu'est-ce qu'ils vont peut-être acheter ? Heather et Michael ont deux enfants, Emily (13 ans) et Andy (8 ans). Est-ce que vous pouvez suggérer quelque chose pour les enfants ?

Le kiosque Pouliot à l'île d'Orléans

Réflexions sur la culture

1. À votre avis, quels sont les dangers d'une traduction littérale ? Êtes-vous au courant de° certains malentendus° ou crises politiques produits par de mauvaises traductions ?

aware of; misunderstandings

2. Robert a des idées claires sur ce qui l'intéresse à l'île d'Orléans. Quels aspects d'un site (*place*) vous intéressent le plus ? L'architecture, les paysages, l'artisanat, les objets à acheter, ou autre chose encore ? Expliquez.
3. Que pensez-vous du phénomène «fast food» ? Est-ce que cela vous a choqué de voir au début du chapitre qu'il y a un restaurant McDonald's juste en face de la basilique de Sainte-Anne de Beaupré ? À votre avis, est-ce que «gourmet» et «fast food» sont deux expressions qui sont contradictoires ?

Fonctions et observations langagières

I. Parler du passé récent

When Robert discusses his trip, he mentions that he has just had an interesting talk with a sculptor:

Robert : Je **viens** d'avoir une discussion intéressante avec l'artisan ...

• The **passé récent** is formed by using the present of the verb **venir** plus an infinitive:

venir			
je viens			
tu viens			
elle / il / on vient	+	**de**	manger (... *just eaten*)
nous venons	+	**d'**	arriver (... *just arrived*)
vous venez			
elles / ils viennent			

• When object pronouns (such as **le, la, les, lui, leur, en**) are used in infinitive constructions, the pronoun is placed directly *before the infinitive*.

Tu vas téléphoner **à ta mère** ? Non, je viens **de lui** parler.
Tu connais **le roman** *Maria Chapdelaine* ? Oui, je viens **de le** lire.
Tu vas acheter **tes livres** ? Non, je viens **de les** acheter.

À noter !

De does not contract with the pronouns **le, les**.

Allez-y !

Qu'est-ce qu'ils viennent de faire ?

1. Robert → téléphoner à Jocelyne
2. Jocelyne → cacher Gaston dans sa chambre
3. M. et Mme Charbonneau → dîner
4. Jane et Maria → regarder le concert de Diane Dufresne
5. L'autobus → partir
6. Michael → arriver à la cafétéria

Depuis longtemps ?
Répondez aux questions en utilisant le passé récent.

modèle : Tu es là depuis longtemps ? (arriver)
         Non, je viens d'arriver.

1. L'autobus est là depuis longtemps ? (arriver)
2. Le programme d'immersion est presque fini ? (commencer)
3. Tu veux quelque chose à manger ? (déjeuner)
4. Tu veux quelque chose à boire ? (boire du café)

5. Vas-tu téléphoner à tes parents ? (parler à ma mère)
6. Tes parents vont faire un voyage ? (rentrer de voyage)

Mais non !
Répondez aux questions, en utilisant un pronom dans votre réponse.

modèles : Tu as ta bicyclette depuis longtemps ? (acheter)
Non, je viens de l'acheter.

Tu vas faire tes devoirs ? (oui)
Oui, je vais les faire.

1. Tu vas chercher les livres pour le cours de biologie ? (trouver)
2. Tu as ta chaîne stéréo depuis longtemps ? (acheter)
3. Tu vas lire le journal ? (oui)
4. Tu vas parler au professeur ? (parler)
5. Tu as ton ordinateur depuis longtemps ? (acheter)
6. Tu veux du café ? (boire)
7. Tu vas faire les courses ? (oui)
8. Tu veux parler à ta sœur ? (téléphoner)

II. Bien s'exprimer : les adjectifs démonstratifs

You have seen, and perhaps used, the demonstrative adjectives in earlier chapters of *Bonne route*. They are used to designate something close in time or proximity. For example: **ce** matin = *this* morning, **ces** livres = *these* books, **cette** belle petite cruche, etc.

ce *m sing.*	ce matin
cette *f sing.*	cette excursion
cet *m sing.*	
before a vowel sound	cet autobus
	cet hôtel
ces *m* or *f*	ces excursions
pl.	ces sites touristiques

Allez-y !

À quelle heure est-ce qu'elle arrive ?
Mettez l'adjectif démonstratif qui convient.

1. Anne arrive ____ soir ?
2. Non, je pense qu'elle arrive_____ matin.

3. Tu es sûr qu'elle n'arrive pas ____après-midi ?
4. Non, j'en suis sûr. Elle arrive _____ matin.
5. Anne pense : «Ils sont fous, _____ amis ! Je suis arrivée hier ! »

Le campus

Un groupe d'étudiants et d'étudiantes montrent le campus à leurs parents. Mettez les adjectifs démonstratifs qui conviennent.

1. _____amphithéâtre est beau, mais trop grand.
2. Je trouve que _____ bâtiment (*building*) moderne est très joli.
3. Je dîne souvent dans _____ cafétéria.
4. Je joue au basketball dans_____ gymnase tous les jours.
5. Moi, je nage tous les jours dans _____ piscine.
6. J'habite dans _____ résidence.
7. L'équipe de soccer joue dans _____ stade.

Ma famille

Apportez une photographie de votre famille (ou d'amis); identifiez les personnes et répondez aux questions de vos camarades de classe.

modèle : Cette femme, là, c'est ma mère. Elle est ...
Qui est ce jeune garçon ?
C'est mon frère, Paul.

III. Bien s'exprimer : la conjugaison des verbes réguliers en -re

We have already seen in earlier chapters of *Bonne route* the conjugations of regular **-er** (Chapter 1) and **-ir** (Chapter 4) verbs. The third, and last, group of regular French verbs has an infinitive in **-re**. A few **-re** verbs occurred naturally in this chapter's dialogues:

Gabrielle : Ils **vendent** probablement des spécialités de la région. ... pour le ski, il faut **attendre** un peu.

• Here is the complete conjugation of the verb **vendre** (*to sell*):

vendre			
je	vend**s**	nous	vend**ons**
tu	vend**s**	vous	vend**ez**
elle / il / on	vend	elles / ils	vend**ent**
participe passé : vendu (j'ai vendu)			

À noter !

If the stem of an **-re** verb does not already end in **d** or **t**, a **-t** must be added to the form of the third person singular. For example, the stem of the verb **interrompre** (*to interrupt*) is **interromp-**. The form of the third person singular is: **il / elle / on interrompt**

• There are several common **-re** verbs in French. The following verbs will be useful additions to your basic active vocabulary:

Vocabulaire actif : *Quelques verbes en -re*

attendre	*to wait for*
dépendre (de)	*to depend (on)*
descendre	*to go down*
entendre	*to hear*
interrompre	*to interrupt*
perdre	*to lose*
perdre patience	*to lose one's patience*
perdre son temps	*to waste one's time*
répondre (à)	*to answer*
rendre (un livre, etc.)	*to return (a book, etc.)*
rendre visite (à)	*to visit (someone)*
vendre	*to sell*

A misunderstanding in French is called **un malentendu**. What do you think the origin of this term is?

Allez-y !

Mais si, mais si !
Donnez une réponse affirmative. **Attention !** En France, on emploie **si**, au lieu de **oui**, pour répondre à une question négative. Au Québec, on entend souvent **oui** dans ce contexte.

modèle : Tu n'attends pas l'autobus depuis longtemps, n'est-ce pas ?
    Mais si, je l'attends depuis vingt minutes.

1. Tu n'as pas perdu tes clés, n'est-ce pas ?
2. Tu n'entends pas toujours bien les questions du prof, n'est-ce pas ?
3. Tes amis ne t'attendent pas quand tu es très en retard, n'est-ce pas ?
4. Tu ne vas pas vendre ton livre de français à la fin du cours, j'espère !

5. Et tu n'as pas vendu ta collection de cartes de baseball ? (Quelle catastrophe !)
6. Tes parents ne répondent pas vite à tes lettres quand tu demandes de l'argent, n'est-ce pas ?
7. Tu ne rends jamais tes devoirs avec une semaine de retard !
8. On ne t'interrompt jamais quand tu parles, n'est-ce pas ?

Qu'est-ce qui se passe ?
Décrivez ce que font les gens dans le dessin.

modéle : **Ils attendent M. Cormier.**

Je veux te connaître un peu mieux (*better*)

Une personne qui voudrait vous connaître un peu mieux vous pose des questions concernant vos opinions, vos habitudes, etc.

1. D'habitude, perds-tu beaucoup de temps devant la télé ?
2. Et si tu as un peu de temps à perdre le week-end, qu'est-ce que tu aimes surtout faire ?
3. Est-ce que c'est très impoli d'interrompre un politicien qui fait un discours (*speech*) public ? Est-ce que ça dépend de la situation, ou peut-être de ses idées ?
4. En général, descends-tu au centre-ville le vendredi soir ?
5. Est-ce que tu perds assez souvent patience quand tu es obligé d'attendre un peu ?
6. Normalement, est-ce que tu rends assez vite l'argent que tes camarades te prêtent (*lend*) ?
7. Sinon (*If not*), qu'est-ce que tu réponds à ces camarades quand ils demandent leur argent ?!
8. As-tu le temps de rendre quelquefois visite à tes amis d'enfance (*childhood friends*) ?

Quand tu étais enfant
Posez des questions à un·e camarade de classe.

modèle : vendre du chocolat
   Quand tu étais enfant, est-ce que tu vendais du chocolat pour ton école ?

1. perdre souvent tes affaires (*things*)
2. perdre souvent patience
3. vendre du citron pressé (*lemonade*)
4. rendre visite à tes grands-parents à Noël
5. écouter toujours tes parents

IV. Décrire les sentiments et réactions physiques

We frequently comment on and sometimes complain about how warm, cold, hungry, sleepy, etc. we are. We saw several examples of this in *Quelques achats*:

> *Michael* : ... j'ai soif, j'achète une limonade. ... Avez-vous encore faim, Gabrielle et Heather ?
> *Heather* : ... as-tu envie d'un Big Mac, Gérard ?

• The verb **avoir** not the verb **être** is used in several expressions to describe various physical feelings, needs, or reactions.

Vocabulaire actif : *Sentiments, besoins, réactions*

avoir chaud	*to be warm*
avoir froid	*to be cold*
avoir faim	*to be hungry*
avoir soif	*to be thirsty*
avoir sommeil	*to be sleepy*
avoir envie (de)	*to feel like (having)*
avoir besoin (de)	*to need*

À noter !

Both **avoir envie** and **avoir besoin** may be followed by either **de** + noun or **de** + infinitive.

J'ai envie de poisson.	J'ai envie de manger.
Elle a besoin d'argent.	Elle a besoin d'étudier.

Rappel !

You have already seen several other expressions in which French uses **avoir** where you might expect **être**.

J'**ai** dix-neuf ans.	*I am nineteen years old.*
Elle **a** raison.	*She is right.*
Ils **ont** tort.	*They are wrong.*

Allez-y !

Avec avoir

Complétez les conversations suivantes à l'aide d'une expression avec **avoir**.

1. *Fritz* : On commande une bière, Philippe ?
   Philippe : Très bonne idée, je ...
2. *Myriam* : (en bus) J'ouvre (*open*) la fenêtre ?
   Evelyne : Non, je ...
3. *Doris* : On va voir le nouveau film de Denys Arcand, les copains ?
   Mireille (et Henri) : Oui, nous ...
4. *Annie* : Moi, je pense que François est un bon président du Club Français.
   Marie : Non, tu...
5. *David* : Alors, une pizza, Marguerite ?
   Marguerite : Oui, je...
6. *Claire* : (à 22 h 30) On va danser dans un club ?
   Eric : Ah non, pas ce soir, je ...
7. *Rémi* : Carole Laure est une excellente actrice.
   Jean-Claude : Oui, je suis d'accord, tu ...
8. *Annette* : (à la plage = at the *beach*) Je vais dans l'eau, les amis.
   Et vous autres ?
   Gladys (et Christophe) : Oui, oui, nous ...

Trouvez quelqu'un qui ...

Circulez parmi vos camarades de classe et trouvez au moins une personne qui répond «oui» à chacune des phrases suivantes.

modèle : – **Paul, as-tu souvent faim à 10 h du matin ?**
              – **Non, je n'ai pas souvent faim à 10 h du matin.**
              – **Et toi, Julie, as-tu souvent faim à 10 h du matin ?**
              – **Oui ! J'ai presque toujours faim à 10 h du matin.**

1. Julie a souvent faim à dix heures du matin.
2. _____ a trop chaud maintenant.
3. _____ a envie de visiter l'île d'Orléans.
4. _____ a envie de visiter Tokyo.
5. _____ a soif quand il / elle mange du jambon.
6. _____ a presque toujours froid quand il / elle fait du ski.
7. _____ a souvent envie d'une collation après la classe.
8. _____ a sommeil tous les jours en classe.
9. _____ a très souvent besoin d'argent.
10. _____ ??? (À vous !)

V. Décrire des routines

Les verbes pronominaux (au présent)

In the description of certain activities in *Une excursion dans la région de Québec,* you will have noticed that a new category of verbs was introduced:

> *Michael* : Ce soir, je vais **me reposer** !
> *Heather* : ... Tu **te couches** toujours tard ...

• Verbs that consist of an extra pronoun (**te, me** in the examples above) in addition to the normal subject and verb forms are called *pronominal* verbs. Some pronominal verbs involve a subject performing an action on itself:
Les enfants *se lavent* et *s'habillent.* (*The children get washed and get dressed*)
Such pronominal verbs are called *reflexive.*

• Following is the complete conjugation of the reflexive verb **se laver**:

je	**me lave**	nous	**nous lavons**
tu	**te laves**	vous	**vous lavez**
elle / il / on	**se lave**	elles / ils	**se lavent**

À noter !

The reflexive pronouns **me, te,** and **se** contract before a vowel or silent **h**: Ils s'habillent.

• When the infinitive form of a pronominal verb follows another conjugated verb, the reflexive pronoun must coincide with the subject of the principal verb:

> **Je** vais **me** laver, **tu** vas **te** laver, **elle** va **se** laver, etc.

• To make a reflexive verb negative, place **ne, n'** before the reflexive pronoun and **pas** after the verb, just as you would with direct-object pronouns:

> Je **ne** me lave **pas.**
> Elle **ne** se couche **pas** avant minuit.

• To make a reflexive verb interrogative:

– put **Est-ce que / qu'** before the entire structure as usual:
  Est-ce que nous nous lavons ?
  Est-ce qu'ils se brossent les cheveux ?
– use **n'est-ce pas** at the end of the question:
  Vous vous réveillez à sept heures, **n'est-ce pas** ?
– invert the subject pronoun and the verb:
  Te laves-**tu** ? Nous habillons-**nous** ?

• Many useful words for describing routines fall into this category of pronominal verbs.

Vocabulaire actif : *Décrire des routines et des habitudes*

s'amuser	*to have a good time*
se brosser (les dents / les cheveux)	*to brush (one's teeth / hair)*
se coucher	*to go to bed*
se dépêcher	*to hurry*
se doucher	*to take a shower*
s'endormir	*to fall asleep*
s'habiller	*to get dressed*
se laver (les mains / les cheveux)	*to wash (one's hands / hair)*
se lever	*to get up*
se peigner	*to comb one's hair*
se préparer à + *infinitive*	*to get ready*
se raser	*to shave*
se reposer	*to rest*
se réveiller	*to wake up*

• Note the difference between the meanings of these verbs when used reflexively and not.

Il réveille son enfant.	Il se réveille.
Il lève la main.	Il se lève.
Elle couche son enfant.	Elle se couche.
Il lave son chien.	Il se lave.
Elle brosse son chat.	Elle se brosse les dents.
Elle habille son enfant.	Elle s'habille.

Nuancer les routines

Below are some expressions that will help you to modify or classify routines:

Vocabulaire actif : *Expressions pour nuancer les habitudes*

normalement
généralement
ordinairement
d'habitude *usually*
souvent / rarement / toujours / tout le temps
tous les (*every*) matins / soirs / jours / mois / ans
tous les lundis / mardis / mercredis / etc.
un peu / très

• Many routine activities are carried out in the home. It would also be helpful
for you to learn the various rooms in a house where these routines occur.

Vocabulaire actif : *Le plan d'une maison*

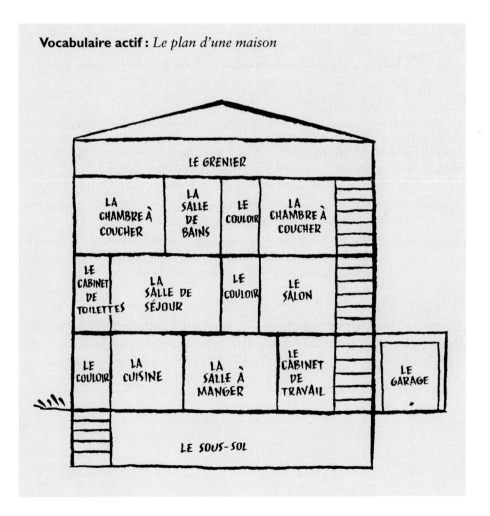

Allez-y !

Réfléchi ou non ? À vous de décider !
Ajoutez un pronom réfléchi si c'est nécessaire et conjuguez le verbe donné au présent de l'indicatif.

1. Pierre (laver) _____ son chien chaque semaine.
2. Le chat Minouche (laver) _____ après son dîner.
3. Hélène (coucher) _____ à onze heures.
4. Hélène (coucher) _____ ses enfants à sept heures.
5. Les chats (amuser) _____ les enfants.
6. Les chats (amuser) _____ avec une balle.

Les habitudes
Trouvez quelqu'un dans la classe qui ...

1. _____ se réveille souvent à six heures.
2. _____ se lève toujours tard le dimanche.
3. _____ se couche souvent à minuit.
4. _____ se lave les cheveux tous les jours.
5. _____ se brosse les dents trois fois par jour.
6. _____ s'habille dans la salle de bains.
7. _____ se coupe (*cuts himself*) souvent quand il se rase.
8. _____ s'endort quelquefois dans la salle de séjour.

Un jour férié (*public holiday*)
Lundi prochain est un jour férié. Dites à un-e camarade comment vous allez modifier vos habitudes et posez-lui des questions sur ses habitudes.

modèle : *Vous* : Eh bien, je n'ai pas de cours lundi.
Alors, je vais me coucher tard dimanche soir. Lundi je ne compte pas me lever avant midi. Je vais prendre mon petit déjeuner avant de me doucher et de m'habiller. Enfin, je vais me reposer toute la journée. Et toi ?

Où suis-je ?
Écrivez sur un bout de papier cinq ou six heures différentes de la journée. Demandez à votre partenaire dans quelle pièce de la maison elle / il se trouve à ces heures-là et ce qu'elle / il y fait. (De la discrétion, s'il vous plaît !)

Calendrier saisonnier des événements - Région de Québec

Découvrir la place Royale

Pré-lecture

Toute la région de Québec est à découvrir ! Voici une liste des principales fêtes et manifestations touristiques. Parcourez (*go through*) la liste et faites les activités qui suivent.

Calendrier saisonnier des événements – Région de Québec

Du 9 au 19 juin   Le Cirque du Soleil
Nouveau spectacle ! Performance hors du commun. Costumes et décors flamboyants. Musique originale. Site : hôtel de ville de Sainte-Foy. Billetterie : réseau Billetech ou 1-800-361-4595. Renseignements : (514) 522-2324

Du 16 au 24 juin   Fête aux Moulins des Grondines
Activités culturelles et de plein air. Exposition de peintres locaux.
Renseignements : (418) 268-8583, 285-4616, 268-5758

(*Continued next page*)

Du 21 au 26 juin   Festival au saumon
Activités et festivités liées à la pêche du saumon atlantique. Donnacona.
Renseignements : (418) 285-4616

23-24 juin   Fêtes de Val-Bélair et Fête nationale des Québécois
Festivités populaires, activités et spectacles avec des artistes de renom.
Renseignements : (418) 842-7184

À partir du 23 juin   Les nuits internationales de jazz et blues de Québec
Fête musicale, culturelle et populaire axée sur différents styles musicaux et sur un échange
multi-ethnique. Concert en salles, bars et restaurants de la région de Québec : scènes
tent   extérieures, chapiteau°.
Renseignements : (418) 849-7080

24 juin   Fête nationale du Québec
Festivités populaires dans toute la région de Québec.
Renseignements : (418) 640- 0799

Du 24 au 26 juin   Coupe du monde de vélo de montagne
Épreuves s'adressant aux meilleurs compétiteurs internationaux seniors hommes et femmes.
Parc du mont Sainte-Anne.
Renseignements : GESTEV (418) 827-1122

summer   **Du 24 juin au 5 septembre   Activités estivales° de Place-Royale**
Animation en plein air offerte gratuitement au public.
Renseignements : (418) 643-2158

25-26 juin   Rendez-vous des belles d'autrefois
Exposition de voitures anciennes à la Base de plein air de Sainte-Foy.
Renseignements : M. Ernest Royer (418) 884-2417

Du 25 juin au 3 juillet   Festival folklorique des enfants du monde à Beauport
Danse, musique, exposition et animation avec la participation d'enfants de langues et
d'origines ethniques différentes, venant des quatre coins du monde. Centre sportif Marcel-
Bédard.
Renseignements : (418) 666-2153

horse show **À partir du 29 juin   Concours hippique° de Québec**
Concours préliminaire à la Coupe du monde. Plaines d'Abraham (derrière le Manège
militaire).
Renseignements : (418) 872-3851

firing   **De la fin juin à la fin août   Compagnie Franche de la marine**
Spectacles militaires avec tir° de fusils d'époque par une troupe navale du Canada.
Reconstitution de scènes des derniers temps du régime français au Canada. Basse-ville, Vieux-
Québec et Plaines d'Abraham, du mercredi au dimanche, à 13 h 30 et à 15 h.
Renseignements : (418) 648-3047

De la fin juin au début septembre   Musique de chambre à Sainte-Pétronille
Concerts d'été de musique de chambre. Église de Sainte-Pétronille, île d'Orléans.
Renseignements : (418) 828-9918, 828-9830

1er juillet   Fête du Canada
Festivités populaires dans toutes les régions du Québec.
Renseignements : (418)283-7363

Du 7 au 10 juillet   Fin de semaine western
Parade, rodéo, soirées à caractère western. Saint-Basile.
Renseignements : (418) 329-2181

Du 7 au 17 juillet   Festival d'été international de Québec
La plus importante manifestation francophone des arts de la scène et de la rue en Amérique, se déroulant dans les rues et les places publiques du Vieux-Québec.

14 juillet   Prise d'arme – Frégate Ville de Québec
Événements entourant la cérémonie de la prise d'arme de la nouvelle frégate *NCSM Ville de Québec* dans le Vieux-Port (quai 22). Visites organisées du navire, divers spectacles (du 11 au 28 juillet) dont la spectaculaire course au canon, concerts de la Musique de la Réserve navale.
Renseignements : (418) 649- 6342

Du 15 au 17 juillet   Festival de la grosse bûche
Festivités axées sur le secteur forestier, entre autres, concours d'habileté et d'adresse.
Saint-Raymond.
Renseignements : (418) 337-2286

26 juillet   Fête de sainte Anne
Office religieux en l'honneur de sainte Anne, procession aux flambeaux. Basilique de Sainte-Anne de Beaupré.
Renseignements : (418) 827-3781

Du 26 au 31 juillet   Estival Juniart
Festival international de la jeune relève.° Spectacles et animation en soirée aux jardins de l'Hôtel-de-Ville et dans le Vieux-Québec.
Renseignments : (418)627-9609

° young artists

> **Allez-y !**

Noms de lieu
Lisez la liste des lieux / villes / villages québécois ci-dessus (*above*) et faites des commentaires sur les noms. Quelles conclusions pouvez-vous en tirer (*draw*) ?

Rédaction
Choisissez trois des manifestations touristiques dans le document et dites pourquoi vous aimeriez y assister (*you would like to attend them*).
ou bien ...
La Saint-Jean est la fête des Québécois tandis que (*while*) le 1er juillet est la fête nationale au Canada. Que pensez-vous de ce phénomène par rapport (*in relation*) au bilinguisme / biculturalisme au Canada ?

Activités d'intégration

Une journée de Monsieur / Madame X
Votre personnage-mystère passe quelques jours à visiter les sites dans votre région. Composez une carte postale écrite par Monsieur / Madame X à un ami ou à une amie : Qu'est-ce que cette personne a fait aujourd'hui ? Qu'est-ce qu'elle va faire le lendemain (*the next day*) ?

modèle : Aujourd'hui, nous avons visité un musée très intéressant. Après le musée, nous avons déjeuné dans un bon petit restaurant français; j'ai mangé des crêpes délicieuses. Ensuite, nous sommes allés ... Demain, nous allons ...

Rêvons un peu

Imaginez une scène agréable et décrivez-la :

- Où êtes-vous ?
- Quelle saison et quel mois est-ce ?
- Quel temps fait-il ?
- Comment vous sentez-vous (*are you feeling*) ?
- Qu'est-ce que vous allez faire ?

modèle : Je visite le vieux Québec.
C'est l'été.
Il fait beau et chaud.
J'ai très soif.
Je vais acheter une bière ...

Circulez ensuite dans la salle de classe et essayez de trouver quelqu'un qui a décrit (*described*) une scène semblable (*similar*).

modèle : Où es-tu ?
Quel temps fait-il ?

Je veux visiter votre région ... (oral ou écrit)

Vous travaillez dans un office du tourisme, chez vous. Quelques touristes entrent et demandent des renseignements sur les curiosités et les endroits intéressants dans votre ville / village, le temps dans votre région, etc. Répondez à leurs questions.

Monsieur / Madame X

Quelle sorte de climat votre personnage-mystère préfère-t-il probablement ? Quelles sont ses saisons favorites ? Pourquoi ? Où voudrait-il aller en vacances cet hiver, cet été ? Expliquez. Avez-vous des suggestions à lui faire ?

Vocabulaire actif

Le temps qu'il fait, p. 170
Les mois de l'année, les saisons, p. 171
Les vêtements, p. 173
Les adverbes interrogatifs, p. 177
Quelques verbes en -re, p. 187
Sentiments, besoins, réactions, p. 189
Décrire des routines et des habitudes, p. 192
Expressions pour nuancer les habitudes, p. 193
Le plan d'une maison, p. 193

Noms
l'achat *m purchase*
l'année *f year*
la beauté *beauty*
la carte *map/card*
le chandail *sweater*
les chutes *f falls*
la date *date*
le départ *departure*
la ferme *farm*
la fête *feast, holiday*
l'île *f island*
le-la partenaire *partner*
la plage *beach*
le pont *bridge*
le prix *price*
la région *region*
le sirop *syrup*
le sourire *smile*
la spécialité *specialty*
la visite *visit*

Verbes
décider *to decide*
discuter *to discuss*
faire une excursion *to go on an excursion/outing*
interviewer *to interview*
mettre° *to put/to put on/to place*
passer *to spend (time)*

permettre *to permit*
poser des questions *to ask (questions)*
retourner *to return*
revenir *to come back*
se sentir (à l'aise) *to feel (at ease)*

Adjectifs
pareil-pareille *the same (thing)*
semblable *similar*
splendide *splendid/great*
suivant-e *following*
typique *typical*

Adverbes
combien *how much, how many*
comment *how*
franchement *frankly*
où *where*
partout *everywhere*
pourquoi *why*
probablement *probably*
quand *when*
seulement *only*
tellement *so*
typiquement *typically*

Prépositions
vers *at about (time reference)*

Pronoms
ça *that*
chacun *each*
quelque chose *something*

Autres
après tout *after all*

° verb presentation in chapter

Portraits divers en peinture sous verre à Dakar (Sénégal)

CHAPITRE 6

Que nous réserve l'avenir ?

Mise en contexte

Le programme d'immersion est presque fini. Les étudiants discutent de leurs projets d'avenir et de leurs sentiments face à l'avenir.

Objectifs communicatifs

Scène 1
Bien s'exprimer : **sortir, partir, sentir, servir, dormir**
Exprimer des notions spatiales

Scène 2
Exprimer les émotions et les attitudes
Parler des intentions, donner des instructions
Renvoyer à quelqu'un qu'on a déjà mentionné
Parler d'activités passées, décrire des situations au passé

Structures et expressions

Scène 1
Les prépositions utilisées avec les noms de lieu
   (*aller* à..., *venir* de...)
Y et en avec un référent spatial
Les verbes **sortir, partir, sentir, servir, dormir**

Scène 2
Les expressions avec **avoir** pour parler des besoins, des craintes, etc.
   – avoir peur / envie / besoin / honte + (de) + nom / infinitif

L'impératif des verbes réguliers et irréguliers
Les pronoms objets directs et indirects
   (**me, te, nous, vous**)
L'imparfait : les verbes réguliers; les verbes **avoir** et être

Vocabulaire actif

Scène 1
Les verbes **sortir, partir, sentir, servir, dormir**
Les villes, provinces, états, pays, continents, îles ...
Les moyens de transport
La rose des vents

Scène 2
Exprimer des émotions et des dispositions d'esprit
Faire des projets

Culture

La francophonie : les Antilles, le Sénégal
Les organisations qui travaillent dans des pays en voie de développement
Les communautés francophones du Canada

Montmartre, Paris

Scène 1 *Projets*

Sur le vif !

Le programme d'immersion finit aujourd'hui. Les étudiants, le professeur, les animateurs et la monitrice se retrouvent une dernière fois°. Ils parlent de leurs projets.

a last time

Jocelyne : Moi, j'ai décidé de faire quelque chose de différent. Alors, je pars bientôt au Sénégal[1] où je vais travailler pour l'ACDI.[2]

Maria : C'est formidable ! Mais qu'est-ce que tu vas faire ? Je croyais° que l'ACDI voulait° seulement des ingénieurs ou des professeurs.

I thought
wanted

Jocelyne : Ils ont surtout besoin de ces compétences, c'est vrai, mais il suffit de vouloir aider les autres, d'être prête° à vivre sans beaucoup de luxe et d'accepter de travailler là où° c'est nécessaire.

ready
wherever

Gérard : Pourquoi le Sénégal ?

Jocelyne : L'Afrique me passionne° depuis longtemps. J'ai beaucoup de respect pour les valeurs humaines des sociétés africaines et j'adore les textiles africains pleins de couleurs. J'ai demandé à être envoyée en Afrique, et c'est l'ACDI qui a choisi le Sénégal.

has fascinated

M. Charbonneau : Savez-vous que moi, je vais à la Martinique³, dans les Antilles³ ? Je fais un échange° avec un professeur de là-bas, qui vient travailler ici.   *exchange*

Jane : Est-ce qu'on a besoin d'un visa pour aller à la Martinique et au Sénégal ?

Jocelyne : Oui, c'est nécessaire pour le Sénégal. Je l'ai déjà.

M. Charbonneau : Pour la Martinique, il faut° un visa et probablement 300 photos d'identité ... la bureaucratie française est incroyable !   *you need*

Gérard : C'est vrai, ça ! Je pars en France où je vais faire des études de linguistique française à Poitiers. Je compte y rester pendant° trois ans pour préparer un doctorat. Maria, tu vas en France, toi aussi, n'est-ce pas ?   *for*

Maria : J'ai pensé d'abord travailler comme jeune fille au pair°, mais j'ai trouvé un poste d'assistante d'anglais⁴ à Charleville-Mézières. C'est dans le nord-est de la France, près de la frontière belge.   *nanny*

Gabrielle : Quant à° nous, nous n'allons pas très loin, Jane, Robert et moi. Nous allons rester à Laval pendant toute l'année. Je vais continuer à être animatrice. Ça me fait plaisir, puisque j'aime de plus en plus° le Québec.   *As for*   *more and more*

Robert : Malheureusement, l'année va me sembler très longue ...

Pour en savoir plus

1. Le Sénégal est un pays francophone situé sur la côte atlantique de l'Afrique. Colonisé par les Français à partir du XVIIᵉ siècle, ce pays est devenu indépendant en 1958. Le célèbre poète Léopold Senghor, considéré avec Aimé Césaire, de la Martinique, comme l'un des fondateurs du mouvement littéraire et politique de la «négritude», a été le premier président du Sénégal.

2. l'ACDI° (Agence Canadienne de Développement International) est un organisme qui aide les pays en voie de développement°.   *C.I.D.A. (Canadian International Development Agency); developing*

3. La Martinique est une des Petites Antilles françaises, îles qui séparent l'océan Atlantique de la mer des Caraïbes. Elle est composée d'un massif volcanique dominé par la montagne Pelée; son éruption a détruit° en 1902 la ville de Saint-Pierre. Les populations sont très diverses: les anciens Caraïbes ont été remplacés par des Blancs et surtout par des esclaves noirs. Les descendants de ces derniers forment aujourd'hui avec les Métis l'essentiel du peuplement. Française depuis 1635, la Martinique est de nos jours° un département français (DOM = Département d'Outre-mer).   *destroyed*   *currently*

Entrée de l'Université des Antilles-Guyane, à Fort-de-France

4. Chaque année on nomme un certain nombre d'étudiants et d'étudiantes au poste d'assistant-e dans des lycées en France. D'habitude ils / elles aident les professeurs d'anglais et animent des groupes de conversation.

Vous avez bien compris ?

Quel(s) personnage(s) décrit-on dans les phrases suivantes ?

1. Elle va travailler dans un pays africain. _____
2. Elle va être animatrice.   _____
3. Elle va étudier à Laval.   _____
4. Il va étudier en France.   _____
5. Il va rester à Québec.   _____
6. Il va à la Martinique.   _____
7. Elle va travailler en France.   _____
8. Il va être un peu triste.   _____

Quand Robert dit que l'année va lui sembler longue, qu'est-ce qu'il veut dire (*mean*) ?

Réflexions sur la culture

1. Connaissez-vous des personnes qui ont travaillé pour l'ACDI ou pour un autre organisme de ce type ? Pensez-vous que ce genre d'aide est efficace ? Expliquez.
2. La France est souvent critiquée pour sa bureaucratie excessive mais, dans une certaine mesure, la bureaucratie existe partout. Quelles agences sont connues pour leurs pratiques bureaucratiques en Amérique du Nord ? Comment réagissez-vous quand vous vous trouvez (*find yourself*) en face d'un-e bureaucrate ? Quelles stratégies adoptez-vous ?

Fonctions et observations langagières

I. Bien s'exprimer : **sortir, partir, sentir, servir, dormir**

Several verbs ending in **-ir** are irregular in the present tense:

> **Vocabulaire actif :** *Quelques verbes irréguliers en -ir*
>
> | | |
> |---|---|
> | sortir | *to leave/to go out* |
> | partir | *to leave/to depart* |
> | sentir | *to feel/to smell* |
> | servir | *to serve* |
> | dormir | *to sleep* |

• The verbs **sortir** and **partir** are conjugated with **être** in the compound tenses. **Sentir, servir** and **dormir** are conjugated with **avoir**.

• Below is the full conjugation of **partir** and **dormir**. Note the double stem format for these verbs: the last three letters of the infinitive are removed before adding the singular endings; the last two letters are removed before adding the plural endings. The verbs **sortir, sentir,** and **servir** follow the same pattern.

	partir		
je	pars	nous	partons
tu	pars	vous	partez
elle / il / on	part	elles / ils	partent
	participe passé : parti (Je suis parti-e.)		

À noter !

Partir and **sortir** require **de** when followed by a noun:
Je sors de la salle de classe.

	dormir		
je	dors	nous	dormons
tu	dors	vous	dormez
elle / il / on	dort	elles / ils	dorment
	participe passé : dormi (J'ai dormi.)		

Allez-y !

Rêves, rêveries et cauchemars

Essayez de dire comment les personnages suivants ont dormi, dorment ou vont dormir.

modèle : M. Charbonneau est en vacances.
Alors, il dort bien.

1. Ton camarade de chambre passe (*is taking*) un examen demain et il a peur d'avoir une mauvaise note (*mark*).
2. Gabrielle est malade depuis un mois.
3. Les athlètes font du sport tous les jours.
4. Tu as eu beaucoup de problèmes la semaine dernière.
5. Tes parents vont passer des vacances très tranquilles en Floride.
6. J'ai fait des rêves magnifiques cette nuit.
7. Mes amis m'ont rendu visite hier soir et nous avons discuté jusqu'à deux heures du matin.
8. J'ai rendez-vous chez le dentiste demain matin.

Quelques questions personnelles

1. À quelle heure partez-vous à l'université le lundi matin ?
2. Est-ce que les étudiants dorment quelquefois pendant les cours ?
3. Combien d'heures par jour dormez-vous d'habitude ?
4. Qu'est-ce que vous faites quand vous ne sortez pas ?
5. Sentez-vous toujours les fleurs quand vous allez au jardin public ?
6. Vous sentez que vous faites des progrès en français, n'est-ce pas ?
7. Avez-vous servi le dîner hier soir ?
8. Est-ce que vous et vos copains allez partir en France l'année prochaine ?

II. Exprimer des notions spatiales

À, de, en + un lieu

There are different ways of referring to cities and countries in French depending on whether you are going to or coming from a place, designating location in a place, etc. Compare the examples below taken from the dialogue:

Jocelyne : ... je pars bientôt **au** Sénégal ...
M. Charbonneau : Savez-vous que moi, je vais **à la** Martinique, dans les Antilles ?
Gérard : Maria, tu vas **en** France, toi aussi, n'est-ce pas ?

À noter !

Remember that countries, islands, and continents are nouns. Like other nouns in French, they require the definite article when used alone or when there is no intention to designate movement towards or away from them: **La France est en Europe. Elle va visiter le Mexique.**

• With a few exceptions, continents, countries, provinces, and states ending in the letter -e are feminine, and all others are masculine. Notable exceptions are **le Mexique, le Zaïre, le Cambodge, le Tennessee, la Saskatchewan.**

• Some islands are referred to without articles, for example, **Haïti, Terre-Neuve.**

• Cities are referred to without articles, except for a small number such as **La Nouvelle-Orléans** and **Le Havre.**

The chart below shows which prepositions to use in which circumstances, and gives examples:

Vocabulaire actif : *Villes, villages, provinces, états, pays, continents, îles*

to, at in	*of, from*
villes, villages	
à	de (d')
Le Louvre est à Paris.	Je viens **de** Montréal.
Il va **au** (à + le) Havre.	On vient **de** La Nouvelle-Orléans.
provinces, états, pays, continents : féminins	
en	de (d')
en Nouvelle-Écosse (*Nova Scotia*)	**de** Colombie-Britannique
en Californie	**de** Virginie
en France¹	**de** Belgique
en Asie	**d'**Amérique du Nord / du Sud
en Europe	**d'**Australie

¹ some other feminine countries: Allemagne, Angleterre, Bolivie, Chine, Espagne, Inde, Italie, Norvège, Ouganda, Suède, Suisse

provinces, états, pays : masculins	
au (*singular*)	**du** (*singular*)
au Nouveau-Brunswick	**du** Québec
au Vermont	**du** Texas
au Canada	**du** Japon

(continued next page)

au Mexique	**du** Portugal
au Sénégal	**du** Viêt-nam
Note : **en** *before a vowel*	Note : **d'** *before a vowel*
en Afghanistan	**d'**Asie

provinces, états, pays : pluriel

aux	**des**
aux États-Unis	**des** Pays-Bas (*Netherlands*)

îles (*islands*)

à *or* **à la, à l', aux**	**de** *or* **de la, de l', des**
à la Martinique	**de** l'Île-du-Prince-Édouard
à Terre-Neuve	**de** Cuba
aux îles de la Madeleine	**des** Antilles

Allez-y !

Rêves de voyages
À l'aide des expressions ci-dessous, dites où vous voudriez aller.

modèle : Je voudrais aller   (Italie)
Je voudrais aller en Italie.

Je voudrais aller	+	Chine	Québec
		Rome	Mexique
		Martinique	Australie
		France	Afrique du Nord
			Nouvelle-Orléans

Connaissances
Dites que vous connaissez quelqu'un (*someone*) qui vient des villes ou des pays suivants.

modèle : (Espagne)
Je connais quelqu'un qui vient d'Espagne.

1. Terre-Neuve
2. États-Unis
3. Poitiers
4. Asie
5. Portugal

6. Montréal
7. Haïti
8. Sénégal
9. Belgique
10. Louisiane

Renvoyer à un endroit : y et en (synthèse)

You have already learned to refer back to places using the pronouns **y** or **en**. The following is a summary of these uses:

• **Y** is used to replace the prepositions **à, à la, à l', au, aux, en,** or any other preposition of location + *location or place*. The English equivalent is usually *there*.

> *Gérard* : Je vais faire des études de linguistique française **à Poitiers.**
> Je compte y rester pendant trois ans pour préparer un doctorat.

> Allez-vous **aux États-Unis** ? Oui, j'y vais.
> Est-ce qu'elle est **dans sa chambre** ? Non, elle n'y est pas.

• **En** is used to refer back to a place that is preceded by the prepositions **de, d', de la, de l', du,** and **des**. It normally means *from there*.

> Jean arrive **de Paris**, n'est-ce pas ? Oui, il **en** arrive.
> Elle va à La Nouvelle-Orléans ? Non, elle **en** vient.

• As with the other pronouns for referring back that you have learned, **y** and **en** are placed immediately before the verb in simple tenses:

> Tu **y** vas / Tu n'y vas pas / **Y** vas-tu ?

• They are placed before the auxiliary verb in the **passé composé:**

> Vous **y** avez voyagé / Vous n'y avez pas voyagé / **Y** avez-vous voyagé ?

• In sentences containing a *verb + infinitive* structure, **y** and **en** precede the infinitive:

> Il va aller à Bruxelles, n'est-ce pas ? Oui, il va y aller.

Allez-y !

Rentrons !
Les étudiants viennent de terminer le programme d'immersion à Québec et ils vont rentrer chez eux. Dites où chacun-e (*each one*) va rentrer.

modèle : Jane / États-Unis *m*
Elle rentre aux États-Unis.

1. Hans Schwartz / Allemagne
2. Pedro Gonzales / Mexique
3. Boris Nivotsky / Ukraine

4. Nyu Kuan / Viêt-nam
5. Joan Hamilton / Bermudes *f, pl.*
6. Sergio Vetrini / Italie
7. Akira Fuyama / Japon
8. Gunter Hamm / Pays-Bas
9. Raj Pandit / Inde
10. Michael Landry / Nouveau-Brunswick
11. Vicky Clark / Île-du-Prince-Édouard
12. Mary Crosbie / Terre-Neuve
13. Julie Matthews / Vermont
14. Ghislaine Roy / Manitoba
15. John Plemel / Saskatchewan
16. Tracy Lehmann / Alberta
17. Sarah Strong / Colombie-Britannique
18. Bonita Outhit / Nouvelle-Écosse

Comment va-t-on voyager ?

Imaginez quel moyen de transport les personnes de l'exercice précédent vont utiliser pour rentrer chez elles. Employez le pronom y dans la réponse. N'hésitez pas à employer l'humour !

Vocabulaire actif : *Les moyens de transport*

à bicyclette / à vélo *by bike*   à pied *on foot*
en autobus *by bus (Can.)*   en autocar / en car *by (inter city) bus (Fr.)*
en avion *by plane*   en bateau *by boat*
en train *by train*   à motocyclette *by motorbike*
en voiture *by car*

modèle : Pedro Gonzales va rentrer au Mexique en avion ?
Non, il va y rentrer à pied !

Voyageurs

Les passagers du vol Air Canada 981 viennent de partout. À l'aide du modèle, dites d'où ils viennent et où ils habitent.

modèle : André (France / Suisse)
André arrive de France, mais il habite en Suisse.

1. José (Portugal / Espagne)
2. Thomas (États-Unis / Martinique)
3. Anna et Gertrude (Belgique / Allemagne)
4. Jean-Claude (Danemark *m* [*Denmark*] / Canada)
5. Léopold (Zaïre / Sénégal)
6. Mel (Japon / Australie)
7. Claudia (Angleterre / Italie)
8. Hans (Luxembourg *m* / Pays-Bas)

La situation dans l'espace

You have already learned a number of prepositions of location.

> **Rappel ! Prépositions pour indiquer la situation dans l'espace**
>
> devant / derrière *in front of/behind*
> à côté de *next to*
> en face de *opposite/across from*
> à gauche de / à droite de *to the left of/to the right of*
> dans *in*
> près de *near*
> loin de *far from*
> sous / sur *under/on*

• The following prepositions also designate location and/or where something is located relative to something else:

Charleville est **dans le nord de** la France.
Charleville is in the North of France.

Charleville est **au nord de** Paris.
Charleville is north of Paris.

Vocabulaire actif : *La rose des vents*

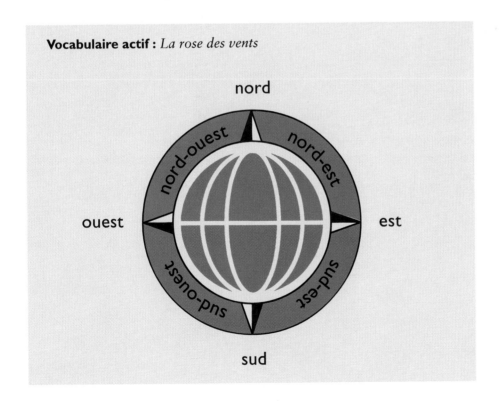

Allez-y !

Les pays africains (*avec un-e partenaire*)

Il y a beaucoup de pays en Afrique. Demandez à votre partenaire où les pays indiqués se situent. Soyez aussi précis-e que possible. Vous pouvez vous référer à la carte de l'Afrique, au début du livre.

modèle : Où se trouve (*is located*) le Maroc ?
Le Maroc se trouve dans le nord-ouest de l'Afrique.

1. le Zaïre
2. le Gabon
3. la Tunisie
4. la Guinée
5. le Tchad

6. l'Algérie
7. le Togo
8. la Côte-d'Ivoire
9. le Cameroun

Ma Chambre (*avec un-e partenaire*)

Dites à votre partenaire où sont situés les objets dans votre chambre. Votre partenaire va dessiner (*draw*) votre chambre.

modéle : Mes livres sont sur mon étagère (*bookshelf*). Mon bureau (*desk*) est à côté de l'étagère. Mon lit (*bed*) est au milieu de ma chambre. Il y a une lampe sur mon bureau.

Au vieux port de Marseille

Scène 2 — *Sentiments*

Sur le vif !

Devant un avenir attirant, mais aussi plein d'incertitudes, les étudiants ont des réactions diverses.

M. Charbonneau : C'est un peu triste d'arriver à la fin du programme. On a passé des moments bien agréables ensemble, et vous allez me manquer°.

Maria : Vous allez nous manquer° aussi. Vous êtes un professeur formidable; on a beaucoup appris et c'était toujours un plaisir de venir au cours.

M. Charbonneau : *(Il sourit.)* N'exagérons pas ! Enfin ... ne parlons pas du passé; parlons plutôt° de l'avenir.

Gérard : J'ai hâte° d'arriver à Poitiers¹ et de commencer mes études. Ça va être super ! Mais ... *(Il hésite.)* Vous semblez tous° confiants et optimistes, et moi, j'ai un peu peur. C'est si° loin de chez moi, et je ne suis pas du tout° sûr de pouvoir réussir. Quelquefois, j'ai envie de renoncer à tout°, et de rentrer chez moi.

Heather : Moi aussi, Gérard. Ça fait un peu peur, c'est vrai. Nous, nous allons à Marseille² avec nos enfants. Je vais travailler dans un institut de recherche sur l'écologie marine, mais est-ce que je vais pouvoir bien travailler en français ?

I'm going to miss you

We're going to miss you

rather

I can't wait
all
so; not at all
give up on everything

213

Come on!; get along

Jane : Allez°, un peu de courage ! Vous allez vous débrouiller° sans problème. Et puis, vous allez voir, vous vous ferez de bons amis là-bas.

roots
thanks to

Robert : Moi, ce sont mes racines° canadiennes qui m'intéressent pour le moment. Grâce à° ce cours, je compte mieux communiquer avec mes grands-parents, à Sudbury³, qui sont francophones.

Gabrielle : Je comprends, Robert. J'ai passé mon enfance au Manitoba⁴, et j'ai voulu bien comprendre ma culture avant de venir ici. Et toi, Michael, qu'est-ce que tu comptes faire ?

look after

Michael : Eh bien, comme toujours, je vais essayer de peindre. La peinture est une langue universelle, n'est-ce pas ? Et puis, je vais m'occuper° de la maison, faire la cuisine, le ménage ...

Say!; take him

Maria : Dis-donc°, Jocelyne ! Ton cher Gaston...tu ne l'emmènes° pas au Sénégal, j'espère !

M. Charbonneau : Qui est Gaston ?

besides / moreover

Jocelyne : Euh ... c'est un petit copain. Non, il va rester chez mes parents à Chicoutimi. D'ailleurs,° Robert et moi, on va y passer une semaine avant mon départ. Il a envie de voir «le vrai Québec» et «les vrais Québécois».

What do you mean?
to find some

Have fun; youth

M. Charbonneau : Comment ?!° Je ne suis pas un vrai Québécois, moi ? Il faut aller dans le Saguenay-Lac-Saint-Jean⁵ pour en trouver° des vrais ?! ... *(Il regarde Jocelyne et Robert.)* Ah, je pense que je comprends. Amusez-vous bien°. C'est donc beau, la jeunesse°.

writes me; a month

That way

Jane : Écoutez, j'ai une idée. Si tout le monde m'écrit° une lettre par mois°, je peux faire un petit journal que je peux vous envoyer de temps en temps. Comme ça°, on va rester en contact.

Pour en savoir plus

located

1. Poitiers est typique des villes provinciales françaises. Située° dans une région consacrée à l'agriculture et à l'élevage (le Poitou, dans le centre-ouest de la France), elle est néanmoins une ville universitaire dont on peut goûter l'histoire à chaque coin de rue.

flaws

enjoy
fish stew (Provençal delicacy)

2. Grand port commercial sur la Méditerranée et ville industrielle, Marseille a tous les attraits et défauts° d'une ville cosmopolite. Il faut absolument visiter le vieux port et se régaler° d'une des meilleures bouillabaisses° du pays.

Une spécialité marseillaise

3. Un grand pourcentage de la population du sud de l'Ontario est francophone, et il y a aussi des communautés situées dans le nord et dans l'est de la province. Au total, on compte 425 000 Franco-Ontariens et 6 942 000 anglophones en Ontario. L'Université Laurentienne, à Sudbury, est bilingue. Tous les ans, au printemps, on fête «La Nuit sur l'Étang» avec des chansons et des poèmes satiriques.

4. Cette province est fière de son collège francophone, le Collège Saint-Boniface, affilié à l'Université du Manitoba. Dans cette même ville, en 1937, est née la grande écrivaine Gabrielle Roy. Son livre le mieux connu, *Bonheur d'occasion* (titre anglais : *The Tin Flute*), a reçu le prix Fémina en 1947. Au siècle dernier, Louis Riel, né à Saint-Boniface, a mené les Métis en révolte.

5. La région du Saguenay-Lac-Saint-Jean se situe à environ 200 kilomètres au nord de Québec. Elle comprend le Haut-Saguenay, dont les villes principales sont Chicoutimi et Jonquière, le lac Saint-Jean, lac immense entouré d'une plaine fertile, à l'ouest de Chicoutimi, et le fjord du Saguenay, à mi-chemin entre Chicoutimi et le Saint-Laurent. On y trouve, parmi d'autres attractions, une immense réserve faunique° et c'est dans cette région que se tient le Festival du bleuet° où on goûte° à des bleuets présentés sous toutes les formes, même enrobés de chocolat.

°wildlife reserve

°blueberry; taste

Traversée internationale du lac Saint-Jean à Roberval

Vous avez bien compris ?

Comment les personnages suivants réagissent-ils aux situations indiquées ?

modèle : M. Charbonneau / la fin du programme
        Il est un peu triste.

1. Heather / sa capacité de travailler en français
2. Gérard / ses cours à Poitiers
3. Robert / ses cours à Laval
4. Michael / la possibilité de peindre en France
5. Gaston / rester chez les parents de Jocelyne (Allez, un peu d'imagination !)

Réflexions sur la culture

1. Le mot **francophonie** décrit tous les peuples francophones du monde. En plus des Caraïbes et de l'Afrique, combien d'autres régions francophones connaissez-vous ? Pouvez-vous nommer d'autres pays et régions qui sont en train d'affirmer leur identité nationale ? Citez quelques exemples de cette tendance en Amérique du Nord.
2. Connaissez-vous des activités culturelles de groupes francophones en Amérique du Nord ? Y avez-vous participé ? Expliquez.
3. Quelles activités culturelles propres à° d'autres groupes connaissez-vous ? Décrivez-les. Auxquelles avez-vous participé ?
4. À votre avis, quelle est la valeur d'un séjour d'une année à l'étranger ? Aimeriez-vous le faire ?

peculiar to

Fonctions et observations langagières

I. Exprimer les émotions et les attitudes

Expressions avec **avoir**

Voici ce que Gérard a confié à ses amis :

Gérard : ... j'ai un peu **peur** ... j'ai **envie de** renoncer à tout ...

Many emotional needs, fears, and states of mind may be expressed with the aid of the verb **avoir**.

Vocabulaire actif : *Exprimer la peur, le besoin, la disposition d'esprit*

avoir peur de	*to be afraid*
avoir honte de	*to be ashamed*

Rappel !

You have seen other expressions made with **avoir** in Chapter 5:

avoir besoin de	*to need*
avoir envie de	*to feel like*

• These **avoir** expressions are usually followed by nouns (and pronouns as you will learn later) or by infinitives. Note that **avoir peur / honte** may be used alone (J'ai peur !); they require the preposition **de / d'** if followed by an infinitive, noun or pronoun.

J'ai envie de **chanter**.	*I feel like singing.*
J'ai besoin de **marcher**.	*I need to walk.*
J'ai peur d'**aller** en France.	*I'm afraid to go to France.*
J'ai honte d'**être** paresseux.	*I'm ashamed of being lazy.*

• With nouns, the singular definite articles are normally used (along with **de**) to express particular fears. The plural definite article (**de + les = des**) is ambiguous, referring either to specific or general fears.

J'ai peur **du** (de + le) chien.	*I'm afraid of the dog.*
Il a peur des oiseaux (*birds*).	*He's afraid of birds./He's afraid of the birds.*
But: J'ai besoin **d'**argent.	*I need (some) money.*
J'ai besoin **des** (de + les) livres.	*I need the books.*

In the case of **besoin**, the absence of article indicates a general notion, while a particular notion is expressed with a definite article.

Rappel !

You may remember that emotional needs, fears, and attitudes may also be expressed in other ways, often with the aid of the verb **être**. Note these examples from the conversation:

M. Charbonneau : C'est un peu triste d'arriver à la fin du programme.
It's a bit sad to reach the end of the programme.

Maria : ... c'était toujours un plaisir de venir au cours.
It was always a pleasure to come to class.

Allez-y !

Pratique pratique
Faites des phrases complètes en employant (*using*) la forme correcte du verbe ou de l'adjectif et en faisant (*making*) tout autre changement nécessaire.

1. Nous / avoir envie / café
2. Elle / avoir peur / aller / Charleville
3. Je / être content / étudier / français
4. Ce / être triste / terminer / cours d'immersion
5. Tu / avoir honte / fumer / chambre
6. Vous / être heureux / habiter / résidence
7. Elles / avoir envie / faire / voyage / Afrique
8. Tu / besoin / visa / aller / Martinique

Questions personnelles *(avec un-e partenaire)*
Posez les questions suivantes à votre partenaire, puis changez de rôles.

1. Qu'est-ce que tu as envie de faire après le cours ?
2. As-tu peur d'aller en Europe tout seul / toute seule *(all alone)* ?
3. Est-ce que tu as honte quand tu ne fais pas tes devoirs ?
4. As-tu besoin d'argent pour acheter des disques ?
5. As-tu envie de visiter les Antilles ?
6. As-tu peur des chiens ? Des serpents ? Des araignées *(spiders)* ?
7. As-tu besoin de temps libre? Qu'est-ce que tu as envie de faire pendant ton temps libre ?

II. Parler des intentions, donner des instructions

L'impératif

When M. Charbonneau wants to have the students talk about their future plans, he uses a special form of the verb **parler**:

> *M. Charbonneau* : ... ne **parlons** pas du passé; **parlons** plutôt de l'avenir.
> *Let's not speak of the past; rather let's speak of the future.*

Notice that the verb has no subject pronoun. Similarly, at another point in the conversation he says: N'**exagérons** pas !

• This is called the *imperative mood* of the verb. The verb form may be used for planning future events or making suggestions when used with the first-person plural (**nous**) form:

> ... ne **parlons** pas du passé; **parlons** plutôt de l'avenir.

• The imperative is also used for giving a command, an invitation, or directions with the second-person form (**tu / vous**):

Ne sois pas fanatique.	*Don't be fanatical.*
Entrez.	*Come in.*
Asseyez-vous un instant.	*Sit down for a moment.*
Assoyez-vous ... (Can.)	

• To form the imperative of most regular and irregular verbs, you simply drop the subject pronoun from the **tu, nous** or **vous** forms of the present indicative. Note, however, that the final **-s** of the **tu** form of regular **-er** verbs (as well as the verb **aller**) is also dropped in the imperative. The charts on pages 219 and 220 summarize the difference between the present indicative and the imperative:

parler

present indicative	*imperative*
tu par**les**	par**le**
nous parlons	parlons
vous parlez	parlez

FAITES

RÉGULIÈREMENT

DE L'EXERCICE,

ADOPTEZ UN RÉGIME

ALIMENTAIRE SAIN ET ÉQUILIBRÉ,

Mais d'abord et avant tout, voyez la vie du bon côté

ET VOUS GARDEREZ TOUJOURS

VOTRE CŒUR

JEUNE.

La margarine Becel^{MD} offre un équilibre unique : 40 % de gras polyinsaturés, 40 % de gras monoinsaturés et 20 % de gras saturés. De toutes les margarines au pays, c'est celle qui contient la plus haute teneur en gras polyinsaturés et monoinsaturés. De plus, Becel est la seule margarine au Canada à ne pas être hydrogénée. Alors, que vous choisissiez la margarine Becel ordinaire ou légère, elle constitue le choix idéal comme composante d'un régime alimentaire sain et équilibré.

INFORMATION NUTRITIONNELLE PAR PORTION DE 10 g	Énergie	Protéines	Matières grasses	Polyinsaturés	Monoinsaturés	Saturés	Cholestérol	Glucides
Ordinaire	73 Cal / 310 kJ	0 g	8,0 g	3,2 g	3,2 g	1,6 g	0 mg	0,1 g

BECEL PREND VOTRE SANTÉ À CŒUR.^{MC}

• The imperative of regular **-ir, -re** and most irregular verbs (**faire**, etc.) is formed by dropping the subject pronoun from the **tu, nous** or **vous** forms of the present indicative:

finir

present indicative	*imperative*
tu finis	finis
nous finissons	finissons
vous finissez	finissez

attendre

present indicative	*imperative*
tu attends	attends
nous attendons	attendons
vous attendez	attendez

• To form the negative of the imperative, simply place **ne, n'... pas** around the verb:

Ne parle **pas,** ne parlons **pas,** ne parlez **pas.**

À noter !

Imperatives of two irregular verbs:

être : sois, soyons, soyez   *be! let's be! be!*
Sois sage ! *Be good!*   **Soyez** prudent ! *Be careful!*

avoir : aie, ayons, ayez   *have! let's have! have!*
Ayez la bonté de + inf.   *Please be kind enough to...*
N 'ayez pas peur ...   *Don't be afraid...*

Allez-y !

Pratique pratique – l'impératif
Mettez les verbes suivants à l'impératif en employant le pronom indiqué.

modèle : (nous) aller au cinéma
       Allons au cinéma !

1. (nous) manger au restaurant
2. (nous) (au négatif) manger à la cafétéria
3. (nous) finir notre dîner
4. (tu) (au négatif) aller à ta chambre

5. (tu) attendre l'autobus
6. (vous) remplir (*fill out*) le formulaire
7. (vous) vendre (au négatif) vos livres
8. (tu) (au négatif) faire la vaisselle

Interdictions

Voici des panneaux d'interdiction (*signs indicating that something is forbidden*). Inventez des interdictions de la même sorte. Comment réagissez-vous quand vous rencontrez ce genre d'interdictions ? Exprimez vos sentiments et discutez-en.

Le parc Ronsard près de Vendôme (France)

Projets pour ce soir

Demandez à un-e camarade de vous renseigner (*give information*) sur ses projets pour ce soir. Essayez de varier vos questions et vos réponses autant que possible en employant les différents verbes que vous venez d'apprendre (*have just learned*) : avoir l'intention, compter, espérer.

Vocabulaire actif : *Faire des projets*

avoir l'intention de + infinitive *to intend to*
J'ai l'intention d'aller en Europe.

compter + infinitive *to plan to*
Elle compte faire des études de droit à Paris.

espérer* + infinitive *to hope to*
Nous espérons voyager en Grèce.

espérer is conjugated like **préférer** (see Chapter 1)

modèle : – Qu'est-ce que tu comptes faire ce soir ?
        – J'espère aller au cinéma.
        – Quel film as-tu l'intention de voir ?
        – Je voudrais voir …

Faisons un voyage

À l'aide d'une carte fournie au début du livre, faites des projets pour un voyage quelque part (*somewhere*) dans le monde francophone. Où allez-vous voyager ? De quoi (*What*) avez-vous besoin ? Qu'est-ce que vous allez faire ?

modèle : – Allons à Bruxelles. Je voudrais voir la Belgique.
        – Bonne idée ! Faut-il un visa pour aller en Belgique ou simplement un passeport ?
        – Je pense qu'il faut simplement un passeport.
        – Qu'est-ce que tu as l'intention de faire à Bruxelles ?
        – J'espère visiter la ville, manger des frites, boire de la bière belge, visiter la région …

III. Renvoyer à quelqu'un qu'on a déjà mentionné

Pronoms objets directs et indirects (me, te, nous, vous)

Rappel !

You will remember that the direct object pronouns **le, la, l', les** were introduced in Chapter 2 but only for the third person.

Est-ce que tu aimes les films de Hitchcock ? Oui, je **les** aime beaucoup.
Est-ce que tu aimes le cinéma ? Oui, je **l'**aime beaucoup.

• You will find the remainder of the direct object pronouns below along with the corresponding indirect object pronouns:

me *me, to me*	nous *us, to us*
te *you, to you*	vous *you, to you*

• Direct object pronouns and indirect object pronouns are placed immediately before the verb.
    Il **me** regarde.   Elle **te** parle.   Nous **vous** écoutons.

• Indirect objects are introduced by the preposition **à**:
    Elle parle … (à nous) → Elle **nous** parle.

• Direct objects are not preceded by a preposition:
    Il regarde … (moi) → Il **me** regarde.

Allez-y !

Questions personnelles

modèle : – Tu me cherches depuis longtemps, n'est-ce pas ?
          – **Oui, je *te* cherche depuis une demi-heure.**

1. Est-ce que le professeur vous (*sing.*) écoute attentivement ?
2. Ta sœur te parle-t-elle quand tu regardes la télévision ?
3. Est-ce que ton père te donne de bons conseils ?
4. Vous me parlez sincèrement tout le temps ?
5. Est-ce que tes amis t'apportent souvent des cadeaux ?
6. Tes camarades te téléphonent tous les jours, n'est-ce pas ?
7. Est-ce que ta copine va t'attendre à la bibliothèque ?
8. Nous vous retrouvons toujours à midi, n'est-ce pas ?
9. Tu m'accompagnes au prochain cours ?
10. Vous (*pl.*) nous téléphonez ce soir, n'est-ce pas ?

IV. Parler d'activités passées, décrire des situations au passé

L'imparfait (suite)

Rappel !

In Chapter 1, you were briefly introduced to a new past tense, the **imparfait**; you learned that it may be used to describe routines or habitual actions (what *used to happen*) in the past:

Quand j'**avais** douze ans, je **nageais** (*used to swim*) souvent.

When the students discuss the end of the immersion programme, they tell M. Charbonneau:

Maria : ... c'est **était** (*it was*) toujours un plaisir de venir au cours.

• The **imparfait** is often used to describe conditions, situations, and activities that occurred during an *indefinite* period of past time. This verb tense has one or two other uses as well, that you will see in Chapter 10.

Look carefully at the *forms* of the **imparfait** for the verbs **aimer, finir** and **vendre:**

aimer	
j'aim**ais**	nous aim**ions**
tu aim**ais**	vous aim**iez**
elle / il / on aim**ait**	elles / ils aim**aient**
finir	
je finiss**ais**	nous finiss**ions**
tu finiss**ais**	vous finiss**iez**
elle / il / on finiss**ait**	elles / ils finiss**aient**
vendre	
je vend**ais**	nous vend**ions**
tu vend**ais**	vous vend**iez**
elle / il / on vend**ait**	elles / ils vend**aient**

• You can see that the **imparfait** is formed by dropping the **-ons** ending from the *first person plural* of the present tense of these regular **-er, -ir** and **-re** verbs and adding the new endings **-ais, -ais, -ait, -ions, -iez, -aient.**

À noter !

• All forms of the singular and the third person plural are pronounced exactly the same way.
• An **-e-** is inserted following a **g**, and a **c** becomes a **ç**, before an ending beginning with the letter **a** (tu **mangeais**; ils **commençaient**, etc.)

• There is only one exception to the rule you have just seen for the formation of the **imparfait** in French. The verb **être** has an irregular stem, **ét-**.

être	
j'ét**ais**	nous ét**ions**
tu ét**ais**	vous ét**iez**
elle / il / on ét**ait**	elles / ils ét**aient**

Allez-y !

Pratique pratique

Formez des phrases complètes en employant (*using*) la forme correcte du verbe **à l'imparfait.** N'oubliez-pas d'effectuer tous les changements nécessaires.

1. Nous / avoir envie / café
2. Elle / avoir peur / aller / Charleville
3. Vous / être content / étudier / français
4. Ce / être triste / terminer / cours d'immersion
5. Tu / avoir honte / fumer / chambre
6. Vous / être heureux / habiter / résidence
7. Elles / avoir envie / faire / voyage / Afrique
8. Tu / besoin / visa / aller / Martinique

Quand vous étiez enfant

Pensez à votre enfance en répondant aux questions suivantes :

1. De quoi aviez-vous peur quand vous étiez petit-e ?
2. De quoi est-ce que vos parents avaient probablement peur quand vous étiez enfant ?
3. Pour quelles raisons aviez-vous besoin d'argent quand vous étiez enfant ?
4. Qu'est-ce que vous faisiez, vous et vos amis, après l'école ?
5. Qu'est-ce que vous détestiez le plus quand vous étiez enfant ?
6. Qu'est-ce que vous aimiez le plus quand vous étiez enfant ?
7. Quelle profession vouliez-vous choisir quand vous étiez enfant ?
8. En général, comment étaient vos professeurs à l'école élémentaire ? Et à l'école secondaire ?

Les souvenirs

Vous avez envie de mieux connaître vos camarades de classe : vie passée, ambitions, etc. Pensez à une question que vous pouvez poser à quelqu'un dans la classe, et choisissez votre victime ! Chacun son tour !

Exemples : – Quand tu as fini tes études au lycée, quelle était ton ambition principale ?
– Quand tu avais quatorze ans, qu'est-ce que tu voulais faire dans la vie ?
– Et maintenant ?

Plus loin *Quelques pays de la francophonie*

Pré-lecture

Vous allez trouver ci-dessous des renseignements sur plusieurs pays de la francophonie. Que savez-vous déjà du fait français dans ces pays ?

Le Luxembourg
population : 360 000 habitants
capitale : Luxembourg
État situé entre l'Allemagne et la France; plus de 80% des habitants de ce petit pays utilisent le français couramment° pour leurs affaires. Cette langue est d'ailleurs la langue de l'enseignement de base.

generally

Le Maroc
population : 22,5 millions d'habitants
capitale : Rabat
Plus de quatre millions de Marocains parlent français; il est surtout présent dans les médias et l'enseignement. L'arabe est la langue officielle du pays.

L'Île Maurice
population : 1 million d'habitants
capitale : Port-Louis
Ancienne colonie britannique, la grande majorité des habitants de l'île parlent le créole et l'hindi (langue originaire de l'Inde). Parlé par 0,3% de la population, l'anglais y est la langue officielle. Toutefois°, le français jouit° d'un statut privilégié. La présence francophone est particulièrement importante dans les journaux, à la radio et à la télévision.

Nevertheless; enjoys

La Polynésie
population : 160 000 habitants
capitale : Papeete
Territoire français; des centaines° d'îles sont peuplées de Polynésiens,   hundreds
d'Européens et d'Asiatiques. Le français est la langue principale, même si le
tahitien est parlé par une partie importante de la population. Quatre
archipels composent la Polynésie : les îles Marquises, les îles de la Société, les
Gambier et les Tuamotu.

Pondichéry
Ancien comptoir° français sur les rivages° de l'Inde où quelque 20 000   trading post; riverbanks
personnes parlent encore français.

Allez-y !

Vive la francophonie !
Quelles conclusions pouvez-vous tirer de la présence francophone dans le
monde ? Mentionnez des faits linguistiques, culturels et ethniques.

Rédaction
Écrivez l'introduction d'un document sur la francophonie. Discutez des
différents rôles que joue le français dans ces divers (*various*) pays et
territoires.

Activités d'intégration

Un monde invisible (*avec un-e partenaire*)
Racontez un rêve (*dream*) ou un cauchemar (*nightmare*) qui a eu lieu (*took
place*) dans un endroit bizarre ou exotique.

- Où étiez-vous dans le rêve ?
- Décrivez vos sentiments et vos émotions.
- Comment le rêve a-t-il fini ?

Le plat du jour (*en groupe*)

Une personne joue le rôle d'un grand chef et les autres sont les aides. Le chef doit ...

- établir le menu et le plat du jour.
- donner des directives à ses aides sur la préparation des mets.

Les aides peuvent ...

- proposer des changements.
- s'assurer (*make certain*) qu'ils / elles ont bien compris les directives du chef en lui posant (*asking*) des questions.

Voici un menu modèle pour vous aider :

Menu à Bruxelles (Belgique)

Les vacances

Dans le chapitre précédent vous avez créé un scénario pour votre personnage-mystère et indiqué son climat idéal, sa saison favorite et ses lieux de vacances préférés. Imaginez que vous travaillez dans une agence de voyage. Pouvez-vous faire des projets pour un tour du monde qui va correspondre à ses souhaits (*wishes*) ? Quelles vont être ses réactions ? Qu'est-ce qu'il / elle va avoir envie de faire ? Qu'est-ce qu'il / elle va espérer découvrir ? Est-ce qu'il / elle va avoir peur de faire quelque chose ? Etc.

Vocabulaire actif

Quelque verbes irréguliers en -ir, p. 205
Villes, villages, provinces, états, pays, continents,
  îles, p. 207
Les moyens de transport, p. 210
La rose des vents, p. 211
Exprimer la peur, le besoin, la disposition d'esprit,
  p. 216
Faire des projets, p. 221

Noms
l'agence *f agency*
l'avenir *m future*
le bleuet *blueberry*
la bureaucratie *bureaucracy*
le conseil *a piece of advice/council*
l'échange *m exchange*
les études *f studies*
le fait *fact*
la jeunesse *youth*
la lettre *letter*
la mer *sea*
la note *mark/grade*
le passeport *passport*
le passé *past*
le pays *country*
le plaisir *pleasure*
la pratique *practice*
le renseignement *(piece of) information*
le rêve *dream*
le type *sort/type*
la vie *life*
le village *village*

Verbes
compter *to intend/to count/to include*
dormir° *to sleep*

emmener *to take along (person)*
envoyer *to send*
essayer *to try*
exagérer *to exagerate*
goûter *to taste*
hésiter *to hesitate*
indiquer *to indicate/to point out*
jouir de *to enjoy*
partir° *to leave*
passer (un examen) *to take (an exam)*
renoncer *to give up/to renounce*
rêver *to dream/to daydream*
se sentir (à l'aise) *to feel (at ease)*
sentir° *to feel/to smell*
servir° *to serve*
sortir° *to go out*
vendre *to sell*

Adverbes
là-bas *over there*

Adjectifs
inconnu-e *unknown*
pratique *practical*
prêt-e *ready*
prochain-e *next*

Prépositions
pendant *for*

Autres
à mi-chemin (entre) *half-way (between)*
de nos jours *currently*

See Appendix C Verbs for stem changes
° verb presentation in chapter

Le lac Cypress sur le campus de l'Université de Southwestern Louisiana

CHAPITRE 7

Joseph en Acadie

Mise en contexte

Joseph Arceneaux, de retour en Louisiane, participe à une émission radiophonique; on lui pose des questions sur son voyage au Canada francophone et sur la politique du bilinguisme dans les différentes provinces qu'il a visitées.

Objectifs communicatifs

Scène 1
Donner des instructions; vérifier la compréhension
Exprimer la nécessité, la volonté, le désir
Exprimer des quantités numériques
Les expressions de temps : dire l'heure qu'il est (suite)

Scène 2
Bien s'exprimer : les verbes pronominaux (sens réciproque et sens idiomatique)
Bien s'exprimer : l'impératif des verbes pronominaux
Bien s'exprimer : les verbes **lire** et écrire
Parler d'activités et d'événements passés

Structures et expressions

Scène 1
Le subjonctif avec **il faut que / il est nécessaire que / il vaut mieux que; vouloir/souhaiter**
Les nombres ordinaux
Les expressions de quantité avec **-aine**
Dire l'heure qu'il est sur 24 heures

Scène 2
Les verbes pronominaux
• sens réciproque et sens idiomatique
• l'impératif

Les verbes **lire** et écrire
Le passé composé et l'auxiliaire être

Vocabulaire actif

Scène 1
Donner des instructions
S'assurer que quelqu'un comprend
Indiquer qu'on ne comprend pas
L'ordinateur
Les approximations

Scène 2
Verbes pronominaux idiomatiques
Qu'est ce qu'on lit ?
Verbes de mouvement ou de situation

Culture

Le bilinguisme au Canada et aux États-Unis
La langue et la culture
Le Canada francophone hors Québec

Le musée Lafayette (Louisiane)

Scène 1 *Au Studio*

Sur le vif !

Joseph est un invité à KRVS-FM-88, «Radio Acadie[1] en Louisiane»[2]. Il vient d'arriver au studio et le technicien, Alain, lui donne des explications.

Alain : (*Il conduit° Joseph à la cabine de diffusion°.*) Voilà, Joseph. Vous allez vous mettre° là, derrière le microphone. Vous voulez vous asseoir une petite seconde ? Je vous montrerai° comment ça marche.

Joseph : Oui, oui, je veux bien. Ça a l'air un peu compliqué ! (*Il s'assied°.*) Bon. Allez-y.

Alain : Alors, ce n'est pas nécessaire de vous approcher du micro. Mais chaque fois que vous voulez parler ou répondre, vous devez faire face à l'appareil, vous me suivez ?

Joseph : Oui, je comprends.

Alain : Bon. Il faut que vous mettiez votre casque° pour nous entendre.

Joseph : D'accord, j'y suis. C'est tout ?

Alain : Pas tout à fait. Si je veux que vous parliez plus vite ou plus lentement

takes; studio
to sit
will show

sits down

headphones

232

ou que vous vous arrêtiez de parler, je vais faire les gestes suivants. (*Il lui montre les gestes.*) O.K. ? Vous y êtes ?

Joseph : (*souriant°*) Euh, oui. Merci. Je suis prêt. (*Il commence à lire ses notes.*) — smiling

(*Carole Broussard, l'hôte de «Radio Acadie en Louisiane» arrive à la hâte°, salue son équipe et se présente à Joseph.*) — in a hurry

Carole : Bonjour, M. Arceneaux. Je suis Carole Broussard, l'animatrice du programme. Voulez-vous bien excuser mon retard ? J'ai été coincée° pendant une bonne quinzaine de minutes dans un embouteillage°. — I got caught / traffic jam

Joseph : Bonjour, Carole. Ne vous en faites pas°. On m'a déjà donné toutes les instructions nécessaires. Je relisais° mes notes pour la troisième fois quand vous êtes arrivée. — Don't worry about it. / I was rereading

Carole : C'est bon. Bien, on y va ? Moi, je vais commencer par vous présenter, par donner des informations de fond°, etc., puis on commencera° l'interview. Ça vous va ? — background information; will / begin

Joseph : Oui, oui, comme vous voulez. Allons-y !

(*Tout le monde s'installe à sa place. Les techniciens se préparent° et l'un d'entre eux fait le compte à rebours°. L'émission commence avec une chanson acadienne, «Paqueteville», d'Edith Butler.* [3]) — get ready / begins the countdown

Carole : Bonjour, Mesdames et Messieurs. Ici, KRVS-FM-88, «Radio Acadie en Louisiane». Il est 13 h 10. Je suis votre hôte, Carole Broussard, et vous venez d'écouter «Paqueteville» d'Edith Butler, célèbre chanteuse acadienne du Nouveau-Brunswick. Je suis très heureuse d'accueillir° aujourd'hui M. Joseph Arceneaux du CODOFIL [4]. Il a passé récemment un mois au Canada où il a séjourné° dans plusieurs régions francophones hors° Québec. Bienvenue, Joseph. — welcome / stayed; outside of

Joseph : Bonjour, Carole. Ça me fait vraiment plaisir d'être invité à vous parler.

Pour en savoir plus

1. En 1755 les autorités anglaises ont forcé les Acadiens* à quitter leurs terres dans l'est canadien, et les ont exilés dans d'autres régions de la côte atlantique. Des familles ont été séparées avant l'embarquement°. Le poème de Longfellow, *Evangeline*, relate un aspect de la déportation. À proprement parler°, il n'existe plus de lieu géographique qu'on pourrait° appeler *Acadie*. **2.** Les exilés qui se sont installés en Louisiane ont fini par s'appeler des «Cadiens».* Ils parlent un dialecte du français appelé également «cadien». La — boarding / properly speaking; could

* Au Canada, on dit *Acadien* alors qu'en Louisiane on dit *Cadien*.

throughout

culture «cadienne» est plutôt orale; il y a peu de littérature écrite. Le chanteur louisianais Zacharie Richard est connu à travers° l'Amérique du Nord. Il est né à Lafayette et a gagné le Prix de la jeune chanson française offert par le ministère de la Culture, en France. Son genre de musique s'appelle «zydeco».

Vive l'Acadie !

widespread

fishing

whose goal
has promoted

scholarships

3. La chanson populaire et folklorique est une forme de communication très répandue° parmi les Acadiens. Les chansons acadiennes expriment avec force leurs thèmes principaux : l'isolement, la résistance à l'assimilation, le regret du pays, la pêche° et la mer.

4. Nous savons que le **Conseil pour le Développement du français en Louisiane** est un organisme dont le but° est de préserver la langue et l'héritage français de la Louisiane. Depuis sa création en 1968, le CODOFIL promeut° activement les programmes suivants : enseignement du français dans les écoles primaires, échanges d'élèves, d'étudiants et d'enseignants, bourses d'études°, organisation de congrès nationaux et internationaux, festivals, émissions de radio et télévision, publications bilingues, etc.

Vous avez bien compris ?

En direct
Avant l'émission, le technicien donne certaines instructions à Joseph. Lisez la liste d'actions ci-dessous (*below*) et cochez (*tick off*) seulement celles que le technicien a indiquées. Ensuite, mettez-les dans l'ordre chronologique.

3 – Il faut qu'il mette son casque.
2 – Il faut qu'il se mette debout derrière le microphone.
✗ – Il faut qu'il récite un poème.
1 – Il faut qu'il entre dans la cabine de diffusion.
4 – Il faut qu'il relise ses notes.
✗ – Il faut qu'il fasse attention au tableau de commande (*control panel*).
5 – Il faut qu'il s'approche du microphone.
✗ – Il faut qu'il fasse des gestes pour signaler.

Réflexions sur la culture

1. La déportation des Acadiens est un des pires° moments de l'histoire   worst
canadienne. Connaissez-vous d'autres tragédies touchant des groupes
ethniques au Canada ? Que peut-on en apprendre ?

2. Qu'est-ce que vous savez de la culture cadienne ? Renseignez-vous° sur sa   find out
musique et sa danse, et essayez de trouver des liens avec le passé de ce
groupe.

Fonctions et observations langagières

I. Donner des instructions; vérifier la compréhension

Les instructions

You will remember that when Joseph first arrives at the radio station, one of
the technicians gives him instructions about the broadcast:

> *Alain* : Vous allez vous mettre là, derrière le microphone. Vous voulez
> vous asseoir une petite seconde ? Je vous montrerai comment
> ça marche.

• Here are several expressions that you will find useful in giving instructions:

Vocabulaire actif : *Donner des instructions*

donner des instructions / directives *to give instructions*
Je vais commencer par (+ infinitive) *I'll begin by...*
Je vous montrerai comment ça marche. *I'll show you how it works.*
Tout d'abord / Au début ... *First...*
La première chose à faire, c'est ... *The first thing to do is...*
Puis, ensuite, après cela ... *Then, next, after that...*
Et enfin / Et finalement ... *And finally...*
Il faut ... *You must ...*
Pensez bien à ... *Consider...*
Vous voulez / Voulez-vous bien / Tu veux / Veux-tu bien
  (+ infinitive) ... ? *Would you mind...?*
Je vous / te demanderais de (+ infinitive) *I would ask you to...*
Vous seriez / Tu serais gentil-gentille de (+ infinitive) *Would you be
  good enough to...?*

Allez-y !

Il faut savoir diriger !

Tout le monde a besoin de donner des instructions ou des explications de temps en temps. Au travail !

1. Vous voulez être poli-e.
   a. Votre ami français prononce toujours mal votre nom de famille. Que dites-vous ?
   b. Votre professeur oublie d'écrire votre lettre de recommandation (*reference letter*) et ne sait plus à qui il faut l'envoyer.
2. Vous voulez donner des instructions claires et précises.
   a. Un-e camarade ne sait pas trouver votre maison, appartement, chambre, etc.
   b. La personne qui est à côté de vous ne sait pas conjuguer **aller** au présent !
3. Vous êtes très pressé-e.
   a. Votre voiture est en panne et vous avez une réunion importante. Vous parlez au garagiste.
   b. Il y a un incendie (*fire*) chez vous. Vous téléphonez aux pompiers (*fire department*).

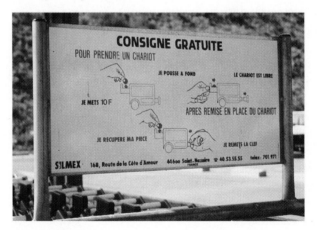

Au centre d'achats en France

Comment faire ?

Lisez le mode d'emploi d'un chariot utilisé dans un centre d'achats.
Ensuite, donnez des instructions détaillées à votre partenaire ou à la classe pour expliquer ...

1. comment trouver votre restaurant préféré en ville.
2. comment préparer une pizza, un sandwich, etc.
3. comment marche un «gadget» électronique que vous avez acheté récemment.
4. comment ... (À vous de choisir !)

S'assurer que quelqu'un comprend

• Giving instructions is only effective if the instructions are understood. Here are ways to find that out:

Vocabulaire actif : *S'assurer que quelqu'un comprend*

Vous me suivez ? / Tu me suis ? *Do you follow me?*
Vous avez bien compris ? / Tu as bien compris ? *Did you understand?*
Tout est clair ? *Is everything clear?*
Vous y êtes (tu y es) ? *Are you with me?*

• Finally, if you or the other person have not understood the instructions, here is how to indicate that:

Vocabulaire actif : *Indiquer qu'on ne comprend pas*

Excusez-moi, mais je n'ai pas bien compris. *Excuse me, but I didn't*
  understand well.
Je m'excuse, mais je comprends mal (ce que vous dites). *I'm sorry, but I*
  don't quite understand (what you say).
Je ne comprends pas très bien (ce que vous dites). *I don't understand*
  very well (what you are saying).

Je ne vous / te suis pas bien. *I don't follow you very well.*
Je n'y suis plus.[1] *I'm no longer with you.*

[1] ne...plus = *no longer*

Allez-y !

Situations
Avec un-e partenaire, imaginez que vous êtes dans les trois situations suivantes. Qu'est-ce que vous allez faire ou dire ?

1. Vous expliquez comment faire une bonne salade, un bon dessert, etc. Votre copine-copain ne semble pas bien comprendre.
2. L'agent-e de police explique comment trouver la mairie. Vous comprenez mal ses explications.

3. Avec votre camarade, vous essayez de comprendre le fonctionnement du nouveau logiciel que vous avez acheté pour votre ordinateur. Mais vous avez tous les deux (*both*) des problèmes ...

Vocabulaire actif : *L'ordinateur*

le disque souple	*floppy disk*
le disque dur	*hard disk (drive)*
la disquette	*diskette*
le clavier	*keyboard*
la touche	*key*
la puce	*chip*
la souris	*mouse*
l'écran *m*	*screen*
l'imprimante *f*	*printer*
le traitement de texte	*word-processing*
la mémoire	*memory*
le matériel	*hardware*
le logiciel	*software programme*

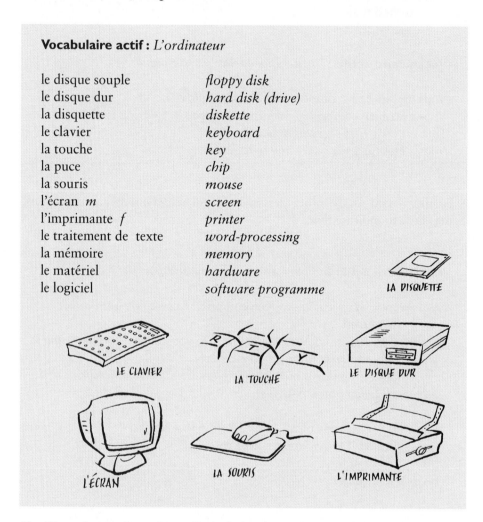

LA DISQUETTE

LE CLAVIER   LA TOUCHE   LE DISQUE DUR

L'ÉCRAN   LA SOURIS   L'IMPRIMANTE

II. Exprimer la nécessité, la volonté, le désir

Le subjonctif (au présent)

You will have noticed in the dialogue that when necessity and desire are expressed, the verb that follows in the dependent clause does not necessarily have the same form as the present indicative:

> *Alain* : Il faut que vous **mettiez** (*put on*) votre casque ... Si je veux que vous **parliez** plus vite ou plus lentement ...

• This new form of the verb that you are learning is called the *subjunctive mood*. Whereas the indicative mood expresses facts, and the imperative mood is used to give commands, or makes suggestions the subjunctive normally expresses feelings, desires, doubts, and necessities.

*N'aimeriez-vous pas que votre visage
ait une telle douceur?*

*Lisse comme une peau de bébé.
Doux comme l'oreille d'un chaton.
Tenez un pain de Dove et vous
avez dans le creux de la main
l'essence même de la douceur.
Avec Dove, aucun dessèchement à
craindre, aucune tension de l'épiderme
causée par le savon.
Le secret: ¼ de crème hydratante.
Dove. Chaque fois que vous
vous lavez le visage.
Dove.*

• Among other things, the subjunctive is used to express necessity and opinions. The subjunctive is often introduced by an impersonal expression such as **Il faut que ...** (One must, "I" must/have to, it is necessary to..., etc.), **Il est nécessaire que ...** (It is necessary...), **Il vaut mieux que ...** (It is better that...). All of these expressions are followed by **que** to introduce a dependent clause whose verb is in the subjunctive mood:

> Il faut que j'**attende** l'autobus. *I must/have to wait for the bus.*
> Il est nécessaire que vous **réussissiez** à vos examens. *It's necessary that you pass your tests.*
> Il vaut mieux que nous **restions** chez nous. *It's better that we stay home.*

• The subjunctive is also used for expressing a wish or a desire:

> Je veux / voudrais que vous m'**accompagniez** à la gare.
> *I would like you/want you to accompany me to the station.*
> Elle désire que nous **dînions** chez elle.
> *She wants us to have dinner at her house.*

• Formation: The present subjunctive of regular **-er, -ir** and **-re** verbs is formed by adding the subjunctive endings to the stem of the **ils / elles** form of the present indicative:

	chanter	finir	vendre
que je	chante	finisse	vende
que tu	chantes	finisses	vendes
qu'elle / il / on	chante	finisse	vende
que nous	chantions	finissions	vendions
que vous	chantiez	finissiez	vendiez
qu'elles / ils	chantent	finissent	vendent

• The subjunctive of **avoir** and **être** are as follows:

avoir	être
j'**aie**	je **sois**
tu **aies**	tu **sois**
elle / il / on **ait**	elle / il / on **soit**
nous **ayons**	nous **soyons**
vous **ayez**	vous **soyez**
elles / ils **aient**	elles / ils **soient**

À noter !

When there is only one subject for the two clauses, the second verb is in the infinitive.

Compare: **Je** veux que **tu** écoutes.
but   **Je** veux écouter.

Allez-y !

Mes opinions
Donnez votre opinion sur divers sujets.

Il faut		je / finir mes devoirs
Il est nécessaire	que +	Joseph / mettre son casque
Il vaut mieux		nous / discuter du bilinguisme
		vous / attendre à la gare
		les Acadiens / avoir des droits linguistiques
		tu / raconter des histoires franco-ontariennes
		etc.

Réclamations
Vous n'êtes pas satisfaits de certaines choses à l'université. Préparez une liste de vos réclamations.

modèle : Nous voulons que la bibliothèque **soit** ouverte tous les soirs.

Conseils personnels
Confiez vos ambitions à un-e camarade de classe. Celui-ci / Celle-ci vous donne des conseils.

Expressions utiles :
   Il faut / vaudrait mieux que tu ...
   Il est nécessaire que tu ...
   Je veux / voudrais que tu ...

modèle : *Vous* : Un jour, je voudrais devenir médecin.
         Votre partenaire : C'est une profession très noble, mais d'abord il faut que tu **étudies** beaucoup, etc.

III. Exprimer des quantités numériques

Les nombres ordinaux

When Carole Broussard arrives at the radio station, Joseph tells her how many times he has read over his notes:

> *Joseph* : Je relisais mes notes pour la **troisième** fois quand vous êtes arrivée.

• Ordinal numbers:
  – may be masculine or feminine (**premier / première**)
  – may be used as adjectives (**la première classe**) or as nouns (**un cinquième**)
  – precede the nouns they modify
  – are written in either full alphabetical spelling, or abbreviated with a number as shown below:

Les nombres ordinaux

1er / 1re	premier / première	11^{e}	onzième
2^{e}	deuxième	12^{e}	douzième
3^{e}	troisième	13^{e}	treizième
4^{e}	quatrième	14^{e}	quatorzième
5^{e}	cinquième	15^{e}	quinzième
6^{e}	sixième	16^{e}	seizième
7^{e}	septième	17^{e}	dix-septième
8^{e}	huitième	...	
9^{e}	neuvième	20^{e}	vingtième
10^{e}	dixième	100^{e}	centième

It is easy to form ordinal numbers. In the case of numbers ending in a consonant, you simply add the suffix -**ième** to the cardinal number. Note the slight changes in spelling with **cinquième** and **neuvième**. If the cardinal number ends in a vowel, that vowel is dropped:

> seize → seizième.

Allez-y !

La finale du foot

Il y a 10 équipes de football dans la ligue Junior; chaque équipe a disputé (*played*) 10 matchs. Étudiez les résultats obtenus et indiquez le classement (*ranking*) des équipes.

équipe	matchs gagnés	matchs perdus
les Tigres	6	4
les Escargots	2	8
les Bisons	9	1
les Panthères	1	9
les Renards	7	3
les Crocodiles	5	5
les Autruches	3	7
les Papillons	10	0
les Colibris	4	6
les Lions	8	2

modèle : Les Papillons ont fini en première place.

Recherche démographique
Quelles sont les trois plus grandes villes des pays suivants ?

modèle : (la France)   – Paris est la première ville de France.
                        – Marseille est la deuxième ville de France.
                        – Lyon est la troisième ville de France.

1. le Canada
2. les États-Unis
3. l'Angleterre
4. le Sénégal

5. l'Espagne
6. les Pays-Bas
7. le Japon
8. le Mexique

Les nombres collectifs et les approximations

Sometimes numbers are not expressed in exact quantities. You will remember that when Carole arrived late at the studio, she said:

> *Carole* : J'ai été coincée pendant une bonne **quinzaine de** minutes
> dans un embouteillage.

• Approximate numbers are formed by adding **-aine** to the cardinal number:

Vocabulaire actif : *Les approximations*

dix	→	dizaine
douze	→	douzaine
quinze	→	quinzaine
vingt	→	vingtaine
trente	→	trentaine
cent	→	centaine

• Approximations are feminine nouns in French; they are preceded by **une** and followed by **de** + noun:

une quinzaine de minutes
une centaine de personnes

À noter !

In some cases these numbers indicate an exact number (**une douzaine d'œufs** = *a dozen eggs*).

Allez-y !

Données approximatives

Exprimez les quantités approximatives ci-dessous en utilisant (*using*) une expression en **-aine**.

1. Il y a à peu près 30 étudiants dans notre classe de français.
2. J'ai vu environ 15 personnes dans le bus.
3. Ça fait presque 10 ans qu'elle habite en Louisiane.
4. Il y a eu à peu près 100 victimes dans l'incendie.
5. Le professeur a distribué environ 20 copies de l'examen.

Combien en voulez-vous ? (*avec un-e partenaire*)

Votre camarade de classe joue le rôle d'un marchand qui offre ses produits au client. Imaginez la conversation.

Marché provençal

modèle : *Marchand* : J'ai de très bonnes pêches aujourd'hui.
Combien en voulez-vous, Madame / Monsieur / Mademoiselle ?
Client : Je voudrais **une dizaine de** pêches. / J'en voudrais **une dizaine**, s'il vous plaît, etc.

IV. **Les expressions de temps : dire l'heure qu'il est (suite)**

Le système de 24 heures

When Carole announces the start of the program, she gives the time to the audience:

Carole : Il est 13 h 10.

Francophones increasingly tell time using the 24-hour clock. The 24-hour clock is routinely used for anything that is *scheduled* such as arrival or departure times, movie or TV schedules, appointments. If you were inviting a friend to meet for coffee, however, you would say **Viens prendre un café à trois heures,** not **à 15 heures.** Note that when using the 24-hour clock, the expressions **et quart, et demie, moins le quart** are not used.

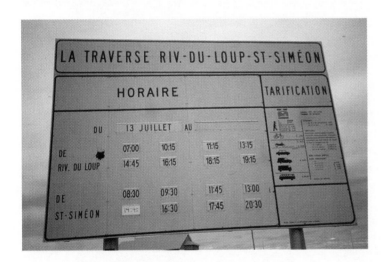

Compare the examples below:

24-hour clock	12-hour clock
0 h 20	minuit vingt
9 h	neuf heures du matin
10 h 30	dix heures et demie du matin
10 h 45	onze heures moins le quart
13 h	une heure de l'après-midi
13 h 45	deux heures moins le quart
19 h	sept heures du soir
19 h 15	sept heures et quart

Allez-y !

Je cherche une bonne émission à la télévision.

Vous avez perdu votre programme. Vous téléphonez à votre ami-e (votre camarade de classe) pour demander l'heure des émissions.

modèle : À quelle heure est-ce que X passe à la télévision ?
        C'est à 20 h 30.

À quelle heure est-ce que le train arrive à … ?

Vous demandez à votre partenaire l'heure d'arrivée d'un train. (Voir l'horaire ci-dessous.)

modèle : *Étudiant-e A (regardant la colonne de gauche et couvrant la colonne de droite)* : À quelle heure est-ce que le train arrive à … ?
Étudiant-e B (regardant la colonne de droite) : Il arrive à X heures.

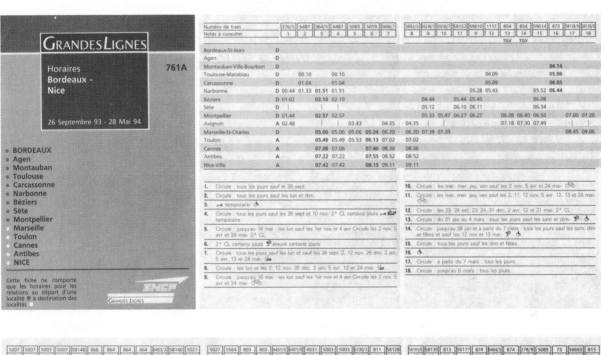

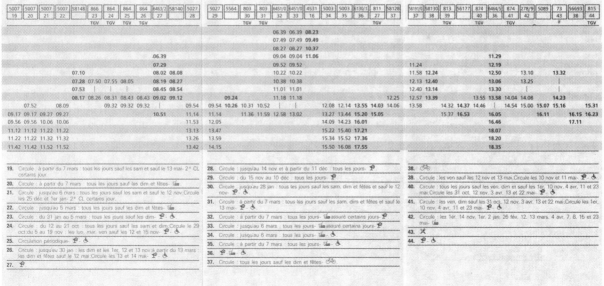

La Maison franco-manitobaine à Saint-Boniface
(Manitoba)

La situation des francophones

Sur le vif !

L'interview continue.

Carole : Quelles régions francophones avez-vous visitées au Canada ?

Joseph : Eh bien, je suis allé d'abord à la baie Sainte-Marie en Nouvelle-Écosse [1], puis à Moncton, au Nouveau-Brunswick [2], ensuite à Sudbury, en Ontario, et enfin à Saint-Boniface au Manitoba. Et, évidemment, j'ai fait en route une brève visite à Québec.

Carole : Entre Cadiens, comme vous le savez bien, on aime se raconter les grands événements° de la déportation. Mais est-ce que les gens de la Nouvelle-Écosse et du Nouveau-Brunswick s'intéressent autant à notre histoire commune ?

Joseph : En effet, les Acadiens du Canada se passionnent pour leur histoire, tout comme nous. Il y a même des livres superbes, comme *Pélagie la charette*, d'Antonine Maillet [3], qui tirent° leur inspiration du «grand dérangement». [4]

Carole : Et quelle est la situation en Ontario et au Manitoba ?

Joseph : Les Franco-Ontariens constituent une grande partie des francophones hors Québec. Au Manitoba, ainsi que dans les autres provinces de l'ouest canadien, il y a moins de francophones et le taux° d'assimilation est plus élevé° que dans les provinces de l'Est.

events

draw

rate; higher

248

Carole : Est-ce qu'il y a une grande différence entre le bilinguisme canadien et le bilinguisme de la Louisiane ?

Joseph : La différence la plus importante est que le Canada est un pays «officiellement» bilingue. Plus de 24% de la population est francophone. Il est évident que le français en Louisiane risque de disparaître. Nous sommes une minorité dans un pays qui encourage l'assimilation [5].

Carole : On sait que le CODOFIL fait ici un excellent travail en parrainant ° de nombreux programmes pour la préservation du patrimoine° français.

in sponsoring
heritage

Joseph : Oui, je crois que c'est très important. Mais on va plus loin au Canada. Déjà en 1969, voyez-vous, une province est devenue officiellement bilingue, c'est le Nouveau-Brunswick. En Ontario, tout élève francophone a droit° à l'enseignement en français dans une école francophone. Dans la majorité des provinces il y a des universités francophones. Et des festivals, des réseaux° français de radio et de télévision, des centres de recherche, et ainsi de suite,° existent partout.

is entitled by law

networks
and so on

Carole : Alors, comme ça la situation des francophones semble assez satisfaisante ?

Joseph : Au contraire, on s'inquiète° beaucoup dans ces provinces, tout comme chez nous, de la possibilité de perdre son identité de francophone.

worry

(L'interview se poursuit pendant une dizaine de minutes.)

Carole : En somme, c'était un voyage utile et profitable ?

Joseph : Absolument. J'ai beaucoup appris, et je me suis fait de nouveaux amis canadiens. Nous nous écrivons régulièrement pour garder le contact, et nous nous envoyons de la documentation.

Pour en savoir plus

1. Des francophones, d'origine acadienne pour la plupart°, constituent près de 4 % de la population de la province. Pour survivre dans une province principalement anglophone, les Acadiens ont dû° s'isoler et pratiquer leur langue entre eux. Ce français «acadien», marqué d'une tradition surtout orale, s'est modifié° au cours de l'histoire pour devenir aujourd'hui très distinct du français parlé au Québec.

for the most part

had to

changed

2. Le Nouveau-Brunswick reste la seule province officiellement bilingue du Canada. Là aussi, la population acadienne s'est tenue à l'écart° pendant de longues années, afin de résister à l'assimilation. L'Université de Moncton est francophone et la ville de Moncton, dont 37% de la population est francophone, a élu° son premier maire francophone, Léopold Belliveau.

kept apart

elected

3. La romancière acadienne Antonine Maillet, récipiendaire° du Prix du Gouverneur Général du Canada et du Prix Goncourt, fait appel dans ses

recipient

œuvres aux thèmes liés à la déportation. La plus célèbre est une pièce de théâtre intitulée *La Sagouine*, d'après son mémorable personnage féminin.

4. Les Acadiens et les Cadiens se rappellent bien que leurs ancêtres communs ont été victimes du déracinement° de leur peuple et de sa dispersion en diverses régions de l'Amérique du Nord et d'Europe. Cette dispersion s'appelle communément le «grand dérangement».

uprooting

Musée vivant à Vermilionville (Louisiane) : village cadien du XIXe siècle

As

5. Comme° on peut le voir dans le graphique suivant, l'assimilation est un problème dans la plupart des provinces où les francophones sont minoritaires.

La population francophone du Canada (en %)

	Can.	T.-N.	Î.-P.-É.	N.-É.	N.-B.	Qué.	Ont.	Man.	Sask.	Alb.	C.-B.
1981	25,2	0,4	4,7	3,9	32,6	81,5	5,1	4,8	2,5	2,5	1,5
1991	24,5	0,4	4,2	3,8	33,5	83,3	4,8	4,6	2,0	2,1	1,4

(Statistique Canada)

Vous avez bien compris ?

La francophonie canadienne

Quelles (*Which*) villes ou régions Joseph a-t-il visitées ? Situez-les à l'aide de la carte de la page 29 et en relisant le dialogue. Donnez le plus de renseignements (*as much information*) possible.

Saint-Jean	Vancouver
Halifax	Sudbury
Moncton	Edmonton
Chicoutimi	Saint-Boniface
Baie-Sainte-Marie	Grand Pré
Toronto	Gravelbourg

Réflexions sur la culture

1. Quels sont les avantages et les inconvénients° d'un pays unilingue ? D'un   disadvantages
pays bilingue ? Donnez le pour et le contre de la philosophie du *melting pot*
et de celle de la «mosaïque».

2. Est-ce qu'il y a des politiques gouvernementales favorisant° le bilinguisme   promoting
qui vous touchent personnellement ? Lesquelles ? Quels sont leurs effets ?
Êtes-vous pour ou contre ?

Fonctions et observations langagières

I. Bien s'exprimer : les verbes pronominaux (sens réciproque et sens idiomatique)

Les verbes réciproques

In the preceding dialogue, we have seen instances where the pronoun
referring to the verb refers back to the subject(s):

> *Carole* : ... on aime **se raconter** les grands événements ...

We do not have to look far to find further examples in chapter dialogues:

> *Joseph* : **Nous nous écrivons** régulièrement. *We write each other regularly.*
> **Nous nous envoyons** de la documentation. *We send each other
> documentation.*

In the examples above, the action is *reciprocal* or *mutual*. Reciprocal type
pronominal verbs are always plural.

Rappel !

In Chapter 5, we saw pronominal verbs that are *reflexive*. These can
be singular or plural, and the action of the verb refers back to the
person who is performing the action. For example:

Elle se lève. *She gets up.*   **Elles se lèvent.** *They get up.*

Allez-y !

Réfléchi ou réciproque ?
Complétez les phrases suivantes en utilisant le verbe proposé. Indiquez si le verbe est de type «réfléchi» ou «réciproque».

1. Narcisse (s'aimer).
2. Roméo et Juliette (s'aimer) et (s'embrasser).
3. Il est drôle, Pierre. Quand il est en voyage, il (s'envoyer) des cartes postales.
4. Pierre et Hélène (se téléphoner) une fois par mois.
5. Nous (se rencontrer) souvent au supermarché.
6. Nous (se brosser les dents) tous les soirs.
7. Gilles et Sylvie parlent de (se fiancer).
8. Ma cousine Suzanne et son fiancé Paul (se marier) aujourd'hui.

Rapports avec les parents (*relatives*) ou les connaissances
Discutez avec un-e partenaire de vos rapports avec vos parents, camarades, professeurs, etc. Utilisez, entre autres, les verbes de la liste ci-dessous.

> se parler, se téléphoner, se comprendre, se dire, se rencontrer, s'embrasser, se raconter ...

modèle : Mon père et moi, nous nous parlons souvent. Et chez toi ?

Les verbes pronominaux idiomatiques

As well, in the dialogue, there are verbs where the action seems to refer back to the subject(s) in some way, but the relationship is not as straightforward:

> *Carole* : ... les gens ... **s'intéressent** autant à notre histoire commune ?
> *Joseph* : ... les Acadiens du Canada se passionnent pour leur histoire
> ... on **s'inquiète** beaucoup ...

Some verbs are used idiomatically as *pronominal verbs*. That is, there is no clear action of the subject on itself, nor is there reciprocal action. The verbs are, however, used with reflexive pronouns. Furthermore, the meaning of these verbs is often substantially different from the same verb used non-pronominally.

Vocabulaire actif : *Verbes pronominaux idiomatiques*

Non-pronominal

amuser	*to entertain/to amuse*
appeler	*to call*

demander	*to ask*
détendre	*to loosen*
ennuyer	*to bore*
entendre	*to hear*
fiancer	*to arrange an engagement for*
habituer	*to accustom*
installer	*to install/toput in*
intéresser	*to interest*
marier	*to marry off (one's child)*
mettre	*to put*
occuper	*to occupy*
passer	*to pass (by)*
plaindre	*to pity*
promener	*to take for a walk/ride*
rappeler	*to remind*
reposer	*to replace*
sentir	*to smell*
tromper	*to deceive*

Pronominal

s'amuser	*to have fun*
s'appeler	*to be called/to be named*
se demander	*to wonder*
se dépêcher	*to hurry*
se détendre	*to relax*
s'ennuyer	*to be bored*
s'entendre	*to get along*
se fiancer	*to get engaged*
s'habituer (à)	*to get used to*
s'installer	*to settle in*
s'intéresser (à)	*to be interested (in)*
se marier	*to get married*
se mettre (à)	*to begin (to)*
se moquer (de)	*to make fun (of)*
s'occuper (de)	*to take charge of*
se passer	*to happen*
se plaindre (de)	*to complain (about)*
se promener	*to go for a walk/ride*
se rappeler	*to remember*
se reposer	*to rest*
se sentir	*to feel*
se souvenir	*to remember*
se tromper	*to make a mistake*

Allez-y !

Un peu d'imagination, s.v.p.!

Choisissez un verbe pronominal idiomatique pour compléter chaque phrase.

1. Joseph _____ à La Nouvelle-Orléans.
2. Il voudrait _____ dans le centre-ville.
3. L'agente _____ de lui trouver un appartement.
4. Joseph et le technicien _____ pourquoi Carole n'est pas arrivée au studio à 13 h.
5. Joseph a besoin de _____ après sa visite au studio.

Pour mieux vous connaître

Répondez aux questions vous-même ou bien posez-les à un·e camarade de classe:

1. À quel cours est-ce que tu t'intéresses particulièrement ?
2. Est-ce que tu t'habitues à la vie d'étudiant·e ?
3. Qu'est-ce que tu fais pour te détendre ?
4. Chez tes parents, qui s'occupe de la préparation des repas ? De la vaisselle ? Du ménage ?
5. Est-ce que tu te souviens de ton premier cours de français ?

6. Est-ce que tu t'entends bien avec tes frères et tes sœurs ?
7. Aimes-tu sortir ou te reposer le vendredi soir ?
8. Quand est-ce que tu t'ennuies ?

II. Bien s'exprimer : l'impératif des verbes pronominaux

You may recall from *Mise en route* how to tell someone to sit down (**Asseyez-vous !**). Here is the full imperative construction for pronominal verbs:

Affirmative

Indicative		Imperative
Tu te laves	→	Lave-**toi**
Nous nous lavons	→	Lavons-**nous**
Vous vous lavez	→	Lavez-**vous**

Negative

Indicative		Imperative
Tu ne te laves pas	→	Ne **te** lave pas
Nous ne nous lavons pas	→	Ne **nous** lavons pas
Vous ne vous lavez pas	→	Ne **vous** lavez pas

À noter !

Note that in the *affirmative* imperative the reflexive pronoun follows the verb and **te** becomes **toi**. In the *negative* imperative, the reflexive pronouns precede the verb.

Allez-y !

Toujours d'accord ? (*avec un-e partenaire*)
Dites à votre partenaire de faire les choses suivantes.

modèle : (se reposer) tout de suite
  – **Repose-toi tout de suite !**
  – **D'accord, je me repose tout de suite.**
  – **Non, je ne veux pas me reposer tout de suite.**

1. (se laver) avec de l'eau chaude
2. (se dépêcher) ou tu seras en retard
3. (ne pas se promener) dans le parc après minuit   *Ne te promène pas*
4. (s'occuper) de ses propres affaires
5. (se détendre) plus souvent
6. (ne pas s'ennuyer) si facilement
7. (ne pas se moquer) de moi

Que dire ?

Qu'est-ce que vous allez dire dans les circonstances suivantes ? Employez un verbe pronominal à la forme impérative.

modèle : Ton camarade de chambre étudie douze heures
par jour; il a deux examens après-demain.

Détends-toi ! Repose-toi ! Tu travailles trop en ce moment.

1. Il est midi et ton camarade de chambre dort toujours.
2. Tes parents sont en retard pour une soirée.
3. Toi et tes copains-copines, vous travaillez trop.
4. Ton professeur aime jouer au basket avec les étudiants.
5. Tes sœurs se disputent dans ta chambre.
6. Toi et tes camarades d'équipe, vous avez couru (*ran*) trop longtemps.
7. Ton petit frère vient de jouer dans la boue (*mud*).
8. Tu ne veux pas que ton ami-e compose le mauvais numéro de téléphone.

III. Bien s'exprimer : les verbes **lire** et **écrire**

Note the conjugations of the two irregular verbs **lire** (*to read*) and **écrire** (*to write*):

	lire	
je **lis**		nous **lisons**
tu **lis**		vous **lisez**
elle / il / on **lit**		elles / ils **lisent**

	écrire	
j'**écris**		nous **écrivons**
tu **écris**		vous **écrivez**
elle / il / on **écrit**		elles / ils **écrivent**

Participes passés : lu (j'ai lu) **écrit** (j'ai écrit)

Note that the verb **décrire** (*to describe*) is conjugated like **écrire**.

Pratique pratique

Complétez les phrases par les formes convenables des verbes **lire, écrire** et **décrire**.

1. Jeanne et Rose _____ le journal tous les jours. (lire)
2. Nous _____ souvent des lettres à nos amis. (écrire)
3. Je _____ un roman québécois en ce moment. (lire)
4. _____ si possible le cambrioleur (*burglar*). (décrire)
5. Eric et Rose _____ assez régulièrement à leurs parents. (écrire)
6. Robert _____ *Les Misérables*, n'est-ce pas ? (lire)
7. Tu _____ bien la situation. (décrire)
8. Je _____ à Margot une fois par semaine. (écrire)
9. Joseph et ses collègues canadiens s'_____ souvent. (écrire)

Vocabulaire actif : *Qu'est ce qu'on lit ?*

un journal	*newspaper*	une autobiographie
un magazine		une biographie
un roman	*novel*	une lettre
une bande dessinée	*comic strip*	

Qu'est-ce que tu lis ?

Demandez à un-e camarade de classe ce qu'il ou elle lit à différents moments.

modèle : Qu'est-ce que tu lis le matin ?
    Je lis le journal.
    Qu'est ce que tu lis pendant le weekend ?
    Je lis un magazine ou un roman.
    Quelles sortes de romans et de magazines aimes-tu lire ?

IV. Parler d'activités et d'événements passés

Le passé composé et l'auxiliaire être

In Chapter 3, you learned how to form the **passé composé** with the auxiliary **avoir**.

• However, a certain number of verbs in French use **être** in the **passé composé** rather than **avoir**. Note this example from the preceding dialogue:

Joseph : ... en 1969, ... une province **est devenue** bilingue, ...

• Here is the complete conjugation of the verb **aller** in the **passé composé:**

aller

je **suis** allé-e	nous **sommes** allé-e-s
tu **es** allé-e	vous **êtes** allé-e-s
il **est** allé	ils **sont** allés
elle **est** allée	elle **sont** allées
on **est** allé	

• When **être** is the auxiliary verb, the past participle agrees with the subject in gender and number. See examples above.

• A relatively small number of verbs such as **aller,** many involving location or movement, are conjugated with **être** in French. The following are among the most frequent. Note the agreement of the past participles as you read the examples:

Vocabulaire actif : *Verbes de mouvement ou de situation*

aller *to go*	Je **suis allé** chez Robert hier.
venir *to come*	Nous **sommes venus** en avion.
arriver *to arrive*	Elle **est arrivée** à minuit.
partir *to leave*	À quelle heure **es-tu parti** ?
entrer *to go in/to come in*	Il **est** déjà **entré.**
sortir *to go out*	Luc **est sorti** avec Paulette.
rentrer *to return (home)*	Lisette **est rentrée** lundi.
rester *to remain*	Mes copains **sont restés** chez moi jusqu'à onze heures.
retourner *to go back/to return*	Il n'**est** pas encore **retourné** au Canada.
devenir *to become*	Nous **sommes devenus** fatigués.
revenir *to come back*	Elles **sont revenues** de France.
monter *to go up*	Jeanne **est montée** à sa chambre.
descendre *to go down*	Il **est descendu** à la cafétéria.
tomber *to fall*	Où **êtes-vous tombée** ?

Allez-y !

Pratique pratique !
Mettez les phrases suivantes au passé composé.

modèle : Il **arrive** à trois heures.
         Il **est arrivé** à trois heures.

1. Paul **vient** mercredi.
2. Elle **monte** à sept heures.
3. David et Bernard **arrivent** en retard.
4. Nous **entrons** dans la ville de Fredericton.
5. Vous **devenez** très impatients.
6. Je **reste** deux nuits à Amsterdam.
7. À quelle heure est-ce que tu **rentres** ?
8. Elles **retournent** au Portugal dimanche soir.
9. Elle **tombe**.
10. Ils **vont** à La Nouvelle-Orléans.

Trouvez quelqu'un qui ...
Trouvez au moins (*at least*) deux camarades qui ont fait ceci le mois dernier.

Activité	Nom	Nom
aller au cinéma	_____	_____
sortir avec des amis	_____	_____
loger dans un hôtel	_____	_____
voyager	_____	_____
arriver en retard	_____	_____
manger souvent au restaurant	_____	_____
rencontrer un-e Québécois-e	_____	_____
avoir le temps de lire deux romans (*novels*)	_____	_____
rentrer après minuit	_____	_____

Plus loin   *Message du Conseil acadien*

Pré-lecture

Ce message, publié dans *Symphony Nova Scotia 1992-93*, évoque les souvenirs d'enfance de Ron Bourgeois, musicien acadien.

J'ai grandi à Chéticamp, au Cap-Breton. Je me rappelle beaucoup de choses de mon enfance : l'odeur salée° de la mer et les trésors que l'on trouvait sur les côtes après chaque marée° ou tempête. Les nombreuses visites d'amis et de parents qui arrivaient sans s'annoncer les dimanches après-midi pour une partie de cartes ou pour discuter de politique ou des événements de la communauté, ou simplement pour dire bonjour.

Un élément pour moi indissociable de mon enfance, que je garde chaudement° en mon âme° est la musique et les chansons. Pas celles que j'entendais à la radio ou à la télévision, mais celles que chantaient mon père, que je chantais dans la cuisine de mon oncle ou que me chantait ma grand-mère. Des musiques et des chansons qui parlaient de nous, de qui j'étais et d'où je venais. Les enfants grandissant° dans n'importe quel° village acadien de la Nouvelle-Écosse ont tous les mêmes souvenirs. Aujourd'hui, comme adulte, ces chansons et musiques me sont encore plus chères que jamais°.

salty
tide

warmly; soul

growing up; each and every

dearer than ever

Allez-y !

Souvenirs puissants (*powerful*)
Nommez les souvenirs d'enfance dont l'auteur se rappelle le plus clairement. À votre avis, pourquoi sont-ils si puissants ?

Comparons les temps passés.
Étudiez l'emploi de l'imparfait dans ce passage. Quel rôle narratif joue-t-il ?
Montrez le contraste entre le passé composé et l'imparfait dans cet extrait.

Rédaction
Imaginez que vous êtes un musicien ou une musicienne célèbre et que l'on
vous demande d'écrire un souvenir d'enfance ayant contribué à votre carrière
(*career*). Qu'est-ce que vous allez écrire ?

Activités d'intégration

Directives (*à deux*)
Chacun choisira dans la liste une situation à expliquer. N'oubliez pas de
vérifier si votre partenaire comprend vos instructions.

• le mode d'emploi d'un ordinateur
• les préparatifs pour une émission de radio
• comment retirer (*withdraw*) de l'argent à un guichet automatique
• comment trouver de la documentation sur les Acadiens

M. ou Mme X
Votre personnage-mystère vient d'écouter la chanson suivante, d'Edith Butler.
C'est son premier contact avec la langue et la culture acadiennes. Quelles sont
ses réactions ?

Paquetville
Lise Aubut / Edith Butler

Refrain:
Paquetville, Paquetville
Tu peux ben dormir tranquille
Paquetville, Paquetville
Tu peux ben dormir tranquille

Tu m'as tout donné tu m'as tout conté
Tu peux ben dormir tranquille
Tu m'as tout appris tu m'as tout chanté
Tu peux ben dormir tranquille
Des bœufs à élever du bois à couper
Tu peux ben dormir tranquille
Et des milles carrées de forêts sucrées
Tu peux ben dormir tranquille
Tu m'as tout nounné tu m'as tout soufflé
Tu peux ben dormir tranquille
Tu m'as tout jigué tu m'as tout dansé
Tu peux ben dormir tranquille

Tu m'as tout joué tu m'as tant parlé
Tu peux ben dormir tranquille
Tu m'as chuchoté tu m'as tout montré
Tu peux ben dormir tranquille
Mes premiers chagrins tu les as gardés
Tu peux ben dormir tranquille
Mes premiers bonheurs tu les as fêtés
Tu peux ben dormir tranquille
Tu m'as fascinée tu m'as chavirée
Tu peux ben dormir tranquille
Tu m'as espérée tu m'as fait rêver
Tu peux ben dormir tranquille
T'es pas aussi belle que Kouchibougouak
Tu peux ben dormir tranquille
Remercie le ciel tu s'ras pas un parc
Tu peux ben dormir tranquille
T'es si ben bâtie t'es si ben ancrée
Tu peux ben dormir tranquille
Tes enfants reviennent au lieu d's'en aller
Tu peux ben dormir tranquille

Vocabulaire actif

Donner des instructions, p. 235
Indiquer qu'on ne comprend pas, p. 237
S'assurer que quelqu'un comprend, p. 237
L'ordinateur, p. 238
Les approximations, p. 243
Verbes pronominaux idiomatiques, p. 252
Qu'est-ce qu'on lit ?, p. 257
Verbes de mouvement ou de situation, p. 258

Noms
l'ancêtre *mf ancestor*
l'appartement *m apartment*
la cabine (de diffusion) *(broadcast) booth*
le casque *headphones*
le centre-ville *downtown area*
le droit *right*
l'embouteillage *m traffic jam*
l'équipe *f team*
le geste *gesture*
l'hôte *m host*
les informations (télévisées) *f (T.V.) news*
le marchand-la marchande *merchant*
le retard *lateness/tardiness*
le taux (d'assimilation/de chômage/etc.) *rate (of assimilation/unemployment/etc.)*
la carrière *career*
l'élève *mf pupil/student*
l'enseignant-e *mf teacher*
la gare *station*
l'horaire *m timetable/schedule*
l'interview *f interview*
le poème *poem*
la politique *policy*
le souvenir *memory*
la terre *property/earth/land*

Verbes
expliquer *to explain*
faire face à *to face*

courir *to run*
décrire° *to describe*
écrire° *to write*
encourager *to encourage*
expliquer *to explain*
gagner *to win*
lire° *to read*
mettre au courant *keep up to date*
préserver *to preserve*
quitter *to leave*
résister *to resist*
s'arrêter *to stop*
saluer *to greet*

Adjectifs
divers-e *different/various*
bref-brève *brief*
connu-e *well-known*
élevé-e *high*
local-e *local*
oral-e *oral*
pire *worst*
pressé-e *hurried*
puissant-e *powerful*
satisfaisant-e *satisfactory/satisfying*

Adverbes
évidemment *obviously/evidently*
la plupart des *most*
récemment *recently*
régulièrement *regularly*

Autres
Ne vous en faites pas. *Don't worry about it.*

° verb presentation in chapter

100 ans

La tour Eiffel

CHAPITRE 8

Maria apprend à se débrouiller

Mise en contexte

Maria Chang arrive à Paris, trouve une chambre d'hôtel dans le quartier Latin et rencontre une amie avec qui elle joue au squash. Puis elle prend un billet de train pour Charleville-Mézières.

Objectifs communicatifs

Scène 1
Exprimer l'obligation, le besoin : le verbe **devoir**
Parler d'activités et d'événements futurs
Bien s'exprimer : le verbe prendre
Offrir; accepter; refuser

Scène 2
Comparer
Le passé composé avec les auxiliaires **avoir** et être
Exprimer l'irritation, s'excuser
Relier une série d'événements

Structures et expressions

Scène 1
Le verbe **devoir** (plusieurs sens)
Le verbe **prendre**
Le temps futur
Expressions pour offrir, accepter, refuser

Scène 2
Le comparatif et le superlatif des adverbes et des adjectifs
Le passé composé avec les auxiliaires **avoir** et être
Le verbe **dire**

Vocabulaire actif

Scène 1
Terminer une conversation
Offrir, accepter, refuser

Scène 2
Exprimer l'irritation; s'excuser
Enchaînement du discours
Donner un renseignement, indiquer une direction

Culture

Le quartier Latin et la vie intellectuelle en France
Les hôtels en France
Monuments de Paris
L'hospitalité en France - mythes et réalités
Les trains en France
Les cartes de crédit

Le Grand Hôtel Oriental à Paris

Scène 1 *L'arrivée à Paris*

Sur le vif !

Maria arrive au Grand Hôtel Oriental, rue d'Arras, dans le quartier Latin.[1]

Would you have?

Maria *(au réceptionniste)* : Bonsoir, Monsieur. Est-ce que vous auriez° une chambre pour une personne ?

Le réceptionniste : Bonsoir, Mademoiselle. Ce sera pour combien de nuits ?

Maria : Pour quelques nuits, Monsieur. Je ne suis pas sûre. Je viens d'arriver à Paris et je voudrais passer plusieurs jours ici avant d'aller à Charleville-Mézières.

floor
included

Le réceptionniste : Une petite seconde, Mademoiselle. Je vais vérifier. Eh bien, oui. J'ai deux chambres : la 13 au deuxième étage°, à 300 francs, et la 32 au troisième, à 260 francs. Le petit déjeuner est compris°[2].

Let's see

Maria : Euh, voyons°. J'ai besoin d'économiser un peu. Il y a une grande différence entre les chambres ?

Le réceptionniste : Pas vraiment, Mademoiselle. Dans la 13 vous avez un w.-

c. et une douche privés. Dans la 32 il n'y a pas de douche et les toilettes sont à l'étage° ². ... *shared by floor*

Maria : Eh bien, je prends la 32 pour une nuit seulement et si je décide de changer, je vous le dirai demain matin, d'accord ?

Le réceptionniste : Entendu°, mais avant onze heures, s'il vous plaît. Voici votre clé. Bonsoir, Mademoiselle. ... *Agreed*

(Le lendemain, Maria a rendez-vous au club de squash Jeu de Paume où elle va jouer une partie avec Chantal, passionnée, comme elle, de squash. Des amis à Laval avaient arrangé° le contact. L'entraîneur° est avec elles.) ... *had arranged; the pro*

Chantal : Nous avons quelques minutes avant notre match, et vous devez avoir soif. Je peux vous offrir un verre d'eau, un jus d'orange ?

Maria : Oui, ça me donne soif de voyager dans votre métro°. Je prendrai un jus d'orange, merci. À propos, est-ce qu'il n'y a pas un musée qui a le même nom que ce club ? ... *subway*

Chantal : Vous voulez sans doute parler du musée du Jeu de Paume,³ qui a été un musée d'art impressionniste avant de recevoir des expositions d'art contemporain. On y trouvait, entre autres, les œuvres° de Cézanne et de Monet. ... *works*

Maria : Qu'est-ce que c'est exactement, le «jeu de paume» ?

L'entraîneur : Avant le squash d'aujourd'hui, on frappait une petite balle contre un mur avec la main nue, et c'est là l'origine du nom jeu de paume. Et le musée est situé sur un ancien court où on pratiquait ce jeu.

Maria : Vous savez que je suis seulement de passage à Paris. Qu'est-ce que je devrais voir à votre avis ? J'ai déjà fait une promenade dans le quartier Latin.

L'entraîneur : Il faut absolument visiter le Louvre,⁴ c'est évident. Et tout près il y a, bien sûr, la cathédrale Notre-Dame⁵ et la Sainte-Chapelle,⁶ qui a des vitraux° incroyables. ... *stained glass windows*

Chantal : Et si vous vous intéressez aux antiquités,° par exemple, je vous emmènerai dans quelques endroits intéressants. Mais pas tout de suite. Notre court de squash est libre et nous devons nous dépêcher ! ... *antiques*

Maria : On y va ! Bonne journée, Monsieur. *(Elles se dirigent vers le court.)* Quel est ce jeu là ?

Chantal : Ça s'appelle le tennis royal. Comme vous voyez, la balle peut toucher les quatre murs et il y a un filet,° comme au tennis. ... *net*

Maria : C'est très curieux. Ça doit être difficile, aussi !

Chantal : Je n'y ai jamais joué. C'est le seul court de tennis royal à Paris.

Pour en savoir plus

goes back
were done

1. Il est intéressant de noter que le nom «quartier Latin» remonte° au Moyen Âge; les études scolastiques se faisaient° à cette époque en latin. Aujourd'hui, le quartier Latin attire beaucoup de touristes qui désirent visiter ses nombreuses curiosités : le Panthéon, le jardin du Luxembourg, Saint-Germain des Prés et les cafés que fréquentaient° les existentialistes. On y trouve aussi de nombreux théâtres et cinémas. Plusieurs hôtels dans le quartier Latin ont la réputation d'offrir des chambres à des prix modiques°.

were frequented by

reasonable

Le Café les Deux Magots au quartier Latin à Paris

2. À l'exception des hôtels de luxe, les hôtels moyens en France offrent aux visiteurs un grand choix de prix et de services. Il est normal de suivre certaines formules; si l'hôtel n'a pas d'ascenseur°, par exemple, les chambres aux étages supérieurs coûtent moins cher que les chambres aux étages inférieurs. Ajoutons que dans les maisons et les immeubles en France, on désigne les différents étages de la façon suivante :

elevator

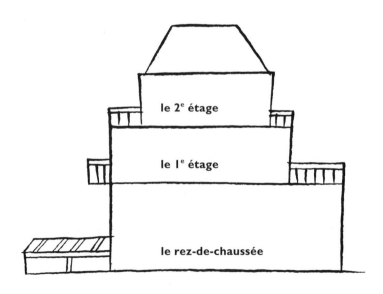

le 2ᵉ étage

le 1ᵉ étage

le rez-de-chaussée

3. Le musée du Jeu de Paume abritait° les œuvres de l'école impressionniste `contained`
qui doit son nom à une toile de Claude Monet intitulée *Impressions, soleil
levant* (1874). Paul Cézanne, fasciné par la lumière, a surtout peint en plein
air comme l'a aussi fait l'Anglais Alfred Sisley. Edgar Degas et Auguste
Renoir ont voulu reproduire le corps féminin en mouvement et Camille
Pissarro, né aux Antilles, nous a laissé des paysages remplis de personnages.
(Ces œuvres sont maintenant au Musée d'Orsay.)

4. Une visite au Louvre est une expérience inoubliable, parce qu'elle nous met
en présence d'originaux aussi renommés que la Joconde, par exemple. Depuis
1988 on peut aussi admirer la pyramide en verre de l'architecte Leoh Ming
Pei, qui fait contraste avec la façade second Empire du Louvre.

La cour du musée du Louvre

5. La cathédrale Notre-Dame mérite une visite parce qu'elle est située dans
l'île de la Cité, qui est le centre historique de Paris. En contemplant son
imposante structure, on se laissera peut-être aller à imaginer Quasimodo dans
son clocher°. Construite entre 1163 et 1245, elle a été complètement `bell-tower`
restaurée au XIXᵉ siècle.

6. La Sainte-Chapelle, construite au XIIIᵉ siècle pour abriter les reliques de la
Passion, contient d'immenses vitraux, très célèbres.

Vous avez bien compris ?

Répondez aux questions suivantes.

1. Quelle sorte de chambre Maria choisit-elle ?
2. Pourquoi est-ce que Maria choisit la chambre 32 ?
3. Quelle sorte d'art trouve-t-on au musée du Jeu de Paume ?
4. À quels sports nord-américains ressemblent le jeu de paume et le tennis
    royal ?

Réflexions sur la culture

1. Avez-vous déjà une idée de ce que le quartier Latin représente ?
Commentez l'ambiance intellectuelle et artistique dans ce quartier.

2. Quelles peintres impressionnistes connaissez-vous ? Pourquoi les appelle-t-on «impressionnistes» ? Citez quelques œuvres.

3. Imaginez que vous recevez chez vous un visiteur ou une visiteuse d'un autre pays. Qu'est-ce que vous lui conseillez de voir et de faire avant son départ ? Pourquoi faites-vous ces choix ?

Fonctions et observations langagières

I. Exprimer l'obligation, le besoin : le verbe **devoir**

Des sens multiples

The irregular verb **devoir** has several meanings, so it is important to be aware of the context in which it is used. Before examining these different meanings, here is its conjugation in the present:

devoir	
je **dois**	nous **devons**
tu **dois**	vous **devez**
elle / il / on **doit**	elles / ils **doivent**

participe passé : **dû** (j'ai dû)

- *obligation:* Qu'est-ce qu'on **doit** faire pour connaître Paris ?
  What must people do / What does one have to do ...?
  On **doit** se promener dans le quartier Latin.
  You must take a walk through the Latin Quarter.

À noter !

Another tense of **devoir** also has a meaning of obligation: **Qu'est-ce que je** *devrais* voir ... ? *What should I see?* You will study the conditional tense in Chapter 11.

- *forbidding:* Tu ne **dois** pas sortir avant de faire tes devoirs.
  You must not go out before finishing your homework.

- *probability:* C'est l'été. Ça **doit** être difficile de trouver une chambre d'hôtel.
  It's summertime. It must be difficult to find a hotel room.

- *debt:*   Je **dois** 100 francs.
  I owe one hundred francs.

If the person to whom one owes the money is named, he/she must be preceded by the preposition **à** or **à + article**:

Nous devons 500 francs à nos parents. Elle doit 200 francs **au** médecin.

Terminer une conversation

Conversations may end with normal salutations, for example, **au revoir, à bientôt, à tout à l'heure,** or they may end sharply or abruptly depending on the context. An obligation or duty is often a pretext for ending a conversation, so naturally one often finds the verb **devoir** used in formulas for breaking off a conversation.

Chantal : ... nous **devons** nous dépêcher !
Maria : On y va ! Bonne journée, Monsieur.

Vocabulaire actif : *Terminer une conversation*

Conversation enders

Voulez-vous / Veux-tu bien ...
Would you please ...
Voulez-vous bien m'excuser, Madame. Je **dois** partir.
Would you please excuse me, madam. I have to leave.
Bon (eh bien), écoutez / écoute, je dois...
Well, listen, I must...
Bon (eh bien), écoutez, Monsieur, je dois m'en aller.
Well, Monsieur, I must be going.
Bon, écoute, je dois filer (*more informal style*).
Listen, I have to run.

Allez-y !

Toujours des responsabilités !
Remplissez les blancs avec la forme correcte du verbe **devoir**.

1. Nous _____ faire nos devoirs tous les jours.
2. Gérard _____ aller à l'Office du Tourisme pour consulter les annonces.
3. Mes parents _____ me téléphoner ce soir avant 9 h s'ils sont chez eux.

4. Je _____ 200 F à mon camarade de chambre.
5. _____ vous rentrer tout de suite ?
6. Tu _____ téléphoner à tes parents ce soir, n'est-ce pas ?

L'histoire de mes folies

Faites une liste de quatre ou cinq de vos habitudes ou qualités et analysez ce qu'elles révèlent de votre personnalité (auto-analyse ou analyse en groupe).

modèle : Je suis toujours à l'heure, alors **je dois être** une personne
ponctuelle / rigide / précise, etc.

Bon, eh bien, écoutez ... (*à deux ou en groupe*)

Comment est-ce que les personnages suivants peuvent terminer leur conversation ? Faites attention au niveau de langue.

1. Robert / Jocelyne (après le dîner)
2. Monsieur / Madame Charbonneau (avant de se coucher)
3. Heather / Michael (après le petit déjeuner)
4. Une secrétaire pressée / une étudiante (au bureau du registraire[Can.]).
5. Vous / votre camarade de chambre (au café, après un apéritif)
6. Vous / le recteur de votre université (après une réception chez lui)
7. Vous / l'ami-e avec qui vous sortez (avant de rentrer le soir)
8. Un voyageur / un réceptionniste d'hôtel (en désaccord)

II. Parler d'activités et d'événements futurs

Le temps futur

You have already learned how to express the **futur proche** using **aller +** infinitive (Je **vais** y **aller** demain). In *Maria apprend à se débrouiller*, you will have noticed that future actions are sometimes expressed in another way:

Maria : ... si je décide de changer, je vous le **dirai** demain matin, d'accord ?

• The future tense is used to express an action that will take place at a future time. This action tends to be presented as a future fact, whereas the **futur proche** often indicates intention or a plan in the future.

• For most verbs the future tense is formed by adding the future endings (**-ai, -as, -a, -ons, -ez, -ont**) to the future stem. Except for verbs whose infinitive ends in **-e**, the future stem is the infinitive. For verbs whose infinitive ends in **-e**, the future stem is the infinitive less the final **-e**.

Infinitive	parler	finir	attendre
future stem	*parler-*	*finir-*	*attendr-*
je	parlerai	finirai	attendrai
tu	parleras	finiras	attendras
elle / il / on	parlera	finira	attendra
nous	parlerons	finirons	attendrons
vous	parlerez	finirez	attendrez
elles / ils	parleront	finiront	attendront

• Some verbs have irregular stems for the future.

être	→	ser...	faire	→	fer...
avoir	→	aur...	pouvoir	→	pourr...
aller	→	ir ...	pleuvoir	→	pleuvr...
venir	→	viendr...	vouloir	→	voudr...
devoir	→	devr...	voir	→	verr...
croire	→	croir...	savoir	→	saur...

À noter !

Some verbs have a slight stem-change in the future.
For example: acheter → achèter...
             promener → promèner...
             appeler → appeller...

Check the verb tables for the future stem of verbs ending in -eter, -ener, -eler.

Allez-y !

Quelques jours à Paris
Qu'est-ce Maria fera pendant ses quelques jours à Paris ? Mettez les phrases à l'affirmatif ou au négatif selon votre opinion.

modèle : manger un couscous
Maria mangera un couscous. / Maria ne mangera pas de couscous.

1. aller au Louvre
2. écouter un concert d'orgue (*organ*) à Notre-Dame
3. visiter le marché aux puces (*flea market*)
4. faire une promenade en bateau-mouche

5. écrire des cartes postales
6. téléphoner à ses parents
7. se promener le long de la Seine
8. revenir au club de squash
9. lire des journaux français
10. dormir jusqu'à (*until*) midi

D'ici cinq ans (*en groupe*)

Quelle sorte de personne serez-vous dans cinq ans ? Lisez vos prédictions au groupe et les autres feront des commentaires.

Un avenir tout en rose !

Imaginez un monde idéal sur le plan écologique. Afin de transmettre votre message au grand public, exprimez-le sous forme de poème, de chanson ou de publicité. Présentez-le à la classe.

III. **Bien s'exprimer : le verbe prendre**

You will remember that **prendre** is used in certain expressions such as **prendre le petit déjeuner** (*to have breakfast*) and **prendre un verre** (*to have a drink*). Its normal meaning, however, is *to take*, as in **Prends ce livre.** (*Take this book.*) Pay particular attention to this verb whenever you see it since it often has an idiomatic meaning depending on context:

Je vais **prendre** une décision (*make a decision*).

prendre	
je **prends**	nous **prenons**
tu **prends**	vous **prenez**
elle / il / on **prend**	elles / ils **prennent**

participe passé : pris (j'ai pris)
futur :   **prendr** (prendrai)

• The verbs **apprendre** (*to learn*) and **comprendre** (*to understand*) are also conjugated like **prendre**. Note that **apprendre** takes à before an infinitive. For example : **J'apprends à parler français.**

Allez-y !

Pratique pratique

Il faut **prendre** le temps de **comprendre**!

modèle : Elle / prendre le temps d'étudier, mais elle / ne pas comprendre toujours ...

Elle prend le temps d'étudier, mais elle ne comprend pas toujours.

1. Nous / prendre le temps d'étudier, mais nous / ne pas comprendre toujours.
2. Je.......mais je.......
3. Mes amis.......mais ils.......
4. Bertrand.......mais il.......
5. Vous.......mais vous.......
6. Hélène et Mireille.......mais elles.......
7. Tu.......mais tu.......

IV. Offrir ; accepter ; refuser

Before the squash game, Chantal offers Maria something to drink:

> *Chantal* : Je peux vous **offrir** un verre d'eau, un jus d'orange ?

• There are many expressions to chose from in offering, accepting, or refusing.

Vocabulaire actif : *Offrir, accepter, refuser*

Offering food and drink; a gift:
Je peux **vous offrir / t'offrir** quelque chose à boire / à manger ?
Est-ce que **vous voudriez / tu voudrais** dîner avec nous ce soir ?
Veux-tu prendre un verre ? *Do you want to have a drink?* (*fam.*)

Je **vous apporte / t'apporte / Je vous ai / t'ai apporté** un petit quelque chose.
J'aimerais **vous offrir / vous faire** un petit cadeau (*gift*).
Je **t'offre** ...

Offering help:
Vous **avez besoin / Tu as besoin** d'aide (pour porter des valises, etc.) ?
Est-ce que je peux / je **pourrais** vous aider / t'aider ?
Permettez-moi de vous aider. (*formal register*)
Tiens, **on va t'aider.** (*informal register*)

Accepting an offer:
Oui, merci (beaucoup, bien). Vous êtes très gentil-gentille.
Enfin, oui. Je veux bien.   **Volontiers.** (*Gladly.*)   **Avec plaisir.**

Some useful expressions for refusing offers:
(*Re: offers of help*)
Non, merci. Ce n'est pas nécessaire.
Ce n'est pas la peine. (*Don't bother.*)
C'est gentil, mais je peux **me débrouiller.** (*I can manage.*)

(Re: offers of food or drink)
Non, merci, je n'ai pas faim / soif.

BIBLIOTHÉCAIRE

Allez-y !

Par politesse !

Qu'est-ce qu'on dit dans les situations suivantes ? Comment la personne répond-elle, en principe ?

1. Heather et Michael à un agent de police. (Ils ont pris le mauvais chemin [*wrong road*]).
2. Maria à Chantal quand elle lui offre à boire. (Elle vient de boire trois Cocas.)
3. La mère de Jocelyne à Robert quand ce dernier lui apporte un recueil (*collection*) de légendes franco-ontariennes. (Elle lui en est très reconnaissante [*thankful*].)
4. Heather à Michael. (Il est en train de ranger leurs affaires [*belongings*].)
5. M. Charbonneau à Mme Charbonneau. (Il va faire des courses et elle offre de l'accompagner.)

L'hôte généreux (*en groupe*)

Vous êtes à la terrasse d'un café avec quelques camarades. Demandez à vos copains ce qu'ils veulent boire et manger, appelez le serveur et commandez. Naturellement, ils peuvent accepter, refuser, changer d'avis, etc.

Que faut-il choisir ? (*jeu de rôle*)

Vous vous promenez le long de la Seine et vous regardez les vieux livres et affiches des bouquinistes (*secondhand booksellers*). Vous avez peu de temps avant la fermeture des éventaires (*stalls*) pour la nuit. Discutez de ce que vous voulez acheter.

Bouquinistes le long de la Seine à Paris

Au revoir, Paris

Scène 2 *En route vers le nord*

Sur le vif !

Quelques jours après, Maria décide de partir pour Charleville-Mézières. Elle téléphone à Chantal pour la remercier de sa gentillesse°.

Maria : Allô Chantal ? C'est Maria. Écoute, je téléphone pour te remercier. Le marché aux puces[1] était vraiment génial ! Tu avais raison, on peut y trouver de tout°, pas seulement des antiquités.

Chantal : Je savais qu'il te plaîrait°. Et les jolies boucles d'oreilles° que tu as dénichées° te vont à merveille.

Maria : Oui, elles me rappelleront ma visite à Paris. Et aussi qu'il ne faut jamais payer ce qu'on demande. Tout ce monde-là marchandait°, c'était formidable !

Chantal : C'est parfait. Contacte-moi la prochaine fois que tu seras en ville et nous ferons une autre partie de squash[2].

Maria : Sans faute° !

(*Maria prend le métro jusqu'à la Gare de l'Est. Entrée dans la gare°, elle va tout de suite au guichet des renseignements°, où elle essaie de faire la queue°.*)

Une dame : (*fâchée°*) S'il vous plaît, Mademoiselle, c'est ma place !

277

What do you mean?

Maria : *(irritée)* Comment ça° ! Ça fait déjà cinq minutes que j'attends.

La Dame : Mais non, Mademoiselle, vous avez tort. Il faut prendre un numéro et attendre votre tour, comme tout le monde. Voilà le distributeur de tickets.

Maria : Ah, excusez-moi. Je ne savais pas. Je viens d'arriver du Canada. Je vous demande pardon.

No harm done.

La Dame : Ah oui, je comprends maintenant. Il n'y a pas de mal°.

ticket window

(Après quelques minutes, Maria arrive au guichet°.)

inform me about

Maria : Bonjour, Monsieur. Pourriez-vous me renseigner sur° les trains pour Charleville-Mézières ?

timetable

on the half-hour

L'employé : Oui, bien sûr. *(Il consulte l'horaire.°)* Eh bien, voilà. Il y a un train à 13 h 30. Vous avez juste assez de temps. Sinon, les trains partent à la demie° jusqu'à 19 h 30 et ils s'arrêtent à Reims. Il faut y prendre la correspondance.

a one-way ticket

Maria : Merci bien. Alors, je vais prendre le train de 13 h 30. J'aimerais un aller simple°, s'il vous plaît. C'est combien ?

in first class

L'employé : Ça dépend. Un billet en première°, ça coûte 225 F et 12 F de supplément si vous voulez réserver une place. Par contre, un billet en deuxième coûte moins cher, surtout en période bleue[3], mais la voiture en première est plus confortable.

reduced rate

Maria : Je préfère le tarif réduit°. Donnez-moi un aller simple en deuxième, s'il vous plaît.

in cash

L'employé: D'accord. Voilà, Mademoiselle. *(Il donne le billet à Maria.)* Ça fait 195 F, s'il vous plaît. Vous payez en espèces° ou avec la Carte Bleue[4] ?

Maria : En espèces, Monsieur. Et voilà; cent, cent cinquante, deux cents francs.

to punch; platform

L'employé : Merci, Mademoiselle, et voici vos cinq francs. N'oubliez pas de composter° votre billet. Le train part du quai° numéro 6. Bon voyage.

(Maria arrive à Charleville-Mézières à 15 h 40 et cherche une chambre d'hôtel. Elle s'arrête dans une cabine pour téléphoner au chef de la Section d'anglais du collège où elle va enseigner. Elle est contente de lui annoncer son arrivée à Charleville.)

Pour en savoir plus

difficulty

1. Il y a un marché aux puces important au nord de Paris (métro : Porte de Clignancourt). Vous aurez de la peine° à résister aux objets, odeurs et couleurs de ce grand marché (appelé aussi «les Puces») où, en plus de la saveur locale, vous pouvez découvrir les aspects cachés de l'histoire et de la vie de Paris.

2. Il y a toute une mythologie au sujet de l'hospitalité des Français. Ils ont la réputation de ne pas aimer recevoir des étrangers chez eux. Il est vrai que leur maison (qui veut dire à la fois° *house* et *home*) est un endroit très privé; elle est souvent entourée d'un mur et on trouve partout des volets° que les Français ferment tous les soirs. Les Français aiment être «en famille» chez eux. Mais si on vous invite, c'est normalement parce qu'on a vraiment envie de vous recevoir; c'est plus qu'une simple formalité ou une question de politesse. Être reçu-e chez des Français est donc un témoignage d'amitié°; ne soyez pas découragé-e si vous n'êtes pas invité-e tout de suite après votre arrivée en France.

both

shutters

friendship

3. La SNCF (Société nationale des chemins de fer français) offre au voyageur de nombreuses formules et plusieurs tarifs réduits. Il y a, par exemple, des tarifs-couple, tarifs-étudiant, tarifs-famille et bon nombre d'autres tarifs spéciaux, qui varient selon le jour et la saison : «période bleue, rouge», etc.

Une gare parisienne : le «rush» au début des vacances d'été

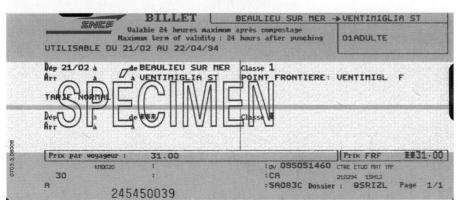

Document SNCF

4. Comme en Amérique du Nord, les cartes de crédit sont très populaires en France et la plupart des commerçants les acceptent. La Carte Bleue, équivalent de la carte Visa en Amérique du Nord, est la carte la plus connue, mais d'autres comme Master Charge et American Express sont aussi acceptées presque partout. Il est souvent possible d'employer une carte de crédit au supermarché, ou même à l'épicerie.

Plusieurs cartes de crédit acceptées à Paris

Vous avez bien compris ?

Répondez aux questions suivantes.

1. Quel endroit est-ce que Chantal a visité avec Maria ?
2. Qu'est-ce qui rappellera à Maria sa visite à Paris ?
3. Pourquoi la dame, à la gare, est-elle fâchée ? Est-ce une réaction normale ?
4. Est-ce que les trains pour Charleville-Mézières partent très souvent ?
5. Qu'est-ce qu'il ne faut pas oublier de faire avant de monter dans le train ?

Réflexions sur la culture

1. Marchander est une pratique très commune et qu'on retrouve un peu partout dans le monde, y compris en Europe et en Afrique. Est-ce que c'est aussi fréquent en Amérique du Nord ? Dans des cultures que vous connaissez ? Discutez.
2. On voyage en train de moins en moins en Amérique du Nord. Pouvez-vous expliquer pourquoi il en est ainsi et aussi pourquoi le train est un moyen de transport très populaire en France ?
3. Il y a relativement peu de motels en France. Par contre (*On the other hand*), en Amérique du Nord il y en a beaucoup. À votre avis, quelle en est la raison ? Préférez-vous loger dans un hôtel ou dans un motel ?

Fonctions et observations langagières

I. Comparer

Les comparaisons : adjectifs, adverbes, noms, verbes

You will note that prices and types of tickets, among other things, are compared in this conversation.

> *L'employé* : Par contre, un billet en deuxième coûte **moins** cher, surtout en période bleue, mais la voiture en première est **plus** confortable.

• Normally there are three degrees of comparison: superiority (+), inferiority (–), equality (=) .

	Adjectives / Adverbs	Nouns	Verbs
+	plus ... que	plus de ... que	plus que
–	moins ... que	moins de ... que	moins que
=	aussi ... que	autant de ... que	autant que

Apply them in the following ways:

Adjectives

+	Mon frère est **plus** grand **que** moi.
–	Ma sœur est **moins** grande **que** moi.
=	Mes cousins sont **aussi** grands **que** moi.

À noter !

The adjective after **plus, moins** or **aussi** shows regular agreement with the noun.

Adverbs

+	Un billet en première coûte **plus** cher **qu'**un billet en deuxième.
–	Un billet en deuxième coûte **moins** cher **qu'**un billet en première.
=	Un billet d'autobus ne coûte pas **aussi** cher **qu'**un billet de train.

Nouns

+	Elle a **plus de** livres **que** moi.
–	Il a **moins de** livres **que** moi.
=	Vous avez **autant de** livres **que** moi.

Verbs

  + Elle mange **plus que** moi.
  – Il dort **moins que** sa femme.
  = Je travaille **autant que** toi.

Allez-y !

Les enfants poussent si vite !
Comparez la taille des enfants ci-dessous.

modèle : Jean-Claude est **plus grand que** Marie-Josée.
Marie-Josée est **moins grande que** Jean-Claude.

1. Marie-Josée / Antoine
2. Paul / Magali
3. Magali / Jean-Claude
4. Paul / Antoine
5. Magali / Marie-Josée

Comparons les personnages.
Consultez les fiches biographiques du chapitre 1 et comparez les personnages en employant les adjectifs donnés.

modèle : Gabrielle / Gérard / sportif
Gabrielle est aussi sportive que Gérard.

 1. Réjean / Jane / littéraire
 2. Robert / Michael / studieux
 3. Maria / Robert / sportif
 4. Gabrielle / Robert / musical
 5. Heather / Robert et Gérard / intéressé par la politique
 6. Jocelyne / Maria / traditionnel
 7. Heather / Réjean / poétique
 8. Gabrielle / Maria / serein (*calm, serene*)
 9. Heather / Maria / actif
10. Gérard et Jocelyne / Michael / gourmand

Les superlatifs : adverbes, adjectifs

Superlatives are used to compare something or someone to more than two other things or persons.

Le superlatif des adverbes	
+	**le plus** + adverb
–	**le moins** + adverb

Je marche vite. *I walk quickly.*
Jean marche plus vite que moi. *Jean walks more quickly than I.*
C'est Sarah qui marche **le plus vite**. *Sarah walks the most quickly.*

• The article **le** is used with **plus / moins** + *adverb*. Note that **le** is invariable.

À noter !

The adverb **bien** is irregular. Its comparative and superlative forms are summarized below:

	comparative	superlative
bien *well*	mieux *better*	le mieux *the best*

Anne chante **bien**. Sa sœur chante **mieux** qu'elle. C'est sa mère qui chante **le mieux**.

Le superlatif des adjectifs		
+	le / la / les	**plus** + adjective
–	le / la / les	**moins** + adjective

Jean est **le** plus petit garçon de la classe.
Marie est **la** plus grande fille de la classe.
Paul et Georges sont les étudiants **les** moins impatients de la classe.
Julie et Cécile sont les étudiantes **les** moins fières de la classe.

• The superlative of adjectives is indicated by placing the *definite article* before the comparative form of the adjective in question. Note that the definite article (**le / la / les**) and the adjective both agree with the noun.

• Remember that some adjectives normally precede the noun they qualify and others normally follow. This distinction is important in the case of superlatives. If an adjective precedes the noun, the superlative will precede the noun as in the examples above.

• If, on the other hand, the adjective follows the noun, then the definite article appears *twice*, before the noun it qualifies as usual and as part of the superlative:

Anne est **la** fille **la** plus intelligente.
Robert est **le** garçon **le** moins sérieux.
Jean et Sylvie sont **les** joueurs **les** plus appréciés.

• Possessive adjectives often replace the definite article before the noun in superlatives:

C'est **ma** plus belle robe.

À noter !

The adjective **bon / bons / bonne / bonnes** is irregular. Its forms are summarized below:

	comparative	superlative
bon *good*	meilleur *better*	le meilleur *the best*
bonne	meilleure	la meilleure
bons	meilleurs	les meilleurs
bonnes	meilleures	les meilleures

Jean est **le meilleur** joueur de tennis.
Nicole et Martine sont **les meilleures** étudiantes (**de** la classe).

Allez-y !

In the following activities, you will practise both comparative and superlative forms.

Je ne suis pas d'accord !
Choisissez cinq des phrases suivantes et lisez-les à votre partenaire, une personne qui exagère tout le temps. Ensuite, changez de rôles.

modèle : *Vous* : Le cours de dialectologie est très intéressant.
Votre partenaire : Je ne suis pas d'accord. C'est le cours le moins intéressant, à mon avis.
Vous : Le professeur de français est plus dynamique que le professeur de comptabilité.
Votre partenaire : C'est vrai. Le prof de comptabilité est moins dynamique que le prof de français.

1. Le Bistrot est un très bon restaurant.
2. Ton / ta camarade de chambre est aussi studieux / studieuse que toi.
3. Les appartements sont moins faciles à trouver en France qu'ici.
4. La cuisine à la résidence est aussi bonne que la cuisine au restaurant.
5. Les enfants Sawchuck / O'Brien sont plus bavards (*talkative*) que leurs parents.
6. Le goûter au Québec est plus important qu'en France.
7. L'anglais est aussi difficile à apprendre que le français.
8. Les Parisiens sont plus friands du (*fond of*) sirop d'érable que les Québécois.
9. La bureaucratie est plus évidente en Amérique du Nord qu'en France.
10. Au Canada le train est le moyen de transport le plus populaire.

J'ai besoin d'économiser ! (*à deux ou en groupe*)
Comparez les prix de différents articles.

modèle : J'aime bien ce pull, mais il coûte beaucoup plus cher que cette
chemise.

C'est le T-shirt qui est le moins cher.
La jupe est aussi chère que le corsage.

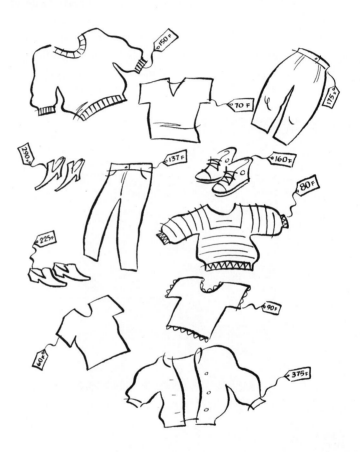

II. Le passé composé avec les auxiliaires **avoir** et **être**

Rappel !

You have learned that the **passé composé** may be formed with the past
participle of the verb **avoir** or **être**. Verbs taking direct objects
(transitive verbs) use **avoir** as their auxiliary. For example, J'ai regardé
la télévision. Elle **a** acheté le livre. Whereas many verbs that do not
take a direct object (intransitive verbs) require **être** as their auxiliary.
For example, Je **suis** allé-e. Elles **sont** descendues.

• There are a few verbs that may use either **avoir** or **être** as auxiliaries, but in such cases the meaning of the verb changes.

	descendre, monter, rentrer, sortir with **avoir** or **être**
être	**descendre** *to go down/to get out/off a vehicle* Elle **est** descendue de la voiture.
avoir	**descendre** *to take down/to lower* Elle **a** descendu les valises.
être	**monter** *to go up/to get on/in a vehicle* Tu **es** monté-e dans l'autobus.
avoir	**monter** *to lift up/to put up/on/to take up* Ils **ont** monté les valises.
être	**rentrer** *to go home/to return home* Nous **sommes** rentré-e-s à six heures.
avoir	**rentrer** *to take something inside* Nous **avons** rentré les chaises.
être	**sortir** *to go out/to leave* Ils **sont** sortis de la classe après le cours.
avoir	**sortir** *to take out* Elle **a** sorti ses clés de son sac à main.

Allez-y !

Au départ du train

Mettez les phrases suivantes au passé composé en employant **avoir** ou **être** selon le sens de la phrase.

modèle : Je descends du train à Charleville-Mézières.
Je **suis** descendu-e du train à Charleville-Mézières.

1. Maria monte dans le train à 1 h 30.
2. Le porteur monte les valises de Maria, ensuite il descend du train.
3. Maria sort de son compartiment afin d'acheter un Coca au wagon-bar.
4. Quand le barman la sert, elle sort de l'argent de son sac à main et paie le Coca.
5. Elle boit son Coca, puis elle rentre dans le compartiment où elle trouve ses valises, devant la portière.
6. Maria rentre ses valises, prend sa serviette (*briefcase*), en sort un magazine et commence à lire.

L'arrivée à Charleville-Mézières

Regardez les dessins ci-dessous et décrivez les activités de Maria en employant le passé composé. N'oubliez pas d'indiquer corrrectement la séquence des activités.

modèle : Arrivée à Charleville-Mézières, Maria a descendu sa serviette du casier à bagages, puis elle **a / est** ...

III. Exprimer l'irritation; s'excuser

L'irritation

Irritation usually occurs over misunderstandings, in this case violation of a code of etiquette related to waiting in line. In *Maria apprend à se débrouiller*, the French woman gets angry with Maria for what appears to be an attempt at cutting in line and Maria responds somewhat impatiently:

Une dame : **S'il vous plaît**, Mademoiselle, c'est ma place !
Maria : **Comment ça !** Ça fait déjà cinq minutes que j'attends ... Ah, **excusez-moi**. Je ne savais pas.

Vocabulaire actif : *Exprimer l'irritation; s'excuser*

Exprimer l'irritation, l'énervement
S'il vous plaît, Monsieur / Madame / Mademoiselle ... *If you don't mind/I beg your pardon.*
(Tone of voice and intonation help express irritation in this context.)
Comment ça ! *What do you mean!*
C'est pas possible ! *It's not possible!* (oral)
C'est insupportable ! *It's unbearable!*
Ça m'énerve ! *That irritates me!*
J'en ai assez / marre ! *I've had enough!*
avoir tort *to be wrong*
exagérer *to push it*

S'excuser
Excusez-moi ! *Excuse me !*
Je vous demande pardon. *I beg you pardon.*
Je ne savais pas. *I didn't know, realize.*
Pourriez-vous m'expliquer ? *Could you explain?*
Je comprends maintenant. *I understand now.*
Il n'y a pas de mal. *There's no harm done.*
Entendu ! *Agreed!*

Le verbe **dire**

• A useful verb in expressing irritation or helping to clarify situations is **dire** (*to say, to tell*):

Je vous **dis** de ne pas faire cela. / Je vous **ai dit** de ne pas faire cela.

	dire		
je	**dis**	nous	**disons**
tu	**dis**	vous	**dites**
elle / il / on	**dit**	elles / ils	**disent**

participe passé : dit (j'ai dit)

Allez-y !

S'il vous plaît !
Comment les personnes suivantes réagissent-elles dans ces situations ?

modèle : **Tu** réserves une table dans un bon restaurant et quand tu arrives, il y a des fumeurs partout.
  Je dis au serveur que c'est insupportable de manger à côté des fumeurs.

1. **Maria** s'inscrit (*registers*) au Grand Hôtel Oriental et le réceptionniste veut garder son passeport pendant son séjour.
2. **Vous** avez réservé une chambre pour trois nuits, mais quand vous arrivez à l'hôtel la chambre est libre pour une nuit seulement.
3. **Des clients** font la queue dans une banque et quelqu'un prend leur place (*cuts in line*).
4. **Vous et vos amis** attendez un autobus depuis une trentaine de minutes, mais il n'arrive toujours pas.
5. **Un touriste** a demandé des renseignements au guichet de la Gare de l'Est et l'employé lui a dit de prendre un numéro.

C'est pas possible ! (*jeu de rôles : un voyageur et un employé de la SNCF*)
Un voyageur fait la queue à un des guichets de la Gare de l'Est et quand il arrive en tête de file (*at the head of the line*) après une bonne quinzaine de minutes, l'employé est sur le point de fermer le guichet.

IV. Relier une série d'événements

Events may be linked with reference to time, sequence, space, and logical coordination, for example cause/effect relations. Reread the following passages from *Maria apprend à se débrouiller* paying particular attention to the function of the words set in bold face.

> Quelques jours **après**, Maria décide de partir pour Charleville-Mézières. Maria prend le métro jusqu'à la Gare de l'Est. Entrée dans la gare, elle va **tout de suite** au guichet des renseignements, **où** elle essaie de faire la queue.

• In the preceding passages, linking occurs primarily with respect to sequential actions, that is, what happened first, next, and finally. Below are some of the more common expressions for indicating how to link events in time:

Vocabulaire actif : *Enchaînement du discours*

Time sequence	Time period
tout de suite *immediately*	dans le passé *in the past*
d'abord *(at) first*	il y a *ago*
puis *next*	avant-hier *the day before yesterday*
alors *then*	hier *yesterday*
ensuite *afterwards/then*	à ce moment-là *at that time*
plus tard *later*	

enfin *finally*

en ce moment *at the moment*
aujourd'hui *today*
demain *tomorrow*
après-demain *the day after tomorrow*
le lendemain *the following day*
à l'avenir *in the future*

Rappel !

Many words that you have already learned as vocabulary items may also be used in situations where linking occurs. For the time being, we will refer to these words as *connectors*:

et *and*	quand *when*
ou *or*	lorsque *when*
mais *but*	alors que *while/whereas*
parce que *because*	aussitôt que *as soon as*
puisque *since*	où *where*
par contre *on the other hand*	

Allez-y !

Revenons sur nos pas !
Voici des phrases qui décrivent les activités de Maria après son arrivée en France. Mettez-les dans leur ordre logique et incorporez autant d'expressions temporelles et spatiales que possible.

modèle : **D'abord**, Maria arrive à l'aéroport Charles de Gaulle, **puis** elle descend de l'avion. **Ensuite**, elle passe à la douane (*customs*) ...

1. Maria prend un billet pour Charleville-Mézières.
2. Elle se couche tôt parce qu'elle est très fatiguée.
3. Elle espère retourner bientôt à Paris.
4. Elle décide de rester quelques jours à Paris.
5. Elle va en autobus au quartier Latin.
6. Elle trouve un compartiment libre dans le train.
7. Elle loue une chambre à l'hôtel.
8. Elle téléphone au directeur.
9. Elle part pour Charleville-Mézières.
10. Elle fait la queue au guichet des renseignements.
11. Elle va à la Gare de l'Est.
12. Elle visite le marché aux puces en compagnie de Chantal.
13. Elle joue au squash avec Chantal.

Trouver son chemin (*À deux ou en groupe*)

Vous êtes à la terrasse d'un café, dans la rue d'Arras. Vous décidez de demander au serveur comment trouver certains sites renommés du quartier Latin et de l'île de la Cité. Vous voulez savoir où se trouvent : a) le jardin du Luxembourg; b) la cathédrale Notre-Dame; c) la Sorbonne; d) le Panthéon; e) le Palais de Justice; f) l'église Saint-Germain des Prés; g) le Collège de France.

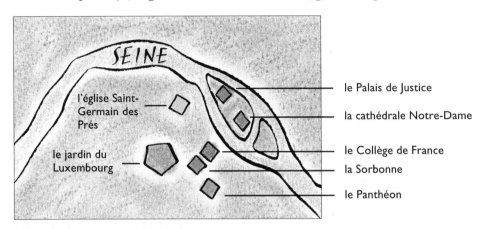

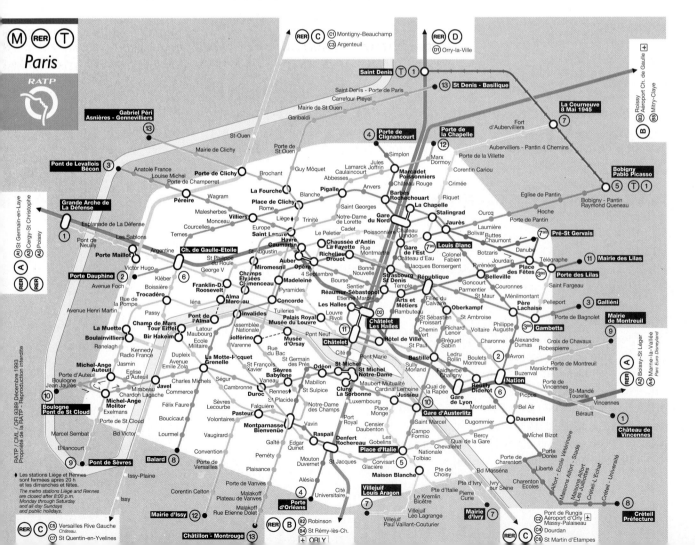

Vocabulaire actif : *Donner un renseignement, indiquer une direction*

se trouver / se situer *to be located*
signaler / indiquer *to indicate*
tourner *to turn*
prendre *to take*
remonter *to go up*
descendre *to go down*
traverser *to cross*
continuer *to continue*

à gauche / à droite *to the left/right*
tout droit *straight ahead*
jusqu'à *up to/as far as*
un carrefour *intersection*
un feu *traffic light*
la rue / l'avenue / le boulevard
    street/avenue/boulevard
la place *square*

Dans le métro

Regardez le plan du métro et expliquez à votre partenaire comment aller du Grand Hôtel Oriental à la Gare de l'Est. (Vous pouvez prendre le métro à la station Jussieu.) Changez de rôles et décrivez d'autres itinéraires à Paris.

Plus loin *Carte postale de France*

Pré-lecture

Maria attend toujours son courrier avec impatience. Aujourd'hui, elle reçoit une carte postale de Gabrielle. Lisez la carte et faites les exercices qui suivent.

le 1er septembre

Bonjour Maria,

Maria Chang
38 Quai A. Rimaud
Charleville-Mézières
08000 France

Quelques lignes très courtes et écrites en vitesse pour te mettre au courant de mes activités depuis ton départ. Partie faire une randonnée à bicyclette avant la rentrée. Choisi unitinéraire en montagne. Monté et descendu une centaine de côtes (*hills*) ! Passée dans des coins magnifiques et fait du camping sauvage. Apporté trop de matériel et de provisions, mais bien dormi et mangé. De retour à Québec depuis hier. Voilà! Très pressée. à la prochaine,

Gabrielle

Allez-y !

Randonnée à la campagne

Comparez la randonnée de Gabrielle avec une randonnée que vous avez faite à bicyclette (ou avec une promenade à la campagne). Parlez-en à un·e camarade de classe.

 Rédaction

Cette carte postale est écrite en style télégraphique, comme c'est souvent le cas quand on est pressé. Récrivez la carte de façon normale et enchaînez le discours pour en améliorer (*improve*) la lisibilité.

Activités d'intégration

Au syndicat d'initiative

Des touristes qui visitent Paris s'adressent à un syndicat d'initiative (*tourist office*) pour trouver un hôtel bon marché au quartier Latin. Ils discutent avec l'employé·e et choisissent un hôtel. Ils discutent ensuite du choix d'un restaurant.

À l'aventure dans Paris !

Avec votre partenaire, regardez le plan de Paris et préparez ensemble l'itinéraire que vous voudrez suivre. (Lundi, on ira ...)

Rivalités familiales

Dressez (*draw up*) une liste de plusieurs activités familiales, puis comparez les performances ou les habitudes des divers membres de la famille.

modèle : Moi, je regarde **souvent** la télévision.
Ma sœur la regarde **moins souvent** que moi.
C'est mon petit frère qui la regarde **le plus souvent**.

Une voix familière

Enregistrez (*Record*) sur audiocassette (à la maison) un message pour un·e correspondant·e. Racontez votre arrivée à l'université, vos premières activités et premières impressions, vos problèmes, voyages, etc. Échangez et comparez vos cassettes en classe.

Monsieur / Madame X

Votre personnage-mystère est mécontent du service et de sa chambre, à l'hôtel. Comment est-ce qu'il / elle va exprimer son irritation à la réceptionniste ? Inventez le dialogue.

Vocabulaire actif

Terminer une conversation, p. 271
Offrir, accepter, refuser, p. 275
Exprimer l'irritation; s'excuser, p. 289
Enchaînement du discours, p. 290
Donner un renseignement, indiquer une direction,
  p. 293

Noms

l'amitié *f friendship*
l'annonce *f announcement/advertisement*
le client-la cliente *customer*
le commerçant-la commerçante *storekeeper*
le courrier *mail*
la dispute *dispute/argument*
le distributeur automatique de billets (DAB) / la
  billetterie *ticket/cash/dispensing machine*
la douche *shower*
l'employé-e *mf employee*
l'étage *m floor*
l'étranger-l'étrangère *mf stranger*
le guichet *ticket window*
l'immeuble *building*
le jeu *game*
le lendemain *the next day*
la lumière *light*
le marché *market*
le métro *subway*
le numéro *number*
l'œuvre (d'art) *f work (of art)*
la place *seat/place in line*
le quai *(train station) platform*
le tarif *rate*
les toilettes *f washroom/toilet*
le train *train*
le W.-C. *WC/water closet*

Verbes

appeler *to call*
attendre *to wait*
attirer *to attract*
avoir de la peine *to be sad/upset*
changer *to change*
coûter *to cost*

descendre *to go down*
dire° *to say/to tell*
économiser *to economize/to save*
être de retour *to be back (home)*
faire la queue *to stand in line*
frapper *to hit/to impress*
longer *to go along/alongside*
monter *(transitive) to put up/on*
permettre *to allow/to permit*
prendre° *to take*
prendre la correspondance *to make a (train)*
  connection
remplir *to fill in*
renseigner *to inform*
rentrer *(transitive) to put in/to take inside*
réserver *to reserve*
se diriger *to make one's way towards*
se situer *to be located*
sortir *(transitive) to take out*

Adjectifs

découragé-e *discouraged*
fâché-e *angry*
irrité-e *irritated/annoyed*
mécontent-e *discontented/dissatisfied*
nu-e *bare/naked*
privé-e *private*
situé-e *situated*

Adverbes

à la fois *at one and the same time*

Prépositions

selon *according to*

Autres

à merveille *wonderfully*
en plein air *in the open (air)/outdoors*
Entendu. *Agreed.*
par contre *on the other hand*
sans faute *without fail*

° verb presentation in chapter

Grand choix d'olives à Aix-en-Provence

CHAPITRE 9

La famille Sawchuk / O'Brien dans le Midi

Mise en contexte

Heather, Michael et leurs enfants Emily et Andy bavardent avec la famille Arnaud; ils louent la maison des Arnaud pendant leur séjour dans le sud de la France. Puis Marie-Josée Lacoste, une collègue de Heather, et Madame Sawchuk, la mère de Heather, se promènent dans le centre-ville de Roquevaire.

Objectifs communicatifs

Scène 1
Demander des renseignements
Bien s'exprimer : les verbes prominaux aux temps composés
Parler de la santé et des accidents; exprimer des notions de malaise, d'inquiétude et de soulagement
Bien s'exprimer : les verbes et les prépositions

Scène 2
Renvoyer à quelqu'un ou à quelque chose qu'on a déjà mentionné
Donner, accepter ou refuser des conseils
Faire des achats
Bien s'exprimer : les verbes **voir** et **croire**

Structures et expressions

Scène 1
Les adjectifs interrogatifs
Les pronoms interrogatifs
Les verbes pronominaux; le passé composé
Les verbes précédés et suivis de prépositions

Scène 2
Les pronoms objets
L'impératif et l'ordre des mots
Les conseils; donner / accepter / refuser
Les verbes **voir** et **croire**

Vocabulaire actif

Scène 1
Le corps humain
Être en bonne santé
Malaises et inconfort
Partager son inquiétude
Exprimer son soulagement

Scène 2
Suggérer, conseiller
Accepter, refuser des conseils
Achats et commerces

Culture

S'adapter à un nouveau milieu
La vie en ville / à la campagne
Les commerces et les achats
L'hospitalité en France : mythes et réalités
Les vacances en France
La santé et la sécurité sociale en France

Village perché en Provence

Scène 1 | *Chez les Arnaud*

Sur le vif !

Heather Sawchuk, Michael O'Brien et leurs deux enfants Emily (douze ans) et Andy (huit ans) sont installés depuis un mois dans la maison qu'ils ont louée° dans un quartier calme de Roquevaire¹, petite ville provençale typique. Monsieur et Madame Arnaud, les propriétaires de la maison, leur rendent visite pour voir si tout va bien.

Monsieur Arnaud : Bonjour Messieurs Dames et salut les enfants ! (*Il serre la main à° tout le monde.*) Alors, tout va bien, vous êtes bien installés dans notre petite maison ?

Michael : Bonjour Monsieur, bonjour Madame. (*avec un sourire*) Oui, je vous remercie, nous commençons à nous sentir tout à fait chez nous.

Madame Arnaud : Mais vous êtes chez vous ! Et Roquevaire est à votre goût ? Quelles sont vos premières impressions de la ville ?

Michael : Ah, elle est ravissante ! Et nous n'avons pas encore fini de découvrir les charmes de la région. J'apprécie beaucoup la lumière; elle est magnifique !

Heather : Je dois vous dire aussi que votre maison nous plaît° beaucoup. Nous nous demandions° si elle est très vieille.

rented

shakes hands with

we like the house
we were wondering

298

Mme Arnaud : Elle est du siècle dernier, et le style est typique de la région. Je vous ai peut-être dit le jour de votre arrivée que nous habitons ici en juillet et août, puisque nous prenons toujours deux mois de vacances.[2] Vous savez que nous travaillons tous les deux à Aix, mais nous comptons prendre notre retraite ici.

Michael : La maison est en très bon état; vous avez dû faire des travaux°.   *repairs*

M. Arnaud : Eh bien, ma foi°, c'est une maison solide. Et puis je suis assez bricoleur°, vous savez, et je fais quelques petites réparations° tous les étés. Nous avons l'intention de construire° une petite salle de jeux° pour nos petits-enfants l'an prochain.

well now
handy(man); repairs
build; playroom

Andy : (*Il chuchote.*) Dommage qu'il n'y ait pas° de salle de jeux maintenant.   *there isn't*

Emily : Chut ! Les Arnaud vont t'entendre. Tu sais bien qu'on peut jouer dans les chambres et dans le salon. Allons jouer dans ta chambre maintenant.

Emily et Andy se dirigent vers la chambre d'Andy. M. Arnaud remarque qu'Andy semble marcher assez difficilement.

M. Arnaud : Dis-moi, jeune homme, tu sembles avoir un peu de mal° à marcher. Qu'est-ce qui s'est passé ? Est-ce que tu t'es fait mal°?

difficulty
Did you get hurt ?

Andy : (*timidement*) Je me suis foulé la cheville° en jouant° au foot pendant la récré°. Au début, ça faisait très mal, mais ça va un peu mieux maintenant.

I sprained my ankle; while playing
recess

Mme Arnaud : Oh là là, tu n'as pas eu de chance. Est-ce que votre fils a été bien soigné°, Monsieur O'Brien ?   *was well cared for*

Michael : Oh oui, nous sommes très contents des soins° qu'il a eus.[3] Et en fait, ça nous a donné l'occasion de trouver un bon pédiatre. Il faut voir les choses du bon côté !

care

Heather : Heureusement, notre sécurité sociale canadienne nous remboursera une partie des frais° et nous avons des assurances supplémentaires pour le reste. L'essentiel, c'est que ce n'est pas bien grave. Du moins, Andy ne s'est pas cassé la jambe ! J'avoue° que nous sommes bien soulagés°.

expenses

admit; relieved

M. Arnaud : Eh bien, tant mieux ! Si vous avez le moindre pépin° pour les appareils ménagers°, ou pour autre chose, n'est-ce pas, appelez-nous à Aix pour expliquer ce qui ne va pas. Dis, Odile, ce serait° peut-être le moment de nous en aller°, il est presque cinq heures.

problem
appliances
it would be
to be on our way

Pour en savoir plus

1. La famille Sawchuk / O'Brien a choisi d'habiter une petite ville dans le Midi, c'est-à-dire le sud de la France. Roquevaire, avec une population d'environ 5 000 habitants, se trouve à 30 kilomètres au nord-est de Marseille,

in the heart of

au cœur de° la Provence (grande région et ancienne province du Midi). Beaucoup de Français (ainsi que des Anglais et des Allemands) ont acheté et rénové des «mas», maisons en pierre typiques de la Provence.

2. Il est difficile d'exagérer l'importance des vacances pour les Français. On dit souvent qu'elles sont «sacrées» et même que les Français sont obsédés par leurs vacances. Tous les Français ont, depuis l'arrivée au pouvoir du président Mitterrand, en 1981, un minimum de cinq semaines de congés° payés par an. Ils essaient d'en profiter° au maximum. L'été, entre 50% et 60% des Français quittent leur résidence principale pour partir en vacances.

holidays
take advantage of them

Val d'Isère (France)

3. En ce qui concerne la santé, les Français bénéficient depuis 1945 d'un système de sécurité sociale très complet. Les différentes formes de protection sociale incluent le secours à la vieillesse, l'assurance en cas de maladie, d'accident du travail, de maternité, etc. Les cotisations° viennent à la fois de

contributions

l'employeur et du salarié. Mais les étrangers qui font un séjour en France ne peuvent pas, en général, s'inscrire au régime de la sécurité sociale française.

Vous avez bien compris ?

Vrai ou faux ?
Corrigez le sens des phrases si c'est nécessaire.

1. La famille Sawchuk / O'Brien est installée dans la maison louée depuis presque trois mois.
2. Ils aiment bien la ville de Roquevaire.
3. La maison des Arnaud est du XVIIIe siècle.
4. Emily et Andy trouvent que la salle de jeux est sensationnelle.
5. Heather n'est vraiment pas contente de la maison des Arnaud.
7. Andy s'est cassé la jambe en jouant au foot.
8. Les Sawchuk / O'Brien doivent payer le pédiatre eux-mêmes.

Des mots, encore des mots !
Cherchez les mots de la colonne A dans le dialogue. Ensuite, trouvez-en l'équivalent dans la colonne B.

A	B
a) le goût	a) une période de cent ans
b) ravissant	b) quelqu'un qui aime faire les petites réparations
c) un siècle	c) très charmant
d) un bricoleur	d) la préférence

Réflexions sur la culture

1. Dans la région où vous habitez en ce moment, est-ce que la plupart des gens choisissent d'habiter dans des grandes villes, des villes moyennes ou des petites villes ? Sont-ils plutôt logés en appartements ou dans des maisons individuelles ? À votre avis, quels sont les facteurs qui déterminent leur choix de la ville et du logement ?
2. Les vacances sont-elles aussi «sacrées» pour vous, votre famille et vos amis que pour la plupart des Français ? Commentez.

Fonctions et observations langagières

I. Demander des renseignements

Several interrogative forms that you have not yet studied occurred in this chapter's conversation, mainly interrogative adjectives and pronouns. Before looking at them, however, it is useful to review briefly some of the other interrogative forms we have met in earlier chapters of *Bonne route !*

Rappel !

Yes / no questions

(intonation)   Vous êtes bien installés dans notre maison ?
(est-ce que)   Est-ce que la maison est très vieille ?
(n'est-ce pas)   La maison est meublée; ça doit simplifier votre vie un peu, **n'est-ce pas** ?
(inversion:
pronoun subject)   **Voulez-vous** bien répéter un peu plus lentement ?
(inversion:
noun subject)   **Jean est-il** à Montréal ?

Interrogative adverbs

où   Mais **où** est Michael ?
comment   **Comment** allez-vous, Madame ?
quand   **Quand** est-ce qu'on arrive à l'île d'Orléans ?
pourquoi   **Pourquoi** n'es-tu pas contente, Heather ?
combien   **Combien** le sirop d'érable coûte-t-il ?

Les adjectifs interrogatifs

You have already seen the adjective **quel** used in complimenting, in indicating astonishment, and so on.

Michael : **Quel** beau chien !

• As we see in the following examples, **quel** may also function as an interrogative adjective meaning *what* or *which*.

Quel est votre numéro de téléphone là-bas, s'il vous plaît ?
Quelles villes se trouvent près de Marseille ?

	singulier	pluriel
masculin	quel livre	quels livres
	quel arbre	quels arbres
féminin	quelle ville	quelles villes
	quelle école	quelles écoles

À noter !

Although **quel** has four written forms, they are all pronounced the same way unless there is a liaison in the plural.

• Notice that **quel** may be followed directly either by a noun:

Quel appareil ménager est un vieux modèle ?
Quels peintres impressionnistes est-ce que Michael préfère ?

or by the verb **être** and a "particularized" noun (one accompanied by a definite article or a possessive adjective):

Quelle *est* l'adresse des Sawchuk / O'Brien à Roquevaire ?
Quelles *sont* **leurs** premières impressions du Midi ?

Allez-y !

Petit quiz
Choisissez la forme convenable (*suitable*) de l'adjectif interrogatif et posez la question à un-e camarade de classe.

modèle : Dans quel pays est-ce que les Sawchuk / O'Brien vont habiter pendant un an ?
Ils vont habiter en France.

1. Dans ____ région de la France est-ce que la famille a choisi d'habiter ?
2. ____ est le nom de leur village ?
3. Dans ____ ville est-ce que Heather va travailler ?
4. De ____ siècle est leur maison ?
5. ____ aspects de la Provence ont frappé Michael ?
6. Dans ____ pièces de la maison est-ce que les enfants vont jouer ?
7. ____ sont leurs projets de voyage ?

Interrogeons-nous.
Pensez à une région que vous avez visitée. Quels éléments vous frappent (*impress*) le plus ? Discutez-en avec votre partenaire ou en groupe.

Les pronoms interrogatifs

The interrogative pronouns **qui** (*who*) and **qu'est-ce que** (*what*) have already occurred in various contexts in earlier chapters of *Bonne route*. It is time to learn more about using them.

• Either as subject or object, *who* (*whom*) in French is **qui**.

> **Qui** vient ce soir ? (*who* = subject)
> **Qui** allez-vous rencontrer au bistrot ? (*whom* = direct object)

• *What*, on the other hand, has a different form for the subject and the direct object:

> **Qu'est-ce qui** s'est passé, Andy ? (*what* = subject)
> Et après, **qu'est-ce que** tu as fait ? (*what* = direct object)

	persons	things
subject	qui	qu'est-ce qui
direct object	qui	qu'est-ce que

À noter !

The inversion of subject and verb with interrogative pronouns may be avoided by using **est-ce que.** Compare:

> **Qui** allez-vous rencontrer au bistrot ?
> **Qui est-ce que** vous allez rencontrer au bistrot ?

Allez-y !

In the following exercises, be prepared to use both interrogative adjectives and interrogative pronouns.

Questions / réponses

Voici les réponses à un petit test d'histoire et de géographie donné à des élèves d'une école élémentaire canadienne. Quelles ont (probablement) été les questions ?

modèle : John A. MacDonald a été le premier premier ministre du Canada.
　　　　　Qui a été le premier premier ministre du Canada ?

1. **Champlain** a voyagé au Canada au début du XVIIe siècle.
2. Il a rencontré **des Micmacs** en Nouvelle-Écosse.
3. Il a voulu **fonder une colonie française** au Canada.
4. Le fleuve **Saint-Laurent** passe à Montréal et à Québec.
5. **Vincent Massey** a été le premier gouverneur général né au Canada.
6. La capitale de l'Île-du-Prince-Édouard est **Charlottetown.**
7. **Le Bouclier canadien** est situé dans le nord du Québec et de l'Ontario.

Comment ?

Vous faites le point (*are catching up on the news*) avec un ami dans un café où il y a beaucoup de bruit. Vous êtes obligé-e de poser quelques questions.

modèle : *Votre ami* : bzzzzzz est allé au Mexique la semaine dernière.
  Vous : Comment ? **Qui** est allé au Mexique ?

1. Myriam a décidé de bzzzzzz vendredi soir.
2. bzzzzzz a commencé à jouer au squash avec Scott.
3. J'ai un nouveau numéro de téléphone; c'est le bzzzzz.
4. Nathalie et Kim rencontrent bzzzzzz tout le temps au bar Graywood.
5. Jim a acheté un bzzzzzz vélo.
6. bzzzzzz va avoir lieu (*take place*) samedi soir.

Vive l'opinion publique ! (*activité pour quatre personnes*)

Vous organisez un sondage (*poll*) avec un-e partenaire sur un sujet d'actualité (*current interest*) : la politique, l'environnement, le sida (*AIDS*), l'économie, etc. Préparez quelques questions avec votre partenaire et ensuite posez ces questions à deux autres camarades de classe. (Essayez, bien sûr, d'utiliser quelques adjectifs et pronoms interrogatifs !) Répondez ensuite aux questions préparées par vos deux camarades.

Exemples :

Quel parti politique va probablement gagner (*win*) les prochaines élections ?

Qu'est-ce qui va arriver si les pluies acides continuent à tomber dans nos lacs et rivières ?

Qui va enfin découvrir un traitement (*cure*) pour le sida ? etc.

II. Bien s'exprimer : les verbes pronominaux aux temps composés

Formation

So far, you have learned only one compound tense: the **passé composé**. We saw an example of a few pronominal verbs used in the **passé composé** when Andy told the Arnauds of his accident playing soccer.

  M. Arnaud : Dis-moi, jeune homme, tu sembles avoir un peu de mal à marcher. Qu'est-ce qui **s'est passé** ? Est-ce que tu **t'es fait** mal ?
  Andy : Je **me suis foulé** la cheville en jouant au foot pendant la récré.

• Pronominal verbs are all conjugated with the auxiliary **être**.

• Reflexive pronouns, like all object pronouns, are placed *before* the auxiliary verb.

• If the verb is negative, **ne** precedes the pronoun and **pas** precedes the past participle.

Il **s'est** réveillé tôt ce matin, mais il ne **s'est** pas levé tout de suite.

L'accord du participe passé

Note carefully the following rules for agreement. It may be useful to review here the distinction between reflexive, reciprocal, and "idiomatic" verbs presented in Chapter 7.

• For both reflexive and reciprocal verbs, the past participle agrees in gender and number with the reflexive pronoun *if it is a direct object.*

Elle s'est lavée. (s' = *direct object, feminine singular*)
Elle s'est coupé (*cut*) les cheveux. (**les cheveux** = *direct object*)
Marie et Paule se sont vues. (**se** = *direct object*)
Puis elles se sont parlé. (**se** = *indirect object* [parler à quelqu'un = *indirect object*])

• The past participle agrees in gender and number with the *subject* of idiomatic verbs.

Elle s'est ennuyée.
Paul s'est souvenu de Louise, mais **elle** ne s'est pas souvenue de lui.

À noter !

When parts of the body are expressed after pronominal verbs, they are generally preceded by the definite article, not the possessive adjective as in English.

Je me suis foulé la cheville. *I twisted my ankle.*

Vocabulaire actif : *Le corps humain*

la tête	le cou	le ventre
le visage	l'épaule *f*	la hanche
les cheveux *m*	le bras	la jambe
les yeux (l'œil) *m*	la main	la cuisse
le nez	les doigts *m*	le genou
la joue	le dos	la cheville
les oreilles (l'oreille) *f*	la poitrine	le pied
la bouche	le cœur	
les dents *f*	les poumons *m*	

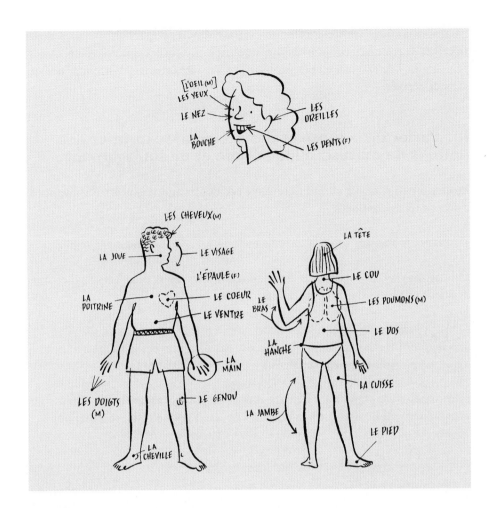

Allez-y !

Dis-moi ...

Posez quelques questions en utilisant le vocabulaire donné. Un peu d'humour
est toujours le bienvenu !

modèle : Est-ce que tu t'es brossé les dents ce matin ?
         Tu t'es rasé les épaules, n'est-ce pas ?

Je me suis pas lavé les mains

Actions	Parties du corps
se laver	les yeux
se raser	le cou
se maquiller	la jambe
se brosser	les pieds
se couper	le bras
se fouler	les épaules
se casser *break*	les dents
?	?

La grasse matinée (*sleeping in*), ce n'est pas toujours possible !

Décrivez votre matinée (*morning*) d'aujourd'hui. Quelles ont été vos activités principales ? Avez-vous eu des problèmes ? Ensuite, décrivez votre matinée de samedi dernier.

III. Parler de la santé et des accidents; exprimer des notions de malaise, d'inquiétude et de soulagement

From time to time we all fall ill or have accidents, and it is normal to want to discuss our discomforts.

> *Andy* : Je me suis foulé la cheville en jouant au foot, pendant la récré.

Others may want to express their concern and later, their relief when the accident or illness has been attended to.

> *M. Arnaud* : Oh là là, tu n'as pas eu de chance.
> *Heather* : L'essentiel, c'est que ce n'est pas bien grave … J'avoue que nous sommes bien soulagés.

Fortunately, we sometimes discuss our good health as well. The following vocabulary will be useful when you find yourself in one of these situations:

Vocabulaire actif : *Être en bonne santé*

se soigner	*to take care of oneself*
rester en forme	*to stay in shape*
faire de l'exercice	*to get some exercise/to work out*
une (deux) fois par semaine	*once (twice) a week*

Vocabulaire actif : *Malaises et inconforts*

Quelques expressions

Qu'est-ce qu'il y a ?	*What's the matter?*
Qu'est-ce que tu as / vous avez ?	*What's the matter with you?*
Je ne vais pas bien (du tout).	*I don't feel well (at all).*
Je me sens mal. / Je ne me sens pas bien.	*I don't feel well.*
Je suis malade.	*I'm sick.*
J'ai rendez-vous chez le médecin / chez le docteur.	*I have an appointment with the doctor.*

Quelques maladies et accidents

une infection	*an infection*
un rhume (des foins)	*a cold/hay fever*
la grippe	*the flu*
le sida	*AIDS*
se faire mal (au bras, etc.)	*to hurt oneself (in the arm, etc.)*
se casser (la jambe, etc.)	*to break (one's leg, etc.)*

Quelques symptômes

une douleur (aiguë)	*a (sharp/severe) pain*
la fatigue	*fatigue*
être fatigué	*to be tired*
la faiblesse	*weakness*
se sentir faible	*to feel weak*
avoir mal à (à la tête, à la gorge, au genou, etc.)	*to have a headache/sore throat, sore knee, etc.*
tousser	*to cough*
une toux	*a cough*
éternuer	*to sneeze*
avoir mal au cœur	*to have a stomach ache*

Quelques remèdes

un médicament	*medicine*
une ordonnance	*a prescription*
le repos	*rest*
un comprimé	*tablet*
une pilule	*pill*
une piqûre	*needle/injection*
une guérison	*cure*
guérir	*to cure*

la douleur   — pain

Allez-y !

Mais qu'est-ce qu'il y a ?

Les personnes suivantes ne sont pas en forme ! Qu'est-ce qu'elles ont ? Qu'est-ce qu'elles doivent faire ? Et vous, qu'est-ce que vous faites pour rester en forme ? Discutez-en à deux.

Vocabulaire actif : *Partager son inquiétude*

Mon / Ma pauvre !	C'est bien triste ... Oh là là !
You poor thing!	*Oh, wow!*
Tu n'as / Vous n'avez	Hélas ... *Alas...*
vraiment pas de chance !	C'est épouvantable ! *That's*
What bad luck!	*dreadful!*
Mon Dieu !	C'est moche, ça ! *(fam.) That's*
Ce n'est pas drôle !	*rotten, lousy!*
Thats no fun!	
C'est vraiment dommage ...	
That's really too bad...	

Vocabulaire actif : *Exprimer son soulagement*

Je suis (très) soulagé.	*I'm (very) relieved.*
Quel soulagement !	*What a relief!*
Heureusement (que ...)	*Fortunately...*
Tant mieux !	*All the better!*
On a eu de la chance !	*We were lucky!*
On a eu chaud !	*That was a close call!*

Mais oui, docteur, ça fait très mal !

Andy vient de se fouler la cheville. Heather et Michael l'ont emmené dans une clinique.

Imaginez, en groupes de quatre personnes, la conversation qui a eu lieu avec le docteur.

IV. Bien s'exprimer : les verbes et les prépositions

Les verbes suivis d'autres verbes

Allons jouer dans la chambre.

Nous **commençons** *à* nous **sentir** tout à fait chez nous.

Nous **n'avons** pas encore **fini** *de* **découvrir** les charmes de la région.

You will probably have noticed that when a verb or verbal expression is followed by another verb, the second verb is normally in the infinitive form. The second verb may follow the first directly or be separated from it by the preposition à or **de**. Appendix C lists all the verb combinations for regular and irregular verbs. Up to this point, we have seen the following:

Verbs followed directly by an infinitive

adorer	détester	partir	valoir mieux (il vaut mieux)
aimer	devoir	penser (*to plan*)	venir
aller	écouter	pouvoir	vouloir
compter	espérer	préférer	
désirer	falloir (il faut)	sortir	

Verbs followed by the preposition *à*

apprendre	penser	s'amuser	se préparer
commencer	renoncer	s'habituer	
continuer	réussir	s'intéresser	

aider quelqu'un à   inviter quelqu'un à

Verbs followed by the preposition *de*

accepter	essayer	(s')arrêter
avoir (besoin / peur / etc.)	finir	se dépêcher
choisir	oublier	(s')occuper
décider	permettre à quelqu'un de	se rappeler
demander à quelqu'un de	regretter	se souvenir

Allez-y !

L'année prochaine, je ...

On prend toujours de bonnes résolutions au début de l'année. Complétez logiquement les phrases suivantes en ajoutant (*adding*) un ou plusieurs infinitifs au premier verbe.

modèle : L'année prochaine, j'essaierai ...

　　　　　L'année prochaine, j'essaierai de travailler plus et de dépenser (*spend*) moins d'argent.

1. L'année prochaine, j'arrêterai ...
2. L'année prochaine, mes amis continueront ...
3. L'année prochaine, je n'accepterai pas ...
4. L'année prochaine, ma / mon meilleur(e) ami(e) apprendra ...
5. L'année prochaine, Helmut Kohl pourra ...
6. L'année prochaine, le gouvernement réussira ... (Un peu d'optimisme, s'il vous plaît !)

Les prépositions suivies de verbes

Appelez-nous à Aix **pour expliquer** ce qui ne va pas.

• As the above sentence shows, the verb form following a preposition is normally the infinitive in French. Here are a few other examples:

Regarde souvent la télé **pour améliorer** (*to improve*) ta compréhension du français.
Ne prenez jamais de décisions importantes **sans consulter** vos amis.

• However, there are special cases. The following are important to remember:

Venez me voir **avant de rentrer** ce soir.

Note that **avant** is followed by **de**, then the infinitive.

Je lisais un magazine **en** (*while*) **attendant** Andrée.
En (*by*) **travaillant** dur, vous réussirez.

• If the preposition is **en** (*in/on/upon/by/while*), it is followed by a *present participle* in French.

À noter !

The present participle is formed by adding the ending -**ant** to the first person plural verb stem, ie. march**ant**, finiss**ant**, pren**ant**. Étant (*being*), **ayant** (*having*) and **sachant** (*knowing*) are exceptions.

Après avoir entendu la mauvaise nouvelle, Joanna était bien triste.
Pierre est allé voir la maison d'Anne Franck tout de suite **après être arrivé** à Amsterdam.

• If the preposition is **après,** a *past infinitive* must be used.

À noter !

The past infinitive is a combination of the infinitive **avoir** or **être** and a past participle.

Allez-y !

Mais non, je ne suis pas fouineur-fouineuse (*nosy*) !
Posez les questions suivantes à vos camarades de classe.

1. Qu'est-ce que tu as fait avant de venir en classe aujourd'hui ?
2. Et qu'est-ce que tu comptes faire pour t'amuser pendant le week-end ?
3. Est-ce que tu penses continuer à étudier le français l'année prochaine ?
4. As-tu de la difficulté à venir en classe après avoir passé une nuit blanche (*sleepless*) ?
5. Est-ce que tu aimes écouter la radio en faisant tes devoirs ?
6. Est-ce que tu arrives à avoir de bonnes notes à l'université sans travailler régulièrement ?
7. Vas-tu pouvoir faire un petit voyage pendant tes prochaines vacances ?
8. Qu'est-ce que tu as fait après être rentré-e chez toi hier ?

Les platanes de la place centrale de Roquevaire (France)

Scène 2   *À la découverte de Roquevaire*

Sur le vif !

Marie-Josée Lacoste, une collègue de Heather au Centre d'écologie marine, à Marseille, habite à quelques kilomètres de Roquevaire. Marie-Josée a proposé une visite du centre-ville à la mère de Heather, qui est récemment arrivée de Gravelbourg (Saskatchewan)[1] pour rendre visite à sa famille.

Marie-Josée : Alors, Madame Sawchuk, comment trouvez-vous Roquevaire ? Heather me disait que c'est votre premier voyage en France.

Madame Sawchuk : La ville est superbe ! Vous savez, c'est un vieux rêve, ce voyage en France. Mes ancêtres sont français et beaucoup de gens à Gravelbourg parlent encore français, mais la France, de la Saskatchewan, ce n'est pas à côté°! Figurez-vous°, j'ai passé quatorze heures en avion, en tout, pour venir ici !

Marie-Josée : Mais vous êtes là, c'est l'essentiel; vous allez avoir le temps de vous reposer maintenant.

314

Madame Sawchuk : Oh oui, et quel plaisir de parler français ! (*Elle hésite.*) J'ai un peu honte de le dire, mais mon mari était anglophone, et nous avons décidé de parler anglais à la maison avec les enfants. Je parlais donc anglais, sauf° avec mes parents° et quelques amis francophones. C'est un peu drôle tout de même ! Vous vous rendez compte° que Heather a appris le français à l'école et à Laval !

except; relatives

realize

Marie-Josée : Elle a fait des progrès extraordinaires, vous savez. Dites, c'est le jour du marché² à Roquevaire. On va voir un peu ? (*Elles s'approchent du marché, sur la place principale de la ville.*)

Marie-Josée : Nous avons le marché deux fois par semaine, le mercredi et le samedi. J'ai conseillé à Heather et à Michael de venir acheter tous leurs produits frais ici, surtout les fruits et les légumes. Mangez-en, vous allez voir !

Madame Sawchuk : Ah, j'adore les fruits, surtout les pêches et les raisins°!

grapes

Marie-Josée : Et vous devriez essayer nos spécialités régionales³ pendant votre séjour à Roquevaire; il y a toujours une belle sélection de fromages locaux et l'huile d'olive de la Provence est extra°!

superb

Madame Sawchuk : (*Elle regarde autour d'elle.*) On trouve un peu de tout ici, n'est-ce pas ? Je vois des vêtements, des balais°, des jouets ...

brooms

Marie-Josée : Oui, mais pour certaines choses, les produits d'entretien de la maison°, par exemple, il vaut mieux aller à Aubagne. C'est souvent moins cher d'aller dans les grandes surfaces°, à Mammouth ou à Carrefour, par exemple.

household cleaning products

very large department stores

Madame Sawchuk : Et le pain, les gâteaux ... vous allez aux centres commerciaux ?

Marie-Josée : Mais vous plaisantez°, non ? Jamais de la vie°! Regardez, juste à droite, voyez-vous la boulangerie Mérindol ? Ils font le meilleur pain⁴ de la région là-bas. Il est cuit° au feu de bois°; il faut absolument l'essayer. (*Elle devient très animée.*) Et en face, il y a une des meilleures charcuteries° de toute la Provence ! Là, vous voyez, près des PTT, la poste, quoi.

you're joking; Not on your life

cooked; wood fire

pork butchers/delicatessen

Madame Sawchuk : Où ça ?

Marie-Josée : Là, en face, à côté du bar-tabac.

Madame Sawchuk : Je vais commencer à prendre des notes ! Et ces beaux arbres, Marie-Josée, je les vois partout. Qu'est-ce que c'est ?

Marie-Josée : Ah ça, ce sont des platanes°, et vous allez les trouver dans à peu près toutes les villes du Midi. Nous, on en a l'habitude°, vous savez, mais c'est vrai, ils sont magnifiques.

plane trees

we're used to them

Pour en savoir plus

1. Gravelbourg, petite ville du sud de la Saskatchewan, a été longtemps majoritairement francophone. Comme c'est le cas pour beaucoup de petites villes dans l'est et l'ouest du Canada, sa population francophone est en voie d'assimilation rapide depuis plusieurs années.

Silo à grains à Gravelbourg (Saskatchewan)

2. Pour faire leurs courses, les Français ont plusieurs choix: ils peuvent aller dans les marchés, dans les petits magasins et boutiques, dans les grands magasins° ou encore dans les centres commerciaux (les centres d'achats) et les grandes surfaces°. Chaque ville a un **marché** au moins une fois par semaine (en général sur la place principale). Certaines villes plus importantes ont des marchés couverts permanents (des **halles**) qui sont ouverts pratiquement tous les jours. On trouve un peu de tout dans les marchés, y compris° des vêtements, mais les Français apprécient surtout la fraîcheur° et la variété des fruits, légumes et autres comestibles° qu'ils y trouvent.

3. Les spécialités gastronomiques et culinaires de la région d'Aix-Marseille, et de toute la Provence, sont nombreuses. Les poissons et crustacés°, les saucissons, les plats assaisonnés° à l'huile d'olive ou à l'ail°, les légumes et fruits (tomates, oignons, abricots, pêches, melons), les vins (surtout le vin rosé), sont tous de grande qualité.

4. Presque tous les Français achètent du pain frais tous les jours, habituellement dans une boulangerie qui se trouve près de leur maison ou de leur appartement. Ils sont fiers° de la qualité de leur pain (ils aiment dire que le pain anglais est horrible !) et ils en mangent à tous les repas.

department stores
very large department stores that also sell food, gas, etc.

including
freshness
foods

shell-fish
seasoned, flavoured; garlic;

proud

Une confiserie à Fougères, en Bretagne

Vous avez bien compris ?

Répondez s'il vous plaît !

1. D'où vient Madame Sawchuk ?
2. Pourquoi est-elle très contente d'être en France ?
3. Qu'est-ce que Marie-Josée a conseillé à Heather et à Michael d'acheter au marché ?
4. Pour certains produits, pourquoi est-il préférable d'aller dans les centres commerciaux ou dans les grandes surfaces ?
5. Pourquoi est-ce que Marie-Josée recommande la boulangerie Mérindol ?
6. Est-ce que Madame Sawchuk a l'air d'aimer Roquevaire ? Justifiez votre réponse.

Observations
Indiquez quelques différences fondamentales que vous avez remarquées entre Roquevaire et la ville où vous habitez.

Réflexions sur la culture

1. En général, préférez-vous faire vos achats dans un grand centre commercial ou dans les petits magasins de votre quartier ? Pourquoi ? Quels sont pour vous les avantages et les inconvénients, dans les deux cas ?
2. Le pain a une grande importance symbolique pour les Français et ce symbolisme est reflété dans plusieurs expressions idiomatiques. Pouvez-vous deviner le sens des locutions suivantes ?

Quelques pains de fantaisie

gagner son pain
être un bon gagne-pain
long comme un jour sans pain
manger son pain blanc le premier
être au pain sec
avoir du pain sur la planche (*board/plank*)
ne pas manger de ce pain-là

3. Les Nord-Américains donnent-ils l'impression d'être plus hospitaliers que les Français ? Est-ce peut-être un mythe ? Est-ce que l'hospitalité nord-américaine est quelquefois un peu superficielle, comme le disent certains Français ? Regardez de nouveau la note 2, page 279.

Fonctions et observations langagières

I. Renvoyer à quelqu'un ou à quelque chose qu'on a déjà mentionné

Les pronoms objets du verbe à l'impératif

Marie-Josée encouraged Mme Sawchuck to try the local produce:

> *Marie-Josée* : J'ai conseillé à Heather et à Michael de venir acheter tous leurs produits frais ici, surtout les fruits et les légumes. Mangez-**en**, vous allez voir.

We have paid particular attention so far in *Bonne route !* to pronouns that function as *subjects*, *direct objects*, and *indirect objects* of verbs. In this chapter, we will focus our attention on *object pronouns* and the *imperative* structure.

> **Rappel !**
>
> Both direct and indirect object pronouns, as well as **y** and **en**, normally precede the verb of which they are the object.
>
> J'adore les légumes du marché; j'**en** achète toujours.
> Pierre ? Je **lui** ai parlé hier soir.

- In the *affirmative imperative* structure, there are three major changes to note:
  - The pronoun follows the verb and is joined to it by a hyphen:
    Je n'ai pas besoin du livre; donnez-**le** à Yvonne.
  - The **tu** form of -**er** verbs loses its final -**s** unless followed by a pronoun beginning with a vowel:
    Achète-le !   Va à l'école.
    but:
    Achètes-en !   Vas-y !
  - The object pronouns **me** and **te** become **moi** and **toi**.
    Donne-**moi** l'argent tout de suite.

• In the *negative imperative* structure, object pronouns have their normal form and precede the verb as usual.

Ne **me** téléphonez pas demain; je ne serai pas là.
Ces raisins ne sont pas bons; n'**en** mangez pas.

Allez-y !

Pratique pratique
Répondez aux questions suivantes en utilisant une structure impérative.

modèles : Est-ce que je dois manger les épinards, maman ? (oui)
    Oui, mange-les !
    Est-ce que nous pouvons jouer au basket maintenant ? (non)
    Non, n'y jouez pas maintenant.

1. Est-ce que je dois boire le lait, papa ? (oui)
2. Est-ce que nous pouvons acheter des glaces, Jean et moi ? (non)
3. Est-ce que je peux jeter (*throw away*) mon vieux vélo ? (non)
4. Est-ce que nous devons finir nos devoirs tout de suite ?(oui)
5. Est-ce que je dois téléphoner à ma tante ce soir ? (oui)
6. Est-ce que nous pouvons aller au cinéma après la classe d'histoire ? (non)
7. Est-ce que nous devons répondre poliment à ces questions ennuyeuses ?
   (oui)

Ah, les décisions !
Marie-Josée Lacoste et son ami Hassan font des achats à la grande surface Carrefour … Avec un-e partenaire, jouez les rôles de Marie-Josée, de Hassan et de l'employé.

modèle : *Marie-Josée* : me donner du jambon … non, du steak
    Marie-Josée : Donnez-moi du jambon, s'il vous plaît.
    L'employé : Très bien, Madame. Combien en voulez-vous ?
    Marie-Josée : Euh, non, après tout, ne me donnez pas de jambon;
        donnez-moi plûtot du steak.

1. Marie-Josée – me donner des bananes … non, des oranges
2. Hassan – nous donner des petits fours … non, une tarte
3. Marie-Josée – me donner de la glace … non, du sorbet (*sherbet*)
4. Marie-Josée – nous donner du porc … non, du veau
5. Hassan – me donner du café … non, du thé
6. Marie-Josée – me donner du jus de pommes … non, du jus de
   pamplemousse (*grapefruit*)

Mais tu es fou !
Nous avons tous, de temps en temps, des idées que nos amis considèrent comme un peu ridicules. Faites quelques suggestions un peu bizarres à un-e ami-e qui réagira à sa façon, mais en utilisant chaque fois un impératif.

modèle : *Vous* : J'ai envie d'aller quatre ou cinq fois au cinéma cette
semaine. Il y a beaucoup de bons films en ville et j'en
ai marre (*I'm fed up*) d'étudier !

Votre amie : Mais non, c'est trop ! N'y va pas plus d'une fois !
Économise plutôt ton argent !
OU
Vas-y dix fois si tu veux. Je m'en fiche ! (*I couldn't
care less!*)

II. Donner, accepter ou refuser des conseils

As Marie-Josée and Mme Sawchuk strolled around Roquevaire, some
practical suggestions and advice came up in their conversation. For example:

Marie-Josée : J'ai conseillé à Heather et à Michael de venir acheter tous
leurs produits frais ici ... vous devriez essayer nos spécialités
régionales ... [le pain] il faut absolument l'essayer.

Rappel !

One can advise in French simply by using an imperative.
For example: **N'attendez pas : téléphonez au médecin tout de suite.**

• There are many other useful expressions for suggesting or advising. Here, in
summary form, are several of them:

Vocabulaire actif : *Suggérer, conseiller*

Je vous / te conseille de (+ inf.)	*I advise you to...*
(Je pense que) vous devriez / tu devrais (+ inf.)	*(I think that) you should...*
À mon avis, vous devez / tu dois (+ inf.)	*In my opinion, you have to...*
Il faut (+ inf.)	*One has to...*
Il vaut / vaudrait mieux (+ inf.)	*It is/would be better to...*
Ça vaut la peine (de + inf.)	*It's worth it (to...)*
Vous feriez / Tu ferais mieux de / bien de (+ inf.)	*You would do better/well to...*

• One often accepts advice with a simple **D'accord !** or with another
rejoinder. If, however, you disagree, you may use the negative. Here are some
examples:

Vocabulaire actif : *Accepter, refuser des conseils*

Oui, je suis de votre avis.	*Yes, I share your view.*
Oui, je suis (tout à fait) d'accord.	*Yes, I (quite) agree.*
Oui, c'est une très bonne (excellente) idée.	*Yes, that's a very good (excellent) idea.*
Merci, c'est un bon conseil.	*Thank you, that's good advice.*
Désolé-e, mais je ne suis pas (tout à fait) d'accord avec vous / toi.	*Sorry, but I don't (quite) agree with you.*
Franchement, je ne suis pas de votre / ton avis.	*Frankly, I don't share your view.*

Allez-y !

Des conseils, s'il vous plaît !
Vous entendez les déclarations suivantes. Quels conseils pouvez-vous offrir ?

1. Je suis fatigué-e tout le temps et je dors mal.
2. Je voudrais aller en Louisiane, mais je n'ai presque pas d'argent.
3. J'ai pris (*gained*) trois kilos le mois dernier.
4. Mes parents ne comprennent pas que je suis adulte !
5. J'en ai marre d'étudier tout le temps, mais j'ai quatre examens cette semaine.
6. J'ai la grippe (*flu*) depuis deux semaines.

Jeu de rôles
Ça ne va pas dans le domaine sentimental. Donnez un petit résumé de vos problèmes à Ann Landers (votre partenaire, évidemment !) qui va vous offrir quelques suggestions. Dites à Ann Landers si vous acceptez ses conseils ou non, et pour quelles raisons. Changez de rôles et recommencez.

Et encore des conseils ...
Vous voulez savoir comment «vous débrouiller» dans les situations suivantes. Le conseiller / la conseillère, à côté de vous, va certainement vouloir vous aider ! Cette fois, changez de rôles au milieu de l'activité.

1. J'ai un méchant rhume. Est-ce qu'il vaut mieux boire du sirop ou prendre quelques aspirines ?
2. J'ai déjà perdu mon portefeuille (*wallet*) deux fois cette année. Je suis horriblement distrait-e (*absent-minded*). As-tu des suggestions ?
3. Je ne suis pas en très bonne forme physique. À ton avis, qu'est-ce que je devrais faire ?
4. Ma tante vient de me donner 1000 dollars! Youpi! Est-ce que tu me conseilles d'aller au Mexique, en Floride ou dans les Rocheuses (*Rockies*) pendant les vacances de Noël ? Pourquoi ?

5. Il n'y a pas beaucoup de bons emplois d'été. Qu'est-ce que je dois faire pour améliorer (*improve*) mes chances ?

6. J'ai eu un D à mon dernier examen de psychologie. Qu'est-ce que tu me conseilles de faire ?

7. Mon chum / ma blonde (*boyfriend/girlfriend* en québécois) déteste les pizzas mais c'est tout ce que je sais préparer. Alors ?

8. Que faut-il faire ? On adore le ski, il y a beaucoup de neige fraîche, il fait un temps superbe ... et il y a un quiz au cours de français ...

III. Faire des achats

More comments from Marie-Josée dealt with purchases.

Marie-Josée : ... voyez-vous la boulangerie Mérindol ? Ils font le meilleur pain de la région là-bas ... Et en face, il y a une des meilleures charcuteries de toute la Provence.

Vocabulaire actif : *Achats et commerces*

Achat typique	Commerce
Nourriture	
de la viande *meat*	une boucherie
des saucisses *f sausages*	une charcuterie
du poisson *fish*	une poissonnerie
des fruits *m*, des légumes *m* fruit/vegetables	un magasin de primeurs
du fromage *cheese*	une crémerie
du pain *bread*	une boulangerie
des gâteaux *m*, des pâtisseries *f cakes/pastries*	une pâtisserie
des bonbons *m candy*	une confiserie
de la farine, du riz, du sel flour/rice/salt	une épicerie
Articles divers	
des vêtements *m clothing*	un magasin de vêtements
des livres *m books*	une librairie
du papier, des crayons *m*, des stylos *m paper/pencils/pens*	une papeterie
des journaux *m*, des magazines *m* (quotidiens / hebdomadaires / mensuels) (daily/weekly/monthly) newspapers, magazines	un kiosque à journaux ou un (bureau de) tabac

des médicaments *m medicine*	une pharmacie [1]
du parfum / du maquillage *perfume/make-up*	une parfumerie
des bijoux *m* des montres *f jewellery/watches*	une bijouterie
des fleurs *f flowers*	un magasin de fleurs (un-e fleuriste)
des balais *m* de la peinture *brooms/paint*	une droguerie [1]
des meubles *m furniture*	un magasin de meubles

[1] Un petit conseil ! Si vous avez besoin de médicaments, n'allez pas dans une droguerie; vous allez y trouver plutôt des produits pour l'entretien de la maison et pour l'hygiène personnelle. Et si vous cherchez des cartes postales, des magazines ou des bonbons, n'allez pas dans une pharmacie, car (*for*) c'est là que vous trouvez presque exclusivement des médicaments. Allez plutôt chez un marchand de journaux ou dans un bureau de tabac.

Librairie-papeterie à Paris

Allez-y !

Ciel ! Il n'y a plus de pain !
Les quatre membres de la famille Sawchuk / O'Brien sont souvent à court (*out of*) de quelque chose dont (*that*) ils ont besoin tout de suite. Dans quel magasin leur conseillez-vous d'aller s'ils ont besoin des produits ou articles suivants ?

modèle : du pain

> S'ils ont besoin de pain, je leur conseille d'aller (ils devraient aller, etc.) dans une boulangerie.

1. des hot dogs (!)
2. du poivre (*pepper*)
3. le journal d'aujourd'hui
4. des cahiers d'école (*scribblers*)
5. des éclairs au chocolat
6. des sandales
7. des moules (*mussels*)
8. de l'aspirine
9. un bouquet de roses
10. une pelle à poussière (*dustpan*)
11. des cerises
12. un T-shirt

Le client est roi !

Est-ce que la possibilité d'être commerçant-e (*storekeeper*) ou marchand-e (*merchant*) vous tente (*tempt*) un peu ? Laissez-vous convaincre (*Let yourself be convinced*) et ouvrez, avec quelques camarades de classe, un petit magasin ou une boutique. Discutez de vos goûts et talents avant de prendre votre décision (que vous pourrez ensuite partager avec le reste de la classe).

IV. Bien s'exprimer : les verbes voir et croire

You have already met the high-frequency verb **voir** (*to see*) a few times.

> *Marie-Josée* : Regardez, juste à droite, **voyez-vous** la boulangerie Mérindol ?

• The conjugation is given below:

voir	
je **vois**	nous **voyons**
tu **vois**	vous **voyez**
elle / il / on **voit**	elles / ils **voient**

participe passé : **vu** (j'ai vu)

• The irregular verb **croire** (*to believe*) is similar in conjugation to the verb **voir**:

je **crois** que c'est très important.

croire	
je **crois**	nous **croyons**
tu **crois**	vous **croyez**
elle / il / on **croit**	elles / ils **croient**

participe passé : **cru** (j'ai cru)

Allez-y !

Euh, je crois que ...

Remplissez les blancs avec la forme correcte du verbe **croire**.

1. Nous _____(croire) que notre professeur nous donne trop de devoirs.
2. Mme Sawchuck _____ (croire) que les fruits et les fromages sont bon marché en France.
3. Tes parents _____ (croire) que tu dois leur rendre visite plus souvent.
4. Je _____ (croire) qu'un séjour à l'étranger serait (*would be*) une bonne expérience.
5. Vous _____ (croire) qu'il est facile de trouver un appartement à Marseille ?

Questions personnelles

Répondez aux questions suivantes.

1. Est-ce que tu vois ton / ta meilleur-e ami-e tous les jours ?
2. Ton / ta camarade de chambre voit-il / elle souvent des films québécois ?
3. Tes professeurs voient-ils tous bien ou portent-ils des lunettes (*glasses*) ?
4. Est-ce que nous voyons toujours le meilleur côté des choses ?
5. Tu crois que c'est nécessaire de regarder à gauche et à droite avant de traverser la rue ?
6. As-tu déjà vu un OVNI (*UFO*) ? Où et quand ?
7. Est-ce que tes copains se voient tous les soirs ?
8. Vous et vos amis, vous croyez qu'on passe trop d'émissions sportives à la télé ?

Moi, j'ai vu ...

Circulez dans la classe pour trouver quelqu'un qui a vu, voit assez souvent ou va voir les endroits suivants. Avec un-e partenaire ou en groupe, essayez de vous rappeler qui a vu quoi. Faites le compte (*keep score*) au tableau.

1. La chute Montmorency
2. La tour CN
3. Sainte-Anne de Beaupré
4. La statue de la Liberté
5. La tour Eiffel
6. Le Château Frontenac
7. Le Grand Canyon
8. La Sorbonne
9. Un bayou de la Louisane
10. L'oratoire Saint-Joseph à Montréal

Plus loin *Un consommateur ... distinct*

Pré-lecture

Nous avons beaucoup parlé dans ce chapitre des Français et de leurs habitudes en ce qui concerne les achats. Dans l'article qui suit, nous revenons au Québec pour voir si les Québécois «consomment» de la même manière que les Français et les autres Canadiens.

Examinez le titre de l'article. À votre avis, pourquoi a-t-on placé trois points de suspension entre les mots «consommateur» et «distinct» ?

Pensez-vous déjà savoir que les Québécois sont des consommateurs distincts ? Parlez-en un peu avec votre voisin-e.

Un Consommateur... distinct

Les Québécois n'achètent ni la même chose, ni au même endroit, ni° de la même façon que les autres Canadiens.

neither...nor

On savait déjà que les Québécois francophones prennent plus de plaisir à consommer que les autres Canadiens («Qui nous sommes», *L'actualité*, janvier 1992) et que leur « taux de satisfaction » est supérieur (de 20%). Des données° récentes, compilées par le Print Measurement Bureau (PMB), prouvent justement que les consommateurs québécois forment une société de consommation distincte.

data

[1] Les francophones ont tendance à lier° le prix d'un produit à sa valeur. Ils préfèrent s'en passer° plutôt que l'acheter à crédit, mais ils paieront le prix fort si c'est une marque° connue. Ils accordent plus de crédibilité à la publicité que le Canadien moyen (et le Québécois anglophone), mais attendront qu'un nouveau produit ait fait ses preuves° avant de l'essayer. Ils sont plus fidèles à une marque, mais en achèteront une autre si elle est offerte en solde.°

link
to do without
brand

has proved itself (**ait fait** - past subjunctive); on sale

[2] Ils se rendent au dépanneur° et au magasin de produits naturels plus d'une fois par semaine et fréquentent les grandes surfaces ou l'épicerie locale en moins grand nombre que les autres Canadiens. Bien que° les données démontrent qu'ils sont légèrement moins préoccupés par la valeur nutritive des aliments, ils affirment préférer les produits à calories réduites ou «légers».

corner store

although

Les francophones du Québec sont moins enclins à boire du thé ou du cola diète, ou à manger de la confiture, du thon, des biscuits et des oeufs tous les jours, que les autres Canadiens. Ils achètent cependant plus de céréales sucrées, de cola ordinaire, de café instantané (décaféiné, de préférence) et cuisinent au beurre.

[3] Ils s'habillent de préférence dans une boutique spécialisée (64% contre 52% dans le reste du Canada) et utilisent deux fois plus de savons «pour bébés» (15% contre 8%).

Le brillant à lèvres,° la poudre,° le fond de teint° et le parfum n'attirent° pas les Québécoises francophones autant que la lotion pour le corps en vaporisateur, l'eau de Cologne, l'eau de toilette et le rouge à lèvres°. Elles sont plus nombreuses à acheter deux ou trois paires de bottes par année (14% contre 7%), achètent plus de bas-culottes,° de maillots de bain et de colorants à cheveux (dans les salons de coiffure) que leurs concitoyennes° canadiennes, mais beaucoup moins de médicaments contre le rhume, de vaporisateurs nasaux et de pastilles pour la gorge.

lip gloss; powder; foundation; attract

lipstick

panty hose
compatriot, fellow-citizens

[4] Côté boissons alcoolisées, la proportion des consommateurs est plus importante ici que dans le reste du Canada: pour le vin, c'est 51% contre 44% et pour la bière, 50% contre 46%. Et même si le Québec francophone consomme en général moins de boissons fortes, il achète 60% du «gros gin» et 36% des cognacs vendus au pays.

[5] Il compte aussi une plus grande proportion de fumeurs (38% au Québec contre 29% dans l'ensemble des autres provinces).

Les Québécois francophones jouent moins au golf, font moins de jogging et de jardinage, vont moins souvent au cinéma, reçoivent moins à la maison°, font moins d'appels interurbains° et voyagent moins, pour affaires ou par plaisir, que les autres Canadiens.

have fewer parties
long distance calls

[6] Mais ils achètent plus de billets de loterie, fréquentent plus souvent les pentes° de ski, les théâtres et les pistes cyclables°.

slopes; bike paths

Le Québec francophone se distingue surtout du reste du Canada par ses habitudes financières, particulièrement à cause de sa forte participation aux caisses populaires.° Les Québécois se tournent cependant de plus en plus vers les secteurs sous-développés mais en croissance°: les trusts et les comptes d'épargne° spécialisés (comptes de placement à intérêt quotidien, REER,° etc.).

credit union

growth
savings; RRSP

L'assurance-vie demeure une tradition bien ancrée° au Québec: 65% des adultes détiennent une police° alors que, dans le reste du Canada, la proportion n'est que de 40%. Quant aux° cartes de crédit, les pourcentages baissent°: 39% des Canadiens contre 32% des Québécois détiennent deux cartes ou plus.

anchored, firmly fixed
have a policy
as for; lower

(*L'actualité*, 1er juin 1992)

Allez-y !

Voyons ceci de plus près !
Commentez les extraits d'article numérotés de 1 à 6 dans les marges.

Rédaction
Vous aussi, vous êtes des consommateurs. En quoi est-ce que vos propres habitudes sont différentes de celles (*those*) des Québécois ? Des Français ?

Activités d'intégration

Travail en petit groupe
Imaginez que vous allez passer un an dans le midi de la France. Préférez-vous vivre dans une grande ville comme Marseille ou dans une petite ville ou un village ? En ce qui concerne (*in terms of*) vos achats et vos courses, croyez-vous que vos habitudes vont beaucoup changer ? Justifiez vos choix et commentez-les.

Une maison assez ... surprenante
Cette maison provençale plutôt extraordinaire (ci-contre) se trouve tout près de Roquevaire. Michael est peintre. À votre avis, quand il a vu cette maison, est-ce qu'il a peut-être regretté de ne pas l'habiter pendant son séjour en Provence ? Pourquoi (pas) ? Et qu'est-ce que Heather et les enfants pensent probablement de cette maison? Et vous, est-ce la maison de vos rêves ? Sinon, dans quelle maison aimeriez-vous habiter un jour ? Pourquoi ?

Maison décorée près de Roquevaire

Au choix !
Pensez à votre maladie la plus grave ou à votre accident le plus atroce. Notez quelques détails sur une feuille de papier et comparez avec les expériences de vos camarades de classe.

ou

Votre petit cousin fait semblant (*pretends*) d'être malade pour ne pas aller à l'école. Il décrit ses symptômes; vous lui répondez.

Achats et courses
Préparez une liste de tous les magasins ou bureaux où vous avez fait des courses le mois dernier. En petits groupes, comparez vos listes. Avez-vous à peu près les mêmes besoins ? Et les mêmes goûts ? Étiez-vous tous contents de la qualité des produits que vous avez achetés ?

Imaginez vos grands-parents, lorsqu'ils étaient jeunes. Pensez-vous qu'ils faisaient leurs courses dans des magasins et des bureaux semblables à ceux que vous connaissez ? Pourquoi (pas)? Et vos propres petits-enfants, où et comment feront-ils probablement leurs courses ? Aurez-vous quelques bons conseils à leur offrir ?

Vocabulaire actif

Le corps humain, p. 306
Être en bonne santé, p. 308
Malaises et inconforts, p. 308
Partager son inquiétude, p. 310
Exprimer son soulagement, p. 310
Suggérer, conseiller, p. 320
Accepter, refuser des conseils, p. 321
Achats et commerces, p. 322

Noms
l'appel *m call*
l'arbre *m tree*
l'arrivée *f arrival*
l'assurance *f insurance/assurance*
l'avantage *m advantage*
le centre d'achats *shopping centre* (Can.)
le centre commercial *shopping centre* (Fr.)
le commerce *business*
le congé *m holiday*
le début *beginning*
le détail *detail*
la difficulté *difficulty*
l'endroit *m place*
l'événement *m event*
les frais *m expenses*
les gens *m people*
le goût *taste*
le grand magasin *department store*
la grande surface *large department store*
l'idée *f idea*
l'importance *f importance*
l'inconvénient *m disadvantage*
le jouet *toy*
le magasin *store*
le portefeuille *wallet*
la poste *post-office*
le prix *price*
le problème *problem*
les produits *m produce*
le-la propriétaire *owner*
la réponse *answer/reply*
la retraite *retirement/retreat*
le rêve *dream*
le séjour *stay*
le siècle *century*
le sondage *poll*
le système *system*

Verbes
ajouter *to add*
apprécier *to appreciate*
arriver *to happen*
avouer *to admit*
croire° *to believe*
découvrir *(+ infin.) to discover*
deviner *to guess*
faire des progrès *to make progress*
louer *to rent*
partager *to share*
plaisanter *to joke*
recommander *to recommend*
rendre visite à *to visit (someone)*
se trouver *to be located*
serrer la main à *to shake hands with*
voir° *to see*

Adjectifs
chaque *each*
individuel-le *individual/private*
jeune *young*
quotidien-ne *daily*
rapide *rapid/fast*
solide *solid*

Adverbes
en ce moment *at the moment/at the present time*
environ *approximately*
tout de même *just the same*
vraiment *really*

Prépositions
sauf *except*

Autres
à la campagne *in the country*
au début *at the beginning*
C'est l'essentiel. *That's the main thing.*
Dommage. *(It's) too bad.*
en fait *in fact*
en vacances *on holiday*
Je m'en fiche. *I couldn't care less.*
Tant mieux! *All the better!*
Tant pis. *Too bad./So what./Never mind.*
tous-toutes les deux *both*

° verb presentation in chapter

La Place centrale, Charleville-Mézières (France)

CHAPITRE 10

Gérard se rend à Charleville-Mézières

Mise en contexte

Maria Chang, qui passe une année à Charleville-Mézières, dans le nord-est de la France, a invité Gérard LeBlanc à passer quelques jours dans la région. Ils se rendent ensuite à Bruxelles.

Objectifs communicatifs

Scène 1
Renvoyer à quelqu'un ou à quelque chose qu'on a déjà
   mentionné (suite)
Bien s'exprimer : Utiliser deux pronoms objets à la fois
Exprimer la crainte, l'inquiétude; rassurer, encourager

Scène 2
Parler des situations, conditions et activités passées
Exprimer des notions de temps et d'espace; indiquer
   la manière
Exprimer des notions de temps (suite)
Bien s'exprimer : les verbes conjugués comme **mettre**

Structures et expressions

Scène 1
Les pronoms objets
  • révision
  • l'ordre des mots

Scène 2
L'imparfait et le passé composé
La formation des adverbes
Les prépositions **pendant, pour, depuis, dans, en**
Les verbes conjugués comme **mettre**

Vocabulaire actif

Scène 1
Exprimer l'inquiétude
Encourager, rassurer

Scène 2
Expressions avec **mettre**

Culture

Les écoles élémentaires et secondaires en France et
   au Canada
Les vacances scolaires
La Corse
Les études supérieures en France et au Canada
Les jeunes et la langue
Quelques aspects de la vie dans le nord de la France et
   en Belgique
L'Union européenne

La gare de Charleville

Scène 1 | *Rendez-vous à la gare*

Sur le vif !

Vous vous souvenez que Maria Chang passe un an comme assistante d'anglais à Charleville-Mézières tandis que Gérard LeBlanc prépare un doctorat en dialectologie à l'Université de Poitiers. Ils se sont écrit deux ou trois fois après leur arrivée en France et Maria a décidé d'inviter Gérard à Charleville, pour y passer quelques jours pendant les vacances de Noël. Gérard accepte avec plaisir et s'y rend en train. Maria l'attend à la gare.

Maria : Salut, mon vieux Gérard ! Te voilà, à vingt heures pile,° comme prévu°. (*Ils se donnent la bise.*)

precisely
as planned

Gérard : Bonjour, Maria. Quel plaisir de te revoir ! C'est gentil de venir me chercher à la gare. Comment vas-tu donc ?

Maria : Ah moi, je suis en pleine forme°. Mais tu dois être crevé°[1] après ton voyage. Passer la journée dans un train, c'est fatigant, ça.

in fine form; bushed

Gérard : Eh bien, oui, je dois dire que je suis bien content d'être là. J'ai quitté Poitiers à sept heures ce matin et je me suis arrangé pour avoir une assez longue correspondance° à Paris. J'ai pu me promener pendant quelques heures ... Il faut que je t'en parle, c'est sensass, comme disent les Français.[1]

stopover

332

Maria : Mais oui, parle-m'en ! Tu sais, j'ai passé une semaine en Corse[2] pendant les vacances de la Toussaint[3], mais je n'ai pas encore pu visiter Paris comme il faut. J'espère y passer une semaine entière dans deux mois, pendant les vacances de février. Ah, dis-donc, la Corse est extraordinaire ! On s'est baigné° tous les jours, et … mais, excuse-moi, Gérard, je me mets à bavarder° et j'oublie que tu as sûrement très faim. On pourrait dîner au buffet° de la gare si tu veux, et discuter de nos aventures.

we went swimming; chat
restaurant

Gérard : Oui, j'ai une faim de loup°. Je te suis°! (*Ils trouvent une table libre au buffet.*)

I'm famished; Lead the way (I'll
follow you)

Maria : Alors, Gérard, comment vont tes recherches sur les dialectes de la région de Poitiers ? Ça marche ?

Gérard : Eh bien, pour l'instant je suis° trois cours de dialectologie[4], c'est tout. Quand j'étais à l'Université de Moncton, j'avais cinq cours tous les ans. J'avais donc quinze heures de classes par semaine. Trois cours de deux heures par semaine, c'est un changement agréable ! Mais la thèse … des fois je panique quand je pense à tout le travail qu'il faudra y mettre.

I'm taking

Maria : Ne t'inquiète pas, Gérard. Je suis sûre que tes recherches iront bien. Et tu as la chance d'avoir une bonne bourse° France-Acadie pendant trois ans. Ce n'est quand même pas si mal !

bursary/scholarship

Gérard : Ah, je sais bien que je suis très chanceux°.

lucky

Maria : En parlant de° problèmes, tu ne peux pas imaginer combien j'ai eu peur le jour de la rentrée°. C'était la première fois de ma vie que je me trouvais devant un groupe d'élèves. Je ne t'ai pas dit que je ne suis pas dans un lycée ? On m'a nommée° à un collège.[5] Quant à° la discipline, j'avoue que j'ai eu pas mal de problèmes, surtout au début.

Talking about
the first day of school

I was posted; As for

Gérard : Ne t'en fais pas, Maria, je suis sûr que c'est tout à fait normal. Ils savent que tu es étrangère et ils en profitent°. Ça va mieux maintenant, non ?

take advantage

Maria : Oui, je dois dire que je m'entends assez bien avec la plupart de mes élèves. Puis, en plus, j'avais peur de ne pas parler assez bien le français, mais je comprends presque tout ce qu'on me dit maintenant. Je trouve quand même que les Français de France parlent plus vite que les francophones chez nous.

Gérard : On le dit, mais je ne sais pas si c'est vrai.

Pour en savoir plus

1. Maria et Gérard emploient un ton et un langage plutôt familiers dans cette conversation. Certains mots couramment employés par les jeunes (et les moins jeunes !) Français aujourd'hui sont tout simplement des abréviations de mots plus longs. **Sensass** (sensationnel), **formid** (formidable), **giga**

TIENS, IL EST SUPER, TON IMPER! DIS, TU VAS AU COURS DE SCIENCES PO CET APREM?

(**gigantesque**), **extra** (**extraordinaire**) et **impec** (**impeccable**) veulent tous dire *fantastic, great* (tout comme **super, génial** et encore bien d'autres). Les abréviations en -o sont particulièrement fréquentes : **écolo** (**écologiste**), **édito** (**éditorial**), etc. On entend également : **mon appart** (**mon appartement**), **bon ap** (**bon appétit**), **cet aprèm** (**cet après-midi**), etc. D'autres mots, comme **crevé** (très fatigué) et **rigoler** (s'amuser, rire) sont des mots assez familiers, utilisés quand on parle avec des amis ou des gens avec qui on se sent à l'aise.

2. Longtemps disputée par la France et l'Italie, la Corse, île méditerranéenne montagneuse située à environ 250 kilomètres au sud de la France métropolitaine, est devenue partie intégrante de la France en 1793. Pauvre en ressources industrielles, la Corse reçoit tous les ans un grand nombre de touristes attirés par sa beauté naturelle et son climat tempéré. Depuis une vingtaine d'années, un mouvement nationaliste et indépendantiste lutte° pour obtenir l'autonomie de l'île. On demande aussi la reconnaissance officielle de la langue corse, qui ressemble plus à l'italien qu'au français.

struggles

Le port de Bonifacio (Corse)

3. Les journées d'école sont bien plus longues en France qu'en Amérique. Pour les plus jeunes élèves, les classes commencent souvent à 8 h 30 et finissent à 16 h 30; dans les collèges et les lycées, on peut commencer à 8 h et avoir son dernier cours à 18 h. On comprend le besoin de vacances fréquentes ! Voici un calendrier typique des vacances scolaires en France.

Vacances scolaires en France (élementaires et secondaires)	
Rentrée (retour de vacances)	7 septembre
Vacances d'automne	31 octobre-8 novembre (une semaine) (Toussaint)
Vacances de Noël	19 décembre-4 janvier (deux semaines)
Vacances d'hiver	5-15 février (dix jours) (Mardi-Gras)
Vacances de printemps	28 mars-13 avril (deux semaines) (Pâques)
Vacances d'été	30 juin-6 septembre (neuf semaines)

Les étudiants des facultés françaises ont, eux aussi, plus de vacances que les étudiants des universités nord-américaines, environ cinq semaines en tout pendant une année scolaire qui s'étend° d'octobre à juin.

extends

4. Plus de 25% des jeunes Français font des études supérieures en lettres°,   arts
sciences, sciences humaines, médecine, pharmacie, droit°, etc. Les principaux   law
itinéraires de formation universitaire sont : le DEUG (Diplôme d'études
universitaires générales), après deux ans d'université; la licence, un an après le
DEUG; la maîtrise, un an après la licence; le DESS (Diplôme d'études
supérieures spécialisées) ou le DEA (Diplôme d'études approfondies), un an
après la maîtrise et le doctorat, environ trois ans après la maîtrise.

Enseignement supérieur		
	doctorat (7 ans)	diplômes de docteur en pharmacie, chirurgie dentaire ou médecine (5 à 7 ans)
diplômes variés (2 à 5 ans)	DESS * (5 ans)	
	maîtrise 4 ans) licence (3 ans) DEUG * (2 ans)	DUT * (2 ans)
↑	↑	↑
Formation spécialisée Instituts, Écoles, Grandes écoles	Études universitaires générales: UER *	Études universitaires technologiques: IUT * Études universitaires menant aux professions.de santé: UER* Santé

* Diplôme d'études universitaires générales; Diplôme d'études supérieures spécialisées; Diplôme universitaire de technologie; Institut universitaire de technologie; Unité d'enseignement et de recherche

5. Le petit schéma suivant reproduit les étapes° principales de la scolarité en   stages/steps
France. Elles mènent à une profession ou aux études universitaires :

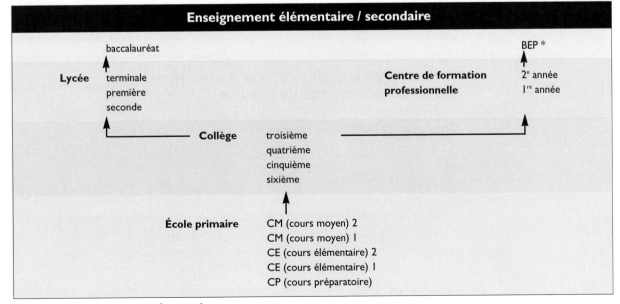

* Brevet d'enseignement professionnel

Après le **baccalauréat** (ou **bac**), un examen national difficile et à options multiples (il y a des bacs littéraires, économiques, scientifiques, etc.), les étudiants peuvent continuer leurs études dans une université ou une grande école.

Vous avez bien compris ?

C'est bien possible, non ?
Est-ce que les hypothèses suivantes vous semblent plausibles / probables ? Pourquoi (pas) ?

1. Maria ira visiter l'Allemagne et la Suisse avant de retourner au Canada. Elle ira peut-être aussi en Italie.
2. Gérard ira sans doute, lui aussi, en Allemagne, en Suisse et en Italie.
3. Les deux amis mangeront un hamburger et des frites au buffet de la gare.
4. Maria commandera du jus de carottes comme boisson.
5. Gérard retournera à Charleville-Mézières pendant les vacances de février.
6. Maria deviendra un jour professeur d'anglais.

Réflexions sur la culture

1. Pensez au langage que vous employez avec vos parents, vos professeurs et vos amis. Vous exprimez-vous de façon différente dans les trois cas ? Pouvez-vous donner quelques exemples concrets ?
2. Quelles sont les différences principales que vous avez remarquées entre votre système scolaire (aux niveaux élémentaire et secondaire) et le système français ? Discutez de quelques points forts et faibles des deux systèmes.

Que pensez-vous des vacances scolaires fréquentes (à l'école et à la fac) en France ? Y voyez-vous des inconvénients ?

Fonctions et observations langagières

I. Renvoyer à quelqu'un ou à quelque chose qu'on a déjà mentionné (suite)

Employer des pronoms : synthèse

Rappel !

You have already learned a good deal about both direct and indirect object pronouns in French, as well as the pronouns y and en.

It will be useful to review briefly in this section several of the points that we have already seen concerning these pronouns, both their forms and their uses.

Les pronoms objets directs

	sing.		*pl.*
1re pers.	me (m')		nous
2e pers.	te (t')		vous
3e pers.	le (l')	*m*	les
	la (l')	*f*	les

Exemple : Tu vois souvent Suzanne, n'est-ce pas ?
Oui, je **la** vois tous les jours à l'école, et elle **m'**aide de temps en temps avec mes devoirs en maths.

Les pronoms objets indirects

	sing.		*pl.*
1re pers.	me		nous
2e pers.	te		vous
3e pers.	lui	*m / f*	leur

Exemple : Bertrand ? Nous **lui** écrivons une fois par mois et il **nous** répond toujours assez vite.

• Review carefully the following structural points:

Utilisation

A *direct* object pronoun represents or replaces a noun that directly follows a verb. It directly answers the question "who" or "what". An *indirect* object pronoun in French replaces the structure: (verb +) à + noun.

(objet direct)	Vous aimez **les livres / les chiens** ? Oui, je **les** aime.
(objet indirect–personne)	Parle-t-il **à Hélène** ? Oui, il **lui** parle.
(objet indirect–chose)	Jouez-vous **au badminton** ? Oui, j'**y** joue.

Pronoms directs ou indirects ?

Some verbs take indirect objects in English, but their French equivalents take direct objects. Remember that the following verbs are followed by a *direct object* in French but not in English.

Je **cherche** Réjean.	*I am looking for Réjean.*
Il **demande** mon adresse.	*He asks for my address.*
Elle **attend** son frère.	*She is waiting for her brother.*
J'**écoute** mes disques.	*I am listening to my records.*
Nous **regardons** le journal.	*We are looking at the newspaper.*

• You will use *direct* object pronouns with these verbs.

Je cherche **Réjean.**	Je **le** cherche.
Il demande **mon adresse.**	Il **la** demande.
J'écoute **mes disques.**	Je **les** écoute.

• Conversely, the equivalents of a few verbs that take *direct* objects in English take *indirect* objects in French. For example:

Je téléphone **à Jeanne.**	Je **lui** téléphone.
Il répond **à Philippe / à la lettre.**	Il **lui** / **y** répond.
Nous obéissons **à nos parents.**	Nous **leur** obéissons.

La place des pronoms

Direct and indirect object pronouns *precede* the verb of which they are the object. Note that in the **passé composé**, the pronoun *precedes* the auxiliary verb **avoir**, while in the immediate future, it *follows* the verb **aller** and thus precedes the infinitive.

Alors, ce kayak ?	Tu **l'**as acheté hier ou tu **l'**achètes aujourd'hui ?
Ni **l'**un ni **l'**autre ! (*neither*)	Je vais **l'**acheter demain.

• These remarks also apply to the pronouns **y** and **en**.

Je vais à Regina demain. Ma sœur **y** est allée hier.
Nous mangeons rarement du homard (*lobster*), mais nous allons **en** manger à Noël.

Y replaces the structure **à** + *noun* referring to an object, or another preposition such as **en, dans, sur** with a place name or other spatial reference. **En** replaces a noun preceded by an indefinite or partitive article, or the preposition **de** followed by a place name or other spatial reference.

• Word order varies if sentences are negative or interrogative.

– Est-ce que Paul a vendu sa moto ?
– Sa moto ? Non, il **ne** l'a **pas** vendue.
– **La** vend-il ?
– Non, je pense qu'il ne va pas **la** vendre.

• Word order also varies if sentences are in the imperative. We saw in the last chapter that in the *affirmative imperative*, the object pronouns *follow* the verb, but *precede* the verb as usual in the *negative imperative*.

Des fruits ? Mangez-**en** !	*but*:	N'**en** mangez pas !
Appelez-**nous** à Aix.	*but*:	Ne **nous** appelez pas à Aix.

Allez-y !

Avant le départ
Heather et Michael ont voulu vérifier que tout était prêt pour leur départ en France.

modèles : Tu as les billets d'avion, Michael ? (oui)
         Oui, je *les* ai.
         As-tu dit au revoir à Russ et Jennifer ? (oui)
         Oui, je *leur* ai dit au revoir hier soir.

1. Tu as les passeports, Heather ? (oui)
2. Est-ce qu'Andy a oublié son chat en peluche (*stuffed cat toy*) ? (non)
3. Vas-tu aller chercher les chèques de voyage, Michael ? (oui)
4. Et est-ce qu'Emily a téléphoné à Madame Edwards pour avoir une copie de son bulletin de notes (*report card*) ? (oui)
5. Heather, as-tu réservé nos places en avion ? (non)
6. Andy a dit au revoir à son copain Mathieu, n'est-ce pas ? (non)
7. Tu es allé à Ekonokopy pour faire des copies de notre bail (*lease agreement*), Michael ? (oui)
8. Tu vas laisser une des clefs de la maison chez les Martin ? (oui)

Chacun à son goût

Vous commencez peut-être à oublier les goûts et les préférences de vos camarades de classe. Circulez en classe pendant quelques minutes pour vous rafraîchir la mémoire (*refresh your memory*). Pour chaque sujet de discussion, demandez l'opinion d'au moins deux personnes.

modèles : Tu aimes les débats politiques, X ?
  Oui, je *les* aime assez (bien, beaucoup).
  Non, je *les* aime assez peu (je les déteste).
  Tu as fait souvent de la natation ce semestre ?
  Oui, j'*en* ai fait de temps en temps.
  Tu joues souvent au tennis ?
  Non, je n'*y* joue presque jamais. etc.

	déteste		aime peu		aime assez		aime bien		aime beaucoup	
	Nom	Nom	Nom	Nom	Nom	Nom	Nom	Nom	Nom	Nom
l'artisanat										
la natation										
les débats politiques										
le jazz										
les séjours à la campagne										
le tennis										
la musique classique										
les sports d'équipe										
???										
???										

Soyez prêts à partager les résultats de votre mini-sondage.

modèle : Les débats politiques ? X et Y les aiment bien, mais Z les déteste.

II. Bien s'exprimer : utiliser deux pronoms objets à la fois

There is a final point to observe about object pronouns.
  Gérard : Il faut que je **t'en** parle (*tell you about it*), c'est sensass.
    (**en** = de Paris)

It is possible that *two* of these pronouns may occur in the same sentence, as we saw in this chapter's conversation. A second pronoun may also occur in a pronominal construction (**s'installer**, etc.).

Maria et Gérard trouvent une table libre dans le coin et ils **s'y** installent (*sit down there*).

• It is important to remember the *order* in which these pronouns occur. As a rule of thumb, indirect objects *precede* direct objects unless both pronouns are of the third person. Both direct and indirect object pronouns precede **y** and **en**.

L'ordre des pronoms objets					
me					
te		le		lui	
se *before*		la *before*		leur *before* y *before* en	
nous		les			
vous					

Les disques ? Mireille **me les** a déjà donnés.
Le paquet de Bernard ? Jacques va **le lui** envoyer demain.

• The order is slightly different in the *affirmative imperative*, where the object pronouns follow the verb. **Le, la** and **les** precede all other pronouns; **me** and **te** become **moi** and **toi** unless they are followed by **y** or **en**.

Maria : Mais oui, parle-**m'en** ! (**en** = de Paris)

Note that the verb and both pronouns are linked by hyphens unless there is an apostrophe, as we saw in the preceding example from the conversation.

L'ordre des pronoms objets à l'impératif affirmatif				
	moi (m')			
le	toi (t')			
la *before*	lui	*before* y	*before* en	
les	nous			
	vous			
	leur			

• In the *negative imperative*, normal word order is used. Compare:

L'argent ? Donne-**le-moi.** / Ne **me le** donne pas.
Du jambon ? Donnez-**m'en.** / Ne **m'en** donnez pas.
Du gâteau ? Offrez-**leur-en.** / Ne **leur en** offrez pas.

Allez-y !

Et tes parents ?

On parle de temps en temps des parents quand on a quelques minutes à passer avec des camarades. Répondez aux questions suivantes ou posez-les à quelqu'un d'autre. Remplacez les noms par des pronoms aussi souvent que possible.

modèle : Est-ce que tu as écrit une ou deux lettres à tes parents, ce semestre ?
    **Oui, je *leur en* ai écrit une la semaine dernière, mais je ne *leur*
    écris pas très souvent.**

1. Est-ce que tes parents t'envoient assez souvent de l'argent en ce moment ? Pourquoi (pas) ?
2. Est-ce qu'ils s'intéressent beaucoup à ton choix de carrière ?
3. Et tes notes cette année, est-ce que tes parents te posent de temps en temps des questions délicates ?
4. Est-ce qu'ils t'ont déjà conseillé d'envoyer une demande d'emploi (*job application*) à ton employeur de l'été dernier ?
5. Est-ce que tes parents viendront te chercher à l'aéroport (à la gare) la prochaine fois que tu rentreras ?
6. Est-ce que tu leur montreras tes photos les plus récentes à ce moment-là ?

La pub !

Les petits messages publicitaires brefs et directs sont souvent les meilleurs. Inventez-en deux ou trois avec votre voisin-e. (N'oubliez pas d'ajouter des illustrations appropriées.) Par exemple :

Tes copains ont souvent soif, mais ils en ont marre de la bière. Ils n'ont jamais essayé l'eau minérale Therma-fraîche ! Ils doivent absolument l'essayer. Tu dois leur en acheter aujourd'hui-même ! Therma-fraîche ne coûte pas cher, alors, offre-leur-en chaque semaine ! ...

III. Exprimer la crainte, l'inquiétude; rassurer, encourager

It is not surprising that Maria and Gérard experienced some problems and expressed some concerns as they adapted to the new routines of the French school and university systems, or that they would want to try to encourage and reassure one another as they discussed their difficulties. For example:

Gérard : Mais la thèse ... des fois **je panique** quand je pense à tout le travail qu'il faudra y mettre.

Maria : **Ne t'inquiète pas**, Gérard. Je suis sûre que tes recherches iront bien. Et tu as la chance d'avoir une bonne bourse ... **Ce n'est** quand même **pas si mal** !

Maria :   ... tu ne peux pas imaginer combien **j'ai eu peur** le jour
de la rentrée.

Gérard : **Ne t'en fais pas**, Maria, je suis sûr que **c'est tout à fait normal.**

• Here are other terms that you will find helpful in such discussions:

Vocabulaire actif : *Exprimer l'inquiétude*

J'ai (très) peur (de + *inf./ noun*) ...	*I'm (very) afraid of ...*
(ex : avoir peur de tomber / des serpents)	*(to be afraid of falling / of snakes)*
Je suis (assez) nerveux / nerveuse.	*I'm (rather) nervous.*
Je suis inquiet / inquiète.	*I'm uneasy / worried.*
Je panique.	*I'm terrified.*
J'ai la trouille (*fam.*) / une peur bleue.	*I'm scared stiff / out of my wits.*

Vocabulaire actif : *Encourager, rassurer*

N'ayez pas peur ! / N'aie pas peur !	*Don't be afraid!*
Ne soyez pas nerveux ! / Ne sois pas nerveux !	*Don't be nervous!*
(inquiet, timide, etc.)	*(worried, shy, etc.)*
Courage ! (Allez, un peu de courage !)	*Chin up!*
Ne vous inquiétez pas ! / Ne t'inquiète pas !	*Don't worry!*
Ne vous en faites pas ! / Ne t'en fais pas !	*Don't worry about that!*
Ça ne fait rien ! / Ce n'est rien !	*It doesn't matter / it's nothing!*
Ce n'est quand même pas si mal !	*It's not so bad as all that!*
Ce n'est pas grave !	*It's not serious!*
Il n'y a pas de problème !	*(There's) no problem!*
Bravo, c'est beaucoup mieux !	*Bravo, that's much better!*

Allez-y !

Oh là là !
Qu'est-ce que vous allez dire si ...

1. On annonce qu'une tornade violente vient directement vers votre ville.
2. Votre père remarque que vos notes sont assez mauvaises ce semestre.
3. Votre copain-copine est tombé-e de son vélo et semble légèrement blessé-e (*slightly injured*).
4. Votre petite sœur va à l'école secondaire pour la première fois. C'est la rentrée aujourd'hui.
5. La personne à côté de vous a un C+ à l'examen de français. (Ou un A- ... ou alors un F ! ...)
6. On annonce à la radio qu'une guerre nucléaire est imminente !

Situations diverses
Imaginez, avec un-e partenaire, la conversation qui va peut-être avoir lieu dans une des situations suivantes:

1. Vous êtes dans un avion, à côté d'une personne qui prend l'avion pour la première fois. C'est le moment du décollage (*take-off*).
2. Un de vos parents semble être gravement malade. Vous partagez la nouvelle avec votre ami-e intime.
3. Votre oncle vous dit qu'il vient de perdre son emploi. Il a deux enfants qui font des études universitaires.

Préparez vos réponses !
1. Est-ce que vous êtes souvent inquiet-inquiète ou nerveux-nerveuse ? Dans quelles sortes de situations ?
2. Que faites-vous pour combattre ces émotions ?
3. De quoi est-ce que vous avez surtout peur ? Pourquoi ?
4. Décrivez un événement passé où vous avez eu très peur. Qu'est-ce que vous avez fait ?
5. Avez-vous souvent besoin de rassurer ou d'encourager quelqu'un ? Est-ce que c'est presque toujours la même personne ? Et pour les mêmes raisons ?
6. Qu'est-ce que vous allez dire à votre ami-e qui a échoué (*failed*) à son examen ? Qui a très bien réussi à son examen ?

Explorer la vallée de la Meuse à bicyclette

Visite en Belgique

Sur le vif !

Gérard et Maria organisent leur visite. Gérard a fait la connaissance d'un Belge et lui et Maria décident donc d'ajouter un voyage à Bruxelles à leurs projets de vacances.

Gérard : Moi, ce sont les accents qui m'intéressent. Je n'ai jamais été en Belgique[1], mais j'ai rencontré à Poitiers un Belge qui vient de Bruxelles et j'aimerais voir si dans d'autres régions on a un accent différent.

Maria : Eh bien justement, c'est l'occasion d'aller voir ! Tu sais que nous sommes à quelques kilomètres seulement de la frontière belge. Ça te tenterait° d'aller faire un petit tour en Belgique pendant que° tu es ici ? J'ai déjà visité Bruxelles[2] une fois, mais j'y ai passé un après-midi seulement. Il pleuvait, et je n'ai pas beaucoup vu. Je suis aussi allée à Bruges. Qu'est-ce que tu en dis ?

Gérard : Bien sûr, allons-y ! Et je me suis promis aussi de me promener dans la vallée de la Meuse.[3] Mon ami me disait que la région de la Meuse est à voir absolument.

Maria : C'est vrai; je fais souvent du vélo le week-end sur les petites routes de la vallée. Elles sont splendides ! Et nous sommes maintenant à dix minutes de la rivière; elle passe par la ville même ! Nous ferons un petit tour tout à l'heure, si tu veux.

would tempt

while

345

I'm all for it!
forewarned

Gérard : Je suis partant°! Et quand nous serons à Bruxelles, nous pourrons appeler ce Belge. Il s'appelle Jean-Luc. Je l'ai prévenu° qu'on pourrait passer le voir.

Maria : J'aimerais ça, visiter la capitale avec quelqu'un qui en vient.

(*À Bruxelles.*)

seat

Jean-Luc : Et maintenant, au cœur de la ville qui se trouve au cœur de l'Europe, voilà le siège° de l'Union européenne⁴, le palais Berlaymont !

building; flags
goal

Maria : L'immeuble° n'est pas très impressionnant, mais tous ces drapeaux°, quel beau spectacle ! Mais est-ce qu'il n'y a pas un paradoxe là ? Si l'objectif° est une Europe unie, pourquoi a-t-on choisi comme siège la capitale d'un pays qui a trois langues officielles et trois régions presque autonomes ?

have been successful

Jean-Luc : Oui, c'est amusant. Mais il n'y a pas vraiment de paradoxe, bien sûr. Les Belges ont des différences, mais depuis longtemps ils réussissent° à s'entendre assez bien, après tout. Et Bruxelles est bien situé du point de vue géographique pour être accessible aux capitales des pays membres.

Maria : D'accord. Et la Grand-Place montre une autre façon bien belge de réconcilier des traditions très diverses: regardez seulement ces façades ! Certaines sont gothiques, d'autres de style renaissance ou même baroque⁵.

Gérard : Et l'effet est harmonieux.

right away
openings

Jean-Luc : Pour ceux qui, comme moi, sont partisans d'une Europe unie, le symbole est clair. Ajoutons à cela la valeur économique immédiate que toute l'activité politique et bureaucratique procure à ma ville : avoir le siège de l'Union européenne ici crée d'emblée° des centaines d'emplois. Voilà de nouveaux débouchés° pour moi et mes amis.

Pour en savoir plus

1. La Belgique (population : 10 000 000 d'habitants) est un pays officiellement trilingue : on y parle le français, le flamand et l'allemand. Environ 40% de la

while

population (les Wallons) sont d'expression française, tandis que° près de 60%

Le Graslei à Gand — anciennes maisons de corporations

(les Flamands) parlent flamand. Les dernières années ont été marquées par de nombreux conflits linguistiques. En 1977, la Belgique a été officiellement divisée en trois régions : la Flandre, la Wallonie et Bruxelles.

2. Capitale du pays, Bruxelles est à la limite de la Wallonie et de la Flandre; c'est également le siège de deux organismes internationaux : l'Organisation du traité de l'Atlantique nord (OTAN = *NATO*) et l'Union européenne (*European Union*). Deux organes exécutifs de l'UE y sont également basés : la Commission européenne (*European Commission*) et le Conseil des ministres de l'UE (*Council of Ministers of the EU*).

3. Entourée de falaises° impressionnantes, la vallée de la Meuse est   cliffs
particulièrement pittoresque entre Charleville-Mézières et la frontière belge. La route entre Charleville et la frontière a été baptisée «le sentier Rimbaud-Verlaine» pour rappeler l'amitié de ces deux grands poètes français de la fin du XIXe siècle. Arthur Rimbaud est né à Charleville en 1854.

4. L'Union européenne, que l'on a d'abord appelée Communauté économique européenne (CEE), a été créée en 1965 par des ententes° entre six nations.   agreements
Elle s'est considérablement élargie et compte maintenant plus d'une douzaine de nations, avec un nombre presque aussi élevé de langues officielles. D'autres nations envisagent de se joindre à l'Union et préparent des référendums sur ce sujet. Le Parlement européen se réunit à Bruxelles et à Strasbourg (France) une fois par mois alternativement.

5. Gothique, renaissance, baroque : des styles architecturaux de diverses époques évoquent le grand passé de Bruxelles. Le style gothique se caractérise par des voûtes en ogive°, ou de forme conique, qui remplacent les courbes du   ribbed vaults
style roman. Au cours de la Renaissance, le style subit l'influence d'artisans italiens et retrouve une certaine sobriété. Au XVIIe siècle, toujours sous l'influence de l'Italie, le style baroque affiche° beaucoup d'exubérance,   displays
surtout dans les sculptures.

Hôtel de ville du XVe siècle à Bruxelles, sur la Grand-Place

Vous avez bien compris ?

C'est bien possible, non ?
Est-ce que les hypothèses suivantes vous semblent plausibles / probables ? Pourquoi (pas) ?

1. Maria fera du vélo dans la vallée de la Meuse avec Gérard, pendant sa visite.
2. Ils passeront probablement trois ou quatre jours à Bruxelles.
3. Jean-Luc va travailler au siège de l'Union européenne, à Bruxelles.
4. L'Union européenne aura bientôt plus de 16 membres.
5. Un des nouveaux membres sera le Canada.
6. Gérard découvrira que tous les Belges parlent comme Jean-Luc.

Réflexions sur la culture

1. Relisez les notes culturelles sur la Corse (*Scène 1*) et la Belgique. Sur le plan politique et linguistique, voyez-vous des situations parallèles dans d'autres pays de l'Europe ? Et en Amérique du Nord ?
2. Imaginez que les nations de l'Amérique du Nord et du Sud planifient une organisation similaire à l'Union européenne. Où serait le siège de l'organisation ? Développez votre idée.

Fonctions et observations langagières

I. Parler des situations, conditions et activités passées

L'imparfait et le passé composé

We have seen in earlier chapters that both the **passé composé** and the **imparfait** may be used in French to discuss what has happened in the past. For example in the last chapter, we saw:

> *Madame Sawchuck* : ... mon mari **était** anglophone, et nous **avons décidé** de parler anglais à la maison avec les enfants.

It is now time to contrast the uses of these two important verb tenses.

• Typically, the **imparfait** is used to talk about a condition, state, situation, or activity that existed or was taking place over a somewhat indefinite period of past time. *There was no specific time reference*, when Gérard commented: **Mon ami me disait que que la région de la Meuse est à voir absolument.** This can be an important clue if you are trying to decide whether to choose the **passé composé** or the **imparfait** when discussing the past. You will have noticed that when Maria talked about her trip to Brussels, she mentioned specifically that she spent an afternoon there. The time reference is explicit and the **passé composé** was used:

> *Maria:* ... j'y ai passé **un après-midi seulement.**

Compare:

Ils **étaient** très fatigués.	*They were very tired.*
Ils **ont été** très fatigués toute la semaine.	*They were very tired all week.*

• Another clue may be the use of *was/were* + *-ing* in the English translation of the **imparfait**. Compare again:

Heather me **disait** que ...	*Heather **was telling** me...*
Heather m'**a dit** hier que ...	*Heather **told** me yesterday...*

• An activity that began and was continuing over an unspecified period in the past may be *interrupted* by an event that may mean the first activity will not be completed.

Je **regardais** la télévision, hier soir, quand j'**ai entendu** un bruit.
*I **was watching** T.V. last night when I **heard** a noise.*

Note here the use of the **passé composé** to indicate an action that took place at a *specific moment in past time*. For example, if the noise you heard was made by a burglar, it is unlikely that the first activity (watching a T.V. programme) was ever completed!

• Finally, the **imparfait** may also be used to express the notion of a repeated or habitual past action or routine, and in this context is often translated as *used to* + *verb* or *would* + *verb*. The **imparfait** is frequently accompanied here by an adverb that expresses the notion of frequent repetition such as **souvent, toujours, tous les jours, tous les ans, d'habitude** (*usually*), etc.

Madame Sawchuk : Je **parlais** (*used to speak*) donc anglais, sauf avec mes parents ...

• To summarize briefly:

imparfait	passé composé
1. The **imparfait** may be used to describe a situation, feeling, state or condition that existed over an indefinite period in the past. It is often called a *descriptive* tense.	**1.** The **passé composé** is normally used when telling about an event or series of events that took place at a particular point or over a clearly defined period in past time.

(continued next page)

2. The **imparfait** may indicate an action that was in the process of taking place and perhaps was never completed.

2. The **passé composé** indicates that an action or event has been entirely completed in past time.

3. The **imparfait** expresses the notion of a repeated or habitual past action or routine.

3. The **passé composé** normally describes past actions or activities that happened once only, on a specific occasion.

4. If you are telling a story, use the **imparfait** to present background information (what was going on, "set the stage").

4. In a story use the **passé composé** to tell what actually happened ("advance the narrative").

Allez-y !

Parce que c'est comme ça !
Les amis ont toujours beaucoup de questions à vous poser ! Donnez les réponses indiquées entre parenthèses (*in brackets*).

modèle : Pourquoi es-tu rentré à 9 h 30 hier soir ? (être très fatigué-e)
Pourquoi ? Parce que j'étais très fatigué-e !

1. Pourquoi as-tu fait une promenade hier soir ? (faire très beau)
2. Pourquoi est-ce que toi et tes amis, vous êtes restés chez vous vendredi soir ? (ne pas vouloir aller au théâtre)
3. Pourquoi as-tu décidé de passer par le bureau de tabac ? (avoir besoin d'acheter des timbres)
4. Pourquoi est-ce que ta sœur n'est pas allée au match de basket ? (être malade)
5. Pourquoi as-tu vendu ta chaîne-stéréo ? (ne pas marcher très bien)
6. Pourquoi est-ce que Maria et Denise ont passé l'après-midi à la bibliothèque ? (avoir beaucoup de devoirs)
7. Pourquoi est-ce que tu as séché (*skipped*) ton cours de maths ? (ne pas pouvoir trouver mon manuel)

Stop !
Utilisez les éléments de texte suivants (et d'autres encore) pour imaginer quelques interruptions dans la vie des personnes indiquées.

modèle : Je travaillais dans le jardin quand Marie a téléphoné.

A	faisait B	quand X	a fait Y
ma mère	écouter la radio	quelques amis	arriver chez nous
je	faire du vélo	nous	rencontrer un-e camarade
mon / ma prof de français	dîner au restaurant	mon grand-père	téléphoner
	nager dans le lac	tu	avoir un accident
mon cousin	être au centre d'achats	il / elle	décider d'acheter du vin
mes copains	jouer au golf	Mathieu	commencer à pleuvoir
mon frère et moi	aller au cinéma	le petit ami de ma sœur	retourner à la maison
Hélène	travailler dans le jardin	je	
mes vieilles tantes	regarder un clip (*video*) à la télé	la police	
?	boire de la bière	ils / elles	perdre (*lose*) ma carte de crédit
	parler avec un voisin (*neighbour*)		mourir
	jouer du piano		acheter un disque

Cet été-là ...

Pensez au meilleur été de votre vie. Votre partenaire va vous poser quelques questions et ensuite elle / il va essayer de raconter à la classe les détails essentiels de votre été merveilleux. N'oubliez pas de changer de rôles avant de terminer l'activité.

Quelques questions pour vous lancer (*to get you going*) :

- Quel âge aviez-vous cet été-là ?
- Où étiez-vous ?
- Que faisiez-vous ?
- Aviez-vous envie de faire autre chose ?
- Racontez un événement (*event*) spécial, une aventure, un incident, etc.

Un peu d'imagination !

Comment imaginez-vous l'enfance de Maria ? De Jocelyne ? De Gabrielle ? De Gérard ? Avec un-e partenaire, choisissez un personnage de *Bonne Route* (ou votre personnage-mystère) et échangez vos idées. Comme d'habitude, on va peut-être vous demander de les partager avec la classe.

II. Exprimer des notions de temps et d'espace; indiquer la manière

La formation des adverbes

We frequently wish to indicate *when*, *where*, or *how* something's done, and one of the most common ways to do so is to add an adverb to a sentence.

> *Maria* : Tu sais que nous sommes à quelques kilomètres **seulement** de la frontière belge.

Just as we normally add *-ly* to an adjective to form an adverb in English (*clear* → *clearly*), most French adverbs are formed by adding **-ment** to the corresponding adjective. Observe the following:

• If the adjective ends in a consonant, add **-ment** to the *feminine* form of that adjective.

complet / complète	**complètement**
impulsif / impulsive	**impulsivement**

• If the adjective ends in a vowel, add **-ment** to the *masculine* form of the adjective.

calme / calme	**calmement**
poli / polie	**poliment**

• If the masculine form of the adjective ends in **-ant** or **-ent**, the corresponding adverb ends in **-amment** or **-emment**. Note that both forms are pronounced in the same manner.

constant	**constamment**
évident	**évidemment**

Rappel ! *Adverbes*

You have also actively used the following short adverbs:

assez, aujourd'hui, aussi, beaucoup, bien, déjà, demain, (pas) encore, enfin, hier, là, là-bas, maintenant, mal, mieux, partout, peu, peut-être, presque, quelquefois, souvent, surtout, très, trop, vite

La place des adverbes dans la phrase

Adverbs may occur at various points in a sentence.

> **Maintenant,** je vais au cinéma.
> Je vais **maintenant** au cinéma.
> Je vais au cinéma **maintenant.**

• Typically, adverbs immediately follow verbs.

> Nous habitons **ici** en juillet et août ...
> Elle a téléphoné **immédiatement** quand elle a vu l'annonce.

• Most of the short adverbs listed above precede the past participle when the verb is in the **passé composé**.

> Je vous ai **peut-être** dit que ...
> Il a **déjà** fini son résumé.

Exceptions include: **hier, demain, ici, là** and **là-bas.** Most adverbs in -**ment** also usually *follow* the past participle:

> Elle a téléphoné **immédiatement** ...

• In the immediate future, or when an adverb modifies an infinitive, the adverb may precede *or* follow the infinitive, although the first structure is somewhat more frequent, especially with the short adverbs.

> Elle va **bientôt** partir en Suisse. / Elle va partir **bientôt** en Suisse.
> J'essaie de **bien** travailler. / J'essaie de travailler **bien.**

Allez-y !

Où, quand et comment ...
Répondez aux questions suivantes selon le modèle. Il va y avoir un adverbe dans chaque réponse.

modèle : Il est constant, le travail de Jean ?
> **Oui, il travaille constamment.**

1. Il est sérieux, le travail de Brigitte ?
2. Elle est très récente, l'arrivée de Paul ?
3. Elles sont toujours impulsives, les réponses des étudiants ?
4. Il a été prudent, le jeu de l'équipe ?
5. Elle a été courageuse, la résistance de la victime ?
6. Elle a été brillante, la réussite de Gérard et Marc ?
7. Il est régulier, le travail de Suzanne ?
8. Elle a été impatiente, la réponse d'Evelyne ?

Mini-interview

Posez quelques questions à votre voisin-e pour découvrir si il / elle fait (a fait / va faire) souvent, récemment, bientôt, bien, mal, intelligemment, prudemment, régulièrement, impulsivement, etc. chacune (*each*) des activités suivantes.

modèle : Est-ce que tu as joué récemment au tennis ?

1. jouer au badminton
2. assister à (*attend*) un concert
3. répondre aux questions d'un sondage (*poll*) téléphonique
4. regarder une émission fascinante à la télé
5. faire un long voyage
6. préparer un examen
7. inviter un-e ami-e à passer une soirée ensemble
8. acheter un cadeau très cher
9. arriver en classe en retard
10. comprendre les questions du prof

III. **Exprimer des notions de temps (suite)**

Les prépositions **depuis, pendant, pour, dans, en**

In the dialogue, Maria and Gérard discussed time periods:

Gérard : J'ai pu me promener **pendant** quelques heures ...
Maria : J'espère y passer une semaine [à Paris] entière, **dans** deux mois, pendant les vacances de février.

> **Rappel !**
>
> You will remember from Chapter 1 that the preposition **depuis** is used with a verb in the present tense to indicate an action that began in the past and is still going on in the present.
>
> Ils **habitent** à Calgary **depuis** une dizaine d'années.
> *They have been living in Calgary **for about ten years**.*
> Ils **habitent** à Calgary **depuis** 1984.
> *They have been living in Calgary **since** 1984.*
> ... **depuis** longtemps ils **réussissent** à s'entendre assez bien, après tout.
> *... for a long time, they have been getting along successfully, after all.*

• The preposition **pendant** is used to indicate the total duration of an activity. The verb may be either past, present, or future.

J'ai étudié **pendant** (*for*) trois heures hier soir.
Je travaille **pendant** cinq heures le samedi.
Je voyagerai **pendant** deux mois l'été prochain.

Note that the preposition **pendant** may be omitted in this construction.

J'ai travaillé trois heures hier soir.

• Use the preposition **pour** to express the future time limits of an activity that has yet to take place. The verb of the sentence is normally **aller, partir** or **venir**.

Elle **va** à Regina **pour** quatre jours.
Ils **partent** en Suisse **pour** trois mois.

• Whereas the preposition **dans** followed by an expression of time indicates at what point in the future an action will take place, the preposition **en** simply indicates the time required to perform an action. Compare:

Il va faire ce travail **dans** trois jours.   *The work will be started three days from now.*
Il a fait ce travail **en** deux heures.   *Two hours in all were necessary to do the work.*

Allez-y !

Depuis, pendant, pour, dans ou en ?
1. Maria a attendu Gérard ＿＿＿ une demi-heure.
2. Gérard retournera à Poitiers ＿＿＿ deux jours.
3. Les Sawchuk / O'Brien sont à Roquevaire ＿＿＿ septembre.
4. Les Charbonneau partent à la Martinique ＿＿＿ un an.
5. Jocelyne s'est installé dans son appartement au Sénégal ＿＿＿ trois jours.
6. Robert habite à Québec ＿＿＿ 1991.

Le professeur sur la sellette (*on the hot seat*)
Pensez à une ou deux questions que vous avez envie de poser à votre professeur. Utilisez une des prépositions de la question précédente.

modèle : **Depuis** combien de temps enseignez-vous le français ?
         Partirez-vous au Québec **pour** quelques semaines, cet été ?

IV. Bien s'exprimer : les verbes conjugués comme **mettre**

> **Rappel !**
>
> In Chapter 5 you learned the conjugation of the high frequency verb **mettre** (*to put, put on*).

Gérard confides:

Gérard : Et je **me suis promis** aussi de me promener dans la vallée de la Meuse.

• Along with **promettre** (*to promise*), several useful verbs are conjugated like **mettre: admettre** (*to admit*), **permettre** (*to permit*),) and **remettre** (*to hand in; to put off, postpone*).

• Note the structures accompanying the verbs **promettre** et **permettre:**

(verbe) + à quelqu'un + **de** + inf.
Jean **a promis** à Evelyne **de** l'aider.
Je ne te **permets** pas **d'**aller au cinéma ce soir.

ZUT, IL SE MET À PLEUVOIR !

> **Vocabulaire actif :** *Expressions avec mettre*
>
> | | |
> |---|---|
> | se mettre à (+ inf.) | *to begin* |
> | mettre la table | *set the table* |
> | se mettre à table | *sit down at the table* |
> | se mettre en colère | *to get angry* |

Allez-y !

Pratique pratique

Remplacez les blancs par la forme convenable des verbes indiqués entre parenthèses:

1. Il ____ son manteau d'hiver hier; il faisait froid. (mettre)
2. Evelyne ____ la table tous les soirs. (mettre)
3. Tu as tort de ____ en colère comme ça ! (se mettre)
4. D'habitude, à quelle heure est-ce qu'ils ____ à étudier ? (se mettre)
5. Nous vous ____ d'arriver à l'heure. (promettre)
6. Tu ____ que ce n'est pas une bonne idée, n'est-ce pas ?(admettre)
7. Yves ____ à son fils d'aller au cinéma vendredi dernier. (permettre)
8. ____ vos devoirs après-demain, s'il vous plaît. (remettre)

Et encore des questions personnelles !

Répondez aux questions suivantes ou posez-les à votre voisin-e :

1. Mettez-vous assez souvent de l'argent dans votre compte en banque ? En retirez-vous encore plus souvent ?
2. Est-ce que vous vous mettez à étudier au début de chaque semestre, ou avez-vous tendance à attendre les examens ?
3. Aimez-vous mettre un T-shirt et un jean pour venir en classe ?
4. Quand vous étiez jeune, est-ce que vous deviez toujours mettre la table ?
5. À quelle heure est-ce que votre famille se mettait à table le soir ? Et maintenant ?
6. Est-ce que vous admettez facilement que vous avez tort ?

7. Il n'est pas difficile de prendre de bonnes résolutions. Qu'est-ce que vous avez promis de changer au début de l'année ?
8. Et ces bonnes résolutions, est-ce que vous les avez vite remises à l'année prochaine ?
9. Est-ce que vous vous mettez souvent en colère ?
10. Est-ce que votre prof sympa vous permet de faire la sieste en classe ?

Plus loin   *Le Dormeur du val (Rimbaud)*

Pré-lecture

Vous savez déjà qu'Arthur Rimbaud, un des grands poètes français de la deuxième moitié du XIXe, est né à Charleville. Il y a passé sa jeunesse et a écrit le sonnet que vous allez lire, à l'âge de dix-huit ans.

Aimez-vous la littérature ? Pourquoi ? Et la poésie (*poetry*), qu'en pensez-vous ? Aimez-vous lire des romans ou des poèmes, ou préférez-vous voir des pièces de théâtre (*plays*) ? Qui est votre auteur-e préféré-e ?

La vallée de la Meuse

Le Dormeur du val°

	vale

C'est un trou° de verdure° où chante une rivière
Accrochant° follement aux herbes° des haillons°
D'argent°, où le soleil de la montagne fière,
Luit°. C'est un petit val qui mousse° de rayons°.

hole; greenery	
fastening; grass; rags	
silver	
shines; froths; rays	

Un soldat jeune, bouche ouverte, tête nue°,
Et la nuque° baignant dans le frais cresson° bleu,
Dort. Il est étendu° dans l'herbe sous la nue°,
Pâle dans son lit vert où la lumière pleut.

bare	
nape of the neck; watercress	
stretched out; clouds	

Les pieds dans les glaïeuls°, il dort. Souriant comme
Sourirait° un enfant malade; il fait un somme°.
Nature, berce°-le chaudement, il a froid.

gladioli	
would smile; nap	
rock	

Les parfums ne font pas frissonner° sa narine°.
Il dort dans le soleil, la main sur sa poitrine°
Tranquille. Il a deux trous rouges au côté° droit.

quiver; nostril	
chest	
side	

Allez-y !

Réactions (*en groupe*)
Vocabulaire : la guerre (*war*); la mort (*death*); le sommeil (*sleep*)

1. Discutez du titre du poème. Est-il ambivalent ?
2. Quelles sensations avez-vous éprouvées (*felt*) en lisant le poème ?
3. Peut-on parler de couleurs symboliques dans ce poème ?
4. Commentez les contrastes entre les premières phrases et la toute dernière ? Vous a-t-elle surpris-e, et même choqué-e ?
5. Quel est, à votre avis, le message-clé (*key*) du poème ?

Rédaction
Écrivez une courte histoire qui réserve pour la fin une surprise ou un choc. Dans votre «mise en scène», décrivez de façon assez détaillée le décor et les gens qui animent votre histoire.

Activités d'intégration

À votre avis ... (*discussion, par petits groupes*)
(a) Avez-vous l'impression que Maria et Gérard sont en train de passer une bonne année en France ? Pourquoi (pas) ? Est-ce que ça va probablement continuer de la même manière ? Voyez-vous des complications possibles ? Et la famille Sawchuk / O'Brien ?
(b) Et vous, avez-vous envie de passer un an en France, un jour ? Dans un autre pays ? Comment envisagez-vous ce séjour ? Quels seront à votre avis les problèmes et les sources de satisfaction possibles / probables ?
(c) Quels seront les projets de voyage, cette année, de votre / vos personnage(s)-mystère ?

Sujet de discussion ou de rédaction
Vous êtes membre d'une commission qui doit proposer des changements au système scolaire de votre région. Quels changements allez-vous proposer au niveau (*level*) secondaire ? Et au niveau universitaire ?

Tout est bien qui finit bien.
Décrivez les sentiments que vous aviez à un moment difficile de votre vie. Maintenant que vous y pensez, avez-vous réagi de la meilleure manière possible ?

Vocabulaire actif

Exprimer l'inquiétude, p. 343
Encourager, rassurer, p. 343
Expressions avec mettre, p. 356

Noms
l'auteur-e *mf author*
la bourse *bursary/scholarship*
le calendrier *calendar*
le compte bancaire *bank account*
l'école primaire/secondaire *f primary/
   secondary school*
l'emploi *m job*
l'étape *f stage/step*
la fin *end*
le groupe *group*
la guerre *war*
la littérature *literature*
la mort *death*
Noël *Christmas*
l'occasion *f occasion/opportunity/chance*
Pâques *Easter*
la pièce de théâtre *play*
le poème *poem*
la poésie *poetry*
le poète *poet*
la recherche *research*
la rentrée (scolaire) *return (to school)*
le roman (policier) *(detective) novel*
le soldat *soldier*
le sommeil *sleep*
le style *style*
la surprise *surprise*
le timbre *stamp*

Verbes
admettre° *to admit*
disputer *to dispute*
diviser *to divide*
échouer *to fail*
employer *to use*
perdre *to lose*
permettre° *to permit*
prendre° *to permit*
profiter (de) *to take advantage (of)*
promettre° *to promise*
prouver *to feel*
remettre° *to hand in*
se baigner *to go swimming*
se promener *to take a walk/to travel*
se réunir *to meet*

Adjectifs
blessé-e *injured*
impressionnant-e *impressive*

Adverbes
calmement *calmly*
constamment *constantly*
couramment *commonly/fluently*
immédiatement *immediately*
impulsivement *impulsively*
justement *as a matter of fact/exactly*
particulièrement *particularly*
plutôt *rather*
poliment *politely*

Autres
comme prévu *as planned*

° verb presentation in chapter

La mer à Fort-de-France (Martinique)

CHAPITRE 11

Les Charbonneau à la Martinique

Mise en contexte

Les Charbonneau passent une soirée chez un collègue martiniquais, à Fort-de-France.

Objectifs communicatifs

Scène 1
Exprimer des quantités
Raconter une histoire : relier une série d'événements
    dans le passé

Scène 2
Parler du temps qu'il fait et des vêtements
Bien s'exprimer : les verbes **savoir** et **connaître**
Bien s'exprimer : le conditionnel
Exprimer des oppositions ou des contrastes

Structures et expressions

Scène 1
Quelques expressions de quantité
Le pronom **en** : synthèse
Le plus-que-parfait

Scène 2
Les verbes **savoir** et **connaître**
Le conditionnel
Les pronoms démonstratifs

Vocabulaire actif

Scène 1
Expressions de quantité; poids et mesures
Lier les événements du passé
Mots

Scène 2
Le temps qu'il fait
Les vêtements : par temps chaud / par temps froid

Culture

La Martinique : sa cuisine, sa langue créole
La Martinique : son climat, ses coutumes

Faire le marché à Fort-de-France

Les spécialités de la région

Sur le vif !

C'est le mois de janvier. Réjean Charbonneau et sa femme Cécile sont à la Martinique[1] depuis le mois de septembre. Vous vous rappelez peut-être que M. Charbonneau fait un échange cette année avec un professeur martiniquais.

Cette conversation a lieu chez une famille martiniquaise, les Londé. Max Londé est un collègue de M. Charbonneau à l'Université des Antilles-Guyane à Fort-de-France. Les deux familles se connaissent depuis 20 ans, date du dernier séjour à la Martinique des Charbonneau.

M. Londé : Ma foi, vous aviez bien dit avant de partir, il y a vingt ans, que vous reviendriez un jour passer une autre année à Fort-de-France. Et vous revoilà° !

Here you are again!

Mme Londé : Mais oui, ça nous fait bien plaisir de vous retrouver autour de notre table. Voyons, Réjean, Cécile, un autre petit bout° de gâteau ? Une autre tasse de café peut-être ?

bit

M. Charbonneau : Non, je vous remercie. C'était délicieux, mais j'ai très bien mangé[2].

364

Mme Charbonneau : Eh bien, gourmande que je suis, je prendrais volontiers encore une toute petite tranche° de gâteau et un autre café. Votre gâteau au coco³ est tellement bon ! Vous pourriez m'en donner la recette, Hélène ?   *a small slice*

Mme Londé : (*Elle sourit.*) Vous oubliez, Cécile, que nous ne préparons pas souvent nos desserts nous-mêmes. Il y a tant de bons pâtissiers que nous préférons acheter nos pâtisseries toutes faites°. (*Elle hésite.*) Alors, voici ma recette. Vous prenez votre sac° et vous descendez à la pâtisserie. Vous demandez un gâteau au coco, vous le payez, et voilà ! (*Tout le monde rit. Puis elle continue.*) Par contre, si vous pouviez me donner votre recette de la tarte au sucre⁴, ça me ferait grand plaisir. Je me souviens encore des bons plats québécois que nous avons mangés lors de° notre séjour au Québec.   *ready made* *purse* *during*

Mme Charbonneau : Vous êtes bien gentille. Oui, bien sûr, je vais vous donner la recette. Tenez, je la connais par cœur, cette recette-là. Il vous faudrait° quatre cuillerées à table° de beurre, que vous mélangerez bien avec trois quarts de tasse de cassonade°, deux tasses de lait et un tiers de tasse de farine. Avec cela, une demi-cuillerée à thé de sel, deux œufs et un quart de cuillerée à thé de vanille, et voilà ! Le tout se met dans une croûte° ordinaire, puis on le fait cuire comme d'habitude.   *you would need; tablespoonfulls* *brown sugar* *crust/shell*

Mme Londé : (*Elle finit de prendre note de la recette.*) Merci, je la garderai précieusement.

Mme Charbonneau : Il n'y a pas de quoi. (*Elle regarde le bol de fruits sur la table.*) Dommage° que les fruits tropicaux coûtent si cher chez nous. J'en mangerais° tous les jours.   *Too bad* *would eat*

M. Charbonneau : C'est vrai. Ils sont délicieux, mais ils coûtent les yeux de la tête° au Québec.   *they cost an arm and a leg*

(*Ils passent au salon pour continuer à bavarder°.*)   *chat*

Pour en savoir plus

1. La Martinique, une île volcanique dans les Antilles (voir la carte au début du livre), fait partie de la France. Ancienne colonie française, elle est devenue un département d'outre-mer en 1946. La Guadeloupe, une autre île antillaise, est également un département français.

Fort-de-France est le chef-lieu° de la Martinique. La ville a une population d'environ 100 000 personnes sur un total de 370 000 pour l'île tout entière.   *principal city*

La forêt tropicale et les trois Pitons (Martinique)

2. Notez que l'on dit «J'ai très bien mangé.» ou bien «Je n'ai plus faim.» en français. Ne traduisez surtout pas de l'anglais pour dire *I'm full*, puisque «Je suis plein.» veut dire «Je suis ivre.» (*I'm drunk.*) !

3. La noix de coco est un fruit de la Martinique et il n'est pas surprenant qu'on l'utilise pour faire des gâteaux. Les Martiniquais font aussi un type de gâteau riche en œufs qui s'appelle le «pain doux». On trouve également toutes les pâtisseries françaises célèbres : les éclairs au chocolat, les choux à la crème°, les mille-feuilles° ...

cream puffs; Napoleons

4. La tarte au sucre est une spécialité québécoise. Les Québécois font aussi – vous l'aurez deviné°! – une tarte au sucre d'érable°.

will have guessed; maple

Vous avez bien compris ?

Où est la réalité ?
Corrigez les phrases là où c'est nécessaire pour refléter ce qui s'est passé.

1. Hier soir, les Charbonneau ont dîné chez les Londé.
2. Max Londé est un collègue de M. Charbonneau à l'université.
3. Hélène donne la recette de gâteau au coco à Cécile Charbonneau.
4. Ça fait deux ans que les Charbonneau ne sont pas venus à la Martinique.
5. Les Charbonneau adorent les fruits tropicaux.
6. Les Charbonneau mangent des fruits tropicaux tous les jours.
7. La cuisine martiniquaise ressemble plus à la cuisine française qu'à la cuisine québécoise.

Réflexions sur la culture

1. La cuisine martiniquaise est assez épicée (*spicy*). En Martinique, on mange beaucoup de poissons et de crustacés (*shellfish*) et beaucoup de fruits tropicaux. On y trouve aussi la cuisine française traditionnelle. Aimeriez-vous manger à la martiniquaise ? Expliquez.

L'attente des pêcheurs
(Martinique)

2. La cuisine d'une région est presque toujours influencée par son climat et sa géographie, et aussi par les ethnies (*ethnic groups*) qui sont venues s'y installer. Dites ce que vous avez observé dans votre propre région et dans quelques autres régions de votre pays.

Fonctions et observations langagières

I. Exprimer des quantités

Expressions de quantité

You have already learned a number of ways to express quantities.

Rappel !

combien de	*how much/many*	une dizaine	*around ten*
beaucoup de	*a lot*	une douzaine	*a dozen*
peu de	*little/few*	une quinzaine	*around 15*
un peu de	*a little*	une vingtaine	*around 20*
assez de	*enough*	une trentaine	*around 30*
trop de	*too much/too many*	une centaine	*around 100*
plus de	*more*	un millier	*around 1000*
moins de	*less*		
autant de	*as much/as many*		
tant de	*so much/so many*		

These expressions are followed *directly* by a noun: **beaucoup d'amis; peu d'argent; une dizaine de personnes.**

• You may have noticed several new expressions of quantity in the conversation *Les Charbonneau à la Martinique*. They are included in the list below:

Vocabulaire actif : *Expressions de quantité; poids et mesures*

une tasse de café	*a cup of*
un bol de fruits	*a bowl of*
une tranche de gâteau	*a slice of*
une cuillerée de sucre	*a spoonful of*
un morceau de gâteau	*a piece of*
un petit bout de gâteau	*a little bit of*
un verre de bière	*a glass of*
une bouteille de vin	*a bottle of*
un carton de lait	*a container of*
un pot de moutarde	*a jar of*
une boîte de soupe	*a can/box of*
une caisse de biscuits	*a case of*
(100) grammes de	
un kilo(gramme) de	
une livre de	*a pound of*
un litre de	
la moitié (de)	*half (of)*
peser	*to weigh*
lourd	*heavy*
léger	*light*
un centimètre	
un mètre	
un kilomètre	

• As with the expressions of quantity you have already learned, the definite article is used with nouns only when one wishes to refer to a *specific* item.

Un autre bout **de** gâteau = *another bit of cake*
Un autre bout **du** gâteau = *another bit of **the cake***

Allez-y !

Les provisions
a) Vous êtes au marché de Fort-de-France. Combinez les quantités et les produits pour dire ce que vous allez acheter. Attention à la logique : n'oubliez

pas que vous êtes à la Martinique ! Comparez votre liste à celle d'un-e camarade de classe.

Que choisir au marché de Fort-de-France ?

b) Vous êtes chez vous. Quelles provisions achetez-vous logiquement dans ce contexte-ci ? Encore une fois, comparez vos choix à ceux d'un-e camarade de classe.

quantités

une bouteille de   ___ grammes de
une boîte de   ___ kilos de
un pot de   ___ litres de
un carton de   etc.

produits

la mélasse (*molasses*)   le gruyère
le lait de poule (*eggnog*)   le fromage Velveeta
le riz   le vin californien
le miel   le vin français
les Rice Krispies   la cassonade (*brown sugar*)
le rhum   la soupe Campbell's
le Coca Cola   la moutarde de Dijon
les mangues *f*   etc.
les bananes *f*

Mon sandwich préféré

Expliquez comment faire le sandwich que vous mangez le plus souvent ou votre omelette préférée.

modèle : Mon sandwich préféré s'appelle un Rub-a-dub-sub. D'abord, vous prenez deux tranches de pain. Ensuite ...

ingrédients possibles

votre sandwich	votre omelette
le rosbif	les œufs *m eggs*
le poulet	les champignons *m mushrooms*
le jambon	la chair à saucisse *sausage meat*
le thon *tuna*	les oignons *m*
le salami	les poivrons verts *green peppers*
le fromage	le fromage
le beurre d'arachides *peanut butter*	le bacon
la confiture *jam*	le jambon
?	le sel; le poivre *salt; pepper*
	?

Le pronom en : synthèse

You may have noticed the pronoun **en** used a number of times in this conversation. For example:

Madame Charbonneau : Votre gâteau au coco est tellement bon ! Vous pourriez m'**en** donner la recette, Hélène ?
... Dommage que les fruits tropicaux coûtent si cher chez nous. J'**en** mangerais tous les jours.

Rappel !

En replaces a noun preceded by an indefinite article (**un, une, des**), by a partitive article (**du, de la**), or by **de** in the negative. With the exception of the singular indefinite article (**un, une**), the articles are dropped.

> Tu as **une voiture** ? Oui, j'**en** ai une.
> Prends-tu **des bananes** ? Oui, j'**en** prends.
> Veux-tu **du café** ? Oui, j'**en** veux.
> Je n'ai pas **d'argent**. Et toi ? Je n'**en** ai pas, moi non plus.

In addition, the pronoun en may also replace a noun in the following situations:

• When preceded by the preposition **de, du, de la**:
  As-tu besoin **de ta voiture** ? Oui, j'**en** ai besoin.
  Ce café vient-il **du Costa Rica** ? Oui, il **en** vient.

• In an expression of quantity:
  Y a-t-il **beaucoup de** neige au Québec ? Oui, il y **en** a **beaucoup**.
  Est-ce qu'elle a mangé **une tranche de** gâteau ? Oui, elle **en** a mangé **une tranche**.

À noter !

Both the **de** and the noun following the expression of quantity are replaced, but the quantity expression itself is normally retained.

In summary, the pronoun **en** replaces a noun:
• preceded by an indefinite or partitive article (**un, une, des, du, de la, de l'**).

Remember that these articles are reduced to **de** after negations:
• preceded by the preposition **de**.
• preceded by an expression of quantity.

Allez-y !

La tarte au sucre

Avez-vous assez d'ingrédients à la maison pour faire une tarte au sucre ? Travaillez avec une autre personne. L'une (A) regardera la liste, à gauche, des ingrédients et des quantités nécessaires. L'autre (B) regardera la liste, à droite, des ingrédients disponibles et demandera quelles quantités il faut utiliser. Bon appétit !

modèle :   B – Combien de beurre faut-il ?
            A – Il **en** faut 4 cuillerées à table.
            B – Ça va, nous **en** avons assez. Et combien d'œufs ?
            A – Il **en** faut 2.
            B – Nous **en** avons seulement un. Il faut **en** acheter, etc.

Personne A : ingrédients nécessaires   Personne B : ingrédients disponibles

4 c. à table de beurre	1 tasse de beurre
3/4 de tasse de cassonade	1/2 tasse de cassonade
2 tasses de lait	un litre de lait
1/3 de tasse de farine	un kilo de farine
1/2 c. à thé de sel	une boîte de sel
2 œufs	1 œuf
1/4 de c. à thé de vanille	pas de vanille

Les besoins des étudiants

En groupes, discutez de ce qu'il faut avoir quand on est étudiant. Ensuite, comparez les idées de différents groupes.

• du temps libre   • des profs sympas   • de l'argent
• un emploi à temps partiel • de l'ambition   • ???
• de la patience   • du courage

modèle : – As-tu assez de temps libre ?

– Non, je n'**en** ai certainement pas assez, mais Dieu sait que j'**en** ai besoin !

Ensuite, considérez l'époque où vous étiez à l'école secondaire et comparez vos réponses.

modèle : – Avais-tu du temps libre ?

– J'**en** avais plus que maintenant.

II. Raconter une histoire : relier une série d'événements dans le passé

Le plus-que-parfait

It is common, when relating a series of events, to distinguish between an event that took place in past time and another one that took place at an *even earlier* period in past time. The tense normally used to discuss the action which occurred *first* is the pluperfect, or **plus-que-parfait**. For example, M. Londé had this to say when greeting the Charbonneaus:

Monsieur Londé : ... vous **aviez** bien **dit** avant de partir ... que vous reviendriez° un jour ...

would come back

M. Charbonneau had made a promise and *subsequently* left the island.

• The tense is formed by combining the *imperfect* tense of the auxiliary verb **avoir** or **être** as appropriate and the past participle. Here are the forms of the **plus-que-parfait** for the verbs **manger** and **sortir**:

manger	
j'avais mangé	nous avions mangé
tu avais mangé	vous aviez mangé
elle / il / on avait mangé	elles / ils avaient mangé

sortir	
j'étais sorti-e	nous étions sorti-e-s
tu étais sorti-e	vous étiez sorti-e-(s)
elle était sortie	elles étaient sorties
il / on était sorti	ils étaient sortis

• The rules for the agreement of the past participle are the same as for the **passé composé**. This is true for *all* compound tenses in French.

• The following expressions are among those that you will find useful when linking past events. Various combinations of these and other adverbial expressions are of course possible.

Exemple : Ce matin, j'ai enfin retrouvé mon portefeuille; je l'**avais perdu** avant-hier.

Vocabulaire actif : *Lier les événements du passé*

ce matin, cette nuit	*this morning, last night*
ce jour-là	*that day*
hier, avant-hier	*yesterday, the day before yesterday*
cette semaine	*this week*
la semaine dernière, précédente	*the previous or last week*
le mois dernier, précédent	*the previous or last month*
l'année dernière, précédente	*the previous or last year*
à cette époque-là	*in those days*
à un moment donné, ensuite	*at one point, next*
auparavant	*previously, beforehand*

Allez-y !

Pas de fausse modestie !
Sylvie a l'impression qu'elle a tout appris beaucoup plus tôt que la plupart de ses copines. Qu'est-ce qu'elle a dit ?

modèle : apprendre à nager / trois ans
      Moi, j'avais appris à nager avant l'âge de trois ans.

1. apprendre à parler / un an
2. commencer à jouer du piano / deux ans et demi
3. faire du ski / quatre ans
4. se mettre à jouer aux échecs (*chess*) / six ans
5. apprendre à parler deux langues étrangères / neuf ans
6. aller seule au cinéma / onze ans
7. choisir son futur métier / quatorze ans
8. piloter un avion / dix-huit ans

Je me demande un peu ...

Est-ce que votre partenaire avait déjà fait les choses suivantes avant de venir à l'université ?

modèle : étudier un peu le français

> **Est-ce que tu avais déjà étudié un peu le français avant de venir à l'université ?**

1. apprendre l'espagnol
2. jouer au squash
3. voir un concert rock dans sa ville
4. faire un voyage dans les Rocheuses
5. être acteur / actrice dans une pièce de théâtre
6. voyager au Mexique
7. faire du saut à l'élastique (*bungie*)
8. vivre loin de sa famille

Si seulement j'avais pu être là à l'heure ...

Imaginez ce qui s'était déjà passé dans les situations suivantes.

> Quand je suis arrivé-e en classe ce matin, le prof d'histoire avait déjà commencé à parler de la Renaissance et tout le monde avait déjà pris beaucoup de notes.

Vous avez aussi été en retard pour ...
1. un rendez-vous au café avec votre petit-e ami-e
2. votre repas d'anniversaire à la maison
3. un film que vous vouliez voir avec un ami
4. un rendez-vous avec votre dentiste
5. un avion qui devait vous emmener en vacances à Tahiti
6. un rendez-vous avec votre prof pour expliquer pourquoi vous semblez rêver si souvent en classe ...

Arriver à Fort-de-France

Scène 2 *Contrastes*

Sur le vif !

La conversation se poursuit.

M. Charbonneau : Pense donc un peu, Cécile. Nous voici au mois de janvier en manches courtes et sandales, en train de respirer l'odeur des les fleurs et de faire des promenades sur la plage[1]. Au Québec, nos pauvres compatriotes doivent se lever tôt tous les matins pour pelleter° la neige. Ah … ça fait un bon changement !

shovel

Mme Charbonneau : C'est vrai. La vie semble bien douce ici par rapport au° Canada.

compared with

M. Londé : Oui, mais la nature n'est pas toujours calme. Du mauvais temps, nous en avons aussi, vous savez. Vous ne connaissez pas l'hivernage[1] ici. Ce n'est pas la saison de la neige, mais celle des pluies, et il y a quelquefois des cyclones violents. Et qui sait si la montagne Pelée[2] va encore entrer en éruption°?

erupt

Mme Charbonneau : C'est vrai. Nous, au Québec, nous savons qu'il va neiger fort et faire froid chaque hiver. Si on annonce une grande tempête de neige, nous pouvons toujours nous réfugier° à la maison devant un feu de

take refuge

bois° et attendre que ça se termine. Mais où se réfugier en cas de cyclone, avec des vents de 200 km à l'heure, des pluies torrentielles ? Il doit y avoir beaucoup de destruction.

M. Londé : Oh oui, il y en a beaucoup ! Ça peut être effrayant°. Mais on s'habitue à° tout. La nature est comme ça, ici. Là où il y a des tremblements de terre, les gens savent que la possibilité existe toujours. C'est la vie, n'est-ce pas ?

Mme Londé : Écoutez, il n'y a pas de tornade ce soir ! Ce serait bien agréable de finir notre soirée par une petite promenade sur la plage, non ? On y va ?

(*Les quatre amis se dirigent vers la plage, derrière la maison des Londé. Là, ils rencontrent Yves, le neveu de M. Londé, avec son amie, Aline.*)

M. Charbonneau : Quelle belle plage ! Toujours la même ... Mais la Martinique a bien changé depuis mon dernier séjour ici. Vous n'allez pas me croire, les jeunes, mais il y a 20 ans il n'y avait pas d'autoroutes comme celles qui relient° maintenant les petites villes et la capitale. Et puis, vous étudiez maintenant le créole [3] à l'école, n'est-ce pas ? Qu'est-ce que vous pensez de cela ?

Yves : Je suis fier d'étudier ma langue maternelle à l'école.

Aline : Moi aussi. J'aime bien le français, mais je me sentirais à moitié absente si le créole ne faisait pas partie de ma vie à l'école.

M. Londé : C'est comme ça que je me sentais quand j'avais votre âge, vous savez. On n'avait même pas le droit de parler créole à l'école. Ceux qui le faisaient risquaient la punition. C'est bien de revaloriser nos racines°.

Yves : Oui, et en même temps nous entrons dans l'ère moderne avec notre magnifique complexe sportif de Fort-de-France, [4] tout beau, tout nouveau. Il a plus de 16 000 places assises et la billetterie° et la sécurité sont informatisées°.

Mme Charbonneau : Imaginez les changements que nous trouverons à notre prochaine visite !

Mme Londé : Promettez-nous seulement qu'il ne faudra pas attendre 20 ans encore pour vous revoir !

Pour en savoir plus

1. La Martinique jouit d'°un climat tropical tempéré : les températures minima et maxima se situent entre 22°C et 30°C toute l'année, avec une humidité élevée (entre 65% et 91%). La saison des pluies, de juin à novembre, s'appelle «l'hivernage». De juillet à septembre, il y a des risques de cyclones.

Margin glosses:

wood fire

frightening
get used to

link

roots

ticket purchasing system
computerized

enjoys

2. L'éruption de la montagne Pelée, en 1902, a complètement détruit la ville de Saint-Pierre et a fait 38 000 morts. Le seul survivant, le prisonnier Auguste Cyparis, se trouvait dans un cachot°. Il est fréquent de trouver des allusions à ce tragique événement dans la littérature francophone des Antilles.

prison cell

La montagne Pelée de nos jours

3. Le créole est une langue que l'on trouve aux Antilles (ainsi qu'en Louisiane et dans beaucoup d'autres pays). Il y a plusieurs langues créoles, chacune étant le résultat du contact de différents peuples et langues. Elles sont composées d'éléments français, espagnols, portugais, néerlandais et de langues africaines (avec des éléments différents pour chaque créole, suivant° l'histoire coloniale du pays en question). Le créole est la langue maternelle des Antillais et c'est la langue qu'ils parlent de préférence entre eux. Pourtant, jusqu'à récemment, ils n'avaient pas le droit de parler créole à l'école.

depending on

4. Le stade de Dillon, à Fort-de-France, a ouvert ses portes au mois de juin 1993 pour répondre à la demande d'installation sportives au niveau du département tout entier. C'est un lieu où les très nombreux mordus° du football°, de l'athlétisme et du rugby peuvent venir applaudir leurs équipes.

fans
soccer

Vous avez bien compris ?

Vrai ou faux ?
Corrigez le sens des phrases si elles sont incorrectes.

1. Les Charbonneau passent plusieurs mois à la Martinique tous les six ou sept ans.
2. La Martinique est une petite île assez isolée et la vie y change très lentement.
3. Il n'y a rien à craindre (*fear*) du climat.
4. Les jeunes n'ont plus le droit de parler créole à l'école.
5. La plupart des Martiniquais ont de plus en plus honte de parler créole.
6. La Martinique s'est beaucoup modernisée.
7. Beaucoup de Martiniquais adorent le football (*soccer*).

Réflexions sur la culture

1. Les Charbonneau passent une année à la Martinique. Est-ce que l'idée d'y faire un séjour prolongé vous tente ? Commentez.
2. Quels sports font partie de votre culture ? Que savez-vous des complexes sportifs réservés à ces sports ?

Fonctions et observations langagières

I. Parler du temps qu'il fait et des vêtements

Le temps qu'il fait

In Chapter 7 you learned some basic vocabulary relative to the weather. The conversation *Les Charbonneau à la Martinique* included some vocabulary for rather extreme weather conditions. Below is a list of those, as well as of other more common weather phenomena:

Vocabulaire actif : *Le temps qu'il fait*	
un ouragan	*hurricane*
un cyclone	
un tremblement de terre	*earthquake*
une éruption volcanique	
une tempête de neige	*snowstorm*
des pluies torrentielles	*torrential rains*
ensoleillé	*sunny*
nuageux	*cloudy*
sec-sèche	*dry*
humide	*moist / damp*
une averse	*shower*
pelleter la neige	*shovel snow*

Allez-y !

Le climat
Si possible, travaillez avec quelqu'un qui ne vient pas de la même région que vous. Posez des questions afin de savoir si cette personne connaît les phénomènes météorologiques suivants. Demandez-lui d'en indiquer la fréquence :

jamais – rarement – quelquefois – assez souvent – souvent
• des éruptions volcaniques
• des tremblements de terre

- des ouragans
- des cyclones
- des pluies torrentielles
- des vents violents
- des tempêtes de neige
- des journées très chaudes et sèches
- des journées très chaudes et humides

modèle : Y a-t-il souvent des cyclones ?
Non, il n'y en a jamais.

Ici et là ...

Comparez le climat de votre région à celui de la Martinique, puis à celui du Québec. (Faites des recherches s'il le faut. Révisez au besoin le vocabulaire de base présenté dans le chapitre 5.)

Les vêtements : par temps chaud / par temps froid

The Charbonneau's wardrobe in Martinique is no doubt radically different from what they normally wear in the winter ! Many of the articles of clothing appropriate to both a cold North-American winter and a much warmer Caribbean winter are included in the list below:

Vocabulaire actif : *Les vêtements : par temps chaud / par temps froid*

un blouson	*jacket*
un manteau d'hiver	*winter coat*
un imperméable	*raincoat*
un anorak	*ski jacket*
une robe en coton	*cotton dress*
une robe en laine	*wool dress*
une chemise à manches courtes	*short-sleeved shirt*
une chemise à manches longues	*long-sleeved shirt*
un T-shirt	
une tuque	*ski cap*
un débardeur	*tank-top*
une écharpe	*scarf*
un short	
des gants fourrés	*lined gloves*
un maillot de bain	*bathing suit*
un pull-over (un pull)	
des bottes de pluie	*rain boots*
un sweat-shirt (un sweat)	
des sandales	

(*continued next page*)

des chaussettes en laine	*socks (woolen)*
des tennis	*sneakers*
des bottes de neige	*winter boots*
des lunettes de soleil	*sunglasses*
des chaussures de cuir	*leather shoes*
un parapluie	*umbrella*

Rappel !

porter wear, carry; **mettre** put on; **s'habiller** to get dressed

À noter !

We have already mentioned in *Mise en route* that the French language has borrowed a good many English words in recent times. In most cases the pronunciation has been adapted to correspond to the phonetic system of French. Note the pronunciation of the words **T-shirt**, **short**, **pull-over** and **sweat** as modelled by your instructor.

Note as well that **espadrilles** *f*, **chandail** *m*, **souliers** *m*, and **bas** *m* are heard more frequently in Canadian French than **tennis**, **pull-over**, **chaussures**, and **chaussettes**.

Allez-y !

Faisons nos bagages !
Vous vous équipez pour un voyage au mont Sainte-Anne pendant les vacances de février. Qu'est-ce que vous allez porter et qu'est-ce que vous allez mettre dans votre valise ? Pensez au confort aussi bien qu'à la mode. Et pour une semaine à la Guadeloupe, à la même saison ?

Mais d'abord faisons des achats !
Pour les deux voyages mentionnés dans l'activité précédente, quels vêtements possédez-vous ? Quels sont ceux (*those*) que vous serez obligé d'acheter ?

II. Bien s'exprimer : les verbes **savoir** et **connaître**

You have already seen the verbs **savoir** and **connaître**, both of which mean *to know*. Their meanings are not exactly the same, however, and they are not interchangeable. Here are a few examples from this chapter's conversations:

Les deux familles **se connaissent** depuis 20 ans.
Monsieur Londé : Du mauvais temps, nous en avons aussi, vous **savez**.

Vous ne **connaissez** pas l'hivernage ici ... Et qui **sait** si la montagne Pelée va encore entrer en éruption ?

• The verb **connaître** is always used with a noun or pronoun and primarily means to know people, to be familiar with things or places.

Connaissez-vous **Québec** ? Non, je connais très peu **Québec**.
Connais-tu **Hélène** ? Oui, je **la** connais bien.

connaître	
je connais	nous connaissons
tu connais	vous connaissez
elle / il / on connaît	elles / ils connaissent
participe passé : **connu** (j'ai connu)	

Note that the verb **reconnaître** (*to recognize*) is conjugated like **connaître**.

• The verb **savoir** means *to have knowledge* of or *to know how*.

savoir	
je **sais**	nous **savons**
tu **sais**	vous **savez**
elle / il / on **sait**	elles / ils **savent**
participe passé : **su** (j'ai su)	

Savoir may be used alone, as in sentence 1 below, with a subordinate clause as in sentences 2 and 3, or with an infinitive as in sentence 4. When it is used with a noun or pronoun, as in sentence 5, it has the meaning of knowing *by heart* (**savoir par cœur**), or it may be used with a pronoun to refer back to an entire idea as in sentence 6.

1. Du mauvais temps, nous en avons aussi, vous savez.
2. Et qui sait si la montagne Pelée va encore entrer en éruption ?
3. Nous savons qu'il va neiger ...
4. Elle sait programmer un ordinateur.
5. L'hymne (*anthem*) national ? Je le sais par cœur.
6. On m'a dit que **les Charbonneau étaient en Martinique**. Oui, je le sais.

Allez-y !

Pratique pratique
Choisissez la forme convenable de **savoir** ou **connaître**.

1. Est-ce que tu _____ que Marguerite est malade ?
2. Nous _____ assez mal la cuisine japonaise.

3. Murielle ____ Jean depuis plus de quinze ans.
4. Ils ne ___ pas encore parler allemand.
5. Je ____ demain si André part avec moi.
6. ____ - ils mieux la Martinique ou la Guadeloupe ?
7. Tu ____ assez bien leur tante, n'est-ce pas ?
8. Je ____, je ____, c'est une très mauvaise idée !

Connaissances géographiques

Demandez à une autre personne si elle connaît les villes suivantes. Ajoutez d'autres villes à la liste si vous le voulez.

modèle : Connais-tu Montréal ?

> **Non, je n'y suis jamais allé-e, mais je sais que c'est une grande ville cosmopolite.**
>
> **Oui, je connais un peu (assez bien, très bien) Montréal.**

1. New York
2. Londres
3. Ottawa
4. San Francisco
5. Saint-Pierre
6. Winnipeg
7. Fort-de-France
8. Québec

Qui sait jouer au golf ?

Circulez dans la classe pour trouver une ou deux personnes qui possèdent les compétences voulues.

1. _____ sait jouer au golf.
2. _____ et _____ savent jouer au tennis.
3. _____ sait jouer au bridge.
4. _____ et _____ savent jouer du piano.
5. _____ sait jouer de la flûte.
6. _____ sait faire un soufflé au fromage.
7. _____ et _____ savent faire du ski alpin.
8. _____ sait faire du ski de fond.

III. Bien s'exprimer : le conditionnel

La formation du conditionnel

In *Contrastes*, we saw a new verb structure:

> *Aline* : … Je me **sentirais** à moitié absente si le créole ne faisait pas partie de ma vie à l'école.

It is useful at this point to learn the *conditional* tense, since it has several important functions in French. Its meaning normally corresponds to "would + verb" in English, for example, *I would sing, I would go,* etc.

• Simply add the endings of the *imperfect* tense to the *future* stems (both regular and irregular) that you have learned in earlier chapters. There are *no* exceptions!

> **future stem + imperfect ending = conditional**

• The conditional of the regular verbs **parler, finir, vendre** and the irregular verb **faire** will serve as examples:

	parler	finir	vendre	faire
je	parlerais	finirais	vendrais	ferais
tu	parlerais	finirais	vendrais	ferais
elle / il / on	parlerait	finirait	vendrait	ferait
nous	parlerions	finirions	vendrions	ferions
vous	parleriez	finiriez	vendriez	feriez
elles / ils	parleraient	finiraient	vendraient	feraient

• Before continuing, you may wish to review the irregular future stems you learned in Chapter 8 (p.273).

Emplois du conditionnel

Rappel !

To speak politely in expressing requests or suggestions rather than somewhat brusquely or bluntly, the conditional is chosen rather than the present tense. The conditional of the verbs **vouloir, pouvoir** and **devoir** are used frequently in this context. Compare:

Je **veux** (*want*) vous voir.	Je **voudrais** (*would like*) vous voir.
Pouvez-vous (*can you*) le faire ?	**Pourriez**-vous (*could you/would you be able to*) le faire ?
Vous **devez** (*must*) lui parler.	Vous **devriez** (*should/ought to*) lui parler.

The conditional has other uses as well.
• **Indirect speech:** You will perhaps remember the comment in *Les Charbonneau à la Martinique* :

> *Monsieur Londé* : ... vous **aviez** bien **dit** ... que vous **reviendriez** un jour passer une autre année à Fort-de-France.

Choose the conditional when indicating, in *past* time, what someone said *would* take place in the future. Compare:

Elle **dit** qu'elle **sera** là.	*She says she'll be there.*
Elle **a dit** qu'elle **serait** là.	*She said she would be there.*

• **Making hypotheses:** The examples below, also taken from the dialogue, serve to illustrate this equally important use of the conditional.

> *Madame Londé* : ... si vous pouviez me donner votre recette de la tarte au sucre, ça me **ferait** grand plaisir.
> *Madame Charbonneau* : Dommage que les fruits tropicaux coûtent si cher chez nous. J'en **mangerais** tous les jours.

If a certain implied or stated condition were to exist, a certain result would be likely to follow. We will return to this point in the next chapter.

Allez-y !

Un peu de diplomatie !
Quand on est pressé, on a souvent tendance à parler un peu brusquement. Reformulez les remarques suivantes pour les rendre un peu moins abruptes.

modèle : Vous avez l'heure ?
> **Pourriez-vous m'indiquer l'heure ?** etc.

1. Je veux vous voir dans dix minutes.
2. Apportez-moi le dossier sur les pluies acides.
3. Vous devez être chez moi à six heures.
4. Aidez-moi à finir ce rapport.
5. Vous allez me taper (*type*) cette lettre tout de suite.
6. Ne soyez pas en retard pour la réunion.

Mais non, il n'a jamais dit ça !
On pense souvent qu'on a bien compris à quel moment quelque chose doit se passer, mais il peut y avoir des malentendus.

modèle : Paul va arriver vers cinq heures. (six heures)
> **Mais non, il a dit qu'il arriverait vers six heures.**

1. Marc va être ici à dix heures. (dix heures et demie)
2. Christine partira en Colombie-Britannique demain. (lundi)
3. Jean et Christophe vont finir leurs analyses ce soir. (pendant le week-end)
4. Madeleine va aller à Trois-Rivières en mai. (en juillet)
5. J'aurai le temps de t'aider demain soir. (demain matin)
6. Robert va acheter le vélo jeudi. (la semaine prochaine)

Franchement, à votre place ...
Quels conseils donneriez-vous à un-e ami-e dans les situations suivantes ?

modèle : Je n'ai pas envie d'aller au laboratoire de langues aujourd'hui.
Ah bon ? À ta place, j'irais au labo tout de même.
ou
Tu as raison, tu pourrais aller au labo demain, après tout !

1. J'ai une nouvelle carte de crédit; je vais acheter un lecteur de disques compacts.
2. Je vais aussi acheter un micro-ordinateur; c'est très pratique pour les devoirs.
3. J'ai un prêt-étudiant (*student loan*) cette année, mais je n'ai pas l'intention de le rembourser.
4. J'ai trop maigri (*lost too much weight*) récemment. Je vais faire cinq repas par jour cette semaine.
5. On m'a proposé un très bon emploi d'été hier, mais je voulais aller dans le Yukon en juillet.
6. J'ai un examen de biologie demain matin, mais il y a un match de basket au Pavillon des Sports, ce soir. Je pense que je vais emporter mes notes de biologie au match.

IV. Exprimer des oppositions ou des contrastes

Les pronoms démonstratifs

We frequently use a pronoun to refer to the *second* element of two items that are being contrasted. For example, when M. Londé was comparing the winter season of France and Martinique, he said:

Monsieur Londé : Ce n'est pas la saison de la neige, mais **celle** des pluies ...

• **Celle** is one of the *demonstrative pronouns* of French. Note first the forms of these pronouns:

	sing.	*pl.*
m	**celui**	**ceux**
f	**celle**	**celles**
	this one/that one/the one	*these/those/the ones*

• Demonstrative pronouns may not be used alone unless they are followed by a prepositional phrase (**celle des pluies** in the example above) or by a relative pronoun (**qui, que**, etc.) as in another example from the dialogue:

Monsieur Londé : **Ceux** qui le faisaient risquaient la punition.

• Adding the suffixes **-ci** and **-là** provides precision, as in the following examples:

Quel vélo préfères-tu, **celui-ci** ou **celui-là** ? (*this one or that one*)
Il ne sait pas quelles bottes acheter. **Celles-ci** (*these*) coûtent très cher, mais **celles-là** (*those*) sont assez laides.

Rappel !

The suffixes **-ci** and **-là** are also used with demonstrative adjectives. For example:

Cet hôtel-**ci** est meilleur que **celui-là**.

• Demonstrative pronouns followed by the preposition **de** are frequently used to indicate possession.

Le chien ? Je pense que c'est **celui de** Raymond. (*Raymond's*)
J'aime bien les tableaux de Lemieux, mais je préfère **ceux de** Riopelle. (*Riopelle's*)

• The demonstrative pronoun **ça** (*that*), frequently seen earlier in informal conversations, refers to general situations rather than definite items. It is a contraction of the more formal **cela**.

Maria : Passer la journée dans un train, c'est fatigant, ça.

The more formal **ceci** (*this*) also refers to situations.

Écoutez bien; **ceci** est très important.

Allez-y !

Pratique pratique
Imitez le modèle en travaillant avec un-e autre étudiant-e. Changez de rôle au milieu de l'exercice.

modèle : voiture (beau)
   Vous : Cette voiture-ci est très belle.
   Votre partenaire : Oui, mais **celle-là** est encore plus belle.

1. affiche (beau)
2. gâteau (bon)
3. tableaux (joli)
4. cerises (délicieux)
5. maison (grand)

6. robes (élégant)
7. arbre (beau)
8. musée (impressionnant)
9. ordinateur (puissant [*powerful*])
10. cartes (détaillé)

Préparez vos réponses !
Votre prof (une fois de plus !) veut vous connaître un peu mieux. Répondez à ces questions.

1. Préférez-vous la musique des années soixante ou celle des années quatre-vingt-dix ?
2. Si vous avez le choix, portez-vous vos propres vêtements, ceux de vos frères et sœurs ou ceux de vos ami-e-s ?
3. En général, aimez-vous mieux les cours de sciences ou ceux de lettres ?
4. Êtes-vous tenté-e de revoir les films que vous avez beaucoup aimés ou de voir ceux que vous n'avez pas encore vus ?
5. Avez-vous tendance à respecter les idées de vos parents ou celles de vos camarades ?
6. À quel cours avez-vous le plus envie de réussir : à ce cours de français ou à celui que vous considérez comme le plus difficile cette année ?

En tête-à-tête
Posez les questions de l'activité précédente (et d'autres du même genre) à vos camarades de classe.

Plus loin *Lettre de Réjean Charbonneau*

Pré-lecture

Réjean Charbonneau envoie à Jane, au Québec, une lettre à inclure dans son prochain numéro du *Journal*. Avant de parler de la Martinique, il va mentionner la Nouvelle-Angleterre francophone. Qu'en savez-vous déjà ? Et la Martinique elle-même, la connaissiez-vous déjà un peu avant de lire ce chapitre de *Bonne route* ? Que saviez-vous de la situation linguistique là-bas ? Partagez vos impressions avec quelques camarades de classe.

Fort-de-France,
le 28 janvier, 1993

Chère Jane,

J'ai bien apprécié ta lettre et les nouvelles que tu me donnes de tes activités. Je suis très heureux d'apprendre que tu as eu l'occasion de visiter* ta famille en Nouvelle-Angleterre et que Gabrielle a pu t'accompagner. Moi aussi, j'ai été fasciné de trouver dans cette région tant de traces vivantes de la présence française en Amérique du Nord. Et les ancêtres des francophones qui habitent cette région maintenant venaient, comme tu le sais bien, du Québec !

La Martinique a bien changé depuis mon dernier séjour ici il y a 20 ans. Je la trouve bien plus moderne (il y a maintenant des autoroutes qui relient les petites villes et la capitale) et plus française. On me dit qu'il y a eu une immigration importante de «métros»¹ (les Français de France) entre 1965 et 1985. Mais en même temps j'ai l'impression que les Martiniquais deviennent de plus en plus Martiniquais, et fiers de l'être ! Je vois que le créole est enseigné à l'école et à l'université, et qu'il y a toute une nouvelle littérature écrite en créole ou bien en créole et français mélangés°. Est-ce que tu savais que l'écrivain martiniquais Patrick Chamoiseau a remporté° le Prix Goncourt en 1992 pour son roman *Texaco* ?

Tu m'as demandé de te donner quelques exemples de la langue créole de la Martinique. Il y a beaucoup de mots français, tu le sais déjà ... En plus, il y a des mots de source anglaise : *saucepan* est devenu *chassepagne* et *sideboard* est devenu *saïbote*. L'espagnol a donné quelques mots aussi : *hijo* (fils) est devenu *yche*. Il est intéressant de voir que quelques mots d'origine caraïbe (indienne) sont passés dans la langue française : hamac, canari, manioc° et bien d'autres. Je vais te faire travailler maintenant ! Voici quelques proverbes créoles de la Martinique. Peux-tu en deviner la traduction en français ?

— Chien pa ka fé chattes!
— Trop pressé pa ka fé jou ouvé.
— Coup cout'las en d'leau, pa ça quiffé trace.

J'espère que ton séjour continue à être agréable et profitable, et que tu vas pouvoir continuer à explorer le Québec pendant tes fins de semaine et congés. Grand bonjour à Gabrielle et à Robert, et à tous les autres enseignants et étudiants du programme d'immersion.

Bien cordialement,
Réjean Charbonneau

mixed

won

manioc : petit arbre tropical

* Comparez : visiter quelqu'un (Can.); rendre visite à quelqu'un (Fr.)

Réflexions sur la culture

1. «Les métros» sont les Français de la France métropolitaine qui viennent vivre aux Antilles. Il existe depuis un certain temps des tensions entre les «métros» et les Martiniquais, qui se manifestent à l'occasion° par des actes de violence. En même temps, la Martinique connaît depuis un certain temps une importante émigration de ces habitants autochtones° vers la France et l'Europe francophone. Les Blancs descendants des propriétaires de plantations sont désignés sous le nom de «békés». at times native

Allez-y !

Devinez encore ...
Avez-vous pu deviner le sens des proverbes créoles mentionnés dans la lettre ? Qu'est-ce qu'ils révèlent de la culture antillaise ? Y a-t-il des parallèles à faire avec votre propre culture ? Discutez.

Vrai ou faux ?
Corrigez le sens des phrases s'il le faut.

1. Réjean Charbonneau n'a pas encore visité la Nouvelle-Angleterre.
2. Les Francophones de la Nouvelle-Angleterre sont des descendants des Québécois.
3. La démographie de la Martinique n'a pas beaucoup changé.
4. Les écrivains martiniquais n'écrivent pas en créole.
5. Les Français et les Martiniquais ont toujours vécu (*lived*) harmonieusement.
6. Le créole martiniquais comprend des mots d'origine espagnole.

Rédaction
Imaginez et composez la lettre que Jane a envoyée à Réjean Charbonneau. Comparez les versions de plusieurs personnes différentes.

Activités d'intégration

Jeu de rôle
Vous invitez à dîner deux amis qui n'ont pas visité votre ville / région depuis des années. Voici les sujets de conversation proposés :

- Le dîner (questions, compliments, formules pour offrir / accepter / refuser quelque chose)
- Les impressions (Quels changements les visiteurs peuvent-ils remarquer ? Qu'est-ce qu'ils en pensent ? Est-ce que tout le monde est d'accord ?)
- Considérations à propos du climat (le climat local et celui du pays que les visiteurs ont quitté)
- Les vêtements (compliments, questions, remarques)

Poissons et crustacés de la
Martinique

Moi, j'aime le «blaff». Et toi ?
Discutez de votre recette favorite avec un-e voisin-e. Vos goûts sont-ils
similaires ? Qu'est-ce que vous détestez manger, vous et votre voisin-e ?

Qu'est-ce que vous mangeriez, surtout si vous étiez en vacances à la
Martinique pendant une semaine ?

Monsieur / Madame X arrive ...
Vous avez reçu une lettre de Monsieur ou de Madame X, qui vous annonce sa
visite. Imaginez le contenu de cette lettre, qui touchera à divers sujets. La
personne en question mentionne :

• le temps qu'il fait là où elle se trouve;
• son emploi du temps;
• les activités qu'elle projette pendant sa visite.

Vocabulaire actif

Expressions de quantité; poids et mesures,
  p. 368
Lier les événements du passé, p. 373
Le temps qu'il fait, p. 378
Les vêtements: par temps chaud / par temps froid,
  p. 379

Noms
le beurre *butter*
le beurre d'arachide *peanut butter*
le changement *change*
la confiture *jam*
la destruction *destruction*
le feu (de bois) *(wood) fire*
le fromage *cheese*
le gâteau *cake*
l'immigration *f immigration*
le métier *job/profession/occupation*
la noix *nut*
l'œuf *m egg*
le petit bout *a little bit*
le poivre *pepper*
le sac *(hand) bag*
le sel *salt*
le sucre *sugar*
la tarte *pie/tart*

Verbes
annoncer *to announce/to forecast*
avoir lieu *to take place*
bavarder *to chat*
connaître° *to know*
corriger *to correct*
enseigner *to teach*
exister *to exist*

maigrir *to lose weight*
mélanger *to mix*
payer *to pay*
reconnaître° *to recognize*
remercier *to thank*
remporter *to win*
respirer *to breathe (in)*
savoir° *to know*
terminer *to finish*

Adjectifs
autochtone *native*
disponible *available*
effrayant-e *frightening*
épicé-e *spicy*
étranger-étrangère *foreign*
fier-fière *proud*
gourmand-e *greedy*

Adverbes
brusquement *brusquely/suddenly*
également *equally/also*
fort *strong*

Prépositions
suivant *according to/depending on*

Autres
à l'occasion *at times*
Et vous revoilà! *Here you are again!*
Il n'y a pas de quoi. *Don't mention it/It's a
  pleasure/Not at all.*
par rapport à *compared to*

° verb presentation in chapter

Au bord de la mer (Sénégal)

CHAPITRE 12

Jocelyne à Dakar

Mise en contexte

Jocelyne, chez une amie sénégalaise, fait un faux pas. Visite au musée.

Objectifs communicatifs

Scène 1
Exprimer des émotions
Vivre des conflits interpersonnels
Exprimer la négation : synthèse
Bien s'exprimer : les pronoms relatifs **qui** et **que**

Scène 2
Introduire un sujet, y renvoyer
Faire des hypothèses

Structures et expressions

Scène 1
L'expression **manquer à**
Les adverbes et adjectifs de négation
Les pronoms relatifs **qui** et **que**

Scène 2
Il est + adjectif + **de** + infinitif
C'est – **il / elle est**
Si + les temps verbaux

Vocabulaire actif

Scène 1
Exprimer des émotions
Exprimer la colère
S'excuser, pardonner
Négations

Culture

Les malentendus interculturels
La conception de la vie et de l'individualisme au Sénégal et en Amérique du Nord
Les fiançailles, le mariage – traditions et coutumes
Les traditions artistiques

Dakar, capitale du Sénégal

Un malentendu°

misunderstanding

Sur le vif !

C'est le début du mois de février. Jocelyne est à Dakar¹, la capitale du Sénégal, depuis septembre. Elle y travaille comme enseignante dans une école élémentaire. Cette conversation se passe chez sa collègue et amie Fatou² Sorano, qui habite dans un appartement avec sa mère. Celle-ci travaille à l'Hôtel de l'Indépendance, près du centre-ville.

quiet

Maman : Ça fait longtemps qu'on ne t'a pas vue, et tu es bien silencieuse° aujourd'hui, ma fille³. Tu es malade ? Veux-tu aller te reposer un peu ? C'est peut-être la chaleur qui te fatigue.

I'm homesick

we got engaged

Jocelyne : Non, non, Maman. Ce n'est pas ça. *(Elle soupire.)* Je suppose que j'ai le mal du pays°. J'ai pensé à ma famille pendant la saison de Noël; c'est la première fois que je passe les fêtes de Noël loin d'eux. Et puis, mon ami Robert et moi, nous nous sommes fiancés°, mais ça fait bien cinq mois que nous ne nous sommes pas vus. Si seulement il était un peu plus près, je me sentirais bien mieux.

She gets angry.

share with us

Maman : *(Elle se fâche.°)* Enfin, voyons, Jocelyne ! Tu dis que tu es l'amie de Fatou, et moi, je te considère comme ma propre fille. Mais tu avais des ennuis que tu n'as pas voulu nous confier°? Est-ce qu'on ne mérite plus ta confiance³?

394

Jocelyne : (*Elle se sent confuse.°*) Je vous demande pardon, Maman. Je ne voulais pas du tout vous fâcher.

Fatou : Il faut l'excuser, Maman. La vie est différente au Canada. Je suis sûre qu'elle ne voulait pas te vexer.

Jocelyne : Oui, Maman, c'est bien vrai. Vous êtes ma deuxième mère, et je vous aime beaucoup. Je voulais cacher mes peines° simplement parce que je ne voulais pas vous importuner°.

Maman : (*Elle est encore froissée°, mais elle se calme.*) Enfin, je comprends que c'est différent chez toi. Mais n'oublie pas que je suis là pour toi si quelque chose te trouble. Il est normal de parler à sa mère.

Jocelyne : Oui, Maman. Puisqu'on en parle, je peux avouer° que je m'ennuyais beaucoup de ma famille en décembre. Et je m'ennuyais même de la neige.

Fatou : Comment ?! Tu t'ennuyais de ta famille et de la neige ?! Mais elles n'étaient pas là; comment pouvais-tu t'en ennuyer ?

Jocelyne : Voilà peut-être un autre malentendu … je crois … Ça veut dire qu'elles me manquaient. On le dit comme ça au Québec.

Fatou : On en apprend des choses°, hein Maman ?

Maman : Enfin, de toute façon, nous nous comprenons maintenant. Et je pense que tu as annoncé une très joyeuse nouvelle ! Tu vas donc te marier ?

Jocelyne : Oui ! Mon fiancé s'appelle Robert Therrien. J'ai fait sa connaissance l'été dernier quand je travaillais à l'Université Laval.

Maman : Et vous décidez ça tout seuls, toi et ton jeune homme ? Les parents n'ont rien° à dire ?

Jocelyne : Ben, j'ai peur de vous offenser une fois de plus°. Chez nous, les jeunes décident eux-mêmes de se marier, et ils annoncent la nouvelle° à leurs parents. D'habitude, les parents sont heureux du choix, ou font semblant° de l'être !

Fatou : Tu sais, Maman, ça se passe plus ou moins° comme ça ici, du moins° dans les villes⁴.

Jocelyne : Est-ce qu'on pourrait faire un dîner spécial «en famille» pour fêter mes fiançailles° ? C'est la tradition chez moi.

Maman : (*Elle n'hésite pas.*) Oui. Nous allons t'offrir° un grand repas de fête. (*Elle sourit.*) Mais pas de champagne !

Jocelyne : Oui, oui. Ça, au moins, je le sais !

Marginal glosses:

embarrassed

troubles
bother

offended

admit

We sure are learning a lot

nothing

once again
news
pretend

more or less; at least

engagement

give

Pour en savoir plus

1. Dakar est une ville moderne qui compte près d'un million d'habitants, environ un septième° de la population du Sénégal. Le nom Dakar dérive du nom d'un arbre qui y pousse en abondance – le tamarinier°. Dakar est un centre culturel très important en Afrique occidentale; c'est là que beaucoup de jeunes Africains, originaires de nombreux pays, viennent poursuivre° leurs études universitaires.

2. Fatou est un prénom sénégalais et musulman°. Le Sénégal est un pays à majorité musulmane (85%), comme bien d'autres pays de l'Afrique noire. Au Sénégal, les Ouolofs sont musulmans alors que les Sérères (un autre groupe ethnique) sont chrétiens.

3. Dans une famille sénégalaise, comme ailleurs en Afrique, l'amie d'une fille est «adoptée» par la mère. L'amie est alors considérée comme un membre de la famille et appelle la mère «maman».

La famille joue un rôle primordial dans la société africaine. Si la mère de Fatou se fâche dans la conversation, c'est parce qu'elle se sent insultée, comme ses remarques l'indiquent. L'individualisme et le stoïcisme ne sont pas des qualités valorisées°. Au contraire, les valeurs importantes sont liées° à la collectivité, à l'aide aux autres membres du groupe ou de la famille.

Remarque : Au Sénégal, on souhaite la bienvenue à quelqu'un en disant : «teranga».

4. Traditionnellement, les parents ont leur mot° à dire, au Sénégal, lorsque les jeunes désirent se marier. Ils ont le droit d'approuver ou de refuser le choix d'une jeune personne. Cependant, comme le dit Fatou, les parents ont tendance à approuver le choix de leurs enfants.

Vous avez bien compris ?

Démontrez votre compréhension de la conversation en écrivant la carte postale que Jocelyne aurait pu (*might have*) écrire à ses parents pour leur raconter son faux pas et pour leur dire comment elle se sent (*feels*). Il n'y a pas beaucoup de place sur une carte postale, alors limitez-vous à 10 lignes.

Étapes à suivre :
• Discutez avec quelques camarades de classe des choses à dire.
• Écrivez un brouillon (*first draft*).
• Montrez votre brouillon à un-e camarade de classe pour faire
  • une critique des idées
  • une critique de l'organisation des idées
  • une critique du français.
• Révisez et écrivez une version finale.

Marginal glosses: one-seventh / tamarind / continue / moslem / valued; tied / opinion

La grande Mosquée à Touba (Sénégal)

Réflexions sur la culture

1. Est-il fréquent chez vous qu'une mère «adopte» les amis ou amies de son enfant ? Discutez de l'attitude habituelle des mères nord-américaines envers les amis de leurs enfants et comparez-la à l'attitude de «Maman».

2. La politesse est ancrée dans la culture. Avez-vous déjà fait un faux pas culturel ? Au contraire, est-ce que quelqu'un d'une autre culture vous a déjà choqué-e or offensé-e ? Comparez vos expériences.

Fonctions et observations langagières

I. Exprimer des émotions

The conversation *Un malentendu* revolves around the expression of both positive and negative emotions. For example:

Jocelyne : Je suppose que j'ai le mal du pays ...

• Following is a list of useful vocabulary for expressing emotions, much of which you know already:

Vocabulaire actif : *Exprimer des émotions*

Verbs / verbal expressions

avoir hâte de (+ inf.) *to be in a hurry to...*	faire semblant de *to pretend*
avoir le mal du pays *to be homesick*	gêner *to embarrass*
ne pas avoir le moral *to be down in the dumps*	manquer à quelqu'un *to be missed by someone*
avouer *to confess/to admit*	offenser *to offend*
(se) calmer *to calm (oneself) down*	pleurer *to cry*
choquer *to shock*	(se) rassurer *to reassure (oneself)*
ennuyer *to bother*	rire *to laugh*
s'ennuyer *to be bored*	se sentir (+ adj.) *to feel*
s'ennuyer de[1] *to miss (Can.)*	soupirer *to sigh*
(se) fâcher *to anger/to get angry*	surprendre *to surprise*
faire de la peine à quelqu'un *to hurt someone (emotionally)*	troubler *to bother/to trouble*
	vexer *to annoy*

[1] In Quebec, people may use the expression **s'ennuyer de** rather than **manquer**.
Je m'ennuie de mes parents = Mes parents me manquent.

(continued next page)

Je suis bien contente !

Nouns	Adjectives
l'amour *love*	calme *calm*
le bonheur *happiness*	choqué-e *shocked*
la confiance *trust*	confus-e *embarrassed*
la déception *disappointment*	content-e *pleased/happy*
le deuil *mourning*	déçu-e *disappointed*
l'inquiétude *worry*	dégoûté-e *disgusted*
la joie *joy*	fâché-e *angry*
la peine *sorrow*	frustré-e / frustrant *frustrated/ frustrating*
la tristesse *sorrow*	gêné-e *ill-at-ease*
	heureux-heureuse *happy*
	joyeux-joyeuse *joyful*
	offensé-e *offended*
	surpris-e / surprenant *surprised/ surprising*
	triste *sad*
	troublé-e *troubled*
	vexé-e *annoyed*

• The verb **manquer** has a peculiar structure. It is the thing or person "missed" that is the *subject* of the sentence, and the "misser" is the *indirect object*:

La neige me manque.   *I miss the snow.*
Tu manques à tes parents.   *Your parents miss you.*

This is similar to the verb **plaire à** that you have already seen:

Ce film me plaît. / J'aime ce film.

Allez-y !

Des sentiments

Comment vous sentez-vous, probablement, dans les situations suivantes ? Attention ! Il y a plusieurs réponses possibles.

modèle : Votre chien a mangé votre devoir de français.
Je suis en colère. / Je suis fâché-e. / Je trouve ça drôle. / Je pleure. Je suis bien content-e !

1. Vous êtes loin de votre famille, le jour de votre anniversaire, pour la première fois.
2. Vous avez perdu 100 $ dans l'autobus.
3. Vous avez gagné 1000 $ à la loterie.
4. Vous avez échoué à (*failed*) votre examen d'histoire.

5. Votre meilleur-e ami-e a oublié votre anniversaire.
6. Votre meilleur-e ami-e est partie en Afrique pour un an.
7. C'est le mois de janvier. Il y a une grosse tempête de neige.
8. C'est le mois de mai. Il y a une grosse tempête de neige.

Le malentendu

Décrivez les **sentiments**, **désirs** et **actions** des trois personnages dans la conversation *Un malentendu*.

	sentiments	désirs	actions
Jocelyne :			
Fatou :			
Maman :			

II. Vivre des conflits interpersonnels

Faire des reproches, critiquer

The conversation *Un malentendu* illustrates a conflictual interpersonal situation. Jocelyne unwittingly insults her Senegalese mother, who expresses her hurt feelings.

• Maman expresses her anger and dismay, when she says:

> *Maman* : **Enfin, voyons, Jocelyne !** *Look here, Jocelyne!*

It is important to note that it is not purely and simply the words that express her anger, but also the tone of voice. The same words accompanied by a different intonation might well be used to calm or placate someone.

Vocabulaire actif : *Exprimer la colère*

se fâcher / se mettre en colère	*to get angry*
Ça m'enrage !	*That makes me very angry!*
Ça me rend furieux / furieuse !	*That's infuriating!*
Enfin, voyons !	*Look here!*
(Mais) c'est inadmissible !	*This is unacceptable!*
(Mais) c'est insupportable !	*This is unacceptable!*
Ce n'est pas possible !	*This is unbelievable!*
Là, tu vas / vous allez trop loin !	*You've gone too far!*

• Maman then goes on to explain why she feels insulted, even betrayed, by Jocelyne's actions. There is a contrast between the supposed facts of the relationship (friendship, family ties) and Jocelyne's concealment of her feelings:

> *Maman* : Tu dis que ... Mais ...

• Later in the conversation, after she has calmed down somewhat, Maman gives instructions to Jocelyne regarding the behaviour she expects:

> *Maman* : Mais n'oublie pas que ... Il est normal de parler ...

S'excuser, pardonner

• When she understands that she has offended Maman, Jocelyne immediately asks her forgiveness:

> *Jocelyne* : Je vous demande pardon, Maman. *Please forgive me, Maman.*

Je suis désolée d'être en retard.

> **Vocabulaire actif :** *S'excuser*
>
> Je vous (te) demande pardon ... *Please forgive me...*
> Oh, pardon ! *Oh, sorry! (for a slight offence, such as stepping on toes)*
> Pardon ... *Excuse me... (when stepping in front of someone, for example)*
> Excusez-moi ... *Excuse me... (when interrupting, or arriving late, for example)*
> Je suis désolé-e *I'm sorry*

• Jocelyne then goes on to explain her actions, to show that her intentions were good:

> *Jocelyne* : Je ne voulais pas du tout vous fâcher.

• Maman listens, then expresses her understanding as a sign of forgiveness:

> *Maman* : Enfin, je comprends ...

> **Vocabulaire actif :** *Pardonner*
>
> | | |
> |---|---|
> | Enfin, je comprends ... | |
> | Bon, ça va. Ce n'est pas bien grave. | *It's OK. It's not serious.* |
> | Il n'y a pas de mal. | *There's no harm done.* |
> | Ça ne fait rien. | *It doesn't matter.* |
> | Ne vous en faites pas. / Ne t'en fais pas. | *Don't worry about it.* |
> | Bon, ça va. C'est fini maintenant. | *It's OK. It's all over now.* |

À noter !

Resolving an interpersonal conflict involves much more than knowing words. It is a question of cultural norms and practices. North Americans, for example, often tend to *distance* themselves from someone who has offended them ("giving the cold shoulder") rather than forthrightly expressing anger.

North Americans are sometimes surprised by the aggressiveness of French people. This is because the same cultural norms do not apply. French people tend to express their negative feelings in a more forthright manner.

Allez-y !

Dans les jeux de rôles suivants, il s'agit d'exprimer des émotions. Il serait intéressant de comparer les résultats des hommes et des femmes dans la classe.

Un chandail perdu

Votre petit frère / petite sœur a emprunté, sans vous en demander la permission, votre chandail préféré. Malheureusement, le chandail est perdu. Continuez la conversation:

Vous : Dis-moi, Dominique, as-tu vu mon chandail rouge ?
Dominique : Euh ...

En retard pour le dîner

Votre père prépare un soufflé au fromage pour le dîner. Vous arrivez en retard. Tout le monde vous a attendu, et le soufflé est raté (*ruined*). Continuez la conversation:

Vous : Bonjour, tout le monde. Désolé-e d'être en retard.
Votre père :

Les peines de cœur !

Votre copain / copine a l'air terriblement triste. Vous essayez de savoir ce qui ne va pas. Cette personne vous avoue enfin qu'elle est offensée ... Elle se sent abandonnée parce que vous ne sortez plus très souvent ensemble. Improvisez un dialogue.

III. Exprimer la négation : synthèse

Rappel !

In addition to the basic negative structure **ne...pas**, you have already seen the negations **ne...jamais** (*never*), **ne...plus** (*no longer, not any more*) and **ne...pas encore** (*not yet*).

As you listened to the conversation, you heard other negative structures as well used in various contexts.

> *Jocelyne* : Je **ne** voulais **pas du tout** vous fâcher.

The most important expressions to remember when you are making a negative statement or comment follow:

> **Vocabulaire actif :** *Négations*
>
> | | | | |
> |---|---|---|---|
> | ne...pas | *not* | ne...personne | *nobody/no one* |
> | ne...pas du tout | *not ...at all* | ne...rien | *nothing* |
> | ne...pas encore | *not yet* | ne...aucun | *not any/not a single/no* |
> | ne...jamais | *never* | ne...ni...ni | *neither...nor* |
> | ne...plus | *no longer/not any more* | | |
> | moi (toi, etc.) non plus | *me (you, etc.) neither* | | |
> | ne...que | *only* | | |

• Both **ne...personne** (*no-one, nobody*) and **ne...rien** (*nothing*) may be used as subjects, direct objects and objects of prepositions. When used as subjects, the word order is **personne ne...** and **rien ne...**

> **Personne ne** m'écoute.   **Rien ne** les intéresse.
> Il **n'**a besoin de **personne.**   Je **ne** fais **rien** ce soir.

In a compound tense, both **aucun** and **personne** *follow* the past participle, but **rien** precedes it.

> Elle **n'**a vu **aucun** des films.
> Je **n'**avais rencontré **personne** dans le parc.
> *But*: Elle n'a **rien** perdu pendant le voyage.

• In the negation **ne...ni...ni...**(neither...nor), do not use partitive or indefinite articles in front of the negated items. However, definite articles remain. Note the word order if the negation is part of a compound subject.

> Je **n'**ai **ni** nièce **ni** neveu.
> Je **ne** bois **ni** café **ni** thé.
> Il **n'**aime **ni** les épinards **ni** les artichauts.
> **Ni** mon père **ni** ma mère **ne** sont à la maison en ce moment.

The expression **ni l'un-e...ni l'autre** can frequently be useful.

> Myriam et Pauline ? Je **n'**ai vu **ni l'une ni l'autre.**

• The second element of the expressions **ne...aucun-e** (*no/not any/not a single*), and **ne...que** (*only*) immediately precedes the negated or limited item. **Ne...que** may normally be replaced by the adverb **seulement**.

> **Aucun** ami **n'**est venu à la soirée.
> Je **ne** pouvais suggérer **aucune** solution.
> Il **n'**a **que** quatorze ans. / Il a **seulement** quatorze ans.

• In brief answers to questions, do not use **ne** with negations. Note as well the equivalents to *me too, me neither*.

> Tu n'as pas aimé le concert ? **Pas du tout !**
> Qui t'a téléphoné ? **Personne !**
> Quoi de neuf ? **Rien !**
> Je vais chez Tom demain soir. **Moi aussi.**
> Je ne vais pas chez Tom demain soir. **Moi non plus.**

Allez-y !

Le grand pessimiste!
Guillaume a tendance à voir les choses du mauvais côté. Il a du mal (*trouble*) à finir un projet pour son cours de biologie. Nathalie essaie de l'encourager. Qu'est-ce qu'il répond ?

modèle : Quelqu'un pourra t'aider à finir ton projet.
Mais non, personne ne pourra m'aider à finir mon projet.

1. Tu trouveras quelqu'un pour t'aider avec tes recherches bibliographiques.
2. Marjorie ou Ralph auront le temps de te donner un coup de main (*pitch in and help*).
3. Tu as déjà écrit ton introduction, n'est-ce pas ?
4. Tu vas sûrement trouver quelque chose dans une des revues scientifiques.
5. Tu as souvent de très bonnes idées à la dernière minute.
6. Tu as encore la possibilité de demander au prof de t'aider un peu.
7. Tout le monde a les mêmes problèmes que toi.
8. Mais tu finis toujours tes projets avant la date limite !

Un mini-sondage
En petits groupes, posez-vous quelques-unes des questions suivantes. La plupart des réponses risquent d'être négatives !

1. Est-ce que tu as toujours deux ou trois mille dollars dans ton compte bancaire ?
   (**Rappel !** – **toujours** a le sens de *always* ou de *still* en français.)
2. As-tu déjà lu presque tous tes manuels (*school texts*) cette année ?
3. Est-ce que tu as reçu un appel téléphonique à six heures, ce matin ?
4. Est-ce que tu aimerais manger des fourmis (*ants*) au chocolat et des cuisses de grenouille (*frogs' legs*) ?

5. Tu n'as que dix-sept ans, n'est-ce pas ?
6. Si tu étais absolument sans le sou (*broke*), est-ce que quelqu'un te prêterait deux mille dollars pour t'aider à payer tes frais d'inscription ?
7. Quand tu as essayé d'acheter quelques vêtements, récemment, as-tu trouvé quelque chose qui correspondait parfaitement à tes goûts ?
8. Et as-tu trouvé quelqu'un qui t'a dit honnêtement si ton choix était bon ?

Réagissez !

Qu'est-ce que vous allez peut-être dire (ou qu'est-ce que vos amis vont dire) si vous vous trouvez dans une des situations désagréables suivantes ?

modèle : Votre réveille-matin (*alarm*) n'a pas sonné et il est neuf heures et quart. Vous avez un cours de maths à neuf heures et demie.

Zut ! Personne n'a pensé à me réveiller ... Je ne vais jamais arriver à l'heure ! Et j'ai un examen aujourd'hui !
ou
Bah ! Ce n'est pas grave ! Je n'ai rien fait hier soir et je n'étais pas du tout prêt à passer mon examen ce matin. Je dirai au prof que mon réveil n'a pas sonné et ...

1. Vous avez passé toutes vos notes d'histoire à votre camarade qui avoue les avoir perdues.
2. Vous aviez promis à un-e ami-e d'organiser une petite fête pour son anniversaire. Vous avez complètement oublié et cette personne vous rappelle que l'anniversaire est après-demain.
3. Votre père vous a prêté sa voiture et quelqu'un vous est rentré dedans (*ran into you*). Vous n'avez pas été blessé, mais la voiture, ça, c'est une autre histoire ...
4. Vous partez en vacances à Whistler après-demain, mais vous vous êtes foulé la cheville en glissant (*when you slipped*) sur du verglas, devant votre maison.

IV. Bien s'exprimer : les pronoms relatifs **qui** et **que**

Look at the following excerpts from *Un malentendu.*

Cette conversation se passe chez (...) Fatou Sorano, **qui** habite dans un appartement avec sa mère.

Maman : Mais tu avais des ennuis **que** tu n'a pas voulu nous confier ?

• **Qui** and **que**, as used here, are called *relative pronouns*; they are so named because they establish a relationship, or link, between two parts of a complex sentence. Both pronouns can refer to persons *or* things.

If the above sentences were broken down into two short sentences, they would be:

Cette conversation se passe chez **Fatou Sorano.**
Fatou Sorano habite dans un appartement avec sa mère.

Mais tu avais **des ennuis.**
Tu n'a pas voulu nous confier **ces ennuis ?**

You can see that the pronoun **qui** replaces **Fatou Sorano,** which is the *subject* of the second short sentence. This becomes the *relative clause* in the long sentence. The relative pronoun **que** replaces **ces ennuis,** which is the *direct object* of the second short sentence. Note that **que** contracts to **qu'** before a vowel:

Il y a des étudiants **qu'**elle ne connaît pas.

	part of speech in relative clause	replaces
qui	subject	person or thing
que	direct object	person or thing

• The relative pronoun and the entire relative clause is placed immediately after what is called the *antecedent,* the word(s) replaced in the relative clause.

Fatou Sorano, **qui** habite avec sa mère, a invité Jocelyne à dîner.
Le poulet aux arachides est *un plat* **que** les Sénégalais mangent fréquemment.

Allez-y !

Pratique pratique
Combinez les deux phrases à l'aide du pronom relatif **qui** ou **que.**

1. Le poulet aux arachides est un plat. On mange ce plat dans d'autres pays africains.
2. Le poulet aux arachides est un plat. Ce plat contient plusieurs légumes.
3. Le Sénégal est un pays. Ce pays se trouve en Afrique occidentale.
4. Le Sénégal est un pays. Je ne connais pas ce pays.
5. Fatou est une femme. Elle travaille avec Jocelyne.
6. Fatou est une femme. Jocelyne l'aime bien.
7. Robert n'est pas venu au Sénégal. Robert est le fiancé de Jocelyne.
8. Robert n'est pas venu au Sénégal. Fatou et sa mère ne le connaissent pas.

Vous rappelez-vous ?

Terminez les phrases logiquement, en vous basant sur la conversation *Un malentendu* et les notes *Pour en savoir plus*. Attention ! Ne copiez pas les phrases du texte.

1. Dakar est une ville qui / que ...
2. Jocelyne pense à Robert, qui / que ...
3. La mère de Fatou se fâche contre Jocelyne, qui / que ...
4. Jocelyne se comporte (*behaves*) comme les Nord-Américains, qui / que ...
5. Maman voudrait que Jocelyne lui parle des problèmes qui / que ...
6. Jocelyne pense aux vacances, qui / que ...
7. Jocelyne sait que le champagne est une boisson qui / que ...
8. L'individualisme et le stoïcisme sont des valeurs qui / que ...

Devinettes : personnages célèbres / objets couramment utilisés

Proposez à votre partenaire ou à la classe de décrire une personne bien connue ou un objet de tous les jours. Utilisez les pronoms relatifs **qui** et **que** dans les définitions.

modèles : C'est quelqu'un **qui** joue au tennis et qui se fâche souvent. C'est quelqu'un **que** les arbitres (*referees*) n'aiment pas trop. C'est ...

C'est quelque chose **qui** ne coûte pas très cher.
C'est quelque chose **que** les dentistes donnent à leurs patients.
C'est ...

Sculptures au musée des arts africains à Dakar

Scène 2 *En ville*

Sur le vif !

Jocelyne et Fatou visitent le musée des Arts africains[1] en compagnie de Souleye Diop, l'ami de Fatou.

Jocelyne : Il est passionnant de voir tant de toiles ! Si on cherche des scènes de la vie typique d'autrefois, on en trouve facilement. Mais regarde cette toile-là. Elle est formidable ! Il y a tant de couleurs et de lignes qu'il est difficile de deviner ce que c'est.

Souleye : En effet, chaque artiste a son style très personnel. Mais ils essaient tous de faire la même chose : montrer qu'ils sont liés à leur histoire, à leur culture. Il est important de connaître son passé. Comme l'a dit l'Américain Marcus Garvey : «Un peuple qui ne connaît pas son histoire est comme un arbre sans racines.»

Fatou : Autrefois, tu sais, les Sénégalais ne s'intéressaient pas trop à l'art de leur pays. À l'époque de la colonisation, on laissait partir en Europe de nombreux objets d'art de type traditionnel – des masques, des statuettes, etc.

Souleye : Mais après l'indépendance[2], le gouvernement a commencé à encourager les arts, y compris la peinture. Le premier président, Léopold Sédar Senghor[3], s'est intéressé personnellement à l'expression artistique des Sénégalais. Dakar a attiré les meilleurs talents d'Afrique et du monde. Et nous en voyons ici le beau résultat.

Jocelyne : Que c'est donc beau ! Fatou, ces peintures pleines de couleurs m'ont inspirée. Pourrais-tu m'aider à choisir une belle robe sénégalaise, que je porterai pour mon mariage ? J'aime tellement les tissus° et les couleurs ici.

fabrics

Fatou : *(surprise)* Je croyais que les mariées° portaient le blanc chez vous. C'est drôle; tu sais qu'ici, le blanc c'est la couleur du deuil°.

brides

mourning

Jocelyne : C'est vrai. Traditionnellement, les mariées portent le blanc. Mais de nos jours°, on a beaucoup de liberté. Moi, j'aimerais porter une robe sénégalaise. Comme ça, vous ferez partie de° la cérémonie.

nowadays
you will be part of

Fatou : Eh bien, oui, on va t'aider à trouver une belle robe. Il y a un célèbre village d'artisans près de Dakar, où il y a d'excellents tisserands°. Veux-tu y aller cet après-midi ?

weavers

Souleye : Si j'avais plus de temps cet après-midi, je vous accompagnerais très volontiers, mais les affaires m'appellent ...

Fatou : Tu viens toujours dîner à la maison ce soir ? On va manger un poulet aux arachides°.[4] On t'attend à 8 heures ?

peanuts

Souleye : Parfait. À ce soir, donc. Au revoir, Jocelyne.

Jocelyne : Au revoir, Souleye !

Pour en savoir plus

houses

1. Le musée abrite° une des meilleures collections d'art africain en Afrique occidentale.
2. Le Sénégal, ancienne colonie française, est devenu indépendant en 1960. Il est composé d'un grand nombre de tribus et leurs rivalités donnent lieu à des conflits parfois violents.
3. Léopold Sédar Senghor a été réélu quatre fois. En 1980, il a volontairement renoncé à la présidence, ce qu'aucun autre chef d'État africain n'avait encore fait. Poète et écrivain renommé, Senghor a été élu en 1984 à la prestigieuse Académie française, le premier Noir à recevoir cet honneur.
4. L'économie du Sénégal est fondée sur l'agriculture, mais le secteur industriel – déjà l'un des plus importants d'Afrique – est en pleine croissance. Le Sénégal est le premier pays exportateur d'arachides au monde.

Robe sénégalaise avec portrait de Léopold Senghor

Transport d'arachides (Sénégal)

Vous avez bien compris ?

Relisez la conversation et répondez **Vrai** ou **Faux** aux remarques suivantes. Si vous répondez **Faux**, essayez de corriger la phrase.

1. Jocelyne préfère l'art représentatif.
2. Les artistes sénégalais ont tous le même style.
3. Léopold Sédar Senghor est devenu président en 1960.
4. La couleur du deuil, au Sénégal, est le noir.

Répondez aux questions suivantes.

1. Pourquoi l'art du Sénégal s'est-il renouvelé à partir des années 60 ?
2. Pourquoi Fatou est-elle surprise à l'idée que Jocelyne puisse (*might*) porter une robe sénégalaise pour son mariage ?

Réflexions sur la culture

1. Est-ce que l'art joue un rôle important dans votre vie ? Expliquez.
2. Pensez-vous qu'il «est important de connaître son passé» ? Donnez des exemples pour justifier votre réponse.
3. Aimeriez-vous faire comme Jocelyne, vivre (*live*) un an dans un pays africain ? Expliquez vos raisons.

Fonctions et observations langagières

I. Introduire un sujet, y renvoyer

Introduire un sujet (Il est...de)

When instructing Jocelyne as to appropriate behaviour, Maman says:

Maman : Il est normal de parler à sa mère.

> **il est +** adjective **+ de +** infinitive

This construction is widely used, often (as above) to express an opinion about actions.

Il est important de dormir assez.
Il est frustrant de perdre un livre.
Il est encourageant de recevoir de bonnes notes.

> **À noter !**
>
> il est = *it is*
> • This is an *impersonal* construction.
> • This construction serves to *introduce* an action, idea, etc.

Renvoyer à un sujet (Ce, Il / Elle)

The impersonal construction **c'est +** *adjective* may also be used to express an opinion about actions or ideas. It is important to note here that **c'est +** *adjective* is normally used to *refer back* to something. Compare:

Il est important de dormir assez.
Je sais que c'est important, mais c'est difficile.

In this case, **c'** refers back to **dormir assez**.

Quelqu'un a attaqué une jeune femme sur le campus hier soir.
C'est choquant !

In the second case, **c'** refers back to the entire event described.

Rappel !

You saw in Chapter 1 the use of **c'est / ce sont** versus **il-elle est / ils-elles sont** when describing people and things.

c'est / ce sont :
– are used to *identify* people or things
   C'est ma nouvelle bicyclette. **Ce sont** mes cousins.
– are used to *describe* or refer back to people and things when a noun, a noun + adjective, or a noun + prepositional phrase are involved.
   Voici ma nouvelle bicyclette. **C'est** une Peugeot. **C'est** une très
      bonne marque.
   Voilà mes cousins. **Ce sont** les enfants de ma tante Rose.

il-elle est / ils-elles sont :
– are used to *refer back* to a person or thing previously mentioned, usually with an adjective or profession (in which case *no article* is used, as below):
   C'est ma nouvelle bicyclette. **Elle est** formidable !
   Ce sont mes cousins. **Ils sont** étudiants.

il / elle / ils / elles + *another verb*:
– are used to refer back to a person or thing previously mentioned.
   Mon oncle ? **Il habite** en Saskatchewan depuis quatre ans.
   Les cassettes digitales ? **Elles coûtent** toujours assez cher.

Synthèse

• "Impersonal" constructions
Il est + adjective + **de** + infinitive : *introduces* an idea
C'est + adjective : *refers back* to an idea

• "Personal" constructions
C'est + noun (including profession) : identifies a person or thing
C'est + noun + adjective : describes a person or thing
C'est + noun + prepositional phrase : describes a person or thing

il / elle / ils / elles + être +	adjective	refers back to and describes a person or thing
	profession	
	other verb	

Allez-y !

Ma famille
Présentez et décrivez quelques membres de votre famille en suivant ces indications.

Mon père est électricien.	**ou**	Mon père, c'est un électricien.
Il est très compétent.	**ou**	C'est un électricien très compétent.
Il est Marseillais.	**ou**	C'est un Marseillais.
Il est grand et sportif.	**ou**	C'est un homme grand et sportif.

Quiz culturel
Décrivez les personnages célèbres qui suivent, après avoir indiqué leur profession. (Notez qu'il faut utiliser l'imparfait pour les personnages historiques.)

modèle : Jean-Pierre Rampal
Jean-Pierre Rampal est flûtiste. Il est français. C'est un flûtiste superbe !

1. Michel Tremblay
2. Victor Hugo
3. Léopold Sédar Senghor
4. Claude Debussy
5. Coco Chanel
6. Catherine Deneuve
7. Edith Butler
8. Gaston
9. Silken Laumann

a. chanteuse acadienne
b. musicien français
h. couturière française
c. furet québécois
d. athlète canadienne
e. écrivain français
f. écrivain québécois
g. actrice française
i. écrivain sénégalais

Youssou N'Dour, musicien sénégalais renommé

Conseils aux nouveaux étudiants !
Imaginez que vous donnez des conseils à un-e camarade de première année. Indiquez sa réaction.

modèle : acheter les livres de cours
  – Il est important d'acheter les livres de cours.
  – **Je sais que c'est important, mais c'est tellement cher !**

adjectifs utiles

amusant-e	nécessaire
cher-chère	poli-e / impoli-e
difficile	possible / impossible
ennuyeux / ennuyeuse	utile / inutile

1. payer les frais de scolarité à temps (*on time*)
2. poser des questions aux professeurs
3. participer aux discussions en classe
4. participer aux clubs d'étudiants
5. faire du sport au centre sportif
6. aller aux matchs de hockey
7. sortir en groupe le soir
8. dormir en classe

II. Faire des hypothèses

Un événement qui pourrait avoir lieu

Several combinations of verb tenses are possible in French when discussing hypothetical situations.

• If the hypothetical situation is presented in an "if" (or **si**) clause in which the verb is in the *present* tense, the verb in the "result" clause may be *present*, *future* or *imperative*.

Jocelyne : Si on **cherche** des scènes de la vie typique d'autrefois, on en **trouve** facilement.
Si tu **vois** Souleye, **dis**-lui de me téléphoner.
D'accord, si je **vois** Souleye, je lui **dirai** de te téléphoner.

S'il **pleut**, Jocelyne, n'**oublie** pas ton parapluie.
Maman, j'**apporte** toujours mon parapluie s'il **pleut**.

Hypotheses I: Outcome possible or probable

the condition	the result _____
Si + présent	présent
	impératif
	futur

Allez-y !

Imaginez les conséquences ...
Terminez les phrases logiquement:

1. Vous voulez acheter un nouveau livre, mais vous n'avez pas assez d'argent.
   Vous en demandez à votre ami : «Si tu peux me prêter de l'argent, ...»
2. Vous téléphonez à votre mère à son travail : «Si elle n'est pas là, je ...»
3. Vous allez à votre banque : «Si la banque est fermée ...»
4. Vous voulez voir un nouveau film : «S'il n'y a plus de billets (*tickets*), ...»
5. C'est le soir de l'Halloween, et vous n'avez presque plus de bonbons à
   donner aux enfants : «Si je n'ai pas assez de bonbons pour tous les enfants
   qui viennent, ...»

Un événement peu probable ou contraire à la réalité

Consider the examples below taken from recent dialogues:

> *Souleye* : Si j'**avais** plus de temps cet après-midi, je vous **accompagnerais** ...
> *Jocelyne* : Si seulement il [Robert] **était** un peu plus près, je me **sentirais** bien
> mieux.

• The above conditions are contrary to fact and the sentences express some
improbable or even imaginary result, not a likely one. In this case, the verb of
the **si** clause is in the *imperfect* tense, and the result clause is in the *conditional*.

Hypotheses II: Contrary to fact

the condition   **the result** _____

Si + imparfait   conditionnel présent

Rappel !

You will remember the rule for the formation of the conditional from
the previous chapter. Simply add the *endings* of the imperfect tense to
the *stem* (both regular and irregular) of the future tense. For example:

je **parlerais** *I would speak*   j'**irais** *I would go*

• Although several English translations may be possible, the **si** clause will be
followed by the imperfect tense in French if there is uncertainty about the
outcome of the hypothesis.

S'il **neigeait,** je **ferais** du ski aujourd'hui.

	snowed	}	
If it	*were snowing,*	}	*I'd go skiing today.*
	were to snow	}	

• Either the **si** clause or the result clause may come first in a French sentence.

    S'il neigeait, je ferais du ski aujourd'hui.

   or

Je ferais du ski aujourd'hui **s'**il neigeait.

Allez-y !

Moi, si ...

Les personnages de *Bonne route* se demandent de temps en temps ce qu'ils feraient s'ils changeaient de profession ou d'occupation. Qu'est-ce qu'ils disent ? Et vous, que feriez-vous si vous n'étiez pas en train d'étudier ?

modèle : (Michael) artiste peintre / être acteur

    Si je n'étais pas artiste peintre, je serais acteur.

1. (Maria) étudiante / être instructrice de danse aérobique
2. (Réjean) professeur à l'école d'immersion / faire de la recherche
3. (Jocelyne) monitrice / devenir tisserande
4. (Robert) étudiant / voyager dans l'ouest du Canada
5. (Heather) chercheuse scientifique / écrire des romans policiers
6. (Gabrielle) animatrice / étudier la musique classique
7. (Jane) étudiante / travailler dans une station de ski au Colorado

On peut toujours rêver !

Posez les questions suivantes à un-e camarade de classe et ajoutez-en d'autres si vous voulez.

1. Que ferais-tu si ton / ta prof était malade aujourd'hui ?
2. Que dirais-tu si ta famille devait déménager (*move*) en Norvège ?
3. Et si tu ne pouvais pas les accompagner, est-ce que tu serais très déçu-e (*disappointed*) ?
4. Que ferais-tu s'il y avait une immense tempête de neige et l'université était fermée demain ?
5. Si tu pouvais faire exactement ce que tu voulais, qu'est-ce que tu ferais cet été ?
6. Que dirais-tu si tu héritais de 50 000 $ légués par une tante riche ?
7. Serais-tu content-e si je ne te posais pas d'autres questions ?

Imaginez une dernière question : «Que feriez-vous si ... » Posez-la à votre prof.

Mon château au Canada !

Rêvons encore un peu ... Si vous gagniez un million de dollars au Loto 6/49, laquelle (*which one*) de ces magnifiques propriétés canadiennes achèteriez-vous ? Pourquoi ? Est-ce que votre voisin-e a choisi la même propriété ?

Plus loin | *Montréal noir*

Pré-lecture

Montréal, vous le savez déjà, est la deuxième grande ville francophone du monde. Connaissez-vous assez bien la ville ? Discutez de ses caractéristiques principales avec un-e camarade de classe.

Quel est selon vous le pourcentage approximatif de Noirs qui habitent Montréal ? D'où viennent-ils surtout ? À votre avis, le racisme y est-il un problème assez grave ?

Montréal noir

**Un reportage de
Christian Rioux**

Pat Dillon et moi avons grandi dans la même ville, le même quartier, le même immeuble. Mais nous ne le savions pas. Elle habitait au rez-de-chaussée, moi au deuxième. Elle avait vue sur la rue, ma chambre donnait sur la cour°. Elle fréquentait l'école publique anglaise, j'allais à l'école privée française.

Tous deux minoritaires, chacun° à sa façon: elle la seule enfant noire de la rue Victoria, j'étais le seul à parler français. Vingt-cinq ans plus tard, ce bout de rue poussiéreux° en bordure° de Côte-des-Neiges est devenu «la Main» des 100 000 Noirs de Montréal.

C'est ici que débarquent° les enfants de domestiques° jamaïcains (comme elle), les *boat people* haïtiens et les étudiants sénégalais. Ils s'entassent° à cinq ou six dans les petits appartements de brique de la rue Linton, où ça sent les épices. Dans la pièce du fond° de l'encens brûle° sur de petits autels vaudou. Aux murs, des photos de Michael Manley ou de Malcolm X.

C'est ici, m'explique Michael Mark, que les jeunes Jamaïcains apprennent à devenir des Blacks: «Avant d'arriver à Montréal je ne savais même pas que j'étais noir ! Je n'en avais pas conscience.»

overlooked the yard

each one

dusty; near / alongside

land; servants
pile (up)

back room; incense burns

«Les jeunes Noirs sont très perméables aux idées du continent américain, dit l'écrivain haïtien Émile Ollivier, et aux modes qui arrivent directement de la Jamaïque ou des États-Unis.»

«Montréal et New York, c'est pareil°», m'ont dit et redit les jeunes Noirs que j'ai rencontrés. Même que ce serait mieux° là-bas, car les Noirs y sont plus nombreux. Ici, le racisme serait simplement plus subtil et parlerait français.

Et il n'y a pas que les jeunes flâneurs° de la station de métro Plamondon qui pensent ainsi : «Qu'on tue 100 Noirs à New York ou quatre à Montréal, ce n'est qu'une différence de quantité», dit Garvin Jeffers, directeur adjoint du Westmount High School, et membre respecté de la communauté noire anglophone.

Feindre d'ignorer° qu'on est noir, me dit un jeune Jamaïcain en colère, serait le pire des racismes : «J'aime mieux me faire traiter de sale nègre, au moins la situation est claire ! »

À l'autre bout de la ville, le paisible° quartier Ahunstic cache la même rage sous ses grands ormes° centenaires. «Comment ça se fait que lorsque Bruny Surin gagne une médaille aux Jeux olympiques, il est québécois, et que s'il violait une fille, il serait tout à coup Noir ? demande Joseph Guy Indy, 17 ans. À l'école, tout le monde se regroupe par couleur, pis nous on est Noirs.»

Je lui ai demandé quelle autre communauté que les Haïtiens pouvait se vanter°, après 20 ans, de compter 250 médecins, 150 ingénieurs et encore plus d'infirmières°, de fonctionnaires° et d'universitaires ... Joseph a haussé les épaules°.

Quand j'ai appris à Michelbon Jolibois, son copain, que l'Assemblée nationale avait déjà compté un député noir (Jean Alfred, de 1976 à 1981), il a douté puis m'a lancé° : «Évidemment, ils ont trouvé le moyen de s'en débarasser°.» Ils ? «Oui, les Blancs ! »

Dans son bureau du Westmount High School, Garvin Jeffers réplique° à chacun des exemples de réussite noire. «On trompe° les Noirs en leur laissant entendre° qu'ils pourront vivre comme tout le monde dans cette société. Nous sommes définis par notre couleur de notre naissance à notre mort. Ce n'est pas drôle, mais c'est la dure réalité. Nous sommes tous des descendants d'esclaves° et, fondamentalement, des Africains.»

«C'est faux !», répond Bergman Fleury, conseiller à l'intégration à l'école secondaire Joseph-François-Perrault. «La communauté noire, ça n'existe pas ! C'est une invention de l'esprit. Les «porte-parole noirs» ne représentent personne.»

«Les Haïtiens se sont débarrassés de l'esclavage il y a plus de 150 ans et il y a plus de cultures différentes en Afrique que dans toute l'Europe. Haïtiens, Jamaïcains et Sénégalais n'ont rien en commun que la couleur de leur peau. Et encore, il y a beaucoup de teintes° de noir.»

Les Haïtiens, qui représentent la moitié des Noirs de Montréal, se démarquent° fréquemment de la Ligue des Noirs du Québec présidée par Dan Philip, un professionnel de la lutte antiraciste. Ils affirment que les Noirs n'ont pas tous la même culture et ne sauraient être représentés par les mêmes

---

Glossary (margin):

it's the same thing
it might even be better

strollers / idlers

pretending not to know

peaceful
elms

to boast
nurses; civil servants
shrugged his shoulders

retorts
get rid of
replies
deceives
implying

slaves

shades

distinguish / differentiate
themselves

organisations. Les militants, comme Garvin Jeffers, écoutent leurs arguments avec un léger sourire en se disant qu'un jour «ils finiront bien par découvrir qu'eux aussi ils sont noirs».

(L'actualité, 15 décembre 1992)

Allez-y !

À débattre

1. Croyez-vous qu'il existe encore quelques quartiers, à Montréal, où très peu de gens parlent français ? Expliquez.
2. Est-ce que les immigrants haïtiens, jamaïcains et sénégalais risquent de s'adapter difficilement à la vie montréalaise ? Lesquels ont peut-être le plus de difficultés ? Pourquoi ?
3. Quels aspects de la culture québécoise sont, à votre avis, les plus surprenants pour ces immigrants ?
4. Expliquez la phrase suivante du texte (c'est un jeune Jamaïcain qui parle) : «Avant d'arriver à Montréal, je ne savais même pas que j'étais noir.»
5. «Haïtiens, Jamaïcains et Sénégalais n'ont rien en commun que la couleur de leur peau.» Discutez.

Rédaction

Dans votre ville ou votre région, le racisme se manifeste-t-il de façon ouverte ? Y voit-on souvent d'autres formes de discrimination ?

ou bien ...

En principe, êtes-vous en faveur du «melting-pot» ou de la valorisation des diverses ethnies qui composent votre société ?

Activités d'intégration

Les malentendus interculturels

Selon un proverbe africain, «La bouche qui mange ne parle pas.» (Il est poli de prendre le repas en silence.) Imaginez donc un repas où des Africains et des Nord-Américains dînent ensemble (dans une famille nord-américaine ou sénégalaise). Le malentendu, entre eux, est évident. Imaginez les détails du dîner et jouez la scène. Voici les étapes à suivre :

- Mettez-vous en groupes de quatre personnes : un père (nord-américain ou sénégalais), une mère (nord-américaine ou sénégalaise), leur enfant d'environ 20 ans, l'ami-e de leur enfant, appartenant à l'autre culture;
- Discutez de vos personnages et donnez-leur une personnalité (travail de collaboration);
- Identifiez les détails de la scène : où, quand, ce que vous mangez, etc.
- En fonction de la personnalité définie, identifiez les attitudes et les actions des personnages;
- Jouez la scène et comparez les résultats de différents groupes.

Jeu de rôle

«Maman» rencontre une amie et lui raconte ce qui est arrivé avec Jocelyne.

- Mettez-vous d'abord en groupes de trois personnes – trois «Mamans» ensemble, trois «amies» ensemble. Les membres de chaque groupe discutent de leurs attitudes et décident de ce qu'elles vont dire.
- Maintenant, jouez la scène en groupes de deux (une «Maman» + une «amie») mais (Attention !) sans utiliser de notes.
- Quelques groupes de deux jouent la scène devant la classe.
- Comparez ces versions différentes.

Analyse

À votre avis, le gouvernement joue-t-il un rôle positif ou négatif vis-à-vis des arts (beaux-arts, musique, théâtre, etc.) ou dans d'autres domaines, comme la télévision ? Expliquez votre point de vue, puis défendez-le à l'aide d'exemples.

Musiciens sénégalais au quartier Latin à Paris

Départ en Afrique

Monsieur / Madame X (et la famille peut-être ?) décident de visiter le Sénégal. Après avoir lu la conversation et les notes culturelles, au début du chapitre, avez-vous des conseils à donner ?

Vocabulaire actif

Exprimer des émotions, p. 397
Exprimer la colère, p. 399
S'excuser, p. 400
Pardonner, p. 400
Négations, p. 402

Noms
le bout *end*
la caractéristique *characteristic*
la cérémonie *ceremony*
la colonisation *colonization*
la confiance *confidence*
la date limite *deadline*
la difficulté *difficulty*
les ennuis *m troubles/worries*
le faux pas *social error*
la fête *celebration*
les fiançailles *f engagement*
le-la fonctionnaire *civil servant*
l'habitant-e *m / f inhabitant*
la liberté *liberty/freedom*
le malentendu *misunderstanding*
le mariage *marriage*
le marié-la mariée *groom/bride*
le membre *member*
la naissance *birth*
la peau *skin*
la politesse *politeness*
le porte-parole *spokesman/spokeswoman*
la propriété *property*
la réussite *success*

Verbes
approuver *to approve*
brûler *to burn*
considérer *to consider*
déménager *to move*
donner un coup de main *to pitch in and help*
emprunter *to borrow*

excuser *to excuse*
faire partie de *to be a part/member of*
falloir (il faut) *to be necessary*
fatiguer *to tire*
fêter *to celebrate*
justifier *to justify*
participer *to participate*
rencontrer *to meet*
se comporter *to behave*
se vanter *to boast*
supposer *to suppose*
traiter *to treat*
tromper *to deceive*

Adjectifs
chrétien-ne *Christian*
déçu-e *disappointed*
désespéré-e *desperate/in despair*
élu-e *elected*
encourageant-e *encouraging*
final-e *final*
impoli-e *impolite*
industriel-le *industrial*
inutile *useless*
musulman-e *Moslem*
silencieux-silencieuse *silent*
utile *useful*

Adverbes
ailleurs *elsewhere*
de toute façon *in any case*
de nos jours *nowadays*
donc *therefore*
du moins *at least*
malheureusement *unfortunately*
plus ou moins *more or less*
tout à coup *suddenly/all at once*
une fois de plus *once again*

Vous pénétrez
dans un lieu privé
et protégé
Respectez le et laissez le
propre en le quittant

Message près de Poitiers

CHAPITRE 13

Un environnement préoccupant

Mise en contexte

Heather et Michael se promènent avec quelques amis; la discussion porte sur l'environnement.

Objectifs communicatifs

Scène 1
Discuter et débattre
• Exprimer des réactions émotives
• Exprimer des possibilités, des doutes
Bien s'exprimer : les pronoms relatifs

Scène 2
Mener des discussions
Bien s'exprimer : les pronoms toniques (synthèse)
Demander des renseignements (suite)

Structures et expressions

Scène 1
Le présent et le passé du subjonctif
• après des locutions verbales qui expriment des émotions
• après des locutions verbales qui expriment la possibilité, le doute, la condition
• après certaines conjonctions
Les pronoms relatifs **dont, lequel**
Le pronom indéfini **ce, ce qui**, etc.

Scène 2
Les pronoms toniques
Les pronoms interrogatifs

Vocabulaire actif

Scène 1
Exprimer un sentiment, une émotion
Exprimer la possibilité, le doute
Le subjonctif après certaines conjonctions

Scène 2
Prendre la parole
Être d'accord / ne pas être d'accord
Introduire un nouveau point de vue

Culture

Le mouvement écologique en France
Le racisme en France

Le port de Marseille

<table>
<tr><td>Scène 1</td><td>*Discussion d'un problème*</td></tr>
</table>

Sur le vif !

Heather et Michael se promènent à Marseille, avec Marie-Josée Lacoste et son ami. Hassan El Nouty est étudiant en médecine, alors que Marie-Josée est, comme Heather, biologiste, et vient de finir ses études.

journals

Hassan : Vous savez, on parle de plus en plus des allergies dans les revues° médicales. Je suis persuadé, moi, que les gens ont plus d'allergies de nos jours que dans le passé. C'est une véritable crise. Regardez, par exemple ...

Michael : Attends un peu, Hassan. Je n'en suis pas convaincu, moi. N'est-il pas possible, tout simplement, que les gens viennent consulter leur médecin maintenant, alors qu'il y a 50 ans ils ...

Marie-Josée : Écoute, Michael, il ne faut pas être naïf ! Je connais plusieurs Parisiens dont les allergies étaient si fortes qu'ils ont dû quitter la ville. Depuis qu'ils vivent loin de la pollution, ils sont en parfaite santé.

Heather : Exactement. Ça me fait penser à une amie de Toronto – tu te rappelles Charlotte, hein, Michael ? Eh bien, elle était incapable de rester à Toronto, tellement la pollution la gênait. Elle est partie en Arizona, et ça va très bien maintenant.

Michael : Oui, d'accord, mais en Arizona elle devra se méfier° du soleil ! Vous savez, je trouve incroyable que le gouvernement dise aux Canadiens maintenant qu'il faut à tout prix éviter de rester au soleil. Imaginez donc! On voudrait qu'on garde les enfants à l'intérieur° pendant l'été ... Andy serait bien malheureux, lui, si on refusait de le laisser° jouer dehors° en été. On va trop loin, c'est ...

watch out for

inside
let; outside

Hassan : Mais non, Michael, tu exagères comme d'habitude. Tu n'es pas un peu Marseillais [1], par hasard ? Il n'est pas question de s'enfermer dans la maison. Mais il est très important que les gens – les enfants surtout – prennent des précautions. À moins d'avoir la peau basanée° comme moi, il faut qu'ils portent un chapeau, qu'ils se mettent une crème ...

swarthy

Heather : Justement. Et vous savez pourquoi c'est nécessaire, tout ça ? On revient toujours à la pollution. On est en train de° détruire la couche° d'ozone. Il est quand même étonnant qu'on n'ait pas encore éliminé tous les produits dangereux.

in the process of; layer

Marie-Josée : Au contraire, les lois du marché° font que les producteurs continuent de fabriquer les produits qui se vendent°. Les gens disent qu'ils se soucient de° l'environnement et qu'ils veulent le protéger ... à condition que° ça ne dérange pas leurs habitudes.

laws of the market place
sell
are concerned about; provided
that

Hassan : Et pourtant° les grosses entreprises° n'ont pas besoin de voir baisser leurs profits. La technologie du recyclage et la production de produits moins nocifs° offrent justement d'énormes possibilités pour des entreprises prêtes à investir dans ces recherches. On peut fabriquer des produits sains et tout aussi faciles d'usage que les anciens. Et, avec un peu d'effort, on peut changer les habitudes d'achat et de recyclage [2].

yet; big companies

dangerous

Heather : D'accord, mais vous vous rendez compte que les nouveaux procédés de fabrication créent aussi de la pollution ...

Boîte à recyclage entre Cassis et Marseille

Pour en savoir plus

1. Les Marseillais ont la réputation d'exagérer beaucoup. Il y a une blague° marseillaise célèbre qui mentionne une sardine «si grosse qu'elle a bouché° le Vieux Port». (La sardine en question, bien sûr, était un bateau !)

joke
blocked

2. Il est important de noter qu'en France on a déjà fait des tentatives pour remédier aux problèmes de l'environnement qui touchent aux déchets° et à leur recyclage. Bien qu'on y trouve plus de sacs en plastique qu'auparavant, bon nombre de Français se servent du filet° traditionnel lorsqu'ils font leurs courses; on a également installé d'énormes bacs° à bouteilles dans les différents quartiers d'une ville, pour recycler les bouteilles en verre, par exemple. (Surtout les bouteilles de vin !)

refuse

string bag
bins

Vous avez bien compris ?

Mise au point sur les problèmes d'environnement
Au cours de la conversation, les personnages ont abordé plusieurs problèmes.
Cochez (*tick off*) dans la liste ci-dessous ceux qui ont été mentionnés et dites
s'ils sont aussi graves en France qu'en Amérique du Nord.

– la contamination des poissons
– les produits chimiques
– la pollution de la mer
– le bruit excessif dans les grandes villes
– la contamination de l'eau potable
– le recyclage
– la pollution de l'air
– l'atmosphère de la terre

Gardanne, près de Marseille

Points de vue
Faites appel à votre mémoire et dites ce que pensent les personnages suivants
de la situation indiquée.

– Hassan et Michael (les allergies)
– Heather (la pollution de l'air)
– Michael (les effets du soleil)
– Heather (la couche d'ozone)
– Marie-Josée (les habitudes d'achat des gens)

Réflexions sur la culture

1. Êtes-vous optimiste ou pessimiste face à l'avenir de notre planète ? À votre
avis, quelles forces, quelles facultés devons-nous mettre en œuvre pour réaliser
les transformations écologiques nécessaires à la survie de la terre ?
2. Dans votre famille, pratiquez-vous le recyclage et l'achat de produits moins
nocifs pour l'environnement ?

Fonctions et observations langagières

I. Discuter et débattre

Exprimer des réactions émotives

The French love to debate. We are now going to look at some of the ways
discussions unfold.

Here is an emotional reaction from *Discussion d'un problème* :

> *Michael* : Vous savez, je trouve incroyable que le gouvernement dise aux Canadiens maintenant qu'il faut à tout prix éviter de rester au soleil.

• In addition to the uses that you learned earlier, the subjunctive is also required after verbs that express an emotional reaction to something ... **je trouve incroyable que ...** in the example above. Below are some other verbs that belong to this category:

Vocabulaire actif : *Exprimer un sentiment, une émotion*

avoir honte / peur que...	*to be ashamed/afraid that...*
craindre (je crains que ...)	*to fear (I fear that...)*
être content-e / mécontent-e /	*to be glad/displeased/happy/*
heureux-heureuse /	* unhappy/sorry /*
malheureux-malheureuse /	* delighted/surprised /*
désolé-e / ravi-e / surpris-e /	* sad, etc. that...*
triste, (etc.) que ...	
Ça m'étonnerait que ...	*It would surprise me that...*
Il est quand même étonnant que...	*It is nevertheless astounding*
(Je suis étonné-e que)	* that...(I am astounded that...)*
Je trouve incroyable / ridicule /	*I find it unbelievable /*
absurde, (etc.) que ...	* ridiculous / absurd, (etc.) that...*
L'important, c'est que ...	*What is important is that...*

• The subjunctive must be used following expressions of emotions that include the conjunction **que**. So far, as in the examples preceding the vocabulary box, you have learned to use the present subjunctive. Now let's look at an example of the past subjunctive.

Le passé du subjonctif

Heather explained her feelings about dangerous products:

> *Heather* : Il est quand même étonnant qu'on n'**ait** pas encore **éliminé** tous les produits dangereux.

• The **passé du subjonctif** is formed by putting the auxiliary verbs **avoir** or **être** in the present subjunctive and adding the past participle.

• The **passé du subjonctif** is used in the same circumstances as the present subjunctive but, naturally, the action of the verb in the subordinate clause occurs in the past.

Let us look at some examples of verbs in the **passé du subjonctif:**

> Elle est contente que tu **sois venu-e** hier soir.
> Vous ne trouvez pas ridicule que les gens **aient produit** tant de déchets ?

• Here are the conjugations of an **avoir** verb, an **être** verb, and a **pronominal** verb in the **passé du subjonctif:**

parler	aller	se laver
Exemple : L'important, c'est ...		
que j'**aie parlé**	je **sois allé-e**	je **me sois lavé-e**
que tu **aies parlé**	**sois allé-e**	te **sois lavé-e**
qu'elle **ait parlé**	**soit allée**	se **soit lavée**
qu'il / on **ait parlé**	**soit allé**	se **soit lavé**
que nous **ayons parlé**	**soyons allé-e-s**	nous **soyons lavé-e-s**
que vous **ayez parlé**	**soyez allé-e(s)**	vous **soyez lavé-e(s)**
qu'elles **aient parlé**	**soient allées**	se **soient lavées**
qu'ils **aient parlé**	**soient allés**	se **soient lavés**

Allez-y !

L'environnement nous préoccupe !
Reconstituez les opinions exprimées en associant les éléments des deux colonnes.

Michael trouve incroyable que ...	il y a de plus en plus d'allergies de nos jours
Je suis heureux-heureuse que ...	les gens vont chez leur médecin très souvent
Tu n'es pas étonné-e que ...	Charlotte ne peut pas rester à Toronto à cause de la pollution
	les ordinateurs n'ont pas réduit la quantité de papier utilisé dans les bureaux
Hassan et Marie-Josée ont peur que ...	le soleil est devenu un danger réel
	on a jeté des sacs en plastique à la mer

les poissons sont contaminés

on a détruit la couche d'ozone

les gouvernements n'ont pas encore
éliminé les produits dangereux

Réagissons ! (*à deux*)

Pour chaque situation exprimez, par écrit, votre réaction personnelle. Ensuite, comparez vos réactions et émotions.

– Nous devons permettre aux fumeurs de fumer n'importe où (*anywhere*).
– On a fait de grands efforts, l'année dernière, pour diminuer la pollution dans notre ville.
– Les problèmes de l'environnement sont exagérés.
– Les Français produisent plus de déchets (*waste products*) que les Nord-Américains.
– Marie-Josée n'a pas pris de précautions avant de s'exposer au soleil.
– Les gens ne veulent pas protéger l'environnement.
– Etc.

Recyclage de papiers

Exprimer des possibilités, des doutes

In the course of the discussion on the environment – as in most discussions – possibilities, hypotheses, and conditions are presented as part of the rational process.

> *Michael* : **N'est-il pas possible**, tout simplement, que les gens **viennent** consulter leur médecin maintenant, alors qu'il y a 50 ans ils ...

• In addition to the uses of the subjunctive that you have already learned, the subjunctive may also express the following possibilities and doubts:

Vocabulaire actif : *Exprimer la possibilité, le doute*

Il est possible que ...	*It is possible that...*
N'est-il pas possible que ...	*Isn't it possible that...*
Il n'est pas impossible que ...	*It's not impossible that...*
Je doute que ...	*I doubt that...*
Il se peut que ...	*It is possible that...*
Il n'est pas certain que ...	*It is not certain that...*
Il est peu probable que ...	*It is unlikely that...*

L'emploi du subjonctif après certaines conjonctions

Marie-Josée expressed her concern by using a conjunction relating to a condition:

> *Marie-Josée* : Les gens disent qu'ils se soucient de l'environnement et qu'ils veulent le protéger ... **à condition que** ça ne **dérange** pas leurs habitudes.

• Many other conjunctions require the subjunctive, for example:

> Je partirai **avant qu'**elle **vienne.**
> Tu peux passer l'examen **bien que** tu **sois** en retard.
> Elle a travaillé toute sa vie **afin que** ses enfants **aient** une vie facile.

Vocabulaire actif : *Le subjonctif après certaines conjonctions*

à condition que ...	*on condition that...*
afin que ...	*so that/in order that...*
à moins que ...	*unless...*
avant que ...	*before...*
bien que ...	*although...*
jusqu'à ce que ...	*until...*
pour que ...	*so that/in order that...*
pourvu que ...	*provided that...*
sans que ...	*without...*

Le subjonctif de quelques verbes irréguliers

• Here are the subjunctive forms of several common irregular verbs:

aller	boire	croire	devoir	faire
que j'aille	je boive	croie	doive	fasse
que tu ailles	boives	croies	doives	fasses
qu'elle / il / on aille	boive	croie	doive	fasse
que nous allions	buvions	croyions	devions	fassions
que vous alliez	buviez	croyiez	deviez	fassiez
qu'elles / ils aillent	boivent	croient	doivent	fassent

pouvoir	prendre	savoir	venir	vouloir
que je **puisse**	prenne	sache	vienne	veuille
que tu **puisses**	prennes	saches	viennes	veuilles
qu'elle / il / on / **puisse**	prenne	sache	vienne	veuille
que nous **puissions**	prenions	sachions	venions	voulions
que vous **puissiez**	preniez	sachiez	veniez	vouliez
qu'elles / ils **puissent**	prennent	sachent	viennent	veuillent

voir (*see* **croire**)

Allez-y !

Quelques situations
Complétez les phrases suivantes en employant les expressions indiquées.

modèle : Je vous verrai demain, à moins que ... (vous / partir ce soir).
   Je vous verrai demain à moins que vous *partiez* ce soir.

1. Marie-Josée mettra une crème sur la peau de ses enfants afin que ...
   (ils / ne pas être brûlés [*to burn*] par le soleil)
2. Elle va m'attendre jusqu'à ce que ... (je / faire mes devoirs)
3. Téléphone-nous à moins que ... (tu / aller à la bibliothèque)
4. Ils vous écriront une lettre pourvu que ... (vous / répondre tout de suite)
5. Mes parents sont arrivés sans que ... (je / le savoir)
6. Essayons de nous retrouver à la gare pour que ... (nous / pouvoir prendre
   le même train)

Je disparais pour renaître...

...ou la petite histoire de la boîte acier qui se recycle

Que faire ? (*par groupes*)
Discutez des problèmes ci-dessous et faites des hypothèses sur la possibilité
ou l'impossibilité de les résoudre (*solve*). Exprimez vos doutes et vos craintes.

– L'eau est polluée partout dans le monde.
– La couche d'ozone risque d'être détruite.
– Le «fast-food» est toujours enveloppé de plastique.
– On jette des boîtes (*cans*) de bière vides par terre.
– Le bruit intense et perpétuel, dans les grandes villes, détruit notre sens de
   l'ouïe (*hearing*).

II. **Bien s'exprimer : les pronoms relatifs**

Dont, ce qui, lequel

> **Rappel !**
>
> In Chapter 12 you learned the use of the relative pronouns **qui** (subject) and **que** (direct object).

You now have the chance to learn some additional relative pronouns. Look at the example below, taken from the dialogue:

Marie-Josée : Je connais plusieurs Parisiens **dont** les allergies étaient si fortes qu'ils ont dû quitter la ville.

• **dont** (*whom, which, of whom, of which, whose*) replaces **de** + noun and refers to people or things.

J'ai eu A+ à mon test de chimie. Je suis fier **de** cette note.
C'est une note *dont* je suis fier.
This is a mark of which I am proud.

Voilà Edith Butler. Je vous ai parlé **de** cette chanteuse.
C'est la chanteuse *dont* je vous ai parlé.
This is the singer about whom I talked to you.

• **ce qui, ce que** (*what, that which*) and **ce dont** (*what, that of which*) are *indefinite relative pronouns.* They refer to ideas, events, etc. that do not have a number or gender or a specific antecedent.

Ce qui me plaît surtout, c'est la musique classique.
What (the thing that) pleases me most is classical music.

Savez-vous **ce qu**'elle a dit ?
Do you know what she said?

Nous ne pouvons pas trouver **ce dont** nous avons besoin.
We can't find what we need.

L'aisance dans laquelle vous vivrez à la retraite pourrait bien dépendre du choix de votre interlocuteur.

• **lequel, laquelle, lesquels, lesquelles** (*who, whom, which*) are *relative pronouns* used after prepositions to refer to persons or things.

Je suis assis à côté d'une jeune fille. C'est ma sœur. →
La jeune fille **à côté de laquelle** je suis assis est ma sœur.
The girl next to whom I am sitting is my sister.

J'ai trouvé mon ami dans la gare. C'est la gare de Lyon. →
La gare **dans laquelle** j'ai trouvé mon ami est la gare de Lyon.
The train station in which I found my friend is the gare de Lyon.

Allez-y !

Faites le bon choix !
Complétez les phrases suivantes avec le pronom relatif qui convient.

1. Michael est une personne avec _____ on aime discuter.
2. Il n'est pas convaincu que les mers _____ il a vues sont toutes polluées.
3. Nous n'avons pas les solutions _____ nous avons besoin pour résoudre tous les problèmes de l'environnement.
4. _____ me gêne, c'est que les grandes entreprises n'ont pas fait assez pour éliminer la pollution.
5. Ne sais-tu pas _____ elles ont envie de faire ? Gagner de l'argent, c'est la seule chose _____ les intéresse !
6. Je ne suis pas d'accord avec _____ vous dites des grandes entreprises. Elles tiennent compte de l'avis (*opinion*) du public.
7. Voilà le terrain vague (*lot*) sur _____ il y a toujours des déchets.
8. C'est surtout le sexisme _____ j'essaie de combattre dans la société d'aujourd'hui.
9. Savez-vous _____ nous avons besoin pour améliorer le monde ?
10. Les lacs dans _____ il y avait tant de pollution ont été purifiés.

Ma ville idéale (*à deux*)
Répondez aux questions personnelles suivantes en employant un pronom relatif.

modèle : Quelle sorte de ville aimeriez-vous habiter ?
     J'aimerais habiter une ville *dans laquelle* ...
     ou bien ...
     La ville *dans laquelle* j'aimerais habiter ...

1. Dans quelle sorte de ville voudriez-vous habiter ?
2. Est-ce que votre ville serait très propre ?
3. Quels problèmes pourrait-il y avoir dans votre ville ?
4. Auriez-vous besoin de réformes en ce qui concerne la pollution et la protection de l'environnement ? Lesquelles ?
5. Que faudrait-il faire (*should be done*) pour améliorer la qualité de la vie dans votre ville ?

Propositions pour un environnement propre (*par groupes*)
Cherchez ensemble des solutions aux problèmes de l'environnement et présentez-les à la classe. Employez le plus grand nombre possible de pronoms relatifs.

modèles : Les solutions **que** nous allons proposer sont ...
     Ce dont nous avons besoin pour éliminer la pollution, c'est ...
     Les problèmes **qui** nous menacent le plus, en ce moment, sont ...

La Méditerranée depuis la cathédrale Notre-Dame à Marseille

<table>
<tr><td></td><td></td></tr>
</table>

Scène 2	*Il faut agir !*

Sur le vif !

Les amis interrompent leur promenade pour admirer la mer.

swimming

Marie-Josée : Voilà ! (*Elle fait un geste de la main.*) Nous avons devant nous la belle Méditerranée. On pourrait croire que c'est le paradis de la baignade°, n'est-ce pas ? Cependant, chaque année il y a de nombreux cas d'infections causées par ses eaux polluées. Et beaucoup de plages ici sont fermées pendant l'été à cause de la pollution. Heather et moi, nous ne le savons que trop bien ! Les lacs et les rivières sont pollués aussi ... Ça ne m'étonnerait pas qu'on nous

a few years from now

interdise de manger du poisson, d'ici quelques années°, si on n'arrive pas à diminuer la pollution.

Heather : Ça ne me surprendrait pas. Nous l'avons déjà vu en Amérique du

hit hard
native

Nord. Il y avait, à une époque, beaucoup de poissons contaminés par le mercure. L'empoisonnement au mercure avait même durement frappé° certaines populations autochtones°. On nous conseillait de ne manger qu'une petite quantité de poisson par semaine.

concentration

Michael : Mais, peu à peu, on a réussi à diminuer le taux° de mercure dans l'eau, à plusieurs endroits. Les Grands Lacs contiennent moins de contaminants qu'auparavant, grâce aux accords passés entre les gouvernements canadien et

call me

américain. Vous allez encore me traiter de° naïf, mais il faut quand même rester optimiste.

434

Marie-Josée : Et qu'est-ce qui te rend si optimiste ? Tu es un vrai artiste qui ne voit pas la réalité.

Michael : (*Il s'énerve.*) Ce n'est pas juste de dire ça, Marie-Josée, et tu le sais bien. Oui, je suis un artiste, et oui, je cherche la beauté. Mais je vois aussi la laideur° dans la société, et j'essaie d'y changer quelque chose. Je travaille 10 heures par semaine pour S.O.S.-Racisme¹, pour aider à combattre un gros problème de pollution mentale.   *ugliness*

Hassan : C'est vrai, ce que tu dis là. Il y a beaucoup de racisme en France – et ailleurs°. Par exemple, mes ancêtres arabes avaient fondé la première école de médecine en Europe, près d'ici, à Montpellier, au XIVᵉ siècle². Mais de nos jours, les Arabes et d'autres travailleurs immigrés occupent souvent les emplois les moins bien rémunérés de la société française et peuvent souffrir de stéréotypes négatifs.   *elsewhere*

Michael : Il y a du racisme partout dans le monde, et du sexisme, et bien d'autres problèmes. L'important, c'est que chaque individu fasse quelque chose. Vous vous demandez pourquoi je suis optimiste ? Je vais vous le dire. Je fais confiance à la jeune génération. Les jeunes, eux, sont conscients° des problèmes et ils n'accepteront pas qu'on détruise° leur monde. Ils refuseront d'être victimes; ils feront partie de° la solution et non pas du problème. Voilà ce qui me rend optimiste. Et puis, c'est vrai, je fais un effort pour voir et pour goûter à la beauté de la Terre.   *aware* *destroy* *will be a part of*

Marie-Josée : (*Un peu gênée.*) Voyons, Michael, ne te fâche pas pour de bon. Tu sais bien que nous, Français, on aime discuter³. On ne cherchait pas à t'insulter. D'ailleurs, tu as raison. C'est vrai qu'on se laisse trop décourager. On devrait continuer chacun à faire un petit quelque chose. C'est ce qui compte.

Pour en savoir plus

1. S.O.S.-Racisme est une organisation dont le but° est de combattre le racisme en France. Le racisme se manifeste contre les groupes d'immigrés les plus importants : les Arabes et les Noirs africains. Un politicien français d'extrême-droite, Jean-Marie Le Pen, a lancé un mouvement contre l'immigration. Son parti, le Front national, obtient quelquefois 8%-15% du vote aux élections. S'il y a des Français qui le suivent, il y en a bien d'autres qui s'inquiètent du message raciste.   *goal*

2. La Faculté de médecine de Montpellier, fondée au XIVᵉ siècle par les Arabes, jouit depuis ce temps d'une réputation des plus prestigieuses. Les Arabes ont transmis° aux Européens beaucoup de connaissances scientifiques (en médecine et en mathématiques, notamment).   *brought*

Affiche anti-raciste près du nouvel Opéra de la Bastille à Paris

3. Les Français discutent avec une passion qui surprend souvent les Anglo-Saxons. La passion pour la discussion n'est pas synonyme de colère, cependant, et c'est pour cette raison que Marie-Josée tient à apaiser° Michael.

is anxious to calm

Vous avez bien compris ?

Répondez aux questions suivantes :

1. La pollution des eaux semble-t-elle être un problème grave en France ? Expliquez.
2. Les poissons en Amérique du Nord sont-ils encore contaminés par le mercure ?
3. A-t-on réussi à diminuer la pollution des Grands Lacs ?
4. Michael est-il un artiste naïf qui ne voit que la beauté des choses ?
5. Quels groupes ethniques sont victimes du racisme en France ? Et chez vous ?

Réflexions sur la culture

1. Si, comme Michael le dit, le racisme, le sexisme et la violence sont des formes de pollution mentale, croyez-vous qu'il y ait un rapport entre l'environnement externe et l'environnement interne ? L'environnement serait-il une projection de notre paysage intérieur (*inner landscape*) ? Expliquez.
2. Avez-vous essayé de résoudre des problèmes concernant l'environnement ? Lequel vous intéresse le plus ? Comment peut-on encourager les gens à s'engager (*get involved*) ? En petits groupes, discutez de vos opinions.

Fonctions et observations langagières

I. Mener des discussions

Prendre la parole

Throughout the two chapter dialogues the characters interact in a number of ways: by taking the floor (sometimes abruptly), agreeing and/or disagreeing, and changing the subject. Notice in the example below how Marie-Josée gets into the conversation while Michael is speaking:

> *Michael* : N'est-il pas possible, tout simplement, que les gens viennent consulter leur médecin maintenant, alors qu'il y a 50 ans ils ...

> *Marie-Josée* : Écoute, Michael. Il ne faut pas être naïf ! Je connais ...

The type of intervention in the example above occurs on many occasions in this dialogue.

Vocabulaire actif : *Prendre la parole*

Attendez / Attends un peu ...	*Wait a minute...*
Dites, s'il vous plaît ... / Dis, s'il te plaît ...	*Say, if you don't mind...*
Écoutez, Monsieur / Madame / Mademoiselle ...	*Listen, Sir / Madame / Miss...*
Écoute ...	
Permettez-moi / Permets-moi de dire que ...	*Allow me to say that...*
Si j'ose dire ...	*If I dare say...*
C'est vrai, ce que tu dis là.	*It's true, what you're saying.*

Indiquer son accord ou son désaccord

Let us look at some of the ways a discussion takes shape and evolves. Below are examples of agreement and disagreement from the first dialogue:

> *Heather* : Exactement.
> *Michael* : **Je n'en suis pas convaincu**, moi.
> *Hassan* : **Mais non**, Michael, **tu exagères**, comme d'habitude.

Vocabulaire actif : *Être d'accord / ne pas être d'accord*

Attendez / Attends un peu ...	*Wait a minute...*
C'est vrai, ce que tu dis-là / vous dites-là ...	*It's true what you say...*
C'est vrai qu'on ...	*It's true that one/people...*
(Oui) d'accord / peut-être, mais ...	*(Yes) agreed/maybe, but...*
Exactement ...	*Exactly...*
Justement ...	*Precisely*
(Oui), tu as / vous avez tout à fait raison ...	*(Yes), you are absolutely right...*
Tu exagères / Vous exagérez ...	*You exaggerate...*
Ce n'est pas tout à fait ça ...	*That's not quite right...*
Tu as tort / Vous avez tort ...	*You're wrong...*
Ce n'est pas vraiment ...	*That's not exactly...*

Introduire un nouveau point de vue

Introducing a new viewpoint is a common strategy in a discussion. Study the examples below:

> *Marie-Josée* : Écoute, Michael. Il ne faut pas être naïf ! Je connais plusieurs Parisiens dont les allergies étaient si fortes qu'ils ont dû quitter la ville.

> *Heather* : Exactement. Ça me fait penser à une amie de Toronto ...

Vocabulaire actif : *Introduire un nouveau point de vue*

Ça me fait penser à ...	*That reminds me of, makes me think about...*
Écoutez / Écoute ...	*Listen...*
Il est quand même étonnant que ...	*It is nevertheless surprising that...*
Je ne suis pas convaincu-e que ...	*I'm not convinced that...*
(Mais) n'oublions pas que ...	*(But) let's not forget that...*
Tu te rappelles / Vous vous rappelez que ...	*You remember that...*
Voyons ...	*Let's see...*

Allez-y !

D'accord, mais à mon avis ...

Les remarques suivantes représentent divers points de vue et partis-pris (*biases*). Exprimez votre accord ou désaccord en faisant les commentaires appropriés.

1. Les gens ont plus d'allergies aujourd'hui parce que le taux de pollen est plus élevé.
2. On n'a pas encore établi suffisamment le lien (*link*) entre la pollution de l'air et la maladie.
3. Il est incroyable qu'on dise aux Nord-Américains d'éviter le soleil alors que les Sud-Américains n'en souffrent pas.
4. Les incendies sont nécessaires pour que la forêt se renouvelle (*renew itself*).
5. Bien que la couche d'ozone soit en danger maintenant, les scientifiques rectifieront bientôt la situation.
6. On va continuer à décimer nos forêts, à moins que les grandes entreprises adoptent de nouveaux procédés d'emballage (*packaging*).
7. La surabondance de matières grasses (*fats*) dans la nourriture, elle aussi, est une forme de pollution.

Voyons, il ne faut pas être naïf ! (*par groupes*)

Discutez du racisme, du sexisme et de la violence dans notre société. Employez toutes les stratégies possibles pour prendre la parole et amener les autres à partager votre opinion.

modèle : – Moi, je crois que les problèmes de violence et de racisme vont de pair (*together*).

Il est évident que ...

– **Attends un peu. Il ne faut pas être naïf !** La violence est due à plusieurs facteurs ...

II. Bien s'exprimer : les pronoms toniques (synthèse)

In the conversations for this chapter many stress pronouns were in evidence, for example:

Michael : Je n'en suis pas convaincu, moi.

Marie-Josée : Heather et moi, nous ne le savons que trop bien !

> **Rappel !**
> The forms of the stress pronouns are:
>
> | | |
> |---|---|
> | moi | nous |
> | toi | vous |
> | elle | elles |
> | lui | eux |

You have already learned the following uses of stress pronouns:

• To indicate possession (**être + à**):
  C'est ton chien ? Oui, il est **à moi**.

- For emphasis:

  Moi, j'aurais bien aimé rester plus longtemps là-bas.

- After a preposition

  Pour elle, c'est un rêve.

Stress pronouns have other important uses in French as well.
- After **c'est** and **ce sont**:

  Est-ce que c'est Philippe ? Oui, c'est **lui**.

  Est-ce que ce sont les amies de Francine ? Oui, ce sont **elles**.

  C'est **vous** qui avez fait cela ? Oui, c'est **moi**.

- For additional emphasis:

  Tu peux le faire **toi-même**.   Ils vont y aller **eux-mêmes**.
  *You can do it **yourself**.*   *They're going to go **themselves**.*

  Nous avons fait la tarte **nous-mêmes**.
  *We made the pie **ourselves**.*

- In compound subjects:

  Marie-Josée : Heather et **moi**, nous ne le savons que trop bien !

  Toi et **moi**, nous sommes du même pays, n'est-ce pas ?

- Used alone in short phrases or sentences that have no verb:

  Qui veut aller au cinéma demain ? **Moi** !

  Qui voudrait faire la vaisselle ? Pas **nous** !

  Les frères de Marc détestent les champignons. **Eux** aussi ?

  Je n'ai pas envie de sortir ce soir. **Nous** non plus.

Allez-y !

Où est la vérité ?
Répondez aux questions suivantes.

modèle : C'est toi qui fais partie de S.O.S. -Racisme ?
  Non, ce n'est pas moi, c'est mon frère.

  Ce sont Robert et Paul qui ont jeté les cannettes (*pop cans*) sur le trottoir (*sidewalk*) ?
  Oui, ce sont eux.

1. Est-ce que c'est l'usine (*factory*) de conditionnement du jus d'orange qui contamine le lac et les poissons ?
2. C'est nous qui avons contribué au problème de la pollution ?

3. C'est Hassan qui a des ancêtres arabes, n'est-ce pas ?
4. Ce sont les gouvernements qui ont passé des accords sur les produits toxiques ?
5. Ce sont les autres qui doivent faire des efforts pour réduire la pollution ?

Encore un peu de pub !

Il est important d'insister sur les bonnes qualités du produit qu'on veut vendre. Inventez quelques slogans ou annonces publicitaires pour des produits réels ou fictifs. N'oubliez pas de dessiner une illustration appropriée à votre annonce.

modèles : Moi et mes camarades, nous mangeons du müsli tous les jours. Pour nous, une journée sans müsli, c'est comme un mois sans soleil ! Pour vous aussi, n'est-ce pas ?

Cuisa-matic. Le robot qui fait tout lui-même ! Le robot qui cuisine … comme un chef !

Ça reste entre nous, hein ?

C'est le moment des confidences et il faut répondre à toutes sortes de questions indiscrètes. (Mais rassurez-vous, il n'est pas nécessaire de dire la vérité, bien sûr).

modèle : Es-tu sorti-e avec Philippe hier soir ?
Bien sûr, je suis sorti-e avec lui. Lui et moi, nous sortons tout le temps ensemble.
ou bien …
Mais non, je ne suis pas sorti-e avec lui. Nous deux, c'est fini depuis longtemps !

1. Est-ce que c'est toi qui as eu un accident d'auto la fin de semaine passée ?
2. De quoi est-ce que vous parlez quand vous vous retrouvez entre amis ou entre amies, dans l'intimité (*alone*) ?
3. Moi, je demande souvent de l'argent à mes parents. Et toi ?
4. Est-ce que tu es allé-e au cinéma avec ta blonde / ton chum vendredi soir ?
5. Et tes copains, qu'est-ce qu'ils ont fait vendredi soir ?
6. Moi-même, je n'étudie pas beaucoup pendant la fin de semaine. Toi non plus, je suppose ?
7. Franchement, c'est à moi que tu as envie de confier (*entrust*) la plupart de tes secrets ?
8. Est-ce que tu recycles toutes tes cannettes vides ?

III. **Demander des renseignements (suite)**

Quelques pronoms interrogatifs (synthèse)

Rappel !

In previous chapters of *Bonne route* you have learned various ways to ask for information. You learned several ways to ask *yes/no* questions (by intonation, **est-ce que**, **n'est-ce pas** and inversion), you were introduced to the interrogative adverbs (**quand, comment, combien, où,** and **pourquoi**) and finally, in Chapter 9, you worked with the interrogative adjective **quel-quelle** and the interrogative pronouns **qui, qu'est-ce qui** and **qu'est-ce que.**

• It is now time to examine the interrogative pronouns of French more closely. The chart below summarizes the forms and functions of the principal interrogative pronouns of French:

	subject	object of a direct object	preposition
Les pronoms interrogatifs			
person	**qui** or	**qui** (+ inversion)	(à) **qui** (+ inversion)
	qui est-ce qui	**qui est-ce que**	(à) **qui est-ce que**
thing	**qu'est-ce qui**	**que** (+ inversion)	(à) **quoi** (+ inversion)
		qu'est-ce que	(à) **quoi est-ce que**

À noter ! There is no short form for the subject pronoun that refers to a thing.

Exemples : Questionnaire portant sur le conte *Les trois petits cochons*

1. **Qui** a peur du gros méchant loup (*big bad wolf*) ?
   Qui est-ce qui bâtit (*builds*) sa maison de briques ?
2. **Qui est-ce que** le loup a mangé ?
3. Chez **qui** le loup se rend-il ?
4. **Qu'est-ce qui** arrive au cochon qui a bâti sa maison de paille (*straw*) ?
5. **Qu'est-ce que** le loup a fait lorsque les cochons ont refusé d'ouvrir la porte ? (souffler = *to blow*)
   Que fait-il lorsqu'il découvre qu'il ne peut pas faire tomber la maison en briques ?
6. Avec **quoi** le deuxième petit cochon a-t-il bâti sa maison ? (bâtons = *sticks*)

Le pronom interrogatif **lequel**

Finally, the interrogative adjective **quel** (*which*) has a corresponding interrogative pronoun **lequel** (*which one*). Just as the forms of the adjective **quel** vary for number and gender, there are four forms of the pronoun **lequel**, **laquelle**, **lesquels** and **lesquelles.** For example:

> **Laquelle** (de ces chemises) a-t-il achetée ?
> **Lesquels** (de ces étudiants) viendront ?

The usual rules for contractions apply to these forms. Compare:

> De **quel** livre parlez-vous ? **Duquel** (= **de** + **lequel**) parlez-vous ?
> À **quelles** femmes parlez-vous ? **Auxquelles** (= à + lesquelles) parlez-vous ?

Allez-y !

Lequel faut-il mettre ?
Ajoutez un pronom interrogatif convenable aux phrases suivantes:

modèle : **Qu'est-ce que** tu comptes faire pendant le week-end ?

1. _____ va venir ce soir, Katrin ou Louisa ?
2. _____ Pierre fera samedi ?
3. Avec _____ travailles-tu le plus souvent ?
4. _____ se passe, les amis ?
5. _____ des deux actrices est meilleure, à ton avis ?
6. De _____ voudriez-vous que nous parlions, Madame ?
7. _____ veux-tu faire maintenant ?
8. _____ allez-vous emmener à l'aéroport demain matin ?
9. J'aime bien les documentaires sur l'environnement. _____ préfères-tu ?
10. Sans _____ ne pouvez-vous pas vivre ?
11. _____ va venir à la réunion de S.O.S.-Racisme ?
12. Parmi les populations autochtones, _____ sont en danger ?

Le grand départ !

Vous organisez un voyage en Asie et votre ami-e voudrait en savoir un peu plus sur ce voyage. Quelles vont être ses questions ?

modèle : *Vous* : Nous allons visiter quatre pays d'Asie.
        Votre ami-e : Ah bon ? Lesquels allez-vous visiter ?

1. J'ai essayé plusieurs agences de voyage avant d'en choisir une.
2. Un des employés de cette agence m'a été particulièrement utile.
3. J'ai appris qu'il faut avoir un visa pour visiter certains pays.
4. Nous avons déjà choisi presque tous nos hôtels.
5. Un des pays d'Asie m'a toujours fasciné.
6. Je vais enfin pouvoir visiter la ville de mes rêves !
7. Ma femme et deux de nos enfants vont m'accompagner.

Jeu de rôles

Le moment est enfin venu : c'est le dernier jour du semestre ! Imaginez la discussion que vous allez avoir avec vos camarades de classe. Par exemple :

– Dieu merci, le semestre est fini. Je n'ai jamais tant étudié ! Et toi, lequel de tes cours a été le plus difficile ?
– Moi ? Le cours de psychologie, je crois. Mais tous les profs ont été assez exigeants (*demanding*). Pour qui as-tu travaillé le plus ?
– J'ai travaillé énormément en sociologie. Dis, c'est bientôt les grandes vacances. Qu'est-ce que tu vas faire cet été ? Etc.

Plus loin

Si elles meurent, nous mourrons (World Wide Fund for Nature – Fonds Mondial pour la Nature)

Pré-lecture

Le problème des espèces en voie de disparition (*endangered species*) constitue, selon certains experts, l'une des grandes menaces pesant sur l'avenir de notre planète. Connaissez-vous déjà le travail du WWF ? Pouvez-vous citer certains de ses projets ?

si elles meurent, nous mourrons.

Chaque jour, au moins une espèce végétale disparaît pour toujours sur notre planète. Les scientifiques estiment que cette situation est redoutable pour l'avenir de l'homme, car à ce rythme la plupart des espèces vivantes de plantes et d'animaux pourraient disparaître en à peine plus de 50 ans.

Savez-vous qu'une majorité de produits chimiques utilisés dans la composition des médicaments doivent beaucoup aux plantes. La pervenche rose, une plante malgache, a permis d'augmenter le taux de rémission de la leucémie infantile. 90% des forêts où elle pousse ont été détruites par l'homme. La quinine, provenant d'un arbre péruvien guérit la malaria. Le curare, intervenant dans la fabrication de médicaments es-

sentiels dans la chirurgie provient d'Amazonie, où les forêts sont dévastées.

Savez-vous que chaque année une superficie de forêts équivalente à celle de l'Autriche est pillée ou polluée, les arbres des forêts sont coupés, les zones humides asséchées. Savez-vous que la disparition des espèces végétales entraîne celle, à terme, des espèces animales.

NON. Nous ne voulons pas cela.

Le WWF a mis en place 132 projets pour éviter ce désastre biologique. Avec des priorités géographiques: les forêts, les littoraux et les zones humides, nous travaillons en collaboration avec les habitants locaux. Nous nous donnons cinq ans. Nous avons besoin de vous. Maintenant.

WWF

Lutte pour la vie.

Envoyez vos dons au WWF 151, boulevard de la Reine - 78000 VERSAILLES. Le WWF remercie l'agence Ogilvy and Mather. L'illustratrice: Patricia Dupuy et les supports.

Chaque jour, au moins une espèce végétale disparaît pour toujours sur notre planète. Les scientifiques estiment que cette situation est redoutable° pour l'avenir de l'homme, car à ce rythme la plupart des espèces vivantes de plantes et d'animaux pourraient disparaître en à peine° plus de 50 ans.

Savez-vous qu'une majorité de produits chimiques utilisés dans la composition des médicaments doivent beaucoup aux plantes ? La pervenche° rose, une plante malgache°, a permis d'augmenter le taux de rémission de la leucémie° infantile. Or, 90% des forêts où elle pousse° ont été détruites par l'homme. La quinine, provenant° d'un arbre péruvien, guérit de la malaria. Le curare, intervenant° dans la fabrication de médicaments essentiels en chirurgie°, provient° d'Amazonie, où les forêts sont dévastées.

Savez-vous que chaque année une superficie° de forêts équivalente à celle de l'Autriche est pillée° ou polluée, que les arbres sont coupés et les zones humides asséchées° ? Savez-vous que la disparition des espèces végétales entraîne°, à terme, celle des espèces animales ?

NON. Nous ne voulons pas cela.

Le WWF a mis en œuvre 132 projets pour éviter° ce désastre biologique, avec des priorités géographiques : les forêts, les littoraux° et les zones humides. Nous travaillons en collaboration avec les habitants locaux. Nous nous donnons cinq ans. Nous avons besoin de vous. Maintenant.

Allez-y !

Attention à l'écologie !
Inventez une publicité sur l'environnement. Servez-vous (*use*) de la formule «Savez-vous que ... » pour attirer l'attention sur les problèmes que vous trouvez les plus graves.

Rédaction
Écrivez une lettre à votre député (*MP/MPP*), en vous plaignant (*complaining*) de la disparition de certaines espèces végétales ou animales dans votre région.

ou bien ...

Donnez votre opinion sur un problème écologique important qui affecte soit (*either*) la région où vous êtes né-e soit (*or*) la région que vous habitez maintenant.

Activités d'intégration

Heureusement, il n'est pas trop tard !
Dressez (*Draw up*) une liste d'interventions écologiques que vous jugez nécessaires. Ensuite, comparez votre liste avec celle de vos camarades de classe.

Marginal glossary:

dangerous

scarcely

periwinkle
Madagascan
leukemia; grows
originating
used
surgery; comes from
area
pillaged
dried out
brings about

prevent
coastlines

modèle : Notre littoral (*coastline*) va disparaître **à moins que** nous ...
Bien que nous **ayons** toujours des forêts, il faudra ... **avant que** ...
Etc.

À l'écoute

Il est rare que les gens écoutent attentivement les opinions des autres sans exprimer les leurs (*theirs*). Dans un petit groupe, essayez de faire attention à l'évolution d'une idée sur une question controversée. Notez les différentes stratégies et émotions exprimées au cours de l'entretien. Avez-vous bien écouté ou avez-vous essayé d'amener les autres à adopter votre point de vue ?

Quelques sujets de discussion

• les programmes de recyclage
• l'énergie nucléaire
• l'immigration et le racisme
• la protection des espèces en voie de disparition
• les médias et la violence
• les sans-abri (*homeless*)
• les familles et l'environnement

Affiche près d'Angoulême (France)

Le revers de la médaille

Imaginez que vous êtes un arbre, un lac, un courant d'air, un nuage, une bouteille en plastique, un poisson, etc. Qu'est-ce que vous diriez à la race humaine ? Employez le plus grand nombre possible de pronoms relatifs.

modèle : Le lac – **Ce qui** me gêne le plus, c'est l'huile et l'essence que les gens déversent (*dump*) partout en utilisant leurs bateaux à moteur. Ils ne savent pas **ce dont** j'ai besoin pour rester propre et clair. **Ce qu'**ils font est impardonnable ! Ils me polluent avec des déchets de toutes sortes **qui** bouchent (*block up*) mes anses (*coves*) et mes ruisseaux (*streams*), etc.

L'incendie du dépôt de pneus à Hagersville (Ontario)

Monsieur / Madame X
Votre personnage-mystère interroge une famille marseillaise sur les problèmes

Vocabulaire actif

Exprimer un sentiment, une émotion, p. 427
Exprimer la possibilité, le doute, p. 429
Le subjonctif après certaines conjonctions, p. 430
Prendre la parole, p. 437
Être d'accord / ne pas être d'accord, p. 438
Introduire un nouveau point de vue, p. 438

Noms
le but *goal*
la cannette *can*
la condition *condition*
la couche d'ozone *ozone layer*
la crainte *fear*
la crise *crisis*
les déchets *m waste products/refuse*
le désastre *disaster*
la disparition *disappearance*
l'écologie *f ecology*
l'emballage *m packaging*
l'empoisonnement *m poisoning*
l'enquête *f inquiry/investigation*
l'espèce *f species*
l'essence *f gasoline*
l'évolution *f evolution/development*
la fabrication *manufacture/making*
la forêt *forest*

le gouvernement *government*
le lien *link*
la menace *menace/threat*
le monde *world*
la planète *planet*
la plante *plant*
le point de vue *point of view*
la publicité *advertising/ad*
le recyclage *recycling*
la réalité *reality*
la rivière *river*
le-la sans-abri *homeless person*
la société *society*
la solution *solution*
la survie *survival*
l'usage *m use*
l'usine *f factory*
la vérité *truth*
la victime *victim*
la violence *violence*

Verbes
augmenter *to increase*
craindre *to fear*
créer *to create*
déranger *to disturb*

détruire *to destroy*
déverser *to dump*
diminuer *to reduce*
disparaître *to disappear*
éliminer *to eliminate*
être conscient-e de *to be aware of*
éviter *to avoid*
insister *to insist*
insulter *to insult*
interdire *to forbid*
menacer *to menace/to threaten*
mourir *to die*
pousser *to grow*
protéger *to protect*
réduire *to reduce*
refuser *to refuse*
résoudre *to resolve*
se décourager *to get discouraged*
se méfier *to watch out for*
se servir de *to use*
s'engager *to get involved*
se rendre compte (de) *to realize*

Adjectifs
chimique *chemical*
contaminé-e *contaminated*
controversé-e *controversial*
médical-e *medical*
nocif-nocive *dangerous/noxious/harmful*
pollué-e *polluted*
toxique *toxic*
véritable *real*
vide *empty*

Adverbes
à l'intérieur *inside*
dehors *outside*
n'importe où *anywhere*
pourtant *yet/nevertheless*

Autres
par hasard *by chance*
à cause de *because of*
à tout prix *at any cost*
pour de bon *for good*

De retour à Quebéc

CHAPITRE 14

De retour à Québec

Mise en contexte

Jocelyne Tremblay, Robert Therrien et les Charbonneau se retrouvent au mois de juin à Québec et échangent des nouvelles. Ils discutent de leurs expériences passées et de leurs projets, puis des expériences et projets des autres membres de la classe. Ils montrent aussi les lettres et cartes postales que ces derniers (*the latter*) ont envoyées.

Objectifs communicatifs

Scène 1
Exprimer des vœux; féliciter
Faire des hypothèses (suite)
Faire des hypothèses (synthèse)
Relier une série d'événements futurs
Parler de personnes ou de choses non définies
Les pronoms possessifs

Scène 2
Synthèse

Structures et expressions

Scène 1
Le passé du conditionnel
Le futur antérieur
Les pronoms et adverbes indéfinis
Les pronoms possessifs

Vocabulaire actif

Scène 1
Vœux et félicitations
Relier une série d'événements

Culture

L'identité québécoise et le nationalisme au Québec
La Saint-Jean Baptiste au Québec
Le folklore
Synthèse

De l'animation dans la rue Prince-Arthur à Montréal

Scène 1 *Retrouvailles*

Sur le vif !

C'est le début du mois de juin. Jocelyne vient de rentrer du Sénégal. M. et Mme Charbonneau viennent, eux, de rentrer de la Martinique. Ils se retrouvent, avec Robert, chez les Charbonneau.

M. Charbonneau : Ah, je dois dire que je suis bien content de me retrouver au Québec[1]. J'ai passé une année merveilleuse, mais c'est toujours un plaisir de revenir chez nous.

Mme Charbonneau : Eh bien, moi, j'aurais bien aimé rester plus longtemps là-bas. Si tu n'avais pas décidé d'enseigner dans le programme d'immersion en juillet et août, on aurait pu passer l'été à la Martinique.

M. Charbonneau : Oui ... c'est-à-dire que tu aurais pu trouver quelques bonnes recettes de plus pour ton livre.

Jocelyne : Vous avez trouvé beaucoup de nouvelles recettes, Madame ? Je pourrais vous en donner quelques-unes, par exemple ma recette sénégalaise favorite – la soupe à l'arachide. C'est délicieux – très épicé.

Mme Charbonneau : Oui, Jocelyne, j'aimerais beaucoup connaître cette recette. J'ai pas mal° de recettes du Maghreb², mais je n'en ai pas encore assez du reste de l'Afrique³.

quite a few

Robert : Quand aurez-vous fini votre livre, Madame ? J'ai hâte de le lire !

Mme Charbonneau : Ah, tu es gentil. Écoute, si tout va bien, je l'aurai terminé avant la fin de l'été. Je t'en donnerai un exemplaire° dès que° je l'aurai publié.

copy; as soon as

Jocelyne : (*Elle sourit à Robert.*) Eh bien, Robert et moi, nous nous serons installés dans notre propre appartement avant la fin de l'été. J'ai parfois du mal à y croire.

M. Charbonneau : Tous mes vœux de bonheur, mes petits, à l'occasion de vos fiançailles. C'est pour quand, la grande fête ?

Jocelyne : Ce sera le 22 juin, deux jours avant la fête nationale⁴. La famille de Robert n'a jamais été au Québec pour la Saint-Jean. Ils ont très envie de voir ça.

M. Charbonneau : Ah, oui. Et, bien entendu, vous allez au Sénégal en voyage de noces° ?

honeymoon

Robert : Oh non, un voyage de noces pareil°, c'est beaucoup trop dispendieux. Le nôtre° sera bien plus modeste.

like that
ours

Mme Charbonneau : Vous n'avez pas encore trouvé de travail, je suppose ?

Jocelyne : Si, j'ai eu de la chance. J'ai trouvé un poste dans un collège, où je vais enseigner le tissage.

Mme Charbonneau : Félicitations, Jocelyne ! Tu le mérites bien. Et toi, Robert ?

Robert : Eh bien, moi, j'ai décidé de faire une maîtrise en ethnologie ici, à Laval, car° le folklore me passionne de plus en plus.

for

Pour en savoir plus

1. La majorité des Québécois ont un attachement plus profond pour le Québec que pour le Canada, au point que bon nombre d'entre eux entrevoient un projet de pays pour le Québec. (Voir aussi la note 4.)

2. Le Maghreb désigne l'ensemble des pays du Nord-Ouest de l'Afrique, qui sont essentiellement des pays arabes. Le Maghreb comprend plusieurs anciennes colonies françaises : l'Algérie, le Maroc, la Tunisie. Le nom «Maghreb» dérive de l'arabe *al-Maghrib*, «endroit où le soleil se couche» (voir la carte au début du livre).

Ombres de voyageurs à chameau (Tunisie)

3. L'Afrique sub-saharienne comprend des pays à population en grande majorité noire. L'influence arabe s'y fait sentir, cependant, puisque la religion musulmane y occupe une place très importante.

4. La fête nationale de la Saint-Jean, le 24 juin, est la fête nationale du Québec, alors que le premier juillet, fête du Canada, représente tout au plus° un jour de congé° pour la plupart des Québécois francophones. Le mouvement nationaliste et le Parti Québécois ont connu des hauts et des bas° pendant les dernières décennies°.

at the most
day off
ups and downs
decades

Vous avez bien compris ?

De retour à Québec
Quels sont les sentiments de ces personnages au moment de leur retour à Québec ? Développez votre réponse.

1. Jocelyne
2. Robert
3. M. Charbonneau
4. Mme Charbonneau

Les projets
Qui a l'intention de faire les activités indiquées ?

1. M. Charbonneau
2. Mme Charbonneau
3. Robert
4. Jocelyne

a. enseigner le tissage
b. enseigner un cours d'été
c. étudier à Laval
d. terminer son livre

Réflexions sur la culture

1. Pourquoi un grand nombre de Québécois considèrent-ils le Québec comme leur pays ? Pourquoi d'autres Québécois considèrent-ils le Canada comme

leur pays ? Cherchez dans un dictionnaire les mots «pays» et «nation» pour vous aider dans votre discussion.

2. Croyez-vous que le Québec se séparera du Canada ? Quelle serait votre réaction ? Commentez.

Fonctions et observations langagières

I. Exprimer des vœux; féliciter

You will have noted two types of congratulations in this conversation:

• When Jocelyne and Robert talk about their forthcoming wedding, M. Charbonneau says:

> *Monsieur Charbonneau* : Tous mes vœux de bonheur, mes petits, à l'occasion de vos fiançailles.

Note that in French, one expresses a wish for happiness rather than congratulations. This would be equally true of anniversaries and birthdays.

• When Jocelyne announces that she has found a job, Mme Charbonneau congratulates her:

> *Madame Charbonneau* : Félicitations, Jocelyne ! Tu le mérites bien.

Congratulations are in order, in French, for what is seen as an achievement.

Vocabulaire actif : *Vœux et félicitations*

Meilleurs vœux !	*Best wishes!*
Bon anniversaire !	*Happy birthday!*
Joyeux Noël !	*Merry Christmas!*
Joyeuses Pâques !	*Happy Easter!*
Tous mes vœux (de bonheur) !	*All best wishes!*
(Toutes mes) Félicitations !	*Congratulations!*
féliciter (de / pour)	*to congratulate (about)*
Je vous (te) félicite !	
Bravo !	
Chapeau ! *(fam.)*	*Well done! (hats off to you)*

Allez-y !

Réactions

Que diriez-vous dans les situations suivantes ?

1. Votre tante vient de se marier.
2. Votre frère vient de se fiancer.
3. Votre sœur a gagné une course (*race*).
4. Votre mère vient de recevoir un diplôme.
5. Mme Charbonneau vient de finir son livre.
6. Votre professeur de flûte a gagné un concours (*competition*) de musique.
7. Votre voisine vient d'avoir un bébé.
8. Votre meilleur-e ami-e a publié un poème.

II. Faire des hypothèses (suite)

Le passé du conditionnel

You saw several examples in the conversation of hypotheses that relate to *contrary-to-fact past situations*:

> *Madame Charbonneau* : Si tu n'avais pas décidé d'enseigner dans le programme d'immersion en juillet et août, **on aurait pu** passer l'été à la Martinique.

The verb form in bold print is the *past conditional* tense.

• **Formation : Avoir** or **être** in the *present conditional* + past participle

pouvoir	aller
j'**aurais pu**	je **serais allé-e**
tu **aurais pu**	tu **serais allé-e**
elle / il / on **aurait pu**	elle / il / on **serait allé-e**
nous **aurions pu**	nous **serions allé-e-s**
vous **auriez pu**	vous **seriez allé-e(s)**
elles / ils **auraient pu**	elles / ils **seraient allé-e-s**

• **Use :**

The past conditional is most often part of a complex sentence. One part of the sentence expresses a contrary-to-fact past condition, the other part expresses the hypothesized result of that condition.

past condition	hypothesized result
si + plus-que-parfait	**conditionnel passé**
Si tu n'avais pas **décidé** ...	on **aurait pu** ...

Allez-y !

Imaginez les conséquences !
Inventez une fin pour les phrases suivantes :

1. Si Jocelyne n'avait pas été animatrice à Laval, ...
2. Si M. Charbonneau ne s'était pas intéressé à la littérature antillaise, ...
3. Si Mme Charbonneau n'était pas allée à la Martinique, ...
4. Si Gérard était resté pêcheur comme son père, ...
5. Si Maria avait étudié l'italien, ...
6. Si les enfants de Michael et Heather n'avaient pas étudié le français avant d'aller en France, ...
7. Si Jane avait grandi à El Paso, ...
8. Si Robert n'était pas venu à Laval, ...
9. Si Heather n'avait pas accepté le poste à Marseille, ...

À quelle époque auriez-vous aimé vivre ?
Le magazine *L'actualité* a posé cette question à un certain nombre de francophones célèbres. Voici quelques réponses :

Antonine Maillet (écrivaine acadienne) aurait aimé connaître un moment historique «d'intense vitalité», comme par exemple l'époque de Jeanne d'Arc. Elle explique : «J'aime mieux le jour de la bataille que le soir de la victoire.»

Antonine Maillet : vivre à l'époque de Jeanne d'Arc

Normand Brathwaite (animateur d'une émission radiophonique au Québec) «ne changerait rien à sa vie ... Parce qu'en "homme de couleur" il est confiant que la mode des skin heads et du Ku Klux Klan sera passée et que les relations interraciales seront plus harmonieuses.»

(*L'actualité*)

Qu'en pensez-vous ? Qu'en pense votre voisin-e ?

L'histoire réinventée
Dressez une liste de cinq événements importants de l'année dernière ou d'une année récente. Ensuite, imaginez les conséquences si ces événements n'avaient pas eu lieu.

Normand Brathwaite : le meilleur est encore à venir

modèle : Les Blue Jays ont remporté la Série mondiale.
  Si les Blue Jays n'avaient pas gagné, j'aurais été bien triste.

III. Faire des hypothèses (synthèse)

You have now learned how to make hypotheses of several types and in several time frames. The following chart summarizes the verb tenses used to express the different contexts:

Les hypothèses

type	condition (*si* +) time	tense	hypothesized result time	tense
1. true	present	*présent*	present	*présent / impératif*

Si je **suis** fatigué-e, je me **couche** de bonne heure.
Si tu **es** fatigué-e, **va** te coucher !

2. possible	future	*présent*	future	*futur / impératif*

Si tu **vois** Pierre, tu lui **diras** de me téléphoner ?
Si tu **vois** Pierre, **dis**-lui de me téléphoner.

3. contrary-to-fact	present	*imparfait*	present	*conditionnel présent*

Si j'**étais** riche, j'**irais** vivre en Provence.

4. contrary-to-fact	past	*plus-que-parfait*	past	*conditionnel passé*

Si j'**avais été** fatigué-e, je me **serais couché-e** tôt.

5. contrary-to-fact	past	*plus-que-parfait*	present	*conditionnel présent*

Si je n'**avais** pas **étudié** les mathématiques, je ne **comprendrais** pas les statistiques.

Allez-y !

Un peu d'imagination, s'il vous plaît !
Imaginez l'autre moitié des phrases proposées.

modèle : **Je viendrai chez toi demain ... si j'ai le temps.**

1. S'il fait mauvais demain, ...
2. Si je ne peux pas venir en classe demain, ...
3. ..., va voir le médecin !
4. Si je n'avais pas autant de travail, ...
5. Si mes parents habitaient à la Martinique, ...

6. Je passerais un an à voyager si ...
7. Si j'avais su que le professeur était malade, ...
8. Je serais heureux-heureuse si ...
9. Je serais choqué-e si ...
10. Le Canada serait un meilleur pays si ...

Si je n'avais pas décidé de faire des études à l'université, ...
Discutez avec un-e camarade de classe. Qu'est-ce que vous feriez / Qu'est-ce que vous auriez fait si vous n'aviez pas décidé de faire des études à l'université ? En quoi votre vie serait-elle / aurait-elle été différente cette année ?

IV. Relier une série d'événements futurs

Le futur antérieur

When Robert asks Mme Charbonneau about the progress of her cookbook, she refers to two different future events, and situates the action of one with respect to the other:

Madame Charbonneau : Je t'en **donnerai** un exemplaire dès que je l'**aurai publié**.
                                          (2)   (1)

The future action indicated by the number (1) will occur before the other future action. This notion is expressed by the future perfect, or **futur antérieur**.

• The tense is formed by **avoir** or **être** in the future tense + **participe passé** :

   ... je l'**aurai publié**.
   ... elle **sera partie**.
   ... nous nous **serons réveillés**.

• The two future events are often linked by a conjunction that precedes the **futur antérieur** :

   Je te téléphonerai **dès que** (**aussitôt que**) *je serai arrivé-e*.
   Quand (**Lorsque**) *tu auras fini* ce roman, tu me le prêteras ?
   Je te dirai ce que je pense du film **après que** *je l'aurai vu*.

Vocabulaire actif : *Relier une série d'événements*

conjonctions de temps

quand *when*	lorsque *when*
dès que *as soon as*	aussitôt que *as soon as*
après que *after*	

• The reference point in the future is not always another action, as in the above examples. Sometimes it is simply a fixed point in time:

> **dans** (x) ans (mois, semaines, jours) *in (x) years, etc.*
> Dans trois ans, j'**aurai fini** mes études.

> **avant** (date) *by (date)*
> J'**aurai fini** ce livre avant la fin de la semaine.

> **d'ici** (quelques jours, etc.) *within (a few days, etc.)*
> Le bébé **sera né** d'ici trois semaines.

Allez-y !

Les voyages forment la jeunesse !
Reliez les deux actions par une conjonction et situez-les à l'avenir.

modèle: choisir une destination / acheter les billets d'avion
> **Dès que nous aurons choisi une destination, nous achèterons les billets d'avion.**

1. fixer notre itinéraire / réserver les logements
2. fixer notre itinéraire / réserver une voiture à louer
3. monter les bagages / arriver à l'hôtel
4. défaire les bagages / faire un tour de la ville
5. choisir les sites à visiter / lire le guide touristique
6. lire le guide touristique / choisir un restaurant

Votre avenir
Imaginez ce que vous aurez fait et ce que vous ferez aux moments indiqués.

modèle : Dans 5 ans ...
> **j'aurai obtenu mon diplôme en biologie et j'étudierai la médecine.**

1. Dans 1 an ...
2. Dans 10 ans ...
3. Dans 20 ans ...
4. Dans 30 ans ...
5. Dans 50 ans ...

V. Parler de personnes ou de choses non définies

You are already familiar with many indefinite adjectives and pronouns, which refer to unspecified people and things. Here you will see some further uses of them.

Quelques-uns / quelques-unes, plusieurs, certains, un-e autre, d'autres

In the dialogue, the characters discussed indefinite recipes and indefinite numbers of them:

Monsieur Charbonneau : ... tu aurais pu trouver **quelques** bonnes recettes ...
Jocelyne : Vous avez trouvé beaucoup de nouvelles recettes, Madame ?
Jocelyne : Je pourrais vous **en** donner **quelques-unes** ...

Rappel !

You will remember that the adjectives **quelques** (*a few*) and **plusieurs** (*several*) express an indefinite quantity, an unspecified small number or people or things. As *adjectives*, they precede the nouns they modify:

quelques amis   **plusieurs** livres

• At times, we wish to designate an indefinite subset of things or people. In this case, we use the indefinite *pronoun* form, **quelques-uns / quelques-unes**, **plusieurs**.

quelques-uns de mes amis   plusieurs de mes livres
a few of my friends   *several of my books*

• The same happens with **certains / certaines**, **un-e autre** and **d'autres**:

As-tu lu les livres de Jacques Ferron ?
J'**en** ai lu **certains**. (= J'ai lu certains de ses livres.)

Ce café était très bon; donnez-m'**en un autre**, s'il vous plaît.

QUELQUES-UNS DE NOS PLUS BEAUX COQUILLAGES NE SE TROUVENT PAS SUR LA PLAGE.

Le Hatch Shell (le "Coquillage") de Boston est l'un des théâtres en plein air les plus renommés du monde. Assis à la belle étoile, vos pouvez assister à des spectacles de jazz, de swing, écouter des airs connus et de la musique classique, savourer des concerts du Boston Pops. Le "Coquillage" n'est qu'un des nombreux endroits du Massachusetts qui offrent, sur des sites enchanteurs, des performances théâtrales, musicales et chorégraphiques de haut niveau : le Williamstown Theater Festival (dans l'ouest de l'état) et le North Shore Music Theatre vous convaincront. C'est vrai, certains de nos coquillages ne peuvent être ramenés à la maison; en revanche, vous collectionnerez quel ques-uns de vos plus beaux souvenirs. Pour recevoir un exemplaire gratuit du Massachusetts Brochure s'il-vous-plait, veuillez remplir et poster le coupon ci-joint.

S'il-vous-plait, veuillez m'envoyer des informations pour un séjour au Massachusetts.

Nom_____

Adresse_____

Ville_____Province_____Code_____

Envoyer à : Massachusetts Office of Travel and Tourism
P.O. Box 3000, 89 Massachusetts Avenue
Boston, MA 02115, USA   Code 126

MASSACHUSETTS

Quelque chose / ne ... rien; quelqu'un / ne ... personne

• You are already familiar with these pronouns. If you wish to use an adjective to modify them, the preposition **de** must precede the adjective. Note that the adjective used will take the masculine singular form.

> C'est **quelque chose** *de* **fantastique**, la fête nationale.
> Ils n'ont **rien** dit *de* **spécial**.
> **Quelqu'un** *de* **moins courageux** serait rentré au pays.

• The adjective **autre** is often combined with these pronouns, taking on the meaning *else*:

> Je n'ai **rien** *d'autre* à te dire. *I have nothing else to say to you.*
> Voulez-vous voir **quelque chose** *d'autre* ? *Would you like to see something else?*

Chacun / chacune; aucun / aucune

The pronouns **chacun-e** (*each one*) correspond to the adjective **chaque**; in the case of **aucun-e** (*no/none*), the adjective and pronouns have the same form.

Pronoms :	J'ai invité mes amis à une soirée.
	Chacun (d'entre eux) s'est bien amusé.
	Aucun (d'entre eux) ne s'est ennuyé.
	J'ai trois sœurs.
	Chacune (d'entre elles) est médecin.
	Aucune (d'entre elles) n'est secrétaire.
Adjectifs :	**Aucune** personne n'est partie avant deux heures du matin.
	Chaque fête est importante.
	Il n'y a **aucun** dictionnaire russe à la bibliothèque.

Allez-y !

À la recherche de quelqu'un de spécial
Vous essayez de définir les qualités idéales de certaines personnes. Comparez vos idées à celles d'un-e camarade de classe.

modèle : joueur / joueuse de basketball
> **Il faut quelqu'un de grand (de sportif, de rapide).**

1. un-e camarade de chambre
2. un-e professeur-e
3. un-e secrétaire du Club français
4. un trésorier / une trésorière du Club français
5. un-e président-e du Club français

(*continued next page*)

6. un gardien / une gardienne d'enfants (*babysitter*)
7. un-e jockey
8. un-e clown
9. un époux / une épouse
10. un-e ministre des finances

J'ai vu quelque chose de bizarre !

En allant à l'université, vous avez vu quelque chose qui vous a frappé-e. Racontez-le à votre camarade de classe. (Chacun couvre une colonne et parle des éléments de l'autre colonne.)

modèle : un accident d'automobile
    – J'ai vu quelque chose d'horrible !
    – Ah oui ? Qu'est-ce que c'était ?
    – Un accident d'automobile.

1. une girafe dans le parc
2. une famille de canards qui traversaient la rue
3. un enfant perdu qui pleurait (*was crying*)
4. un chien qui parlait
5. un serpent énorme
6. un extra-terrestre
7. mon acteur préféré / mon actrice préférée
8. un incendie (*fire*)

Mes amies et amies

Combien de vos amis conviennent à (*match*) la situation ?

modèle : jouer au basketball
    Certains de mes amis jouent au basketball.
    Aucun de mes amis ne joue au basketball.

1. jouer de la guitare
2. voyager souvent
3. travailler 20 heures par semaine
4. être marié-e-(s)
5. avoir un cheval
6. aimer le ballet
7. être allé-e(s) sur la Lune
8. avoir piloté la navette spatiale
9. être abonné-e(s) à Internet

VI. **Les pronoms possessifs**

In the conversation, M. Charbonneau asks whether Robert and Jocelyne will take their honeymoon in Senegal. He receives the following response:

Robert : Oh, non, un voyage de noces pareil, c'est beaucoup trop dispendieux. **Le nôtre** sera bien plus modeste.

In order to avoid repetition (**notre voyage de noces**), Robert uses a possessive pronoun. The following chart provides the forms of the possessive pronouns, along with the possessive adjectives:

Adjectifs possessifs

	singulier		pluriel
	masculin	féminin	
	mon père	**ma** mère	**mes** parents
	ton père	**ta** mère	**tes** parents
	son père	**sa** mère	**ses** parents
		notre père / mère	**nos** parents
		votre père / mère	**vos** parents
		leur père / mère	**leurs** parents

Pronoms possessifs

singulier		pluriel	
masculin	féminin	masculin	féminin
le mien	la mienne	les miens	les miennes
le tien	la tienne	les tiens	les tiennes
le sien	la sienne	les siens	les siennes
le nôtre	la nôtre	les nôtres	
le vôtre	la vôtre	les vôtres	
le leur	la leur	les leurs	

Allez-y !

La mienne est plus vieille.
Comparez certaines de vos possessions avec celles d'un-e camarade de classe.

modèle : J'ai une bicyclette neuve. Et toi ?
La mienne est assez vieille.

possessions

dictionnaire(s)	radio	parapluie	bottes
stylo	voiture	chaîne-stéréo	ordinateur

DICTIONNAIRE / DISQUE COMPACT

Imaginons un peu ...
Comparez votre vie à celle des personnages du livre, en répondant aux questions. Expliquez votre réponse à un-e camarade de classe. (Utilisez chaque fois un pronom possessif.)

1. À votre avis, les études de Robert seront-elles aussi intéressantes que les vôtres ?
2. L'emploi de Jocelyne est-il plus intéressant que celui que vous espérez avoir un jour ?
3. La recette favorite de Jocelyne est-elle plus épicée que la vôtre ?
4. La soirée chez les Charbonneau est-elle moins amusante que la vôtre ?

Vue aérienne de Québec

<table>
<tr><td>**Scène 2**</td><td>*Perspectives d'avenir*</td></tr>
</table>

Sur le vif !

Jocelyne, Robert et les Charbonneau continuent à discuter des activités et projets des autres membres de la classe. Ils échangent les lettres et cartes postales qu'ils ont reçues.

M. Charbonneau : Dites-moi, vous avez des nouvelles de vos camarades ? Moi, j'ai reçu une lettre de Heather et Michael. Je sais qu'ils vont rentrer avec les enfants à Halifax, en juillet.

Robert : Gérard m'a écrit récemment. Il sera en France cet été; il va interviewer des gens pour sa thèse. Et Maria va rester un an de plus en France, au lieu de° rentrer tout de suite.

M. Charbonneau : Ah, je viens d'y penser ! Écoutez, ceci va vous surprendre. Gabrielle a passé toute l'année à Laval, comme vous le savez. Eh bien, sans rien dire à personne, elle apprenait le cri°. Figurez-vous qu'elle va enseigner dans un petit hameau° du Manitoba [1], au nord.

Mme Charbonneau : Elle a l'esprit d'aventure, celle-là. Je l'envie° un peu ... Et Jane ? Qu'est-ce qu'elle devient°?

instead of

Cree
village

envy
What's she up to?

466

Jocelyne : Elle va rentrer au Vermont. Elle a encore un an d'études à faire au Collège Middlebury.[2] Je me demande si elle accepterait de continuer à publier notre journal.

Robert : Il faut le lui demander – comme on dit, «Qui ne demande rien, n'a rien»°! Ce serait drôle d'avoir une grande réunion dans 15 ou 20 ans, hein ? Imaginez donc ! Qui sait ce que nous serons devenus ?

(proverbe français)

Pour en savoir plus

1. Au Canada, il y a 11 groupes majeurs d'autochtones° et 11 groupes linguistiques, chacun d'eux étant divisé en trois ou quatre groupes. Les Algonquins, par exemple, rassemblent les Cris, les Blackfoot et les Ojibways. Il existe également beaucoup de personnes de race mixte, que l'on appelle des Métis. Certains Métis parlent français, comme c'était le cas pour leur chef, Louis Riel. Dans toutes les réserves indiennes, et surtout dans celles qui se trouvent au nord, on manque d'enseignants. On a établi des programmes pour augmenter les effectifs (*numbers*) du personnel enseignant autochtone.

native peoples

2. Le Collège Middlebury, fondé en 1800, est très connu pour ses écoles langagières d'été où on offre des cours en 7 langues étrangères. On peut également faire des études de maîtrise et de doctorat. Le collège a 2 campus, l'un en ville et l'autre à Breadloaf Mountain.

Vous avez bien compris ?

Les projets d'avenir
Quels projets ont-ils fait ?

1. Maria
2. Gabrielle
3. Gérard
4. Heather et Michael
5. Jane

e. interviewer les gens
f. rentrer au Vermont
g. enseigner dans un petit hameau
h. rester encore une année en France
i. rentrer à Halifax

Réflexions sur la culture

Comment imaginez-vous la vie dans une réserve indienne située dans le nord du Canada ? Faites quelques recherches pour vérifier vos impressions.

Plus loin *Lettres venues d'ailleurs*

Le collège Middlebury
(Vermont)

Lettre du collège Middlebury, au Vermont (-Jane)

le 20 août

Salut les amis,

Comme ça me fait plaisir de recevoir vos lettres et de les faire publier dans ce journal! Bien qu'on ait terminé le cours d'immersion il y a un an, vous me manquez tous. Je tiens tellement à continuer notre amitié par correspondance. En vous lisant, j'étais étonnée° par le nombre d'expériences intéressantes que vous avez eues depuis la fin du cours et j'espère que vous vous amuserez autant que moi à lire les aventures de nos collègues.

    Pour ma part, je suis retournée à Middlebury fin août pour profiter du beau temps qu'il y fait et pour découvrir des lieux francophones en Nouvelle-Angleterre. Mon séjour à Québec a piqué énormément ma curiosité pour les mœurs°, les coutumes et la langue françaises dans mon propre pays. J'ai donc décidé de faire un petit tour à bicycle autour du lac Champlain avant la rentrée et de visiter des villages d'origine française dans le coin. Comme je roulais° au nord de Middlebury parmi ses «monts verts», je suis tombée d'abord sur Vergennes, village typique du Vermont où il n'y a presque aucune trace d'une présence francophone sauf pour quelques noms de famille qu'on voit sur les enseignes° de certains commerçants. Ensuite, j'ai gagné Monkton et sa «banlieue», Monkton Ridge et East Monkton. Toujours pas d'évidence d'un

astounded

manners

was riding

signs

héritage français malgré la parenté évidente de ce nom de lieu° avec la ville de Moncton au Nouveau Brunswick ! Un peu découragée, j'ai repris mon chemin le long du lac Champlain tout en espérant y trouver d'autres communes à nom français mais je n'ai pas eu de chance ! Enfin, arrivée au bord du lac, j'ai pris le petit pont qui va dans Grand Isle et, éventuellement, dans Isle la Motte. En longeant° l'île, je réfléchissais à l'année que je venais de passer au Canada où je vivais pleinement la culture québécoise et appréciais la diversité des peuples francophones dans ce pays. Je compte retourner un jour à ces petits villages de la Nouvelle-Angleterre pour interviewer leurs habitants et, qui sait, pour faire peut-être un film sur leur histoire.

    Ceci dit, je vous rappelle que je m'étais inscrite à Laval à temps plein. J'y ai suivi des cours de langue et de littérature franco-canadienne y compris un cours sur le cinéma québécois. J'estime beaucoup les films de Denys Arcand, surtout son *Jésus de Montréal*, film génial et bouleversant ! Ce qui me frappe le plus chez les cinéastes québécois, c'est leur sens d'identité et d'appartenance° à une tradition bien enracinée° en leur «patrie», mais aussi leur dynamisme et côté innovateur dans le domaine des arts. Arcand, à mon avis, symbolise parfaitement cette tendance. J'aimerais donc continuer de suivre cette voie° dans mes cours à Middlebury et, si ma directrice de mémoire me le permet, j'essaierai de réaliser un film documentaire sur les francophones de la Nouvelle-Angleterre, sorte de ciné-document.

                    Pensées amicales,
                    Jane

placename

riding along

belonging
rooted

path

Allez-y !

1. Cela vous intéresserait-il de faire des recherches sur la présence française en Nouvelle-Angleterre ou dans des lieux situés près de chez vous, s'il y en a ? Pourquoi (pas) ? Si oui, vous pourriez choisir comme sujet d'études la ville de Lewiston, dans le Maine, et Fort Edward, dans l'État de New York. Racontez à la classe l'histoire de chacune de ces villes et dites ce que vous avez découvert.

2. Avez-vous eu l'occasion de voir des films québécois ? Des films français ? En quoi sont-ils différents des films américains ? Lesquels préférez-vous ? Pourquoi ?

Vignobles près de Saint-Preuil
(France)

Lettre de Poitiers (-Gérard)

le 5 février

Chers amis,

J'ai décidé de vous parler de mes études. Pourquoi un Acadien du Nouveau-Brunswick irait-il étudier la dialectologie dans le centre-ouest de la France, dans le Poitou-Charentes ? C'est parce que les ancêtres des Acadiens venaient surtout de cette région (alors que les ancêtres des Québécois venaient surtout du nord-ouest, de Normandie et de Bretagne). Je suis en quelque sorte en quête° de mes racines°.

on a quest; roots

C'est étonnant de voir la ressemblance entre le patois de cette région et mon dialecte acadien. (Un patois – pour vous, les non-linguistes – est un parler local et rural.) J'ai l'impression de découvrir mon histoire personnelle. Voilà pourquoi je suis venu ici.

winegrowers

J'ai interviewé une famille de viticulteurs° la semaine dernière. C'était très intéressant ! Mme Magnan, qui doit avoir 75 ans, est la seule qui parle encore patois; son fils et ses petits-enfants comprennent le patois mais ne le parlent pas. Par conséquent, il disparaîtra sans doute avec la génération qui suivra. Je trouve ça triste.

Le village de Mme Magnan n'a presque pas de jeunes; ils grandissent, partent pour la ville quand ils ont terminé l'école secondaire et, pour la plupart, ne reviennent pas à la campagne. Les Magnan étaient des viticulteurs, mais les petits-enfants de Mme Magnan (qui terminent l'école secondaire) comptent quitter le village pour étudier les mathématiques et le droit°.

law

fisherman

Je suis un peu comme ces enfants, maintenant que j'y pense ... Je suis fils de pêcheur°; j'ai rêvé de quitter mon village pour étudier dans «la grande ville de Moncton», puis je suis parti à Laval et ensuite en France. Je me sens tiraillé° entre deux désirs : préserver l'esprit de famille et de communauté de mon village natal ... et faire carrière en linguistique, ce qui m'obligerait sans doute à quitter ma province. Je ne sais pas. Cela me trouble de temps en temps, surtout en ce moment, après avoir rendu visite aux Magnan. Enfin, je vais continuer mes études, de toute façon. Quand viendra le moment de faire un choix de carrière, je saurai ce qui me convient° le mieux. (Comme vous le sentez sans doute, j'ai un peu le mal du pays ces jours-ci; toute lettre sera la bienvenue !)

torn

suits

Je vous embrasse tous et toutes,
Gérard

Allez-y !

1. Avez-vous jamais envisagé de partir à la recherche de vos racines ? Si vous le faisiez, où iriez-vous ? Pourquoi est-ce que cela vous intéresse ou ne vous intéresse pas ?

2. Est-il possible d'avoir l'esprit de communauté dans une ville ? Si oui, quelles sont les conditions nécessaires à son développement ?

Lettre de Québec (-Gabrielle)

le 7 mars

Chère Jane,

Même si je ne suis pas partie du Québec, je t'envoie quelque chose pour ton journal, pour donner un petit goût du Canada à nos amis voyageurs.

J'ai eu cet automne l'occasion de travailler avec un autre groupe qui passe par le programme d'immersion. J'aime beaucoup ce travail, parce que les gens qui s'y inscrivent sont tellement divers. Cette fois-ci il y a un juge qui veut devenir bilingue, un type qui rêve d'être fonctionnaire et qui doit faire preuve de bilinguisme fonctionnel, des jeunes de toutes les provinces et de plusieurs États, et quelques étudiants étrangers. Je me fais de nouveaux amis, et surtout, je découvre que l'enseignement est sans aucun doute la profession qui m'est destinée. J'adore ça !

J'ai fait une autre découverte cet automne. Je me suis fait une nouvelle amie – Brigitte – dont la grand-mère est amérindienne. Du coup, je me suis mise à lire tout ce que j'ai pu sur l'histoire des Amérindiens du Manitoba, et plus je lisais, plus je voulais en savoir. Comme sa grand-mère était Cri, j'ai décidé d'essayer d'apprendre le cri. C'est très différent du français et de l'anglais. Et j'ai décroché° un poste comme enseignante au nord, dans une réserve cri. Cela me permettra de tirer profit de ma formation en maths et en enseignement. Et ce sera passionnant !

Pensées cordiales de
Gabrielle

° landed a job

Allez-y !

1. Beaucoup d'Amérindiens essaient aujourd'hui d'éviter les mariages mixtes à cause de l'assimilation culturelle qui peut en résulter. Y a-t-il un parallèle entre cette attitude et l'imposition du français comme langue officielle au Québec ?

2. Quels sont les Amérindiens qui habitent dans votre région ? Que savez-vous de leur histoire et de leurs défis (*challenges*) actuels (*current*) ?

Lettre de Québec (-Robert)

le 25 juillet

Bonjour, tout le monde !

Premièrement, la grande nouvelle – Jocelyne et moi, nous allons nous marier. Nous venons de fêter nos fiançailles à Chicoutimi, et mes parents ont été ravis de fêter aussi la Saint-Jean-Baptiste pour la première fois.

J'ai suivi un cours, au semestre d'hiver, qui m'a amené à changer mes objectifs – c'était un cours sur la littérature orale, le folklore des francophones hors Québec. Je ne peux pas vous dire combien cela m'a plu. Quand je suis allé à Sudbury au mois de juin, j'ai montré le livre de cours à mon grand-père; il connaissait toutes les histoires et m'en a raconté d'autres. Je trouve fascinant de découvrir cette littérature populaire qui n'existe que dans la tradition orale, et qui disparaîtra si quelqu'un ne la transcrit pas. Par conséquent, j'ai décidé de me réorienter dans les études, et de faire une maîtrise en ethnologie.

Amicalement,
Robert

Allez-y !

1. Pourrait-on dire que Robert et Jocelyne sont trop jeunes pour se marier ? Dites ce que vous en pensez.

2. Quelles traditions orales existent dans votre famille (anecdotes ou histoires) ? Est-ce que les traditions orales représentent l'un des aspects de votre culture ? Quelle est leur importance, à votre avis ?

Lettre de Dakar (-Jocelyne)

le 3 novembre

Mes chers amis,

Mon séjour au Sénégal me fait remettre en question° plusieurs aspects de la vie nord-américaine. Il y a tellement de choses dont je voudrais vous parler (la conception de l'amitié, de la famille et de la communauté; la nouvelle littérature qui montre la fierté d'être noir ...), mais je n'ai pas le temps de tout aborder. J'ai finalement décidé de m'en tenir à l'image du corps chez les Sénégalais et, d'une manière plus générale, en Afrique. Il faut dire que ma façon de penser au corps a beaucoup changé depuis mon arrivée ici.

    Quand j'étais plus jeune, je suivais un régime°, parce que je me trouvais toujours trop grosse. Je faisais comme la plupart des Nord-Américaines : je poursuivais l'idéal d'un corps mince° et svelte, sans rondeurs et surtout sans adiposité. J'ai été surprise de constater que la beauté féminine, ici, ne dépend pas de la minceur; au contraire, les femmes semblent contentes de leurs formes pleines, surtout aux hanches. Une troupe de danseurs en tournée m'a fascinée. Chez les femmes, c'est le «derrière» que les costumes mettaient en relief°. Les danseuses avaient toutes le corps bien développé et bien proportionné mais, pour la plupart, n'étaient pas minces. (Vous voyez que mon attitude a changé – même mon choix de mots le révèle !).

    Alors, depuis un bout de temps, je cesse de penser tellement à mon corps et je ne suis plus un régime. Je pense que j'ai pris quelques kilos, mais cela m'est tout à fait égal°. Je me sens libérée. Avant de venir ici, je ne pouvais m'empêcher de penser à mon corps et, surtout, je n'en étais jamais satisfaite. Je me demande si ma nouvelle philosophie pourra survivre à toutes les pressions° au Canada. Je l'espère !

Amitiés de
Jocelyne

call into question

diet

slender

emphasized

that doesn't bother me at all

pressures

Allez-y !

1. Êtes-vous d'accord avec Jocelyne ? Est-ce que la société nord-américaine donne aux femmes une image répressive de leur corps ? Commentez.

2. De nos jours, on parle beaucoup de maladies comme l'anorexie et la boulimie. D'après ce que vous avez lu sur l'image du corps au Sénégal, pensez-vous que ces maladies y seraient plus (ou moins) répandues (*widespread*) qu'ici ?

Lettre de Roquevaire (-Michael)

le 8 juillet

Salut à tout le monde,

Nous voici prêts à retourner à Halifax après une année magnifique au pays du soleil. Vu la diversité de nos expériences et les différences entre nos activités, Heather et moi, nous avons décidé de vous écrire chacun à son tour pour vous mettre au courant de nos vies respectives en Provence. Moi, je m'occuperai de vous raconter mes nouvelles et celles de nos enfants. Mais par où commencer ? Alors, conforme à mon rôle d'artiste, je vous dirai que dès notre installation à Roquevaire, j'étais ébloui° par la beauté de cette province avec ses pays ensoleillés, ses pins-parasol à perte de vue° et ses côtes d'argile°. J'ai tout de suite éprouvé° le besoin de contempler ces lieux et de les capter sur ma toile°. Chaque week-end, pendant plusieurs mois, nous sommes sortis pour admirer le site qu'un autre artiste avait rendu célèbre. On est allé à Arles voir les cafés et les champs ensoleillés chers à Van Gogh. On a visité le pays d'Aix et la Sainte-Victoire, montagne qui le domine; c'est là où le génie de Cézanne s'est épanoui°. Enfin, plus près de chez nous, on a souvent fait des randonnées° en montagne pour suivre les pistes° que le jeune héros de *La Gloire de mon Père*, un film récent sur la vie du grand auteur Pagnol, avait prises pendant sa jeunesse. Naturellement, mes premières impressions esthétiques ont été contrebalancées par mon tempérament rabelaisien ! Partout où nous allions, je voyais des vignobles° et je savais que là où croît la vigne° on offre une dégustation gratuite de vin° ! Ah, que ça m'a fait du bien de boire un coup et de fumer un mégot° sans que l'on me sermonne comme au Canada ! En France, du moins, je ne me sentais plus comme membre d'une minorité persécutée.

En plus des «bains culturels» de mes premiers jours, j'ai dû me charger de choses plus pratiques. Au début, les enfants ont eu du mal à s'adapter aux longues journées d'école. Juste avant midi, chaque jour, j'allais donc au pain, avant de retrouver Andy et Emily à l'école. Une fois arrivés chez nous, nous passions une heure à manger et à discuter avant qu'ils fassent la sieste. C'est le déjeuner français traditionnel, mais beaucoup de commerces ne ferment plus au milieu de la journée. Quand deux heures sonnaient, je les ramenais à l'école et rentrais chez moi. Parfois, au lieu de peindre, je regardais mon feuilleton préféré. Que la

---

dazzled
as far as the eye can see; clay hills; felt; canvas

unfolded
hikes; trails

vineyards; vine
free winetasting
cigarette

télé en France est différente de chez nous ! La moitié des pubs° exposent   commercials
des femmes à moitié nues, ce qui ne me déplaît pas du tout, vous savez,
mais la nudité m'y semble tout à fait gratuite ainsi que l'érotisme que
l'on trouve sur plusieurs chaînes. D'autre part, il y a de très bonnes
émissions telles que la *Maison de l'Objet* (où les hôtes lancent° de   promote
nouveaux produits ménagers), des spectacles et concerts qui font revivre
la chanson populaire des années quarante et cinquante et, surtout, des
télé-romans comme celui que je préfère et qu'on filme près de Cassis.
Dans ce drame figurent les mœurs provençales et la vie traditionnelle
aux prises avec une société moderne.

> Bien amicalement,
> Michael

Allez-y !

1. Connaissez-vous d'autres artistes français (sculpteurs, romanciers,
cinéastes, etc.) qui ont été influencés par leur environnement et, surtout, par
la vie en plein air (*outdoors*) ? À quelle école appartenaient-ils ? Qu'en
pensez-vous ?
2. Que pensez-vous de la journée scolaire (à l'élémentaire) en France ?
Aimeriez-vous passer deux heures à la maison à l'heure du déjeuner, avant de
rentrer à l'école ? Discutez.

Lettre de Fort-de-France (-M. Charbonneau)

le 22 avril

Chers collègues, chers étudiants :

Vous aurez sans doute lu ma dernière lettre et deviné mon enthousiasme
pour la Martinique, sa culture et sa littérature. Par un coup de bonheur,
plusieurs sociétés littéraires antillaises et françaises ont organisé cette
automne un colloque° sur la littérature des Caraïbes. Alors je vais vous   colloquium
raconter sous ce pli° les détails de ces rencontres, car je crois que ça   in this letter
risque de° vous intéresser tous.   stands a good chance of
   Les «secondes rencontres littéraires des Caraïbes» ont eu lieu
d'abord à Paris, ensuite à la Martinique. Ce sont surtout ces dernières
qui m'ont fasciné. Elles se poursuivaient par des tables rondes dans
différents centres culturels et littéraires, à Fort-de-France. Parmi les
personnalités participantes, on comptait des poètes et écrivains
martiniquais tels que Patrick Chamoiseau, dont le roman *Texaco* a reçu
le Prix Goncourt en 1992, et Raphaël Confiant, qui a rédigé des essais

sur la langue et la littérature créoles en collaboration avec Chamoiseau. On remarquait aussi la présence de deux Guadeloupéens : le poète et critique littéraire Ernest Pépin (ses *Boucans de mots libres* ont reçu le Prix Casa de las Americas en 1990) et l'écrivaine Gisèle Pineau. Son second roman, la *Grande dérive des esprits*, retrace la dérive° et déchéance° des hommes sous l'œil narquois° des esprits dans les mornes° de la Guadeloupe. Enfin, Franketienne – peintre, poète, romancier et dramaturge d'Haïti – est l'auteur d'une œuvre importante en français et en créole qui témoigne° d'un souffle puissant°.

drift
decline; mocking
bluffs/small mountains

bears evidence; powerful voice
short

Quant aux tables rondes, elles n'étaient pas à court° de sujets passionnants : image de la femme dans la littérature caraïbe, langue orale et langue écrite, esprit des lieux et surnaturel entre autres. J'ai donc eu l'occasion de participer à ces discussions, si pertinentes pour celles et ceux qui désirent connaître la littérature antillaise d'aujourd'hui. Cela va m'aider beaucoup dans mon enseignement à Laval cette année, d'autant plus que° j'envisage de présenter maintenant la littérature francophone comme un grand tissu à thèmes entrelacés et à voix multiples.

all the more so because

Bien cordialement,
Réjean Charbonneau

Allez-y !

1. À quelles tables rondes aimeriez-vous assister ? Quels sujets vous passionnent le plus ? Pourquoi ? Est-ce que votre université a déjà organisé un colloque sur la littérature et l'ethnicité ? Quel(s) sujet d'étude a-t-on abordé(s) ?
2. Y a-t-il des œuvres qui vous intéressent particulièrement parmi celles qui ont été mentionnées ? Lesquelles voudriez-vous lire ? Quels sont les thèmes les plus courants ? Que pensez-vous de l'avenir du français dans les Antilles ?

Lettre de Roquevaire (-Heather)

le 26 mars

Salut, tout le monde !

Nous sommes bien installés à Roquevaire maintenant, et nous regrettons de devoir rentrer bientôt au Canada. Nous aimerions pouvoir rester plus longtemps.

J'ai finalement décidé de vous parler de deux choses assez différentes. Premièrement, comme vous le savez déjà si vous avez reçu ma première lettre, les Français ont beaucoup de vacances, cinq semaines par an – au minimum. Au début, je croyais que les Français devaient être un peu paresseux; ils ont énormément de vacances comparativement aux Nord-Américains, et ils en parlent constamment. Je croyais même qu'ils n'étaient peut-être pas très sérieux au travail … Mais au bout de quelques mois, j'ai changé d'avis. Il me semble maintenant que les Français travaillent de façon très intensive et qu'ils s'amusent de façon tout aussi intensive en vacances. L'économie française n'est pas celle d'un pays de paresseux, et il y a eu beaucoup d'innovations et de découvertes° technologiques faites par des Françaises et des Français. À la réflexion, c'est sans doute la perspective de cinq semaines de vacances qui donne aux Français l'énergie de travailler fort le reste de l'année. Je crois que nous devrions les imiter en Amérique du Nord ! À Halifax, j'ai une amie fonctionnaire° qui n'a droit qu'à deux semaines de vacances par an. C'est affreux° !

    La deuxième chose qui me frappe ici, c'est la notion de l'espace° personnel. En Amérique du Nord, étant donné° que le Canada et les États-Unis sont des pays énormes, nous avons l'habitude d'avoir beaucoup d'espace personnel. Pour la plupart, les Nord-Américains préfèrent habiter une maison plutôt qu'un appartement, et beaucoup d'entre eux peuvent le faire. On veut avoir un petit espace vert autour de la maison, une chambre pour chaque enfant et une salle de récréation dans la maison. C'est très différent dans les villes françaises. Comme la population est très dense en Europe, ce ne sont que les riches qui peuvent s'acheter une maison indépendante (qu'ils ont l'habitude d'appeler leur «villa»). Beaucoup de gens vivent dans un appartement qu'ils louent ou achètent à la place d'une maison. Il est tout à fait normal que les enfants partagent une chambre, et il est rare qu'il y ait une salle de récréation. En plus, les dimensions de chaque pièce d'un appartement ou d'une maison typique sont plus petites qu'en Amérique du Nord. Je me sens presque gênée quand je pense aux dimensions généreuse de notre maison et de notre jardin à Halifax. En conséquence, je me demande si nous avons vraiment «besoin» de tout l'espace dont nous avons l'habitude chez nous. Les Français n'ont pas l'impression de souffrir d'un manque d'espace. Oh, et on remarque aussi une perception différente de l'espace personnel quand deux personnes se parlent. Ici, on se met tellement près l'un de l'autre ! Je me sentais mal à l'aise les premières semaines, jusqu'au moment où je me suis rendue compte que les collègues français se parlent normalement à une proximité qui chez nous est réservée à l'intimité. Maintenant je trouve cela fascinant ! Alors, soyez prévenus° – dans nos premières conversations, je me tiendrai probablement nez à nez avec vous !

                    Pensées amicales de
                    Heather

discoveries

civil servant

horrible

space

given

forewarned

Allez-y !

1. Pensez-vous que les travailleurs dans votre région ont assez de vacances ? Pensez-vous que les gens travailleraient plus fort s'ils avaient en perspective cinq semaines de vacances ?
2. Connaissez-vous des personnes dans votre communauté qui ont des conceptions de «l'espace personnel» différentes des vôtres ? Décrivez ces coutumes et l'effet qu'elles ont sur vous.

Activités d'intégration

Rédaction
Choisissez un pays (ou une région) francophone et faites des recherches afin de pouvoir en discuter. (Ceci peut être un travail d'équipe.) Identifiez les ressources et les besoins de «votre» pays, puis formulez une proposition à soumettre à un sommet francophone. (Lorsque ce travail est fait, la classe peut tenir un mini-sommet francophone en classe.)

Remue-méninges
Imaginez en quoi notre monde aura changé :

1. Le Canada, dans 100 ans;
2. Les États-Unis, dans 100 ans;
3. Le sida (*AIDS*), dans 20 ans;
4. Les études universitaires, dans 50 ans.

Mosaïque de drapeaux à l'aéroport de Paris

Monsieur / Madame X
Comment sera la vie de cette personne dans 20 ans ? Quels voyages aura-t-elle faits ? Quelles aventures aura-t-elle vécues ?

Le bilan

Imaginez que vous avez 80 ans et que vous faites le bilan de votre vie. Qu'est-ce que vous feriez différemment si vous pouviez la refaire ? Qu'est-ce que vous auriez dû faire (ou n'auriez pas dû faire) pendant votre jeunesse ? Et plus tard, pendant votre vieillesse ?

Vocabulaire actif

Vœux et félicitations, p. 455
Relier une série d'événements, p. 459

Noms

l'amour *m love*
la banlieue *suburbs/outskirts*
le bonheur *happiness/joy*
la chaîne *channel*
le concours *competition*
la coutume *custom*
le défi *challenge*
la demande *request*
le désir *wish/desire*
le diplôme *diploma*
la fierté *pride*
le juge *judge*
le manque *lack*
les mœurs *f manners/customs*
la pensée *thought*
le poste *position*
le retour *return*
le sang *blood*
le viticulteur *wine grower*
le vœu *wish*
le voyage de noces *honeymoon*

Verbes

appartenir à *to belong to/to be a member of*
constater *to notice*
dépendre *to depend on*
embrasser *to embrace/to kiss*
envier *to envy*
ignorer *to be unaware of*
imiter *to imitate*
obliger *to oblige*
pleurer *to cry*
passionner *to fascinate*
réaliser *to realize/to make/to carry out*
se charger de *to take care of*
se séparer *to separate/to part*

Adjectifs

actuel-le *present (day)*
affreux-affreuse *horrible*
amical-e *friendly*
bilingue *bilingual*
bouleversant-e *deeply moving/overwhelming*
enraciné-e *rooted*
ensoleillé-e *sunny*
étonnant *surprising/astonishing*
étonné-e *astounded*
gratuit-e *free/gratuitous*
indépendant-e *independent/private/separate*
mondial-e *world*
ravi-e *delighted*
surpris-e *surprised*
universitaire *university*

Adverbes

à l'heure actuelle *at present*
bien entendu *of course*
de retour *back*
finalement *finally*
par conséquent *consequently/therefore*
pas mal *a fair bit*
sans doute *undoubtedly*

Prépositions

malgré *in spite of/despite*
au lieu de *instead of*

Conjonctions

car *for/because*
cependant *however*

Autres

à partir de *from*
amicalement *regards/best wishes*
au lieu de *instead of*
pas mal de *quite a few*

Appendix A International phonetic alphabet

Vowels		Consonants		Semivowels	
a	la	b	beau	j	famille, métier,
ɑ	pâte	d	danger		crayon
e	été	f	fin	w	Louis, voici
ɛ	fête	g	gare	ɥ	lui, depuis
ə	le	k	quand		
ə	le	l	livre		
i	midi	m	maman		
o	dos	n	non		
ɔ	votre	p	petit		
ø	deux	r	rêve		
œ	leur	s	sa		
u	nous	t	tête		
y	du	v	victoire		
ā	dans	z	zéro		
ɛ̄	vin	ʃ	chien		
ɔ	mon	ʒ	juge		
œ̄	un	ɲ	montagne		

Appendix B **Glossary of grammatical terms**

You may find it more difficult to learn French if you are unfamiliar with some of the terms used in explanations of French structure. The following reference list may help you, particularly when you are studying at home or in the language laboratory. Since your instructor may well wish to use French explanations in class, we provide the translation of most terms in French. Each item, as well as being defined, is illustrated with one or two examples, usually in both English and French.

adjective (**adjectif** *m*)
An *adjective* describes or qualifies a noun or a pronoun.

     a *happy* child   **un enfant *heureux***

It is customary for adjectives to be sub-categorized according to the manner in which they qualify nouns. For example:

A *demonstrative adjective* (**adjectif démonstratif**) indicates or points out a *particular* item.

     this table   ***cette* table**

A *descriptive adjective* (**adjectif descriptif**) indicates a certain quality, specifying what *kind* of an item is being discussed.

     a *cloudy* sky   **un ciel *nuageux***

An *interrogative adjective* (**adjectif interrogatif**) seeks information about a person or thing.

     which students...?   ***quels* étudiants ?**
     what assignment...?   ***quel* devoir ... ?**

A *possessive adjective* (**adjectif possessif**) indicates ownership.

     my book   ***mon* livre**

Note that English adjectives do not change in form, whereas French adjectives must change or *agree* according to the *gender* (masculine/feminine) and *number* (singular/plural) of the noun they qualify or modify.

adverb (**adverbe** *m*)
Adverbs give further information about a verb, an adjective or another adverb. They typically indicate notions of time (when), place (where), manner (how), quantity (how many), intensity (how much), etc.

     He sings (verb) *well*.   **Il chante *bien*.**
     very large (adjective)   ***très* grand**
     too slowly (adverb)   ***trop* lentement**

agreement (**accord** *m*)
In French, articles, adjectives and verbs may change their forms, depending on whether a related noun or pronoun is masculine or feminine in *gender*, singular or plural in *number*.

      le petit chien   **les petits chiens**
      il travaille   **ils travaillent**

antecedent (see: *relative pronoun*)

article (**article** *m*)
An *article* is a short word placed before a noun to indicate whether the noun refers to a specific or non-specific person, thing, activity or idea, or, in French, to a general category of items.

    A *definite article* (**article défini**) normally indicates a particular item or a general category.

      the woman   *la* **femme**
      computers   *les* **ordinateurs**

    An *indefinite article* (**article indéfini**) precedes an unspecified person, thing, idea, etc.

      a boy   *un* **garçon**
      a meeting   *une* **réunion**
      some cherries   *des* **cerises**

    In French, a *partitive article* (**article partitif**) indicates an indefinite quantity of a specific item. *Partitive articles* are always singular, and are usually translated by *some* or *any* in English.

      du **thé**   *some/any* tea
      de la **viande**   *some/any* meat

auxiliary verb (**verbe auxiliaire** *m*)
Often called a *helping* verb, an *auxiliary verb* is used in French in conjunction with a main verb to indicate a change to a past tense.

      Elle marche.   She walks.
      Elle *a* **marché.**   She *has* walked.

clause (**proposition** *f*)
A *clause* is a group of words containing at least a subject and a verb.

    A *main* or *principal clause* (**proposition principale**) expresses a complete thought and can stand alone. (see also: *sentence*)

      You are right.   **Vous avez raison.**

    A *subordinate* or *dependent clause* (**proposition subordonnée**) cannot stand alone and occurs in conjunction with a main clause.

      I think *that you are right.*   **Je pense** *que vous avez raison.*

cognate (**mot apparenté** *m*)
A word that is very similar or identical in meaning or appearance to a word in another language is called a *cognate*. Be aware of the *pronunciation* of the cognate in the second language!

intelligent	*intelligent*
la *liberté*	*liberty*

comparative (**comparatif** *m*) (see also: *superlative*)
The *comparative* structure compares a quality pertaining to someone or something with the same quality in someone or something else. One person or item may have as much, more, or less of the quality than the other. Both adjectives and adverbs may be compared.

a *smaller* house	une *plus petite* **maison** (adjective)
as *high* a salary	**un salaire** *aussi élevé* (adjective)
less quickly	*moins* **vite** (adverb)

conditional (see: *mood*)

conjugation (**conjugaison** *f*)
The *conjugation* of a verb shows all six forms of that verb (three singular, three plural) for a particular *tense* (present, future, etc.)

conjunction (**conjonction** *f*) (see also: *clause*)
A *conjunction* links a group of words within a sentence. A *coordinating conjunction* links two elements of equal value.

> ups *and* downs
> **les hauts** *et* **les bas**
> I work hard *but* I have fun as well.
> **Je travaille dur** *mais* **je m'amuse aussi.**

A *subordinating conjunction* joins a main clause and a subordinate clause.

> *When* you arrive, I'll be there.
> *Quand* **vous arriverez, je serai là.**

contraction (**contraction** *f*)
A contraction is a shortened or truncated form. Contractions are normally optional in English but compulsory in French.

> do not → *don't* ; à + le → *au*

direct / indirect speech (**discours** *m* **direct/rapporté**)
Direct speech is an exact quotation of what has been said. *Indirect speech* is a report or summary of what someone else has said.

> (He said:) "I'll be there tomorrow." (direct speech)
> He said (that) he would be there tomorrow. (indirect speech)

ending (**terminaison** *f*)
French verbs have both a *stem* (**racine** *f*) (sometimes called a *root*) and various *endings*.

> chanter (inf.)   chant-(stem)   je chant*e*nous chant*ons* etc.

Irregular verbs may have several different *stems*.

aller (inf.) **nous all*ons*** **nous ir*ons*** etc.

gender (**genre** *m*) In English, nouns do not have a grammatical gender. In French, *all* nouns (included borrowed words) are classified as either *masculine* or *feminine*.

le téléphone **la** télévision

Pronouns, adjectives and articles also may change form according to the gender of the nouns they replace or qualify.

le vieux château → *la vieille* maison
le mien → *la mienne*

idiom / idiomatic expression (**idiotisme** *m* / **expression idiomatique** *f*)
If the meaning of the individual words in an expression is different from that of the expression taken as a whole, the latter is said to be an *idiom*.

faire (to make) + → **la queue** (tail)
faire la queue to line up

imperative (see: *mood*)

indicative (see: *mood*)

infinitive (**infinitif** *m*) (see also: *ending*)
The most basic form of a verb (that found in a dictionary) is called an *infinitive*.

danser to dance

invariable (**invariable**)
A form that does not change depending on its context is called *invariable*. The forms of French adjectives, for example, vary according to the *number* and *gender* of the noun they modify. Adverbs and prepositions, however, remain invariable.

inversion (**inversion** *f*)
The normal word order in both English and French sentences is: subject + verb. If the verb *precedes* the subject, the structure is called *inversion*.

They are late. *Are they* late ?
Ils sont en retard. ***Sont-ils* en retard ?**

mood (**mode** *m*) (see also: *tense*)
Verbs may be classified in terms of both *mood* and *tense*. A mood may be subdivided into several different tenses. In French, there are four moods which express the *attitude* or *point of view* that the speaker is adopting about his/her remarks. The *forms* of verbs vary for *both* mood and tense.

The *indicative mood* (**l'indicatif** *m*) is the most common of the four moods of French and is used to talk about actual states or actions.; it may be called the *factual* mood. Several tenses (the present, the past, the future, etc.) are in the *indicative mood*.

je *vais* I go je *suis allé* I went j'*irai* I will go

The *imperative mood* (**l'impératif** *m*) is used to give orders or to make suggestions.

Partez à quatre heures.	Leave at four o'clock.
Partons à quatre heures.	Let's leave at four o'clock.

The *subjunctive mood* (**le subjonctif**) expresses the attitudes or feelings of the speaker about states or actions. The present is the most common subjunctive tense in French.

J'aimerais que Suzanne *soit/ait été* ici.
I wish that Susan *were/had been* here.

The *conditional mood* (**le conditionnel**) normally completes the statement of a contrary-to-fact possibility. It is used a great deal in discussing hypotheses. Once again, there is both a present and past conditional in French.

Si j'avais le temps, j'*irais* au cinéma.
Si j'avais eu le temps, je *serais allé* au cinéma.
If I had / had had the time, I would go / would have gone to the movies.

noun (**nom** *m*) (see also: *gender; number*)
A *noun* is the name of a person, place, thing, concept or activity. Unless it is the name of a person, a noun will normally be accompanied by an *article* in French.

Mary	**Marie**
Alberta	**l'Alberta**
lamp	**une lampe**
democracy	**la démocratie**
discussion	**une discussion**

number (**nombre** *m*)
Number refers to the distinction between *singular* (one person or thing) and *plural* (more than one person or thing). Nouns, pronouns, verbs, articles and adjectives all change form to indicate number in French.

je me lave	*nous nous* lavons
le petit anim*al*	les petits anim*aux*

object (**complément d'objet** *m*)
A basic sentence normally contains a *subject* and a *verb*. It may, depending on the verb, contain as well a noun or pronoun related to that verb. These nouns or pronouns are designated as *objects*.

A *direct object* (**complément d'objet direct**) receives the action of the verb "directly", that is, without a preposition.

He looks at the sunset.   **Il regarde le coucher de soleil.**

An *indirect object* (**complément d'objet indirect**) is related to the verb by the preposition *to* (à).

They talk *to* the animals.   **Ils parlent *aux* animaux.**

After the verb or in other grammatical contexts, nouns or pronouns preceded by a preposition other than *to* are simply called *objects of the preposition.*

with the dentist	**avec** le dentiste / avec la dentiste
with him / with her	**avec** lui / avec elle

participle (**participe** *m*)
A *participle* is used either in combination with an auxiliary verb to indicate a specific tense or, by itself, as an adjective to describe something. When combined with an auxiliary verb in French, it is normally called a *past participle* (**participe passé**).

J'ai *écrit* deux lettres.	I have *written* two letters.
la langue *écrite*	the *written* language

parts of speech (**les parties** *f* **du discours**)
Both English and French classify words according to their functions in sentences. The principal parts of speech in both languages are: *noun, pronoun, verb, adverb, adjective, article, preposition* and *conjunction.*

person (**personne** *f*)
Subject (and object) pronouns are divided into three *persons* and may be further subdivided into *singular* and *plural*. For example:

the person(s) speaking: *first person*
s.: I walk	*je* marche	pl.: we walk	*nous* marchons

the person(s) to whom one is speaking: *second person*
s.: you walk	*tu* marches / *vous* marchez	pl.: *vous* marchez

the person(s) one is speaking about: *third person*
s.: she walks	*elle* marche	pl.: they walk	*elles* marchent

phrase (**locution** *f*)
A *phrase* is a group of words that form a grammatical unit. There are *prepositional phrases, adverbial phrases,* etc.

après la classe	*after* the class
tout de suite	*right away*

prefix (**préfixe** *m*)
A combination or one or more letters added to the beginning of a word to change its meaning is called a *prefix.*

*a*symmetric	**a**symétrique	*contra*dict
		contredire

preposition (**préposition** *f*)
A *preposition* is an invariable functional word that indicates the relationship between a noun or pronoun and another part of a sentence.

She was *in* the library.	Elle était *dans* la bibliothèque.
He left *without* them.	Il est parti *sans* eux.

pronoun (**pronom** *m*)
A *pronoun* is used in place of, or has the same function as, a **noun.**

Mark is studying German.	*Marc* étudie l'allemand.
He is studying German.	*Il* étudie l'allemand.

There are several different kinds of pronouns.

Personal pronouns (**les pronoms personnels**) have various forms and uses. They may be used as *subjects*, as *direct* or *indirect objects*, as *objects of a preposition*, as *emphatic forms*, etc.

I see Jane.	*Je* vois Jeanne. (subject)
Jane sees *me*.	Jeanne *me* voit. (direct object)
Jane talks *to me*.	Jeanne *me* parle. (indirect object)
I talk with *her*.	Je parle avec *elle*. (object of a preposition)
Him, he's not nice.	*Lui*, il n'est pas gentil. (emphatic form)

A *demonstratif pronoun* (**pronom démonstratif**) usually replaces a previously mentioned noun; the noun may or may not have been accompanied by a *demonstraive adjective*.

Give me *the/this* book.	*This one?*
Donnez-moi *le/ce* livre.	*Celui-ci ?*

An *indefinite pronoun* (**pronom indéfini**) refers to an unspecified or unidentified person or thing.

Somebody left a message.	*Quelqu'un* a laissé un message.
Did you lose *something*?	Avez-vous perdu *quelque chose* ?

Interrogative pronouns (**les pronoms interrogatifs**) ask for information about someone or something.

Who phoned you?	*Qui* vous a téléphoné ?
What did she want?	*Qu'est-ce qu'* elle a voulu ?

Reflexive and *reciprocal pronouns* (**les pronoms réfléchis et réciproques**) may function both as direct and indirect objects. They always refer back to the subject of a sentence.

They see *themselves* in the mirror.
Ils *se* voient dans la glace. (reflexive; direct object)
They talk *to each other* every day.
Elles *se* parlent tous les jours. (reciprocal;indirect object)

A *relative pronoun* (**pronom relatif**) stands for a previously introduced noun called the *antecedent* (**antécédent** *m*) and introduces a *subordinate clause*.

The man *who* was here has left.
L'homme qui était là est parti.
The film *that* we saw was boring.
Le film que nous avons vu était ennuyeux.

sentence (**phrase** *f*)
A *sentence*, a group of one or more words, expresses a complete thought. The major elements of a sentence are organized around its verb or verbs.

Anne-Marie *gives* the book to her sister.
Anne-Marie *donne* le livre à sa sœur.
subj.   verb   dir. obj.   ind. obj.

Declarative sentences (**les phrases déclaratives**) make a statement, *interrogative sentences* (**les phrases interrogatives**) ask a question, and *imperative sentences* (**les phrases impératives**) give a command. All types of sentences may either be *affirmative* or *negative*.

stem (see: *ending*)

subject (**sujet** *m*)
Who or *what* does the action of a verb is called the *subject* of that verb. It often, but not always, precedes the verb.

> *Michael* speaks French.   ***Michael* parle français.**
> Is *he* at the university?   **Est-*il* à l'université ?**
> *The car* isn't working well.   ***L'auto* ne marche pas bien.**

subjunctive (see: *mood*)

suffix (**suffixe** *m*)
A *suffix* is a letter or group of letters added to the end of a word to change its meaning or grammatical function.

> courage*ous*   **courag*eux***   rapid*ly*   **rapid*ement***

superlative (**superlatif** *m*) (see also: *comparative*)
The *superlative* is a comparative form that indicates the highest or lowest degree of a particular quality. Both adjectives and adverbs have superlative forms.

> *the most* intelligent pupil   l'élève *le plus* intelligent (adjective)
> *the least* quickly   *le moins* vite (adverb)

tense (**temps** *m*)
The *tense* of a verb essentially indicates the *time* at which its action or condition takes place. Tenses may be *simple* (**simple**), containing one word only, or *compound* (**composé**), containing two or more words. Here are, with examples, the six main tenses of French.

simple tenses	*compound tenses*
present **présent**	past perfect **passé composé**
(**je prends** I take)	(**j'ai pris** I took)
imperfect **imparfait**	pluperfect **plus-que-parfait**
(**je prenais** I was taking)	(**j'avais pris** I had taken)
future **futur**	future perfect **futur antérieur**
(**je prendrai** I will take)	(**j'aurai pris** I will have taken)

verb (**verbe** *m*) (see also: *sentence*)
The *verb* is the central element of a sentence, since other major sentence components are directly related to it. It is the word that indicates the action performed by the *subject* or, together with the words that follow it, the state or the condition of the subject.

> Gabrielle *sings* well.   **Gabrielle *chante* bien.**
> I *am very happy*.   **Je *suis très heureux*.**

Appendix C Verbs

Regular verbs

Infinitif Participes	Indicatif Présent	Imparfait	Passé composé	Plus-que-parfait
parler parlant parlé	parle parles parle parlons parlez parlent	parlais parlais parlait parlions parliez parlaient	ai parlé as parlé a parlé avons parlé avez parlé ont parlé	avais parlé avais parlé avait parlé avions parlé aviez parlé avaient parlé
finir finissant fini	finis finis finit finissons finissez finissent	finissais finissais finissait finissions finissiez finissaient	ai fini as fini a fini avons fini avez fini ont fini	avais fini avais fini avait fini avions fini aviez fini avaient fini
rendre rendant rendu	rends rends rend rendons rendez rendent	rendais rendais rendait rendions rendiez rendaient	ai rendu as rendu a rendu avons rendu avez rendu ont rendu	avais rendu avais rendu avait rendu avions rendu aviez rendu avaient rendu
partir **(dormir,** **s'endormir,** **mentir, sentir** **servir, sortir)** partant parti	pars pars part partons partez partent	partais partais partait partions partiez partaient	suis parti-e es parti-e est parti-e sommes parti-e-s êtes parti-e(s) sont parti-e-s	étais parti-e étais parti-e était parti-e étions parti-e-s étiez parti-e(s) étaient parti-e-s
acheter (amener, **emmener, lever,** **mener, promener)** avait acheté avions acheté	achète achètes achetant acheté achetez achètent	achetais achetais achète achetions achetiez achetaient	ai acheté as acheté achetait achetions avez acheté ont acheté	avais acheté avais acheté a acheté avons acheté aviez acheté avaient acheté
préférer **(considérer,** **espérer, exagérer,** **inquiéter, protéger,** **répéter, suggérer)** préférant préféré	préfère préfères préfère préférons préférez préfèrent	préférais préférais préférait préférions préfériez préféraient	ai préféré as préféré a préféré avons préféré avez préféré ont préféré	avais préféré avais préféré avait préféré avions préféré aviez préféré avaient préféré

Futur	Futur antérieur	Conditionnel Présent	Passé	Impératif	Subjonctif Présent	Passé
parlerai	aurai parlé	parlerais	aurais parlé		parle	aie parlé
parleras	auras parlé	parlerais	aurais parlé	parle	parles	aies parlé
parlera	aura parlé	parlerait	aurait parlé		parle	ait parlé
parlerons	aurons parlé	parlerions	aurions parlé	parlons	parlions	ayons parlé
parlerez	aurez parlé	parleriez	auriez parlé	parlez	parliez	ayez parlé
parleront	auront parlé	parleraienta	uraient parlé		parlent	aient parlé
finirai	aurai fini	finirais	aurais fini		finisse	aie fini
finiras	auras fini	finirais	aurais fini	finis	finisses	aies fini
finira	aura fini	finirait	aurait fini		finisse	ait fini
finirons	aurons fini	finirions	aurions fini	finissons	finissions	ayons fini
finirez	aurez fini	finiriez	auriez fini	finissez	finissiez	ayez fini
finiront	auront fini	finiraient	auraient fini		finissent	aient fini
rendrai	aurai rendu	rendrais	aurais rendu		rende	aie rendu
rendras	auras rendu	rendrais	aurais rendu	rends	rendes	aies rendu
rendra	aura rendu	rendrait	aurait rendu		rende	ait rendu
rendrons	aurons rendu	rendrions	aurions rendu	rendons	rendions	ayons rendu
rendrez	aurez rendu	rendriez	auriez rendu	rendez	rendiez	ayez rendu
rendront	auront rendu	rendraient	auraient rendu		rendent	aient rendu
partirai	serai parti-e	partirais	serais parti-e		parte	sois parti-e
partiras	seras parti-e	partirais	serais parti-e	pars	partes	sois parti-e
partira	sera parti-e	partirait	serait parti-e		parte	soit parti-e
partirons	serons parti-e-s	partirions	serions parti-e-s	partons	partions	soyons parti-e-s
partirez	serez parti-e(s)	partiriez	seriez parti-e(s)	partez	partiez	soyez parti-e(s)
partiront	seront parti-e-s	partiraient	seraient parti-e-s		partent	soient parti-e-s
achèterai	aurai acheté	achèterais	aurais acheté		achète	aie acheté
achèteras	auras acheté	achèterais	aurais acheté	achète	achètes	aies acheté
achètera	aura acheté	achèterait	aurait acheté		achète	ait acheté
achèterons	aurons acheté	achèterions	aurions acheté	achetons	achetions	ayons acheté
achèterez	aurez acheté	achèteriez	auriez acheté	achetez	achetiez	ayez acheté
achèteront	auront acheté	achèteraient	auraient acheté		achètent	aient acheté
préférerai	aurai préféré	préférerais	aurais préféré		préfère	aie préféré
préféreras	auras préféré	préférerais	aurais préféré	préfère	préfères	aies préféré
préférera	aura préféré	préférerait	aurait préféré		préfère	ait préféré
préférerons	aurons préféré	préférerions	aurions préféré	préférons	préférions	ayons préféré
préférerez	aurez préféré	préféreriez	auriez préféré	préférez	préfériez	ayez préféré
préféreront	auront préféré	préféreraient	auraient préféré		préfèrent	aient préféré

Infinitif / Participes	Indicatif / Présent	Imparfait	Passé composé	Plus-que-parfait
manger (**arranger, changer, corriger, déranger, diriger, encourager, nager, voyager**) mangeant mangé	mange manges mange mangeons mangez mangent	mangeais mangeais mangeait mangions mangiez mangeaient	ai mangé as mangé a mangé avons mangé avez mangé ont mangé	avais mangé avais mangé avait mangé avions mangé aviez mangé avaient mangé
payer (**ennuyer, essayer**) payant payé	paie paies paie payons payez paient	payais payais payait payions payiez payaient	ai payé as payé a payé avons payé avez payé ont payé	avais payé avais payé avait payé avions payé aviez payé avaient payé
commencer commençant commencé	commence commences commence commençons commencez commencent	commençais commençais commençait commencions commenciez commençaient	ai commencé as commencé a commencé avons commencé avez commencé ont commencé	avais commencé avais commencé avait commencé avions commencé aviez commencé avaient commencé
appeler (**rappeler**) appelant appelé	appelle appelles appelle appelons appelez appellent	appelais appelais appelait appelions appeliez appelaient	ai appelé as appelé a appelé avons appelé avez appelé ont appelé	avais appelé avais appelé avait appelé avions appelé aviez appelé avaient appelé
être étant été	suis es est sommes êtes sont	étais étais était étions étiez étaient	ai été as été a été avons été avez été ont été	avais été avais été avait été avions été aviez été avaient été
avoir ayant eu	ai as a avons avez ont	avais avais avait avions aviez avaient	ai eu as eu a eu avons eu avez eu ont eu	avais eu avais eu avait eu avions eu aviez eu avaient eu

Regular verbs

(handwritten notes in left margin:)

+ Le futur Proche
Je vais + Inf.

+ Le passé
Immediate
Je viens de + Inf.

Futur	Futur antérieur	Conditionnel		Impératif	Subjonctif	
		Présent	Passé		Présent	Passé
mangerai	aurai mangé	mangerais	aurais mangé		mange	aie mangé
mangeras	auras mangé	mangerais	aurais mangé	mange	manges	aies mangé
mangera	aura mangé	mangerait	aurait mangé		mange	ait mangé
mangerons	aurons mangé	mangerions	aurions mangé	mangeons	mangions	ayons mangé
mangerez	aurez mangé	mangeriez	auriez mangé	mangez	mangiez	ayez mangé
mangeront	auront mangé	mangeraient	auraient mangé		mangent	aient mangé
paierai	aurai payé	paierais	aurais payé		paie	aie payé
paieras	auras payé	paierais	aurais payé	paie	paies	aies payé
paiera	aura payé	paierait	aurait payé		paie	ait payé
paierons	aurons payé	paierions	aurions payé	payons	payions	ayons payé
paierez	aurez payé	paieriez	auriez payé	payez	payiez	ayez payé
paieront	auront payé	paieraient	auraient payé		paient	aient payé
commencerai	aurai commencé	commencerais	aurais commencé		commence	aie commencé
commenceras	auras commencé	commencerais	aurais commencé	commence	commences	aies commencé
commencera	aura commencé	commencerait	aurait commencé		commence	ait commencé
commencerons	aurons commencé	commencerions	aurions commencé	commençons	commencions	ayons commencé
commencerez	aurez commencé	commenceriez	auriez commencé	commencez	commenciez	ayez commencé
commenceront	auront commencé	commenceraient	auraient commencé		commencent	aient commencé
appellerai	aurai appelé	appellerais	aurais appelé		appelle	aie appelé
appelleras	auras appelé	appellerais	aurais appelé	appelle	appelles	aies appelé
appellera	aura appelé	appellerait	aurait appelé		appelle	ait appelé
appellerons	aurons appelé	appellerions	aurions appelé	appelons	appelions	ayons appelé
appellerez	aurez appelé	appelleriez	auriez appelé	appelez	appeliez	ayez appelé
appelleront	auront appelé	appelleraient	auraient appelé		appellent	aient appelé
serai	aurai été	serais	aurais été		sois	aie été
seras	auras été	serais	aurais été	sois	sois	aies été
sera	aura été	serait	aurait été		soit	ait été
serons	aurons été	serions	aurions été	soyons	soyons	ayons été
serez	aurez été	seriez	auriez été	soyez	soyez	ayez été
seront	auront été	seraient	auraient été		soient	aient été
aurai	aurai eu	aurais	aurais eu		aie	aie eu
auras	auras eu	aurais	aurais eu	aie	aies	aies eu
aura	aura eu	aurait	aurait eu		ait	ait eu
aurons	aurons eu	aurions	aurions eu	ayons	ayons	ayons eu
aurez	aurez eu	auriez	auriez eu	ayez	ayez	ayez eu
auront	auront eu	auraient	auraient eu		aient	aient eu

Irregular verbs

Each verb in this list is conjugated like the model indicated by the number. See the table of irregular verbs for the models.

Infinitif Participes	Indicatif Présent	Imparfait	Passé composé	Plus-que-parfait
	vais	allais	suis allé-e	étais allé-e
1	vas	allais	es allé-e	étais allé-e
aller	va	allait	est allé-e	était allé-e
allant	allons	allions	sommes allé-e-s	étions allé-e-s
allé	allez	alliez	êtes allé-e(s)	étiez allé-e(s)
	vont	allaient	sont allé-e-s	étaient allé-e-s
	m'assieds	m'asseyais	me suis assis-e	m'étais assis-e
2	t'assieds	t'asseyais	t'es assis-e	t'étais assis-e
s'asseoir	s'assied	s'asseyait	s'est assis-e	s'était assis-e
s'asseyant	nous asseyons	nous asseyions	nous sommes assis-es	nous étions assis-es
assis	vous asseyez	vous asseyiez	vous êtes assis-e(s)	vous étiez assis-e(s)
	s'asseyent	s'asseyaient	se sont assis-es	s'étaient assis-es
	bois	buvais	ai bu	avais bu
3	bois	buvais	as bu	avais bu
boire	boit	buvait	a bu	avait bu
buvant	buvons	buvions	avons bu	avions bu
bu	buvez	buviez	avez bu	aviez bu
	boivent	buvaient	ont bu	avaient bu
	conduis	conduisais	ai conduit	avais conduit
4	conduis	conduisais	as conduit	avais conduit
conduire	conduit	conduisait	a conduit	avait conduit
conduisant	conduisons	conduisions	avons conduit	avions conduit
conduit	conduisez	conduisiez	avez conduit	aviez conduit
	conduisent	conduisaient	ont conduit	avaient conduit
	connais	connaissais	ai connu	avais connu
5	connais	connaissais	as connu	avais connu
connaître	connaît	connaissait	a connu	avait connu
connaissant	connaissons	connaissions	avons connu	avions connu
connu	connaissez	conaissiez	avez connu	aviez connu
	connaissent	connaissaient	ont connu	avaient connu
	cours	courais	ai couru	avais couru
6	cours	courais	as couru	avais couru
courir	court	courait	a couru	avait couru
courant	courons	courions	avons couru	avions couru
couru	courez	couriez	avez couru	aviez couru
	courent	couraient	ont couru	avaient couru
	crois	croyais	ai cru	avais cru
7	crois	croyais	as cru	avais cru
croire	croit	croyait	a cru	avait cru
croyant	croyons	croyions	avons cru	avions cru
cru	croyez	croyiez	avez cru	aviez cru
	croient	croyaient	ont cru	avaient cru
	dois	devais	ai dû	avais dû
8	dois	devais	as dû	avais dû
devoir	doit	devait	a dû	avait dû
devant	devons	devions	avons dû	avions dû
dû	devez	deviez	avez dû	aviez dû
	doivent	devaient	ont dû	avaient dû

Futur	Futur antérieur	Conditionnel Présent	Conditionnel Passé	Impératif	Subjonctif Présent	Subjonctif Passé
irai	serai allé-e	irais	serais allé-e		aille	sois allé-e
iras	seras allé-e	irais	serais allé-e	va	ailles	sois allé-e
ira	sera allé-e	irait	serait allé-e		aille	soit allé-e
irons	serons allé-e-s	irions	serions allé-e-s	allons	allions	soyons allé-e-s
irez	serez allé-e(s)	iriez	seriez allé-e(s)	allez	alliez	soyez allé-e(s)
iront	seront allé-e-s	iraient	seraient allé-e-s		aillent	soient allé-e-s
m'assiérai	me serai assis-e	m'assiérais	me serais assis-e		m'asseye	me sois assis-e
t'assiéras	te seras assis-e	t'assiérais	te serais assis-e	assieds-toi	t'asseyes	te sois assis-e
s'assiéra	se sera assis-e	s'assiérait	se serait assis-e		s'asseye	se soit assis-e
nous assiérons	nous serons assis-e-s	nous assiérions	nous serions assis-e-s	asseyons-nous	nous asseyions	nous soyons assis-e-s
vous assiérez	vous serez assis-e(s)	vous assiériez	vous seriez assis-e(s)	asseyez-vous	vous asseyiez	vous soyez assis-e(e)
s'assiéront	se seront assis-e-s	s'assiéraient	se seraient assis-e-s		s'asseyent	se soient assis-e-s
boirai	aurai bu	boirais	aurais bu		boive	aie bu
boiras	auras bu	boirais	aurais bu	bois	boives	aies bu
boira	aura bu	boirait	aurait bu		boive	ait bu
boirons	aurons bu	boirions	aurions bu	buvons	buvions	ayons bu
boirez	aurez bu	boiriez	auriez bu	buvez	buviez	ayez bu
boiront	auront bu	boiraient	auraient bu		boivent	aient bu
conduirai	aurai conduit	conduirais	aurais conduit		conduise	aie conduit
conduiras	auras conduit	conduirais	aurais conduit	conduis	conduises	aies conduit
conduira	aura conduit	conduirait	aurait conduit		conduise	ait conduit
conduirons	aurons conduit	conduirons	aurions conduit	conduisons	conduisions	ayons conduit
conduirez	aurez conduit	conduiriez	auriez conduit	conduisez	conduisiez	ayez conduit
conduiront	auront conduit	conduiraient	auraient conduit		conduisent	aient conduit
connaîtrai	aurai connu	connaîtrais	aurais connu		connaisse	aie connu
connaîtras	auras connu	connaîtrais	aurais connu	connais	connaisses	aies connu
connaîtra	aura connu	connaîtrait	aurait connu		connaisse	ait connu
connaîtrons	aurons connu	connaîtrions	aurions connu	connaissons	connaissions	ayons connu
connaîtrez	aurez connu	connaîtriez	auriez connu	connaissez	connaissiez	ayez connu
connaîtront	auront connu	connaîtraient	auraient connu		connaissent	aient connu
courrai	aurais couru	courrais	aurais couru		coure	aie couru
courras	auras couru	courrais	aurais couru	cours	coures	aies couru
courra	aura couru	courrait	aurait couru		coure	ait couru
courrons	aurons couru	courrions	aurions couru	courons	courions	ayons couru
courrez	aurez couru	courriez	auriez couru	courez	couriez	ayez couru
courront	auront couru	courraient	auraient couru		courent	aient couru
croirai	aurai cru	croirais	aurais cru		croie	aie cru
croiras	auras cru	croirais	aurais cru	crois	croies	aies cru
croira	aura cru	croirait	aurait cru		croie	ait cru
croirons	aurons cru	croirions	aurions cru	croyons	croyions	ayons cru
croirez	aurez cru	croiriez	auriez cru	croyez	croyiez	ayez cru
croiront	auront cru	croiraient	auraient cru		croient	aient cru
devrai	aurai dû	devrais	aurais dû		doive	aie dû
devras	auras dû	devrais	aurais dû	dois	doives	aies dû
devra	aura dû	devrait	aurait dû		doive	ait dû
devrons	aurons dû	devrions	aurions dû	devons	devions	ayons dû
devrez	aurez dû	devriez	auriez dû	devez	deviez	ayez dû
devront	auront dû	devraient	auraient dû		doivent	aient dû

Infinitif / Participes	Indicatif Présent	Imparfait	Passé composé	Plus-que-parfait
9 **dire** disant dit	dis dis dit disons dites disent	disais disais disait disions disiez disaient	ai dit as dit a dit avons dit avez dit ont dit	avais dit avais dit avait dit avions dit aviez dit avaient dit
10 **écrire** écrivant écrit	écris écris écrit écrivons écrivez écrivent	écrivais écrivais écrivait écrivions écriviez écrivaient	ai écrit as écrit a écrit avons écrit avez écrit ont écrit	avais écrit avais écrit avait écrit avions écrit aviez écrit avaient écrit
11 **envoyer** envoyant envoyé	envoie envoies envoie envoyons envoyez envoient	envoyais envoyais envoyait envoyions envoyiez envoyaient	ai envoyé as envoyé a envoyé avons envoyé avez envoyé ont envoyé	avais envoyé avais envoyé avait envoyé avions envoyé aviez envoyé avaient envoyé
12 **faire** faisant fait	fais fais fait faisons faites font	faisais faisais faisait faisions faisiez faisaient	ai fait as fait a fait avons fait avez fait ont fait	avais fait avais fait avait fait avions fait aviez fait avaient fait
13 **falloir** fallu	il faut	il fallait	il a fallu	il avait fallu
14 **lire** lisant lu	lis lis lit lisons lisez lisent	lisais lisais lisait lisions lisiez lisaient	ai lu as lu a lu avons lu avez lu ont lu	avais lu avais lu avait lu avions lu aviez lu avaient lu
15 **mettre** mettant mis	mets mets met mettons mettez mettent	mettais mettais mettait mettions mettiez mettaient	ai mis as mis a mis avons mis avez mis ont mis	avais mis avais mis avait mis avions mis aviez mis avaient mis
16 **mourir** mourant mort	meurs meurs meurt mourons mourez meurent	mourais mourais mourait mourions mouriez mouraient	suis mort-e es mort-e est mort-e sommes mort-e-s êtes mort-e(s) sont mort-e-s	étais mort-e étais mort-e était mort-e étions mort-e-s étiez mort-e(s) étaient mort-e-s

Futur	Futur antérieur	Conditionnel Présent	Passé	Impératif	Subjonctif Présent	Passé
dirai	aurai dit	dirais	aurais dit		dise	aie dit
diras	auras dit	dirais	aurais dit	dis	dises	aies dit
dira	aura dit	dirait	aurait dit		dise	ait dit
dirons	aurons dit	dirions	aurions dit	disons	disions	ayons dit
direz	aurez dit	diriez	auriez dit	dites	disiez	ayez dit
diront	auront dit	diraient	auraient dit		disent	aient dit
enverrai	aurai envoyé	enverrais	aurais envoyé		envoie	aie envoyé
enverras	auras envoyé	enverrais	aurais envoyé	envoie	envoies	aies envoyé
enverra	aura envoyé	enverrait	aurait envoyé		envoie	ait envoyé
enverrons	aurons envoyé	enverrions	aurions envoyé	envoyons	envoyions	ayons envoyé
enverrez	aurez envoyé	enverriez	auriez envoyé	envoyez	envoyiez	ayez envoyé
enverront	auront envoyé	enverraient	auraient envoyé		envoient	aient envoyé
ferai	aurai fait	ferais	aurais fait		fasse	aie fait
feras	auras fait	ferais	aurais fait	fais	fasses	aies fait
fera	aura fait	ferait	aurait fait		fasse	ait fait
ferons	aurons fait	ferions	aurions fait	faisons	fassions	ayons fait
ferez	aurez fait	feriez	auriez fait	faites	fassiez	ayez fait
feront	auront fait	feraient	auraient fait		fassent	aient fait
il faudra	il aura fallu	il faudrait	il aurait fallu		il faille	il ait fallu
lirai	aurai lu	lirais	aurais lu		lise	aie lu
liras	auras lu	lirais	aurais lu	lis	lises	aies lu
lira	aura lu	lirait	aurait lu		lise	ait lu
lirons	aurons lu	lirions	aurions lu	lisons	lisions	ayons lu
lirez	aurez lu	liriez	auriez lu	lisez	lisiez	ayez lu
liront	auront lu	liraient	auraient lu		lisent	aient lu
mettrai	aurai mis	mettrais	aurais mis		mette	aie mis
mettras	auras mis	mettrais	aurais mis	mets	mettes	aies mis
mettra	aura mis	mettrait	aurait mis		mette	ait mis
mettrons	aurons mis	mettrions	aurions mis	mettons	mettions	ayons mis
mettrez	aurez mis	mettriez	auriez mis	mettez	mettiez	ayez mis
mettront	auront mis	mettraient	auraient mis		mettent	aient mis
mourrai	serai mort-e	mourrais	serais mort-e		meure	sois mort-e
mourras	seras mort-e	mourrais	serais mort-e	meurs	meures	sois mort-e
mourra	sera mort-e	mourrait	serait mort-e		meure	soit mort-e
mourrons	serons mort-e-s	mourrions	serions mort-e-s	mourons	mourions	soyons mort-e-s
mourrez	serez mort-e(s)	mourriez	seriez mort-e(s)	mourez	mouriez	soyez mort-e(s)
mourront	seront mort-e-s	mourraient	seraient mort-e-s		meurent	soient mort-e-s

Infinitif Participes	Indicatif Présent	Imparfait	Passé composé	Plus-que-parfait
	nais	naissais	suis né-e	étais né-e
17	nais	naissais	es né-e	étais né-e
naître	naît	naissait	est né-e	était né-e
naissant	naissons	naissions	sommes né-e-s	étions né-e-s
né	naissez	naissiez	êtes né-e(s)	étiez né-e(s)
	naissent	naissaient	sont né-e-s	étaient né-e-s
	offre	offrais	ai offert	avais offert
18	offres	offrais	as offert	avais offert
offrir	offre	offrait	a offert	avait offert
offrant	offrons	offrions	avons offert	avions offert
offert	offrez	offriez	avez offert	aviez offert
	offrent	offraient	ont offert	avaient offert
	ouvre	ouvrais	ai ouvert	avais ouvert
19	ouvres	ouvrais	as ouvert	avais ouvert
ouvrir	ouvre	ouvrait	a ouvert	avait ouvert
ouvrant	ouvrons	ouvrions	avons ouvert	avions ouvert
ouvert	ouvrez	ouvriez	avez ouvert	aviez ouvert
	ouvrent	ouvraient	ont ouvert	avaient ouvert
	plais	plaisais	ai plu	avais plu
20	plais	plaisais	as plu	avais plu
plaire	plaît	plaisait	a plu	avait plu
plaisant	plaisons	plaisions	avons plu	avions plu
plu	plaisez	plaisiez	avez plu	aviez plu
	plaisent	plaisaient	ont plu	avaient plu
21				
pleuvoir				
pleuvant	pleut	pleuvait	a plu	avait plu
plu				
	peux	pouvais	ai pu	avais pu
22	peux	pouvais	as pu	avais pu
pouvoir	peut	pouvait	a pu	avait pu
pouvant	pouvons	pouvions	avons pu	avions pu
pu	pouvez	pouviez	avez pu	aviez pu
	peuvent	pouvaient	ont pu	avaient pu
	prends	prenais	ai pris	avais pris
23	prends	prenais	as pris	avais pris
prendre	prend	prenait	a pris	avait pris
prenant	prenons	prenions	avons pris	avions pris
pris	prenez	preniez	avez pris	aviez pris
	prennent	prenaient	ont pris	avaient pris
	reçois	recevais	ai reçu	avais reçu
24	reçois	recevais	as reçu	avais reçu
recevoir	reçoit	recevait	a reçu	avait reçu
recevant	recevons	recevions	avons reçu	avions reçu
reçu	recevez	receviez	avez reçu	aviez reçu
	reçoivent	recevaient	ont reçu	avaient reçu

Futur	Futur antérieur	Conditionnel Présent	Conditionnel Passé	Impératif	Subjonctif Présent	Subjonctif Passé
naîtrai	serai né-e	naîtrais	serais né-e		naisse	sois né-e
naîtras	seras né-e	naîtrais	serais né-e	nais	naisses	sois né-e
naîtra	sera né-e	naîtrait	serait né-e		naisse	soit né-e
naîtrons	serons né-e-s	naîtrions	serions né-e-s	naissons	naissions	soyons né-e-s
naîtrez	serez né-e(s)	naîtriez	seriez né-e(s)	naissez	naissiez	soyez né-e(s)
naîtront	seront né-e-s	naîtraient	seraient né-e-s		naissent	soient né-e-s
offrirai	aurai offert	offrirais	aurais offert		offre	aie offert
offriras	auras offert	offrirais	aurais offert	offre	offres	aies offert
offrira	aura offert	offrirait	aurait offert		offre	ait offert
offrirons	aurons offert	offririons	aurions offert	offrons	offrions	ayons offert
offrirez	aurez offert	offririez	auriez offert	offrez	offriez	ayez offert
offriront	auront offert	offriraient	auraient offert		offrent	aient offert
ouvrirai	aurai ouvert	ouvrirais	aurais ouvert		ouvre	aie ouvert
ouvriras	auras ouvert	ouvrirais	aurais ouvert	ouvre	ouvres	aies ouvert
ouvrira	aura ouvert	ouvrirait	aurait ouvert		ouvre	ait ouvert
ouvrirons	aurons ouvert	ouvririons	aurions ouvert	ouvrons	ouvrions	ayons ouvert
ouvrirez	aurez ouvert	ouvririez	auriez ouvert	ouvrez	ouvriez	ayez ouvert
ouvriront	auront ouvert	ouvriraient	auraient ouvert		ouvrent	aient ouvert
plairai	aurai plu	plairais	aurais plu		plaise	aie plu
plairas	auras plu	plairais	aurais plu	plais	plaises	aies plu
plaira	aura plu	plairait	aurait plu		plaise	ait plu
plairons	aurons plu	plairions	aurions plu	plaisons	plaisions	ayons plu
plairez	aurez plu	plairiez	auriez plu	plaisez	plaisiez	ayez plu
plairont	auront plu	plairaient	auraient plu		plaisent	aient plu
pleuvra	aura plu	pleuvrait	aurait plu		pleuve	ait plu
pourrai	aurai pu	pourrais	aurais pu		puisse	aie pu
pourras	auras pu	pourrais	aurais pu	(pas d'impératif)	puisses	aies pu
pourra	aura pu	pourrait	aurait pu		puisse	ait pu
pourrons	aurons pu	pourrions	aurions pu		puissions	ayons pu
pourrez	aurez pu	pourriez	auriez pu		puissiez	ayez pu
pourront	auront pu	pourraient	auraient pu		puissent	aient pu
prendrai	aurai pris	prendrais	aurais pris		prenne	aie pris
prendras	auras pris	prendrais	aurais pris	prends	prennes	aies pris
prendra	aura pris	prendrait	aurait pris		prenne	ait pris
prendrons	aurons pris	prendrions	aurions pris	prenons	prenions	ayons pris
prendrez	aurez pris	prendriez	auriez pris	prenez	preniez	ayez pris
prendront	auront pris	prendraient	auraient pris		prennent	aient pris
recevrai	aurai reçu	recevrais	aurais reçu		reçoive	aie reçu
recevras	auras reçu	recevrais	aurais reçu	reçois	reçoives	aies reçu
recevra	aura reçu	recevrait	aurait reçu		reçoive	ait reçu
recevrons	aurons reçu	recevrions	aurions reçu	recevons	recevions	ayons reçu
recevrez	aurez reçu	recevriez	auriez reçu	recevez	receviez	ayez reçu
recevront	auront reçu	recevraient	auraient reçu		reçoivent	aient reçu

Infinitif Participes	Indicatif Présent	Imparfait	Passé composé	Plus-que-parfait
	ris	riais	ai ri	avais ri
25	ris	riais	as ri	avais ri
rire	rit	riait	a ri	avait ri
riant	rions	riions	avons ri	avions ri
ri	riez	riiez	avez ri	aviez ri
	rient	riaient	ont ri	avaient ri
	sais	savais	ai su	avais su
26	sais	savais	as su	avais su
savoir	sait	savait	a su	avait su
sachant	savons	savions	avons su	avions su
su	savez	saviez	avez su	aviez su
	savent	savaient	ont su	avaient su
	suis	suivais	ai suivi	avais suivi
27	suis	suivais	as suivi	avais suivi
suivre	suit	suivait	a suivi	avait suivi
suivant	suivons	suivions	avons suivi	avions suivi
suivi	suivez	suiviez	avez suivi	aviez suivi
	suivent	suivaient	ont suivi	avaient suivi
	vaux	valais	ai valu	avais valu
28	vaux	valais	as valu	avais valu
valoir	vaut	valait	a valu	avait valu
valant	valons	valions	avons valu	avions valu
valu	valez	valiez	avez valu	aviez valu
	valent	valaient	ont valu	avaient valu
	viens	venais	suis venu-e	étais venu-e
29	viens	venais	es venu-e	étais venu-e
venir	vient	venait	est venu-e	était venu-e
venant	venons	venions	sommes venu-e-s	étions venu-e-s
venu	venez	veniez	êtes venu-e(s)	étiez venu-e(s)
	viennent	venaient	sont venu-e-s	étaient venu-e-s
	vis	vivais	ai vécu	avais vécu
30	vis	vivais	as vécu	avais vécu
vivre	vit	vivait	a vécu	avait vécu
vivant	vivons	vivions	avons vécu	avions vécu
vécu	vivez	viviez	avez vécu	aviez vécu
	vivent	vivaient	ont vécu	avaient vécu
	vois	voyais	ai vu	avais vu
31	vois	voyais	as vu	avais vu
voir	voit	voyait	a vu	avait vu
voyant	voyons	voyions	avons vu	avions vu
vu	voyez	voyiez	avez vu	aviez vu
	voient	voyaient	ont vu	avaient vu
	veux	voulais	ai voulu	avais voulu
32	veux	voulais	as voulu	avais voulu
vouloir	veut	voulait	a voulu	avait voulu
voulant	voulons	voulions	avons voulu	avions voulu
voulu	voulez	vouliez	avez voulu	aviez voulu
	veulent	voulaient	ont voulu	avaient voulu

Futur	Futur antérieur	Conditionnel Présent	Conditionnel Passé	Impératif	Subjonctif Présent	Subjonctif Passé
rirai	aurai ri	rirais	aurais ri		rie	aie ri
riras	auras ri	rirais	aurais ri	ris	ries	aies ri
rira	aura ri	rirait	aurait ri		rie	ait ri
rirons	aurons ri	ririons	aurions ri	rions	riions	ayons ri
rirez	aurez ri	ririez	auriez ri	riez	riiez	ayez ri
riront	auront ri	riraient	auraient ri		rient	aient ri
saurai	aurai su	saurais	aurais su		sache	aie su
sauras	auras su	saurais	aurais su	sache	saches	aies su
saura	aura su	saurait	aurait su		sache	ait su
saurons	aurons su	saurions	aurions su	sachons	sachions	ayons su
saurez	aurez su	sauriez	auriez su	sachez	sachiez	ayez su
sauront	auront su	sauraient	auraient su		sachent	aient su
suivrai	aurai suivi	suivrais	aurais suivi		suive	aie suivi
suivras	auras suivi	suivrais	aurais suivi	suis	suives	aies suivi
suivra	aura suivi	suivrait	aurait suivi		suive	ait suivi
suivrons	aurons suivi	suivrions	aurions suivi	suivons	suivions	ayons suivi
suivrez	aurez suivi	suivriez	auriez suivi	suivez	suiviez	ayez suivi
suivront	auront suvi	suivraient	auraient suivi		suivent	aient suivi
vaudrai	aurai valu	vaudrais	aurais valu		vaille	aie valu
vaudras	auras valu	vaudrais	aurais valu	vaux	vailles	aies valu
vaudra	aura valu	vaudrait	aurait valu		vaille	ait valu
vaudrons	aurons valu	vaudrions	aurions valu	valons	valions	ayons valu
vaudrez	aurez valu	vaudriez	auriez valu	valez	valiez	ayez valu
vaudront	auront valu	vaudraient	auraient valu		vaillent	aient valu
viendrai	serai venu-e	viendrais	serais venu-e		vienne	sois venu-e
viendras	seras venu-e	viendrais	serais venu-e	viens	viennes	sois venu-e
viendra	sera venu-e	viendrait	serait venu-e		vienne	soit venu-e
viendrons	serons venu-e-s	viendrions	serions venu-e-s	venons	venions	soyons venu-e-s
viendrez	serez venu-e(s)	viendriez	seriez venu-e(s)	venez	veniez	soyez venu-e(s)
viendront	seront venu-e-s	viendraient	seraient venu-e-s		viennent	soient venu-e-s
vivrai	aurai vécu	vivrais	aurais vécu		vive	avais vécu
vivras	auras vécu	vivrais	aurais vécu	vis	vives	avais vécu
vivra	aura vécu	vivrait	aurait vécu		vive	avait vécu
vivrons	aurons vécu	vivrions	aurions vécu	vivons	vivions	avions vécu
vivrez	aurez vécu	vivriez	auriez vécu	vivez	viviez	aviez vécu
vivront	auront vécu	vivraient	auraient vécu		vivent	avaient vécu
verrai	aurai vu	verrais	aurais vu		voie	aie vu
verras	auras vu	verrais	aurais vu	vois	voies	aies vu
verra	aura vu	verrait	aurait vu		voie	ait vu
verrons	aurons vu	verrions	aurions vu	voyons	voyions	ayons vu
verrez	aurez vu	verriez	auriez vu	voyez	voyiez	ayez vu
verront	auront vu	verraient	auraient vu		voient	aient vu
voudrai	aurai voulu	voudrais	aurais voulu		veuille	aie voulu
voudras	auras voulu	voudrais	aurais voulu	veuille	veuilles	aies voulu
voudra	aura voulu	voudrait	aurait voulu		veuille	ait voulu
voudrons	aurons voulu	voudrions	aurions voulu	veuillons	voulions	ayons voulu
voudrez	aurez voulu	voudriez	auriez voulu	veuillez	vouliez	ayez voulu
voudront	auront voulu	voudraient	auraient voulu		veuillent	aient voulu

The French-English vocabulary includes all terms taught for active use in *Bonne route !* For active terms, number references indicate the chapter where words are first introduced. Nouns are marked as masculine (*m*) or feminine (*f*). Adjectives are provided in both forms.

à to, at, CP
à bicyclette / à vélo by bike, 6
à bientôt ! see you soon!, 1
à cause de because of, 13
à ce moment-là at that time, 8
à cette époque-là in those days, 11
à condition que ... on condition that..., 13
à côté de next to, 4
à demain ! see you tomorrow!, 1
à droite (de) to the right (of), 4
à gauche (de) to the left (of), 4
à gauche / à droite to the left/right, 8
à l'avenir in the future, 8
à l'heure on time, 4
à l'heure actuelle at present, 14
à l'intérieur inside, 13
à l'occasion at times, 11
à la campagne in the country, 9
à la fois at one and the same time, 8
à la prochaine ! be seeing you!, 1
à merveille wonderfully, 8
à mi-chemin (entre) half-way (between), 6
à moins que ... unless..., 13
à motocyclette by motorbike, 6
à partir de from, 14
à pied on foot, 6
à plus tard see you later, 3
à tout prix at any cost, 13
à un moment donné, ensuite at one point, next, 11
absolument absolutely, 2
accepter to accept, 4
accomplir to accomplish, 4
accord *m* agreement
achat *m* purchase, 5
acheter to buy, 4
acteur *m* actor, 1
actif-active active, 3
actuel-le present (day), 14
addition *f* bill, 4
admettre to admit, 10
adore love, 1

adorer to adore, 1
affiche *f* poster, CP
affreux-affreuse horrible, 14
afin que ... so that, in order that..., 13
africain-e African, 3
afro-américain-e African-American, 3
afro-canadien-ne African-Canadian, 3
agence *f* agency, 6
agréable agreeable, 2
agressif-agressive aggressive, 3
ah, c'est gentil that's kind of you, 3
ailleurs elsewhere, 12
aime like, 1
aime assez rather like, 1
aime beaucoup like very much, 1
aime bien rather like, 1
ajouter to add, 9
alcool *m* alcohol, 4
algérien-ne Algerian, 3
allemand-e German, 3
aller to go, 2
allez ! come on!, 4
alors then, 4
ambitieux-ambitieuse ambitious, 3
américain-e American, 2
amérindien-ne Native, 3
ami-e friend, 1
amical-e friendly, 14
amicalement regards, best wishes, 14
amitié *f* friendship, 8
amour *m* love, 12
amoureux-amoureuse in love, 3
amusant-e amusing, 2
amuser to entertain, to amuse, 7
amuser (s'~) to have a good time, 5
an *m* year, 1
an dernier *m* / année dernière *f* last year, 3
ancêtre *mf* ancestor, 7
anglais-e English, 2
anglophone Anglophone, 2
animal *m* animal, 1
animal de compagnie *m* pet
année *f* year, 5
annonce *f* announcement, advertisement, 8
annoncer to announce, to forecast, 11
anorak *m* ski jacket, 11
anti-fumeur anti-smoking
antillais-e West Indian
août August, 5

appartement *m* apartment, 7
appartenir à to belong to, to be a member of, 14
appeler to call, 7
appeler (s'~) to be called, to be named, 7
apporter to bring, 4
apprécier to appreciate, 9
approuver to approve, 12
après after, 2
après que after, 14
après tout after all, 5
après-demain the day after tomorrow, 8
après-midi afternoon, in the afternoon, 4
arbre *m* tree, 9
argent *m* money, 4
arrêter (s'~) to stop, 7
arrivée *f* arrival, 9
arriver to arrive, 2
arriver to happen, 9
arrogant-e arrogant, 2
artiste *mf* artist, 1
asiatique Asiatic, 3
asseyez-vous sit down, CP
assez fairly, rather, enough, 2
assoyez-vous (Can.) sit down, CP
assurance *f* insurance, assurance, 9
attendre to wait for, 5
attentif-attentive attentive, 3
attirer to attract, 8
au début at the beginning, 9
au lieu de instead of, 14
au milieu de in the middle of, 4
augmenter to increase, 13
aujourd'hui today, 8
auparavant previously, beforehand, 11
aussi also, 1
australien-ne Australian, 3
auteur-e author, 10
autobiographie *f* autobiography, 7
autochtone native, 11
automne *m* fall, 5
autre other, 2
avant before, 2
avant que ... before..., 13
avant-hier the day before yesterday, 3
avantage *m* advantage, 9
avec with, 4
avenir *m* future, 6
averse *f* shower, 11
avis *m* opinion
avocat-e lawyer, 1

avoir to have, CP
avoir besoin de to need, 5
avoir chaud to be warm, 5
avoir de la peine to be sad, upset, 8
avoir envie de to feel like (having), 5
avoir faim to be hungry, 5
avoir froid to be cold, 5
avoir hâte de to be in a hurry to..., 12
avoir honte de to be ashamed of, 6
avoir l'air to seem, 3
avoir le mal du pays to be homesick, 12
avoir lieu to take place, 11
avoir mal à (à la tête, à la gorge, au
    genou, etc.) to have a headache/sore
    throat/sore knee/etc., 9
avoir mal au cœur to have a stomach
    ache, 9
avoir peur de to be afraid of, 6
avoir raison to be right, 4
avoir soif to be thirsty, 5
avoir sommeil to be sleepy, 5
avoir tort to be wrong, 4
avouer to admit, 9
avril April, 5

baigner (se~) to go swimming, 10
baladeur m walkman, CP
balai m broom, 9
banane f banana, 4
bande dessinée f comic strip, 7
banlieue f suburbs, outskirts, 14
banque f bank, 4
bas-se low, 3
bateau m boat, 3
bavarder to chat, 11
beau-belle beautiful, 3
beau-frère m brother-in-law, 2
beau-père m father-in-law, 2
beaucoup many, much, a lot, 4
beauté f beauty, 5
belge Belgian, 3
belle-mère f mother-in-law, 2
belle-sœur f sister-in-law, 2
bête silly, 2
beurre m butter, 11
beurre d'arachide m peanut butter, 11
bicyclette f / bicycle m (Can.) bicycle, CP
bicyclette f / vélo m (Fr.) bicycle, CP
bien well, CP
bien entendu of course, 14
bien que ... although..., 13
bienvenue (Can) welcome, you're
    welcome, CP
bière f beer, 4
bifteck m steak, 4
bijouterie f jewellery, jeweller's shop, 9
bijoux m jewellery, 9
bilingue bilingual, 14
billet m ticket

biographie f biography, 7
biscuit m cookie, cracker, 4
bizarre bizarre, 2
blanc-he white - grey (for hair), 2
blanc-he white, 3
blessé-e injured, 10
bleu-e blue, 2
bleuet m blueberry, 6
blond-e blonde, 2
blouson m jacket, 11
bœuf m beef, 4
boire to drink, 4
boisson f (Fr.) beverage, 4
boissons gazeuses f (Fr.) soft drinks, 4
boîte de soupe f can, box of soup, 11
bol de fruits m bowl of fruit, 11
bon-ne good, 3
bon anniversaire ! happy birthday!, 14
bon marché inexpensive, 3
bon séjour ! have a nice stay!, 1
bon week-end ! (Fr.) have a good
    weekend!, 1
bonbons m candies, 9
bonheur m happiness, 12
bonne fin de semaine ! (Can.) have a
    good weekend!, 1
bonne journée ! have a good day!, 1
bonne soirée ! have a nice evening!, 1
bonsoir good evening, 4
bottes de neige f winter boots, 11
bottes de pluie f rain boots, 11
bouche f mouth, 9
boucherie f butcher's shop, 9
boulangerie f bakery, 9
bouleversant-e deeply moving,
    overwhelming, 14
bourse f bursary, scholarship, 10
bout m end, 12
bouteille de vin f bottle of wine, 11
boutiques f shops, 4
bras m arm, 9
bref-brève brief, 7
breuvage m (Can.) beverage, 4
brosser (les dents / les cheveux) (se~) to
    brush (one's teeth/hair), 5
brûler to burn, 12
brun-e brown, 2
brusquement brusquely, suddenly, 11
bulletin météorologique m weather
    forecast, 5
bureau m office
bureau de poste m post office, 4
bureaucratie f bureaucracy, 6
but m goal, 13

ça that, 5
cabine (de diffusion) f (broadcast)
    booth, 7
café m coffee, 2

cafétéria f cafeteria, CP
caisse de biscuits f box of cookies, 11
calendrier m calendar, 10
calme calm, 2
calmement calmly, 10
calmer (se~) to calm (oneself) down, 12
camarade de chambre mf roommate, CP
campagne f country
camping m camping, 3
canadien-ne mf Canadian, 3
cannette f can, 13
canotage m boating, canoeing, 3
capitale f capital, CP
car for, because, 14
caractéristique f characteristic, 12
carotte f carrot, 4
carrefour m intersection, 8
carrière f career, 7
carte f menu, 4
carte f map, card, 5
carton de lait m container of milk, 11
casque m headphones, 7
casser (la jambe, etc.) (se~) to break
    (one's leg, etc.), 9
ce jour-là that day, 11
célèbre famous, 2
célibataire unmarried, 2
ce matin, cette nuit this morning, last
    night, 11
centimètre m centimetre, 11
centre d'achats m (Can.) / centre
    commercial m (Fr.) shopping center, 4
centre-ville m downtown area, 7
cependant however, 14
céréales f cereal, 4
cérémonie f ceremony, 12
ce soir tonight, 2
c'est (bien) vrai ! that's (quite) right!, 4
c'est ça that's right, CP
c'est l'essentiel that's the main thing, 9
cette semaine this week, 11
chacun each, 5
chaîne f channel, 14
chaîne stéréo f stereo system, CP
chaise f chair, 4
chambre f room, bedroom, CP
champagne m champagne, 4
chanceux-chanceuse lucky, 3
chandail m sweater, 5
changement m change, 11
changer to change, 8
chanter to sing, 1
chanteur-chanteuse singer, 1
chapeau ! (fam.) well done! (hats off to
    you), 14
chaque each, 9
charcuterie f pork-butchery, 9
charger de (se~) to take care of, 14
charmant-e charming, 2
chat m cat, CP

châtain chestnut brown, 2

chaussettes en laine f woolen socks, 11

chaussures de cuir f leather shoes, 11

chemise à manches courtes f short-sleeved shirt, 11

chemise à manches longues f long-sleeved shirt, 11

cher-chère dear, expensive, 3

chercher to look for, 2

cheveux m hair, 2

cheville f ankle, 9

chez at the home of, 2

chic fashionable, 3

chien m dog, CP

chimique chemical, 13

chinois-e Chinese, 3

chocolat m chocolate, 4

choisir to choose, 4

choqué-e shocked, 12

choquer to shock, 12

chose f thing, 2

chrétien-ne Christian, 12

chutes f falls, 5

cidre m cider, 4

cinéma m movie theatre, 4

circuler to circulate, 3

clair-e light, 2

classe f class, 1

clavier m keyboard, 7

client-e customer, 4

cœur m heart, 9

colère f anger

collation f (Can.) snack, 2

colonisation f colonization, 12

combien how many, how much, 4

comique comic, 2

commander to order, 4

comme prévu as planned, 10

commencer to begin, 4

comment how, 5

commerçant-e storekeeper, 8

commerce m business, 9

compétent-e competent, 2

complètement completely, 2

compliqué-e complicated, 2

comporter (se~) to behave, 12

comprimé m tablet, 9

comptable mf accountant, 1

compte bancaire m bank account, 10

compter to intend, to count, to include, 6

concert m concert, CP

concours m competition, 14

condition f condition, 13

confiance f confidence, trust, 12

confiserie f sweet-shop, 9

confiture f jam, 11

confortable comfortable (things only), 2

confus-e embarrassed, 12

congé m holiday, 9

connaissance (faire la ~) to meet

connaître to know, 11

connu-e well-known, 7

conseil m piece of advice, council, 6

considérer to consider, 12

constamment constantly, 10

constater to notice, 14

contaminé-e contaminated, 13

content-e pleased, happy, 2

continuer to continue, 4

contre against, 4

controversé-e controversial, 13

copain-copine friend, pal, 3

coréen-ne Korean, 3

corps m body

corriger to correct, 11

cou m neck, 9

couche d'ozone f ozone layer, 13

coucher (se~) to go to bed, 5

courageux-courageuse courageous, brave, 3

couramment commonly, fluently, 10

courir to run, 7

courrier m mail, 8

courses f shopping, errands, 3

court-e short, 2

court de tennis m tennis court, CP

cousin-e cousin, 2

coûter to cost, 8

coutume f custom, 14

craindre to fear, 13

crainte f fear, 13

crayons m pencils, 9

créer to create, 13

crème caramel f caramel custard, 4

crème glacée f (Can.) ice cream, 4

crémerie f dairy, 9

crêpe f pancake, 4

crise f crisis, 13

critiquer to criticize

croire to believe, 9

crudités f assorted raw vegetables, salads, 4

cruel-le cruel, 3

cuillerée de sucre f spoonful of sugar, 11

cuisine f cuisine, cooking, 3

cuisse f thigh, 9

culturel-le cultural, 3

cyclone m cyclone, 11

d'abord first, 4

d'habitude usually, 5

dangereux-dangeureuse dangerous, 3

dans in, CP

dans le passé in the past, 8

danser to dance, 1

date f date, 5

date limite f deadline, 12

de from, for, of, CP

de nos jours currently, nowadays, 6

de retour back, 14

de rien you're welcome, CP

de temps en temps from time to time, 4

de toute façon in any case, 12

débardeur m tank-top, 11

début m beginning, 9

décembre December, 5

déception f disappointment, 12

déchets m waste products, refuse, 13

décider to decide, 5

découragé-e discouraged, 8

décourager (se~) to get discouraged, 13

découvrir to discover, 9

décrire to describe, 7

déçu-e disappointed, 12

défi m challenge, 14

dégoûté-e disgusted, 12

dehors outside, 13

déjà already, 3

déjeuner m (Can.) breakfast, 2

déjeuner m (Fr.) lunch, 2

délicieux-délicieuse delicious, 3

demain tomorrow, CP

demande f request, 14

demander to ask, 3

demander (se~) to wonder, 7

déménager to move, 12

dentiste mf dentist, 1

dents f teeth, 9

départ m departure, 5

dépêcher (se~) to hurry, 5

dépendre (de) to depend (on), 5

depuis since, 1

déranger to disturb, 13

derrière behind, 4

dès que (aussitôt que) as soon as, 14

désastre m disaster, 13

descendre to go down, 5

désespéré-e desperate, in despair, 12

désir m wish, desire, 14

désirer to desire, to wish for, 4

désolé-e terribly sorry, 4

desserts m desserts, 4

destruction f destruction, 11

détail m detail, 9

détendre to loosen, 7

détendre (se~) to relax, 7

déteste hate, 1

détester to dislike, 1

détruire to destroy, 13

deuil m mourning, 12

devant in front of, 4

développer to develop, 4

devenir to become, 7

déverser to dump, 13

deviner to guess, 9

devoir to owe, to have to, must, 7

devoirs m homework, 3

dictionnaire m dictionary, CP

différent-e different, 2

difficulté f difficulty, 9

diminuer to reduce, 13

dîner m (Can.) lunch, 2

dîner *m* (Fr.) dinner, supper, 2
diplôme *m* diploma, 14
dire to say, to tell, 8
diriger (se~) to make one's way towards, 8
discuter to discuss, 5
disparaître to disappear, 13
disparition *f* disappearance, 13
disponible available, 11
dispute *f* dispute, argument, 8
disputer to dispute, 10
disque dur *m* hard disk (drive), 7
disque laser (disque compact) *m* compact disk, CP
disque souple *m* floppy disk, 7
disquette *f* diskette, 7
distributeur automatique de billets (DAB) *m* / **billetterie** *f* dispensing machine, 8
divers-e different, various, 7
diviser to divide, 10
docteur-e (Can.) doctor, 1
doigts *m* fingers, 9
dommage (it's) too bad, 9
donc therefore, 12
donner à to give to, 3
donner un coup de main to pitch in and help, 12
dormir to sleep, 6
dos *m* back, 9
douche *f* shower, 8
doucher (se~) to take a shower, 5
douleur (aiguë) *f* (sharp, severe) pain, 9
doute *m* doubt
doux-douce soft, gentle, 3
drapeau *m* flag, 3
droguerie *f* drugs, 9
droit *m* right, 7
drôle funny, 2
du moins at least, 12
durée *f* duration

eau minérale *f* mineral water, 4
échange *m* exchange, 6
écharpe *f* scarf, 11
échouer to fail, 10
école *f* school, 1
école primaire / secondaire *f* primary/secondary school, 10
écologie *f* ecology, 13
économiser to economize, to save, 8
écossais-e Scottish, 3
écouter to listen, 1
écran *m* screen, 7
écrire to write, 7
effrayant-e frightening, 11
également equally, also, 11
église *f* church, 4
égoïste selfish, 2
électricien-ne electrician, 1
élégant-e elegant, 2

élève *mf* pupil, student, 7
élevé-e high, 7
éliminer to eliminate, 13
élu-e elected, 12
emballage *m* packaging, 13
embêtant-e annoying, 2
embouteillage *m* traffic jam, 7
embrasser to hug, to kiss, 1
émission *f* (TV) show, 1
emmener to take along (person), 6
émotif-émotive emotional, 4
emploi *m* job, 10
employé-e employee, 8
employer to use, 10
empoisonnement *m* poisoning, 13
emprunter to borrow, 12
en (résidence) in (residence), CP
en autobus (Can.) by bus, 6
en autocar / en car (Fr.) by (inter city) bus, 6
en avance early, 4
en avion by plane, 6
en bateau by boat, 6
en ce moment at the moment, 8
en danger in danger, 2
en effet indeed, 3
en face de across from, 4
en fait in fact, 9
en français in French, CP
en plein air in the open (air), outdoors, 8
en retard late, 4
en tout cas in any case, anyway, 3
en train by train, 6
en vacances on holiday, 9
en voiture by car, 6
enchaînement *m* linking
encore again, still, 2
encourageant-e encouraging, 12
encourager to encourage, 7
endormir (s'~) to fall asleep, 5
endroit *m* place, 9
énergie *f* energy, 4
énergique energetic, 2
enfant *mf* child, 2
enfin finally, 2
engager (s'~) to get involved, 13
ennuis *m* troubles, worries, 12
ennuyer to bore, 7
ennuyer to bother, 12
ennuyer de (s'~) (Can.) to miss, 12
ennuyer (s'~) to be bored, 7
ennuyeux-ennuyeuse boring, 3
enquête *f* inquiry, investigation, 13
enraciné-e rooted, 14
enseignant-e teacher, 7
enseigner to teach, 11
ensoleillé-e *m* sunny, 11
ensuite afterwards, then, 4
entendre to hear, 5
entendre (s'~) to get along, 7
entendu agreed, 8

entre between, 4
entrer to go in, to come in, 7
entrez come in, CP
envers towards
envier to envy, 14
environ approximately, 9
envoyer to send, 6
épaule *f* shoulder, 9
épicé-e spicy, 11
épicerie *f* grocer's shop, 9
équipe *f* team, 7
éruption volcanique *f* volcanic eruption, 11
espace *m* space
espagnol Spanish, 3
espèce *f* species, 13
esprit *m* spirit, mind
essayer to try, 6
essence *f* gasoline, 13
essentiel-le essential, 3
et vous revoilà ! here you are again!, 11
et and, CP
étage *m* floor, 8
étape *f* stage, step, 10
état *m* state
été *m* summer, 5
éternuer to sneeze, 9
étonnant-e surprising, astonishing, 14
étonné-e astounded, 14
étranger-étrangère stranger, foreign, 8
être to be, CP
être à to belong to, 2
être conscient-e de to be aware of, 13
être d'accord to agree, 4
être de retour to be back (home), 8
être fatigué-e to be tired, 9
études *f* studies, 6
étudiant-e student, CP
étudier to study, 1
européen-ne European, 3
événement *m* event, 9
évidemment obviously, evidently, 7
éviter to avoid, 13
évolution *f* evolution, development, 13
exagérer to exaggerate, 6
excellent-e excellent, 2
exceptionnel-le exceptional, 3
excuser to excuse, 12
exister to exist, 11
exotique exotic, 1
expliquer to explain, 7
exprimer to express

fabrication *f* manufacture, making, 13
fâché-e angry, 8
fâcher (se~) to anger, to get angry, 12
facile easy, 2
façon *f* manner
faiblesse *f* weakness, 9
faire to do, to make, to play a sport, 3

faire attention to pay attention, 3
faire de l'exercice to get some exercise, to work out, 9
faire de la peine à quelqu'un to hurt someone (emotionally), 12
faire de son mieux to do one's best, 3
faire des progrès to make progress, 9
faire face à to face, 7
faire la queue to stand in line, 8
faire mal (se~) to hurt oneself, 9
faire partie de to be a part, member of, 12
faire semblant de to pretend, 12
faire un voyage to take a trip, 4
faire une excursion to go on an excursion, outing, 5
fait *m* fact, 6
falloir (il faut) to be necessary, 12
fantastique fantastic, CP
farine *f* flour, 9
fatigant-e tiring, 2
fatigue *f* fatigue, 9
fatigué-e fatigued, tired, 1
fatiguer to tire, 12
faux-fausse false, 3
faux pas *m* social error, 12
féliciter (de / pour) to congratulate (about), 14
féliciter to congratulate
femme *f* wife, woman, 2
fenêtre *f* window, 4
ferme *f* farm, 5
fermier-fermière farmer, 1
fête *f* feast, holiday, 5
fêter to celebrate, 12
feu *m* traffic light, 8
feu (de bois) *m* (wood) fire, 11
février February, 5
fiançailles *f* engagement, 12
fiancer to arrange an engagement for, 7
fiancer (se~) to get engaged, 7
fier-fière proud, 11
fierté *f* pride, 14
fille *f* daughter, girl, 2
film *m* movie, film, 1
fils *m* son, 2
fin-e (Qué.) nice , 2
fin *f* end, 10
final-e final, 12
finalement finally, 14
finir to finish, 4
fleurs *f* flowers, 9
foncé-e dark, 2
fonctionnaire *mf* civil servant, 12
forêt *f* forest, 13
formidable wonderful, great, 2
fort-e strong, 2
fou-folle crazy, 3
fournir to supply, 4
frais *m* expenses, 9
franc-he frank, 3

français-e French, 2
franchement frankly, 5
francophone French-speaking, 1
frapper to hit, to impress, 8
frère *m* brother, 2
frites *f* fries, 4
fromage *m* cheese, 9
fruits *m* fruit, 4
frustré-e / frustrant-e frustrated, frustrating, 12

gagner to win, 7
gants fourrés *m* lined gloves, 11
garçon *m* boy, 2
gare *f* train station, 4
gâteau *m* cake, 4
gêné-e ill-at-ease, 12
gêner to embarrass, 12
général-e general, 3
généralement generally, 5
généreux-généreuse generous, 3
genou *m* knee, 9
gens *m* people, 9
gentil-le nice, 3
geste *m* gesture, 7
glace *f* (Fr.) ice cream, 4
gourmand-e greedy, 11
goût *m* taste, 9
goûter *m* (Fr.) snack, 2
goûter to taste, 6
gouvernement *m* government, 13
grand-e tall, 2
grand magasin *m* department store, 9
grand-mère *f* grandmother, 2
grand-père *m* grandfather, 2
grande surface *f* large department store, 9
grandir to grow, 4
grands-parents grandparents, 2
gratuit-e free, gratuitous, 14
grec-que Greek, 3
grippe *f* flu, 9
gris-e gray, 3
gros-se big, fat, 3
groupe *m* group, 10
guérir to cure, 9
guérison *f* cure, 9
guerre *f* war, 10
guichet *m* ticket window, 8

habiller (s'~) to get dressed, 5
habitant-e inhabitant, 12
habiter to live, 1
habitude *f* habit
habituer to accustom, 7
habituer (s'~) to get used to, 7
haïtien-ne Haitian, 3
hanche *f* hip, 9
haricots *m* beans, 4

hésiter to hesitate, 6
heure *f* time
heure hour, 1
heureusement (que ...) fortunately..., 9
heureux-heureuse happy, 3
hier yesterday, 1
hier après-midi yesterday afternoon, 3
hier matin yesterday morning, 3
hier soir yesterday evening, 3
hiver *m* winter, 5
homme d'affaires / femme d'affaires businessman/businesswoman, 1
homme *m* man, 2
honnête honest, 2
horaire *m* timetable, schedule, 7
horrible horrible, 2
hors outside of
hôte *m* host, 7
humide *m* moist, damp, 11

idéaliste / matérialiste idealistic/materialistic, 2
idée *f* idea, 9
identifier to identify, 4
ignorer to be unaware of, 14
il fait (très) beau it's (very) nice, 5
il fait chaud it's warm, 5
il fait du soleil it's sunny, 5
il fait du vent it's windy, 5
il fait frais it's cool, 5
il fait froid it's cold, 5
il fait mauvais the weather is poor, 5
il fait soleil (Can.) it's sunny, 5
il fait très chaud it's very hot, 5
il mouille (Can.) it's raining, 5
il n'y a pas de quoi don't mention it, it's a pleasure, not at all, 11
il neige / il va neiger it's snowing/it's going to snow, 5
il pleut / il va pleuvoir / il a plu it's raining/it's going to rain/it rained, 5
il va y avoir un orage there's going to be a storm, 5
il vente (Can.) it's windy, 5
il y a ago, 8
il y a there is, there are, CP
il y a des nuages it's (partly) cloudy, 5
il y a du brouillard it's foggy, 5
île *f* island, 5
imaginer to imagine, 4
imiter to imitate, 14
immédiatement immediately, 10
immeuble *m* building, 8
immigration *f* immigration, 11
imperméable *m* raincoat, 11
impoli-e impolite, 12
importance *f* importance, 9
important-e important, 2
impressionnant-e impressive, 10
imprimante *f* printer, CP

impulsivement impulsively, 10
incompétent-e incompetent, 2
inconnu-e unknown, 6
inconvénient *m* disadvantage, 9
incroyable unbelievable, 2
indépendant-e independent, 2
indien-ne Indian, 3
indiquer to indicate, to point out, 6
individuel-le individual, private, 9
industriel-le industrial, 12
infection *f* infection, 9
informaticien-ne computer scientist, 1
informations (télévisées) *f* (T.V.) news, 7
inquiet-inquiète worried, 3
inquiétude *f* worry, 12
insister to insist, 13
installer to install, to put in, 7
installer (s'~) to settle in, 7
instrument de musique *m* musical
    instrument, CP
insulter to insult, 13
intellectuel-le intellectual, 3
intelligent-e intelligent, 2
interdire to forbid, 13
intéressant-e interesting, 2
intéresser to interest, 7
intéresser (s'~) to be interested (in), 7
interrompre to interrupt, 5
interview *f* interview, 7
interviewer to interview, 5
inutile useless, 12
invité-e guest, 3
inviter to invite, 2
irlandais-e Irish, 3
irrité-e irritated, annoyed, 8
israélien-ne Israelian, 3
italien-ne Italian, 3

jambe *f* leg, 9
jambon *m* ham, 4
janvier January, 5
japonais-e Japanese, 3
jardins publics *m* public gardens, 4
jaune yellow, 3
je m'en fiche I couldn't care less, 9
jeu *m* game
jeune young, 3
jeunesse *f* youth, 6
jogging *m* jogging, 3
joie *f* joy, 12
joli-e pretty, CP
joue *f* cheek, 9
jouer to play, 2
jouet *m* toy, 9
jouir de to enjoy, 6
jour *m* day, 1
journal *m* newspaper, 3
journaliste *mf* jounalist, 1
Joyeuses Pâques ! Happy Easter!, 14
Joyeux Noël ! Merry Christmas!, 14

joyeux-joyeuse joyful, 12
juge *mf* judge, 14
juillet July, 5
juin June, 5
jus de fruits *m* fruit juice, 4
jusqu'à ce que ... until..., 13
jusqu'à up to, as far as, 8
juste just, right, 2
justement as a matter of fact,
    exactly, 10
justifier to justify, 12

kilo(gramme) *m* kilo(gram), 11
kilomètre *m* kilometre, 11

là there, CP
là-bas over there, 6
laid-e ugly, 2
lait *m* milk, 4
laitue *f* lettuce, 4
laver (les mains / les cheveux) (se~) to
    wash (one's hands/hair), 5
lecteur de cassettes *m* cassette player, CP
léger-légère light, 3
légumes *m* vegetables, 4
lendemain *m* the next day, 8
lent-e slow, 2
lentement slowly, 4
lessive *f* laundry, 3
lettre *f* letter, 6
lever (se~) to get up, 5
liberté *f* liberty, freedom, 12
librairie *f* bookstore, 9
libre free, 4
lien *m* link, 13
lieu *m* location
limonade *f* lemon-lime pop, 4
liqueurs douces *f* (Can.) soft drinks, 4
lire to read, 7
litre *m* litre, 11
littérature *f* literature, 10
livre *f* pound, 11
livre *m* book, CP
local-e local, 7
locution *f* expression
logiciel *m* software programme, 7
loi *f* law, 2
loin de far from, 3
loisir *m* leisure activities
long-ue long, 2
longer to go along, alongside, 8
louer to rent, 9
lourd-e heavy, 11
lumière *f* light, 8
lunettes de soleil *f* sunglasses, 11

magasin *m* store, 4
magasin de fleurs *m* (fleuriste *mf*)

florist, 9
magasin de primeurs *m* vegetable
    stand, 9
magasin de vêtements *m* clothes shop, 9
magazine *m* magazine, 7
magnétophone *m* tape recorder, CP
magnétoscope *m* VCR, CP
magnifique magnificent, 2
mai May, 5
maigrir to lose weight, 11
maillot de bain *m* bathing suit, 11
main *f* hand, 9
maintenant now, 2
mairie *f* (Fr.) / hôtel de ville *m* (Can.) city
    hall, 4
mais but, 1
malaise *m* unease
malentendu *m* misunderstanding, 12
malgré in spite of, despite, 14
malheureusement unfortunately, 3
malheureux-malheureuse unhappy, 3
malsain-e unhealthy, 4
manger to eat, 2
manque *m* lack, 14
manquer to miss, 12
manquer à quelqu'un to be missed by
    someone, 12
manteau d'hiver *m* winter coat, 11
maquillage *m* make-up, 9
marchand-e merchant, 7
marché *m* market, 8
marcher to walk, 1
mari *m* husband, 2
mariage *m* marriage, 12
marié *m* / mariée *f* groom/bride, 12
marier to marry off (one's child), 7
marier (se~) to get married, 7
marocain-e Moroccan (inhabitant of
    Morocco), 3
mars March, 5
martiniquais-e Martiniquan (inhabitant
    of Martinique), 3
matériel *m* hardware, 7
matin *m* morning, 1
mauvais-e bad, 3
méchant-e mean, 2
mécontent-e discontented, dissatisfied, 8
médecin *m* (Fr.) doctor, 1
médical-e medical, 13
médicament *m* medicine, 9
méfier (se~) to watch out for, 13
Meilleurs Vœux ! Best Wishes!, 14
mélanger to mix, 11
membre *m* member, 12
mémoire *f* memory, 7
menace *f* menace, threat, 13
menacer to menace, to threaten, 13
ménage *m* housecleaning, 3
menu *m* (Fr.) menu, 4
mer *f* sea, 6
merci thank you, CP

mère *f* mother, 2

merveilleux-merveilleuse marvellous, 3

métier *m* job, profession, occupation, 11

mètre *m* metre, 11

métro *m* subway, 8

mettre to put, to put on, to place, 5

mettre à (se~) to begin to, 7

mettre à table (se~) sit down at the table, 10

mettre au courant keep up to date, 7

mettre en colère (se~) to get angry, 10

mettre en relief to emphasize

mettre la table set the table, 10

meubles *m* furniture, 9

mexicain-e Mexican, 3

mieux better, 1

mignon-ne cute, 3

milieu *m* environment

mince slim, 2

moderne modern, 2

modeste modest, 2

mœurs *f* manners, customs, 14

moins less, 4

mois dernier *m* last month, 3

mois *m* month, 1

moitié (de) *f* half (of), 11

monde *m* world, 13

mondial-e world, 14

monter to go up, 7

montrer à to show to, 3

montres *f* watches, 9

moquer de (se~) to make fun of, 7

morceau de gâteau *m* piece of cake, 11

mort *f* death, 10

mourir to die, 13

mousse (au chocolat) *f* (chocolate) mousse, 4

moyen-ne average, 3

moyen *m* means

mur *m* wall, 4

musculation *f* body-building, 3

musée *m* museum, 4

musicien-ne musician, 1

musulman-e Moslem, 12

n'importe où anywhere, 13

naïf-naïve naive, 3

naissance *f* birth, 12

natation *f* swimming, 3

naturel-le natural, 3

ne ... jamais never, 4

ne... pas not, CP

ne pas avoir le moral to be down in the dumps, 12

ne ... pas encore not yet, 3

ne pas être d'accord to disagree, 4

ne ... plus no longer, 4

ne vous en faites pas don't worry about it, 7

nécessaire necessary, 2

néerlandais-e Dutch, 3

neige *f* snow, 5

neuf-neuve new, 3

neveu *m* nephew, 2

nez *m* nose, 9

nièce *f* niece, 2

nigérien-ne Nigerian, 3

niveau *m* level

nocif-nocive dangerous, noxious, harmful, 13

Noël Christmas, 10

noir-e black, 3

noix *f* nut, 11

nom *m* name, 3

non no, CP

normalement normally, 5

note *f* mark, grade, 6

nourriture *f* food

nouveau-nouvelle new, 3

novembre November, 5

nu-e bare, naked, 8

nuageux-nuageuse *m* cloudy, 11

nuit *f* night, in the night, 4

numéro *m* number, 1

obéir to obey, 4

obliger to oblige, 14

occasion *f* occasion, opportunity, chance, 10

occuper to occupy, 7

occuper de (s'~) to take charge of, 7

octobre October, 5

œuf *m* egg, 11

œuvre (d'art) *f* work (of art), 8

offensé-e offended, 12

offenser to offend, 12

oignon *m* onion, 4

on a eu chaud ! that was a close call!, 9

on a eu de la chance ! we were lucky!, 9

oncle *m* uncle, 2

optimiste / pessimiste optimist/pessimist, 2

oral-e oral, 7

orange orange, 3

ordinaire / extraordinaire ordinary/extraordinary, 2

ordinairement ordinarily, 5

ordinateur *m* computer, CP

ordonnance *f* prescription, 9

oreilles *f* ears, 9

organiser to organize, 1

où where, CP

oublier to forget, 4

oui yes, CP

ouragan *m* hurricane, 11

ouvrier-ouvrière worker, working-class, 1

pain *m* bread, 4

papeterie *f* stationery, 9

papier *m* paper, 9

Pâques Easter, 10

par by

par conséquent consequently, therefore, 14

par contre on the other hand, 8

par exemple for example, 1

par hasard by chance, 13

par rapport à compared to, 11

parapluie *m* umbrella, 11

parc *m* park, 4

pareil-le the same (thing), 5

parents parents, relatives, 2

paresseux-paresseuse lazy, 3

parfait-e perfect, 2

parfois sometimes, 3

parfum *m* perfume, 9

parfumerie *f* cosmetics, 9

parler to speak, to talk, 1

parmi among, 3

parole (prendre la ~) to take the floor

partager to share, 9

partenaire *mf* partner, 5

participer to participate, 12

particulièrement particularly, 10

partie *f* part

partir to leave, 6

partout everywhere, 5

pas mal a fair bit, 14

pas mal de quite a few, 14

passé *m* past, 6

passeport *m* passport, 6

passer to pass (by), 7

passer to spend (time), 5

passer (un examen) to take (an exam), 6

passer (se~) to happen, 7

passionnant-e fascinating, 2

passionner to fascinate, 14

pâté *m* pie, 4

paternel-le paternal, 3

patient-e patient, 2

pâtisserie *f* pastry shop, 9

payer to pay, 11

pays *m* country, 3

peau *f* skin, 12

peigner (se~) to comb one's hair, 5

peine *f* sorrow, 12

peinture *f* paint, 9

peinture *f* painting, 3

pelleter la neige to shovel snow, 11

pendant during, 4

pendant for, 6

pensée *f* thought, 14

perdre to lose, 5

perdre patience to lose one's patience, 5

perdre son temps to waste one's time, 5

père *m* father, 2

permettre to permit, 5

personne *f* person, 2

personnel-le personal, 3
peser to weigh, 11
petit-e short, small, CP
petit bout *m* a little bit, 11
petit déjeuner *m* (Fr.) breakfast, 2
petit pain *m* roll, 4
petit-fils *m* grandson, 2
petite-fille *f* granddaughter, 2
peu few, little, 4
peu de temps short while, not very long, 1
peut-être perhaps, maybe, 4
pharmacie *f* pharmacy, 9
photo *f* photo, picture, 2
piano *m* piano, CP
pièce de théâtre *f* play, 10
pied *m* foot, 9
pilule *f* pill, 9
pique-nique *m* picnic, 3
piqûre *f* needle, injection, 9
piscine *f* swimming pool, CP
pizza *f* pizza, 4
place *f* place, spot, 2
place *f* square, 8
plage *f* beach, 5
plaindre to pity, 7
plaindre (de) (se~) to complain (about), 7
plaisanter to joke, 9
plaisir to please, 3
plaisir *m* pleasure, 6
plan *m* plan, map, 4
planète *f* planet, 13
plante *f* plant, 13
plat du jour *m* daily special, 4
plats *m* dishes, 4
pleurer to cry, 12
plombier-plombière (Can.) **plombier** *mf* (Fr.) plumber, 1
pluie *f* rain, 5
pluies torrentielles *f* torrential rains, 11
plupart des most, 7
plus ou moins more or less, 12
plus tard later, 8
plusieurs several, 4
plutôt rather, 10
poème *m* poem, 7
poésie *f* poetry, 10
poète-poétesse poet, 10
point de vue *m* point of view, 13
poire *f* pear, 4
pois *m* peas, 4
poisson *m* fish, 4
poissonnerie *f* fish shop, 9
poitrine *f* chest, 9
poivre *m* pepper, 11
poliment politely, 10
politesse *f* politeness, 12
politique *f* policy, 7
pollué-e polluted, 13
polluer to pollute, 4
pollution *f* pollution, 4

pomme de terre *f* potato, 4
pomme *f* apple, 4
pont *m* bridge, 5
populaire popular, 2
porc *m* pork, 4
porte *f* door, 4
porte-parole *mf* spokesman/spokeswoman, 12
portefeuille *m* wallet, 9
porter sur to be about
portugais-e Portuguese, 3
poser des questions to ask questions, 5
possible / impossible possible/impossible, 2
poste *m* position, 14
poste de police *m* police station, 4
poste *f* post-office, 9
pot *m* jar, 11
poulet *m* chicken, 4
poumons *m* lungs, 9
pour de bon for good, 13
pour for, CP
pour que ... so that, in order that..., 13
pourquoi why, 2
pourtant yet, nevertheless, 13
pourvu que ... provided that..., 13
pousser to grow, 13
pouvoir to be able to, 4
pratique *f* practice, 6
pratique practical, 6
préfère / aime mieux prefer, 1
prendre to take, 8
prendre la correspondance to make a (train) connection, 8
prendre to permit, 10
préparer to prepare, 2
près de near, 4
présentation *f* introduction
présenter (se ~) to introduce (oneself)
préserver to preserve, 7
pressé-e hurried, 7
prêt-e ready, 6
prévisions météorologiques (la météo) *f* the weather forecast, 5
principal-e principal, 3
printemps *m* spring, 5
privé-e private, 8
prix *m* price, 5
prix fixe *m* set menu, 4
probablement probably, 5
problème *m* problem, 2
prochain-e next, 6
proche near, 3
produits *m* produce, 9
professeur-e (Can.) **professeur** *mf* (Fr.) teacher, professor, 1
profiter de to take advantage of, 10
programme d'immersion *m* immersion program, CP
projet *m* plan
promenade *f* to take a walk, 3

promener to take for a walk/ride, 7
promener (se~) to go for a walk/ride, 7
promettre to promise, 10
propriétaire *mf* owner, 9
propriété *f* property, 12
protéger to protect, 13
prouver to feel, 10
provisions de la semaine weekly grocery shopping, 3
prudent-e careful, 2
public-publique public, 3
publicité *f* advertising, ad, 13
puce *f* chip, 7
puis then, next, 4
puisque since, 3
puissant-e powerful, 7
pull-over (un pull) *m* sweater, 11
punir to punish, 4

quai *m* (train station) platform, 8
quand when, 1
quartier *m* quarter, 3
québécois-e Quebecer (inhabitant of Québec), 2
quel-le what/which, 3
quel soulagement ! what a relief!, 9
quel temps fait-il ? what is the weather like?, 5
quelque chose something, 5
qui est-ce ? who is it?, 1
quiche *f* quiche, 4
quitter to leave, 7
quotidien-ne daily, 9

raconter à to tell (a story, tale, etc.) to, 3
radio-réveil *m* clock-radio, CP
raisin *m* grape, 4
raisin sec *m* raisin, 4
raisonnable reasonable, 2
rapide rapid, fast, 9
rappeler to remind, 7
rappeler (se~) to remember, 7
raquette (de tennis, de squash, de badminton) *f* racket (tennis, squash, badminton), CP
raser (se~) to shave, 5
rassurer to reassure
rassurer (se~) to reassure (oneself), 12
ravi-e delighted, 14
réaliser to realize, to make, to carry out, 14
réaliste realist, 2
réalité *f* reality, 13
récemment recently, 7
récent-e recent, 2
recette *f* recipe, 3
recevoir to invite to one's home
recherche *f* research, 10
recommander to recommend, 9

reconnaître to recognize, 11
recyclage *m* recycling, 13
réduire to reduce, 13
réfléchi reflexive
réfléchir to reflect, to think, 4
refuser to refuse, 13
regarder (la télévision) to watch (television), 1
région *f* region, 3
regretter to regret, 4
régulièrement regularly, 7
relier to link
remarquer to notice, 3
remercier to thank, 11
remettre to hand in, 10
remonter to go up, 8
remplacer to replace
remplir to fill in, 8
remporter to win, 11
rencontre *f* encounter
rencontrer to meet, 12
rendre (se ~) to go
rendre (un livre, etc.) to return (a book, etc.), 5
rendre compte de (se~) to realize, 13
rendre visite (à) to visit (someone), 5
renoncer to give up, to renounce, 6
renseignement *m* information
renseigner to give information
renseigner to inform, 8
rentrée (scolaire) *f* return (to school), 10
rentrer (transitive) to put in, to take inside, 8
rentrer to come back, to return, 4
renvoyer (à) to refer back (to)
répondre (à) to answer, 5
réponse *f* answer, reply, 9
repos *m* rest, 9
reposer to replace, 7
reposer (se~) to rest, 5
réserver to reserve, 8
résidence *f* residence, CP
résister to resist, 7
résoudre to resolve, 13
respirer to breathe (in), 11
ressembler à to look like, 3
restaurant *m* restaurant, 4
rester en forme to stay in shape, 9
rester to stay, 4
retard *m* lateness, tardiness, 7
retour *m* return, 14
retour (de ~) back
retourner to return, 5
retraite *f* retirement, retreat, 9
retrouvaille *f* reunion
retrouver to meet, 2
retrouver (se ~) to meet up
réunir (se~) to meet, 10
réussir to succeed, to manage, 4
réussite *f* success, 12
rêve *m* dream, 6

réveille-matin *m* alarm clock, CP
réveiller (se~) to wake up, 5
revenir to come back, 5
rêver to dream, to daydream, 6
révision *f* review
rhume (des foins) *m* (cold/hay) fever, 9
riche / pauvre rich/poor, 2
rire to laugh, 12
rivière *f* river, 13
riz *m* rice, 4
robe en coton *f* cotton dress, 11
robe en laine *f* wool dress, 11
roman *m* novel, 7
roman (policier) *m* (detective) novel, 10
rond-e round, 2
rôti *m* roast, 4
rouge red, 3
rougir to redden, to blush, 4
roux-rousse red (for hair), 2
rue *f* street, 1
russe Russian, 3

sac *m* (hand) bag, 11
sain-e healthy, 4
salade *f* salad, lettuce, 4
saluer to greet, 7
sandales *f* sandals, 11
sandwich *m* sandwich, 4
sang *m* blood, 14
sans without, 2
sans doute undoubtedly, 14
sans faute without fail, 8
sans-abri *mf* homeless person, 13
santé *f* health
satisfaisant-e satisfactory, satisfying, 7
saucisses *f* sausages, 9
sauf except, 9
savoir to know, 11
scientifique scientist, 1
scolaire school
sec-sèche dry, 3
secrétaire *mf* secretary, 1
séjour *m* stay, 9
sel *m* salt, 11
selon according to, 8
semaine *f* week, 1
semaine dernière *f* last week, 3
semaine passée *f* last week, 3
semblable similar, 5
sembler to seem, 4
sénégalais-e Senegalese (inhabitant of Senegal), 3
sensationnel-le sensational, 3
sensible sensitive, 2
sentiment *m* feeling
sentir to feel, to smell, 6
sentir (à l'aise) (se~) to feel (at ease), 5
sentir faible (se~) to feel weak, 9
séparer (se~) to separate, to part, 14
septembre September, 5

sérieux-sérieuse serious, 3
serrer la main à to shake hands with, 9
serveur-serveuse waiter, 4
servir to serve, 6
servir de (se~) to use, 13
seulement only, 5
sexiste / non-sexiste sexist/non-sexist, 2
short *m* shorts, 11
sida *m* AIDS, 9
siècle *m* century, 9
signaler / indiquer to indicate, 8
silencieux-silencieuse silent, 12
sincère sincere, 2
sirop *m* syrup, 5
site *m* site, area, 4
situation *f* location
situé-e situated, 8
situer (se~) to be located, 8
skier to ski, 1
ski alpin *m* downhill skiing, 3
ski de fond *m* cross-country skiing, 3
ski nautique *m* water skiing, 3
snob snobbish, conceited, 3
social-e social, 3
société *f* society, 4
sœur *f* sister, 2
soigner (se~) to take care of oneself, 9
soir *m* evening, in the evening, 4
soirée *f* party, 2
soldat *m* soldier, 10
solide solid, 9
solution *f* solution, 13
sommeil *m* sleep, 10
sondage *m* poll, 9
sortir (transitive) to take out, 8
sortir to leave, to go out, 6
soulagé-e relieved, 9
soulagement *m* relief
souligner to underscore
soupe *f* soup, 4
souper *m* (Can.) dinner, supper, 2
soupirer to sigh, 12
sourire *m* smile, 5
souris *f* mouse, 7
sous under, 4
souvenir *m* memory, 7
souvenir *m* souvenir, 4
souvenir (se~) to remember, 7
spécial-e special, 3
spécialité *f* specialty, 5
splendide splendid, great, 5
sport *m* sports, 3
sportif-sportive athletic, 3
steak (haché) *m* (ground) steak, 2
stupide stupid, 2
style *m* style, 10
stylos *m* pens, 9
sucre *m* sugar, 11
suggérer to suggest
suisse Swiss, 3
suite *f* continuation

suivant according to, depending on, 11
suivant-e following, 5
suivi-e followed
super super, great, CP
superbe superb, 2
supermarché *m* supermarket, 4
supposer to suppose, 12
sur on, 1
sûrement surely, 1
surprendre to surprise, 12
surprise *f* surprise, 10
surtout especially, 1
survie *f* survival, 13
sweat-shirt (un sweat) *m* sweat-shirt, 11
sympathique / sympa (fam.) nice, 2
système *m* system, 9

T-shirt *m* T-shirt, 11
table *f* table, 4
tableau *f* painting, 3
tableau noir *m* blackboard, 4
tant mieux ! all the better!, 9
tant pis too bad, so what, never mind, 9
tant so many, so much, 4
tante *f* aunt, 2
taquinerie *f* teasing
tarif *m* rate, 8
tarte *f* pie, tart, 11
tasse de café *f* cup of coffee, 11
taux (d'assimilation, de chômage, etc.) *m* rate (of assimilation, unemployment, etc.), 7
télé *f* TV, CP
téléphone *m* telephone, 1
téléphoner à to phone, to call, 3
tellement so, 5
tempête (de pluie ou de neige) *f* (rain, snow) storm, 5
temps *m* time, 4
temps *m* weather
tennis *f* sneakers, 11
terminer (se~) to end
terminer to finish, 11
terre *f* property, earth, land, 7
tête *f* head, 9
thé *m* tea, 4
théâtre *m* theatre, 4
tiens ! say!, look!, 1
timbre *m* stamp, 10
timide shy, 2
toile *f* canvas, 3
toilettes *f* washroom, toilet, 8
tomate *f* tomato, 4
tomber to fall, 7
touche *f* key, 7
touriste *mf* tourist, 4

touristique touristic, 4
tourner to turn, 8
Tous mes vœux (de bonheur) ! All best wishes!, 14
tous-toutes les deux both, 9
tousser to cough, 9
tout à coup suddenly, all at once, 12
tout à fait completely, 4
tout de même just the same, 9
tout de suite immediately, 8
tout droit straight ahead, 8
tout le monde everyone, 1
(Toutes mes) Félicitations ! Congratulations!, 14
toux *f* cough, 9
toxique toxic, 13
train *m* train, 8
traitement de texte *m* word-processing, 7
traiter to treat, 12
tranche de gâteau *f* slice of cake, 11
transport *m* transportation
travail *m* work, 4
travailler to work, 4
travailleur-travailleuse hard-working, 3
traverser to cross, 8
tremblement de terre *m* earthquake, 11
très very, 1
triste sad, 2
tristesse *f* sorrow, 12
tromper to deceive, 7
tromper (se~) to make a mistake, 7
trop too many, too much, 4
troublé-e troubled, 12
troubler to bother, to trouble, 12
trouver to find, to feel, 2
trouver (se~) to be located, 9
trouver / situer (se~) to be located, 8
tu exagères ! vous exagérez ! you're going too far!, 4
tuque *f* ski cap, 11
type *m* sort, type, 6
typique typical, 5
typiquement typically, 5

ukrainien-ne Ukranian, 3
un peu a little, 1
un verre de a glass of, 4
une (deux) fois par semaine once (twice) a week, 9
une fois de plus once again, 12
universitaire university, 14
université *f* university, CP
usage *m* use, 13
usine *f* factory, 13
utile useful, 12
utiliser to use, 4

vacances *f* vacation, 2
vaisselle *f* dishes, 3
vanter (se~) to boast, 12
veau *m* veal, 4
vendeur-vendeuse salesperson, 1
vendre to sell, 5
venir to come, 2
ventre *m* belly, 9
véritable real, 13
vérité *f* truth, 13
verre *m* glass, 4
vers at about (time reference), 5
vert-e green, 2
vêtements *m* clothing, 9
veuf-veuve widowed, 3
vexé-e annoyed, 12
vexer to annoy, 12
viande *f* meat, 4
victime *f* victim, 13
vide empty, 13
vie *f* life, 6
vieux-vieille old, 3
village m village, 6
ville *f* town, city, 1
vin *m* wine, 2
vin blanc *m* white wine, 4
vin rouge *m* red wine, 4
violence *f* violence, 13
violent-e violent, 2
violet-te purple, 3
visage m, 9
visite *f* visit, 5
visiter to visit, 3
viticulteur *m* wine grower, 14
vœu *m* wish, 14
voici here is, CP
voilà there is, CP
voir to see, 9
voiture *f* car, CP
volonté *f* will
vouloir to wish, 4
vous trouvez ? do you think so?, 3
voyage *m* voyage, 3
voyage de noces *m* honeymoon, 14
voyager to travel, 1
vraiment really, 9

W.-C. *m* WC/water closet, 8

yeux (œil) *m* eyes, 9

zaïrois-e Zairese (inhabitant of Zaire), 3

Vocabulaire anglais - français

able (to be ~) pouvoir
about (time) vers
abroad à l'étranger
absolutely absolument
absurd absurde
accept vouloir bien / accepter
accident accident *nm*
accommodate accommoder
accomplish accomplir
according to selon
account (on my ~) à mon compte
accountant comptable *nmf*
accustom habituer
across from en face de
active actif-active
activity activité *nf*
actor / actress acteur-actrice *nmf*
ad pub *nf*
adapt (s') adapter
add ajouter
adjective adjectif *nm*
admit admettre / avouer
advantage avantage *nm*
adventure aventure (d')
adverb adverbe *nm*
advertising publicité *nf*
advise conseiller
aerobic aérobique
affirmative affirmatif-affirmative
afraid (to be ~) avoir peur
African africain-e
Afro-American afro-américain-e
Afro-Canadian afro-canadien-afro-
canadienne
after après / après que
afternoon après-midi *nmf*
afterwards ensuite
again encore
against contre
age âge *nm*
aggressive agressif-agressive
ago il y a
agree être d'accord
agreed entendu / d'accord
agreement accord *nm*
AIDS sida *nm*
alarm clock réveille-matin *nm*
alas hélas
Alberta Alberta *nm*
alcohol alcool *nm*
Algerian algérien-algérienne

all best wishes tous mes vœux
all the time tout le temps
allergic allergique
allergy allergie *nf*
allow permettre
Allow me to introduce...
   Permettez-moi de vous présenter ...
Allow me to introduce myself...
   Permettez-moi de me présenter ...
almost presque
already déjà
also également
although bien que
always toujours
ambitious ambitieux-ambitieuse
America Amérique *nf*
American américain-e
among parmi
ancestor ancêtre *nm*
ancient ancien-ancienne
and et; ~ you? Et toi ? / Et vous ?
anger colère *nf*
anger fâcher
anglophone anglophone
angry en colère / fâché-e
angry (to get ~) se mettre en colère /
se fâcher
animal animal *nm*
animated animé-e
ankle cheville *nf*
announce annoncer
annoy vexer
annoyed fâché-e / vexé-e
annoying embêtant-e
answer réponse *nf*
answer répondre
anterior (previous) antérieur-e
anxious (to be ~ to) avoir hâte de
apartment appartement *nm*;
~ building immeuble *nm*
apple pomme *nf*
appreciate apprécier
approve approuver
approximately environ
April avril *nm*
area aire *nf*
arm bras *nm*
around autour de; ~ a hundred une
centaine; ~ fifteen une quinzaine; ~ ten
une dizaine; ~ thirty une trentaine; ~
twenty une vingtaine

arrange an engagement for fiancer
arrival arrivée *nf*
arrive arriver
arrogant arrogant-e
art art *nm*
article article *nm*
artist artiste *nmf*
arts lettres *nf*
as aussi; ~ a matter of fact justement /
en fait; ~ far as jusqu'à; ~ many /
~ much autant
as soon as aussitôt que / dès que
ashamed (to be ~ of) avoir honte
Asia Asie *nf*
Asian asiatique
ask / ask for demander; ~ a question
poser une question; ~ forgiveness
demander pardon
asleep (to fall ~) s'endormir
assorted raw vegetables crudités *nf*
astonish étonner
astonished étonné-e
astonishing étonnant-e
at en / à / chez; ~ any cost à tout prix;
~ ease à l'aise; ~ first d'abord; ~ least
du moins; ~ one point à un moment
donné; ~ that time à ce moment-là; ~
the home of chez; ~ the moment en ce
moment; ~ the present time en ce
moment; ~ the same time en même
temps; ~ the sea-side à la mer / au bord
de la mer
athletic sportif-sportive
atrocious atroce
attend assister
attentive attentif-attentive
attic grenier *nm*
attract attirer
August août *nm*
aunt tante *nf*
Australia Australie *nf*
Australian australien-australienne
author auteur-e *nmf* (Can.) /
auteur *nmf* (Fr.)
authorized autorisé-e
auxiliary auxiliaire *nm*
avenue avenue *nf*
average moyen-moyenne
avoid éviter

bachelor apartment studio *nm*
back dos *nm* ; **to be ~** être de retour; **to be ~ home** être de retour chez soi
backpack sac à dos *nm*
bad mauvais-e
badly mal
bag sac *nm*
bakery boulangerie *nf*
ballet ballet *nm*
banana banane *nf*
bandage pansement *nm*
bank banque *nf*
bar bar *nm*
baseball baseball *nm*
basement sous-sol *nm*
basketball ballon-panier *nm* (Can.)
basketball basketball *nm*
bathroom salle de bains *nf*
be être; **~ strong!** Soyez / Sois fort !
beach plage *nf*
bean haricot *nm*
beautiful beau-belle
because parce que; **~ of** à cause de
become devenir
bed lit *nm*
bedroom chambre / chambre à coucher *nf*
beef bœuf *nm*
beer bière *nf*
before avant / avant que
beforehand auparavant
beg someone's pardon demander pardon
begin se mettre à / commencer
beginning début *nm*
behind derrière
Belgian belge
Belgium Belgique *nf*
believe croire
belong to être à / appartenir
belt ceinture *nf*
benign bénin-bénigne
besides en plus / de plus
best meilleur-e; **to do one's ~** faire de son mieux; **~ wishes** meilleurs vœux
better mieux
between entre
bicycle bicyclette *nf* / bicycle *nm* (Can.)
bicycle bicyclette *nf* / vélo *nm* (Fr.)
big grand-e / gros-grosse
bilingual bilingue
bilingualism bilinguisme *nm*
bill addition *nf*
biology biologie *nf*
birth naissance *nf*
birthday anniversaire *nm*
bistro bistro / bistrot *nm*
bit bout *nm*; **a fair ~** pas mal
black noir-e
blackboard tableau / tableau noir *nm*
blank blanc / espace vide / intervalle *nm*
blond blond-e
blouse corsage / chemisier *nm*

blue bleu-e
blueberry bleuet *nm*
blush rougir
boat bateau *nm*
body corps *nm*
body-building (to do ~) faire de la musculation
book livre *nm*
bookstore librairie *nf*
boot botte / chaussure *nf*
booth cabine *nf*
bore ennuyer
bored (to be ~) s'ennuyer
boring ennuyeux-ennuyeuse
both les deux / tous les deux
bother ennuyer / déranger
bottle bouteille *nf*
boulevard boulevard *nm*
bowl bol *nm*
box boîte *nf*
boy garçon *nm*
boyfriend chum *nm* (Can.) / petit ami *nm* (Fr.)
brand marque *nf*
brave courageux-courageuse
bread pain *nm*
break casser (se); **~ one's leg** se casser (la jambe)
break down tomber en panne
breakfast déjeuner *nm* (Can.) / petit déjeuner *nm* (Fr.)
breakfast (to have ~) déjeuner (Can.) / prendre le petit déjeuner (Fr.)
breathe respirer
bridge pont *nm*
bring apporter
British Columbia Colombie-Britannique *nf*
broadcast émission *nf*
bronchitis bronchite *nf*
broom balai *nm*
brother frère *nm*
brother-in-law beau-frère *nm*
brown brun-e
brush brosser / se brosser
building édifice / bâtiment *nm*
bureaucracy bureaucratie *nf*
burst out laughing éclater de rire
bus autobus *nm*
business commerce *nm*
businessman homme d'affaires *nm*
businesswoman femme d'affaires *nf*
busy occupé-e
but mais
butcher boucherie *nf*
butter beurre *nm*
buy acheter
by par / avant (*time*)
by the way à propos
Bye! Salut !

café café *nm*
cafeteria cafétéria *nf*
cake gâteau *nm*
calendar calendrier *nm*
call appel *nm*
call appeler
called (to be ~) s'appeler
calm calme; **to ~** calmer; **to ~ down** se calmer
calmly calmement
campground camping *nm*
camping (to go ~) camping (faire du ~)
campus campus *nm*
can boîte *nf*
Canadian canadien-canadienne
cancer cancer *nm*
candy bonbon *nm*; **~ shop** confiserie *nf*
canoeing (to go ~) canotage (faire du ~)
capital capitale *nf*
car voiture / auto *nf*
caramel custard crème caramel *nf*
card carte *nf*
career carrière *nf*
careful prudent-e
carrot carotte *nf*
carton carton *nm*
cartoon bande dessinée *nf*
case caisse *nf*
cassette cassette *nf*
cast plâtre *nm*
cat chat *nm*
CD disque compact / disque laser *nm*
CD player lecteur de disques compact *nm*
celebrate fêter
celebration fête *nf*
centimetre centimètre *nm*
century siècle *nm*
cereal céréale *nf*
certain certain-e
chair chaise *nf*
champagne champagne *nm*
change changement *nm*
change changer
character personnage / caractère *nm*
charming charmant-e
chat bavarder
check vérifier
cheek joue *nf*
cheese fromage *nm*; **~ store** crèmerie *nf*
chemistry chimie *nf*
chest poitrine *nf*
chestnut brown châtain (*invariable*)
chic chic
chicken poulet *nm*
child enfant *nmf*
chin menton *nm*
Chin up! Courage !
Chinese chinois-e
chocolate chocolat *nm*
choose choisir
chores travaux ménagers *nm*

Christian chrétien-chrétienne
Christmas Noël *nm*
church église *nf*
cider cidre *nm*
circulate circuler
city ville *nf*
city hall mairie *nf*
civil servant fonctionnaire *nm*
class cours *nm* / classe *nf*
classical classique
classmate camarade de classe *nmf*
classroom salle de classe *nf*
clean propre; ~ **house** faire le ménage
clear clair-e
climate climat *nm*
clock-radio radio-réveil *nm*
close fermer; ~ **oneself in** s'enfermer
closed fermé-e
clothing vêtement *nm*; ~ **store** magasin de vêtements
cloud nuage *nm*
cloudy nuageux-nuageuse; ~ **sky** ciel nuageux / couvert
coat manteau *nm*
coffee café *nm* ; ~ **shop** café *nm*
cold rhume *nm*
cold froid-e; **to be** ~ avoir froid
colour couleur *nf*
comb one's hair se peigner
come venir; ~ **back** revenir; ~ **in** entrer; ~ **in!** Entrez !
comedy comique
comfortable confortable (*things only*)
commonly couramment
comparative comparatif *nm*
compare comparer
compared to par rapport à
competent compétent-e
complain plaindre (se)
completely complètement / tout à fait
complicated compliqué-e
compound composé-e
computer ordinateur *nm*
computer science informatique *nf*
computer scientist informaticien-informaticienne *nmf*
concert concert *nm*
condition condition *nf*
confess avouer
conflict conflit *nm*
congratulate féliciter
congratulations félicitations *nf*
conjugate conjuguer
conjugation conjugaison *nf*
conjunction conjonction *nf*
consider considérer
constantly constamment
consult consulter
continent continent *nm*
continuation suite *nf*
continue continuer

conversation conversation *nf*
convinced convaincu-e
cook cuisinier-cuisinière *nf*; **to** ~ faire la cuisine
cookie biscuit *nm*
cooking cuisine *nf*
cool frais-fraîche
cost coût *nm*; ~ **of living** coût de la vie *nm*; **to** ~ coûter
cotton coton *nm*
cough tousser
cough toux *nf*
count compter
country pays *nm*; **in the** ~ à la campagne *nf*
cousin cousin-cousine *nmf*
cracker biscuit *nm*
craft shop boutique d'artisanat *nf*
crafts artisanat / métiers d'art *nm*
crazy fou-folle
create créer
crêpe crêpe *nf*
crisis crise *nf*
criticize critiquer
cross traverser
cross-country skiing ski de fond *nm*; **to go** ~ faire du ski de fond
cruel cruel-cruelle
cry pleurer
cultural culturel-culturelle
cup tasse *nf*
cure guérison *nf*
custom coutume *nf*
customer client-e *nmf*
cut (oneself) couper (se)
cute mignon-mignonne
cycling cyclisme *nm*; **to go** ~ faire du vélo / faire de la bicyclette

daily quotidien-quotidienne; ~ **newspaper** quotidien *nm*; ~ **special** plat du jour *nm*
damp humide
dance danse *nf*
dance danser
dancing danse *nf*
dangerous dangereux-dangereuse
dare oser
dark foncé-e
date date *nf*
daughter fille *nf*
day jour *nm*
dear cher-chère
death mort *nf*
debate débat *nm*
deceive tromper
December décembre *nm*
decide décider
decrease diminuer
definite défini-e
degree degré *nm*

delicious délicieux-délicieuse
delighted ravi-e; ~ **to meet you!** Enchanté-e !
demonstrative démonstratif-démonstrative
den salle de séjour *nf*
dentist dentiste *nmf*
depart partir
department département *nm*
department store grand magasin *nm*
departure départ *nm*
depend (on) dépendre (de)
depressed déprimé-e
describe décrire
description description *nf*
descriptive descriptif-descriptive
desire désir *nm*; **to** ~ désirer
desire (to feel like) avoir envie de
dessert dessert *nm*
destroy détruire
detail détail *nm*
detective policier-policière
develop développer
developing en voie de développement
development développement *nm*
dictionary dictionnaire *nm*
die mourir
difference différence *nf*
different différent-e / divers-e
difficult difficile
difficulty difficulté *nf*
dining room salle à manger *nf*
dinner dîner *nm* (Fr.); **to have** ~ dîner (Fr.)
direct direct-e
direct diriger
director directeur-directrice *nmf*
disadvantage inconvénient *nm*
disagreement désaccord *nm*
disappear disparaître
disappointed déçu-e
disappointment déception *nf*
disco disco *nm*
discomfort inconfort *nm*
discotheque discothèque *nf*
discouraged découragé-e; **to get** ~ se décourager
discourse discursif-discursive
discover découvrir
discovery découverte *nf*
discuss discuter
discussion discussion *nf*
disgusted dégoûté-e
dish plat *nm*
dishes vaisselle *nf*; **to do the** ~ faire la vaisselle
dishwasher lave-vaisselle *nm*
diskette disquette *nf*
displeased mécontent-e
distrust se méfier
divorced divorcé-e

do faire
do better (**You would ~ ...**) Tu ferais /
  Vous feriez mieux de ...
doctor docteur-e *nmf* /
  médecin *nmf* (Can.)
doctor docteur *nfm* / médecin *nfm* /
  femme médecin *nf* (Fr.)
dog chien *nm*
Don't bother! Ce n'est pas la peine !
door porte *nf*
dormitory résidence *nf*
doubt douter
doubt doute *nm*
down in the dumps (**to be ~**) ne pas avoir
  le moral
downhill skiing ski alpin *nm*; **to go ~**
  faire du ski alpin
downtown area centre-ville *nm*
dozen douzaine *nf*
drama drame *nm*
dreadful épouvantable
dream rêve *nm*
dream rêver
dress robe *nf*
dressed (**to get ~**) s'habiller
dressing gown robe de chambre *nf*
drink boire
drink boisson *nf*; **to have a ~** prendre
  un verre
drugstore pharmacie *nf*
dry sec-sèche
dryer sèche-linge *nm* / sécheuse *nf*
duration durée *nf*
Dutch néerlandais-e

each chaque
each one chacun-e
ear oreille *nf*
early en avance
earn gagner
earth terre *nf*
earthquake tremblement de terre *nm*
ease (**at ease** / **comfortable**) aise (à l' ~) *nf*
east est *nm*
Easter Pâques *nf*
easy facile
eat manger
ecological écologique
ecology écologie *nf*
economics économie *nf*
economy économie *nf*
edge bord *nm*
egg œuf *nm*
electric électrique
electrician électricien-électricienne *nmf*
elegant élégant-e
elementary school école primaire *nf*
elsewhere ailleurs
embarrass gêner
embarrassed confus-e

emotion émotion *nf*
encourage encourager
encouraging encourageant-e
end fin *nf* / bout *nm*
end terminer
energetic énergique
energy énergie *nf*
engaged fiancé-e
engaged (**to get ~**) se fiancer
engagement fiançailles *nf*
English Anglais *nm*
English anglais-e
enjoy se plaire / apprécier / jouir de /
  aimer
enough assez; **to have had ~** en avoir
  assez / en marre (*fam.*)
enough of assez de
entertain amuser
entrance seuil / entrée *nm*
environment environnement / milieu *nm*
envy envier
equally également
errands (**to do ~** / **to run ~**) faire des
  courses
especially surtout
essential essentiel-essentielle
ethnicity ethnie *nf*
Europe Europe *nf*
European européen-européenne
evening soir *nm* / soirée *nf*
event événement *nm*
every... tous les ...; **~ day** tous les jours;
  ~ evening tous les soirs; **~ Monday** (etc.)
  tous les lundis (etc.); **~ month** tous les
  mois; **~ morning** tous les matins; **~ year**
  tous les ans
everyone tout le monde
everything tout
everywhere partout
exactly au juste / justement / exactement
exaggerate exagérer
exam examen *nm*
excellent excellent-e
except sauf
exceptional exceptionnel-exceptionnelle
exchange échange *nm*
excuse pardonner / excuser
Excuse me! Excuse-moi ! / Excusez-moi !/
  Je vous demande pardon !
excuse onself s'excuser
exercise exercice *nm*
exercise (**to get some ~**) prendre / faire de
  l'exercice
exist exister
exotic exotique
expensive cher-chère
explain expliquer
explanation explication *nf*
express exprimer
expression expression / locution *nf*
extraordinary extraordinaire

eye œil *nm*
eyes yeux *nm*

face visage *nm*
face (**to ~**) face (faire face à)
fact fait *nm*
fair juste
fairly (**pretty**) **well** assez bien
faithful fidèle
fall tomber
fall automne *nm*
falls chutes *nf*
false faux-fausse
family famille *nf*
famous célèbre
fantastic fantastique
far from loin de
fare tarif *nm*
farm ferme *nf*
farmer agriculteur-agricultrice *nmf* /
  fermier-fermière *nmf*
fascinate passionner
fascinating passionnant-e
fast rapide / vite
fat gros-grosse
father père *nm*
father-in-law beau-père *nm*
fatherly paternel-paternelle
fatigue fatigue *nf*
fear craindre
February février *nm*
feel sentir (se)
feel sentir; **to ~ like** avoir envie; **to ~**
great être en pleine forme; **to ~ ill** se
  sentir mal
feeling sentiment *nm*; **~ of discomfort** /
  ~ of sickness malaise *nm*
fees (**tuition ~**) frais (de scolarité) *nm*
fever fièvre *nf*
few peu de
fewer moins
finally finalement / enfin
find trouver
finger doigt *nm*
finish terminer / finir
fire feu *nm*
first d'abord / premier-première
first of all tout d'abord
fish poisson *nm*
fish shop poissonnerie *nf*
flight vol *nm*
floor étage *nm*
floor (**to have the ~**) avoir la parole; **to**
  take the ~ prendre la parole
floppy disk disque souple *nm*
florist fleuriste *nm*
flour farine *nf*
flower shop fleuriste *nmf*
flu grippe *nf*
fluently couramment

flute flûte *nf*
fog brouillard *nm*
folk folk
follow être (y être)
follow suivre
followed suivi-e
following suivant-e
food nourriture *nf*
foot pied *nm*
football football *nm* (Can.)
for pour / pendant / depuis / car; ~ example par exemple; ~ good pour de bon
forbidden interdit-e
forehead front *nm*
foreign étranger-étrangère
foreigner étranger-étrangère *nmf*
forest forêt *nf*
forget oublier
forgive pardonner
formal formel-formelle
former ancien-ancienne
fortunately heureusement
francophone francophone
frank franc-franche
frankly franchement
free libre
freedom liberté *nf*
freezer congélateur *nm*
French Français *nm*
French français-e
French fries frites *nf*
Friday vendredi *nm*
fridge frigo *nm*
friend ami-amie *nmf* / copain-copine *nmf* (*fam.*)
friendly aimable
friendship amitié *nf*
frightening effrayant-e
from de / à partir de; ~ time to time de temps en temps
fruit fruit *nm*; ~ juice jus de fruits *nm*
frustrated frustré-e
frustrating frustrant-e
fun amusement; What ~ Que c'est drôle !/ Que c'est amusant !
funny amusant-e / comique / drôle
furious furieux-furieuse
furious (to make ~) enrager
furniture meuble *nm*
furniture store magasin de meubles *nm*
future avenir *nm* / futur *nm*

game jeu *nm*
garage garage *nm*
garden jardin *nm*
gas (operated) à gaz / à essence
gas gaz / essence *nm*
generally généralement
generous généreux-généreuse

gentle doux-douce
gentleman monsieur *nm*
gentlemen messieurs *nm*
gently doucement
geology géologie *nf*
German allemand-e
gesture geste *nm*
get saisir / obtenir; ~ used to s'habituer; ~ along s'entendre; ~ dressed s'habiller; ~ it y être / comprendre / piger (*fam.*)
gift cadeau *nm*
girl fille *nf*
girlfriend amie (petite amie) *nf*; blonde *nf*; (Can.) petite amie *nf* (Fr.)
give donner
give up renoncer
glad content-e
gladly avec plaisir / volontiers
glass verre *nm*
glasses lunettes *nf*
glove gant *nm*
go aller; ~ along, alongside, longer; ~ back rentrer; ~ down descendre; ~ home rentrer (chez soi); ~ in entrer; ~ out sortir; ~ to bed se coucher; ~ too far exagérer; ~ up remonter / monter
goal but *nm*
god dieu *nm*
golf golf *nm*
good bon-bonne
Good evening! Bonsoir !
good manners politesse *nf*
Good-bye! Au revoir !
government gouvernement *nm*
grade note *nf*
gram gramme *nm*
granddaughter petite-fille *nf*
grandfather grand-père *nm*
grandmother grand-mère *nf*
grandparent grand-parent *nm*
grandson petit-fils *nm*
grape raisin *nm*
gray gris-e
great formidable / super (*fam.*); to feel ~ être en pleine forme
greedy gourmand-e
Greek grec-grecque
green vert-e
greengrocer magasin de primeurs *nm*
greet saluer
greeting salutation *nf*
groceries provisions *nf*
grocery shopping (to go ~) faire des / ses provisions
grocery store épicerie *nf*
ground haché
ground floor rez-de-chaussée *nm*
group groupe *nm*
group leader animateur-animatrice *nmf*
grow grandir

guess deviner
guest invité-e *nmf*
guilty coupable
guitar guitare *nf*
gym gymnase *nm*

habit habitude *nf*
hair cheveux *nm*
Haiti Haïti *nm*
Haitian haïtien-haïtienne
half moitié / demie *nf*
half past demie
half-way à mi-chemin
hallway couloir *nm*
ham jambon *nm*
hand main *nf*
hand in remettre
handbag sac *nm*
handsome beau-belle / élégant-e
happen se passer / arriver
happiness bonheur *nm*
happy content-e / heureux-heureuse
Happy birthday! Bon anniversaire !
Happy Easter! Joyeuses Pâques !
hard disk disque dur *nm*
hardware matériel *nm*
hardware store droguerie *nf*
hardworking travailleur-travailleuse
hat chapeau *nm*
hate détester
Hats off to you! Chapeau !
have avoir; ~ a good holiday! Bonnes vacances ! ~ a good time! Amusez-vous bien ! ; ~ a nice day! Bonne journée !; ~ a nice evening! Bonne soirée !; ~ a nice weekend! Bon weekend ! (Fr.) Bonne fin de semaine ! (Can.) ~ a lot to do avoir beaucoup à faire
hay fever rhume des foins *nm*
head tête *nf*
headphones casque / écouteurs *nm*
health santé *nf*
healthy sain-e
hear entendre
heart cœur *nm*
heavy lourd-e
Hello! Bonjour ! (Can.)
help aide *nf* / to ~ aider
here ici; ~ is... Voici ...; ~ we are! / ~ we go! Ça y est !
hesitate hésiter
Hi! Salut !
highway route *nf* / routier-routière
hip hanche *nf*
history histoire *nf*
hockey hockey *nm*
holiday congé *nm* / vacances *nf*; to be on ~ être en vacances
homesick (to be ~) avoir le mal du pays
homework devoirs *nm*; to do ~ faire

des devoirs
honest honnête
hope espérer
hope espoir *nm*
horrible horrible
horror movie film d'épouvante
hospital hôpital *nm*
host hôte *nm*
hot chaud-e
hot (to be ~) avoir chaud
hotel hôtel *nm*
hour heure *nf*
house maison *nf*
household appliance appareil ménager *nm*
housing logement *nm*
how comment
How are things? Comment ça va ?
How are you? Ça va ? Comment allez-vous ?
how many combien
how much combien
however cependant
human humain-e
hungry (to be ~) avoir faim
hurricane cyclone / ouragan *nm*
hurry dépêcher (se)
hurry (to be in a ~ to) avoir hâte de
hurt avoir mal; **to ~ oneself** se faire mal; **to ~ someone's feelings** faire de la peine à quelqu'un
husband mari *nm*
hypothesis hypothèse *nf*

I agree with you. Je suis de ton/votre avis.
I look forward (to seeing you again) Au plaisir (de vous revoir) !
I should... Je devrais ...
I would like... Je voudrais ...
I'd be astonished! Ça m'étonnerait !
I'm OK. Ça va !
I'm sorry! Je m'excuse !
I've had enough! J'en ai mon voyage ! (Can.) (*fam.*)
ice cream crème glacée *nf* (Can.)
ice cream glace *nf* (Fr.)
idea idée *nf*
idealistic idéaliste
identify identifier
identity identité *nf*
idiomatic idiomatique
if si
If you don't mind! Je vous en prie ! / Permettez !
ill (to feel ~) se sentir mal
ill-at-ease gêné-e
illness maladie *nf*
imagine imaginer
immediately tout de suite / immédiatement
immersion programme programme

d'immersion *nm*
imperative impératif *nm*
imperfect imparfait *nm*
impolite impoli-e
importance importance *nf*
important important-e
impossible impossible
impression impression *nf*; **to have the ~** avoir l'impression
impressive impressionnant-e
impulsively impulsivement
in dans / en / au; **~ a little while** tout à l'heure; **~ another respect** d'un autre côté; **~ any case** de toute façon; **~ fact** en fait; **~ French** en français; **~ front of** devant; **~ love** amoureux-amoureuse; **~ my opinion** à mon avis; **~ order that** afin que / pour que; **~ the beginning** au début; **~ the country** à la campagne; **~ the future** à l'avenir; **~ the middle of** au milieu de; **~ the mountains** à la montagne; **~ the past** dans le passé; **~ those days** à cette époque-là
include compter
incompetent incompétent-e
increase augmenter
indeed en effet
indefinite indéfini-e
independent indépendant-e
Indian indien-indienne
indicate signaler / indiquer
indirect indirect-e
individual individuel-individuelle
industry industrie *nf*
inexpensive bon marché
infection infection *nf*
infinitive infinitif *nm*
inform renseigner
informal informel-informelle
information (piece of ~) renseignement *nm*
inhabitant habitant *nm*
inside à l'intérieur
install installer
instead of au lieu de
instruction instruction
instructions directives / instructions *nf*
instrument instrument *nm*
instrument (musical) instrument (de musique) *nm*
insult insulter
insurance assurance *nf*
intellectual intellectuel-intellectuelle
intelligent intelligent-e
intend to avoir l'intention de
intercity bus autocar *nm* (Fr.)
interest intérêt *nm*
interest intéresser
interested (to be ~ in) s' intéresser à
interesting intéressant-e
interrogative interrogatif-interrogative
interrupt interrompre

intersection carrefour *nm*
intervene intervenir
interview interviewer
introduce présenter / introduire; **~ oneself** se présenter
introduction présentation *nf*
invite inviter
Irish irlandais-e
iron fer à repasser *nm*
irregular irrégulier-irrégulière
irritate énerver
irritation énervement *nm*
island île *nf*
Israeli israëlien-israëlienne
It doesn't matter! Ça ne fait rien !
It is better... Il vaut mieux ...
It is raining. Il pleut.
It is sunny. Il fait du soleil. (Fr.)
It is sunny. Il fait du soleil. (Can.)
It is windy. Il fait du vent. (Fr.) Il vente. (Can.)
It is foggy. Il y a du brouillard.
It is not so bad. Ce n'est pas si mal que ça.
It is not the same thing. Ce n'est pas pareil. / Ce n'est pas la même chose.
It would be better... Il vaudrait mieux ...
It's cold / cool / hot. Il fait froid / frais / chaud.
It's nothing. Ce n'est rien.
It's OK. Ça va.
It's possible. C'est possible.
It's worth it. Ça vaut la peine.
Italian italien-italienne
itself même / lui-même / elle-même

jacket blouson *nm*
jam confiture *nf*
January janvier *nm*
Japan Japon *nm*
Japanese japonais-e
jar pot *nm*
jazz jazz *nm*
jeans jean *nm*
jewelry bijoux *nm*
jewelry store bijouterie *nf*
job emploi / poste *nm*
jog faire du jogging
joke plaisanter
journalist journaliste *nmf*
joy joie *nf*
joyful joyeux-joyeuse
July juillet *nm*
June juin *nm*
just juste; **~ the same** tout de même

key touche *nf*
keyboard clavier *nm*
kill tuer
kilo kilo *nm*

kilometre kilomètre *nm*
kiss bise *nf* / baiser *nm*
kiss embrasser (s')
kitchen cuisine *nf*
knee genou *nm*
know connaître / savoir
know how to savoir comment
Korean coréen-coréenne

ladies mesdames *nf*
language langue *nf* / langage *nm*
last year l'an dernier-l'année dernière / l'an passé-l'année passée (Can.)
last night cette nuit
late en retard
lateness retard *nm*
laugh rire
laundry lessive *nf*; **to do the ~** faire la lessive
lawyer avocat-avocate *nmf*
lazy paresseux-paresseuse
learn apprendre
leather cuir *nm*
leave quitter / partir / sortir
lecture hall amphithéâtre *nm*
left gauche *nf*; **to the ~ of** à gauche de
leg jambe *nf*
leisure loisir *nm*
lemon-lime pop limonade *nf*
less moins
lesson leçon *nf*
Let's see... Voyons ...
letter lettre *nf*
lettuce laitue / salade *nf*
level niveau *nm*
library bibliothèque *nf*
life vie *nf*
light lumière *nf*
light clair-e
light léger-légère
like aimer; **~ better** aimer mieux; **to quite ~** aimer bien
like comme
lined fourré-e / doublé-e
linguistic linguistique
link liaison *nf*
link lier / relier
listen to écouter
liter litre *nm*
literature littérature *nf*
little (a ~) un peu
little of peu de
live vivre / habiter
living vie *nf*; **to earn one's ~** gagner sa vie
living room living / salon *nm*
located situé-e; **to be ~** être situé-e
location localisation *nf*
location lieu *nm*
long long-longue

long time longtemps
long-sleeved à manches longues
look at regarder
look for chercher
look here! enfin (enfin voyons!)
look like ressembler
loosen détendre
lose perdre; **~ one's patience** perdre patience
lot (a lot) beaucoup
loud (louder) fort (plus fort)
lousy moche *(fam.)*
love amour *nm*
love adorer / aimer
low bas-basse
luck chance *nf*
lucky chanceux-chanceuse; **to be ~** avoir de la chance
lunch déjeuner *nm* (Fr.) dîner *nm* (Can.)
lunch (to have ~) déjeuner (Fr.) dîner (Can.)
lung poumon *nm*
lungs poumon *nm*

Madam madame *nf*
magazine magazine *nf*
magazine revue *nf*
magnificent magnifique
mail courrier *nm*
make rendre
make faire
make fun of se moquer de
make plans faire des projets
make sure s'assurer
make the bed faire le lit
make-up maquillage *nm*
malignant maligne
man homme *nm*
manage (to be able to ~) se débrouiller
Manitoba Manitoba *nm*
manner façon / manière *nf*
map plan *nm*
map carte *nf*
March mars *nm*
mark note *nf*
market marché *nm*
marriage mariage *nm*
married marié-e
married (to get ~) se marier
marry (to marry off) marier
Martiniquais martiniquais-e
marvelous merveilleux-merveilleuse
materialistic matérialiste
math mathématiques *nf*
May mai *nm*
maybe peut-être
meal repas *nm*
mean vouloir dire
mean méchant-e

means moyens *nm*
measure mesure *nf*
meat viande *nf*
medical médical-e
medicine médecine *nf*
medicine médicament *nm*
meditate méditer
meet rencontrer / faire la connaissance (de)
meet se retrouver
meeting réunion *nf*
member membre *nm*; **to be a ~** faire partie de
memory mémoire *nf*
memory souvenir *nm*
mental mental-e
mention mentionner
menu carte *nf*
menu (set) menu *nm*
merchant marchand-e *nmf*
Merry Christmas Joyeux Noël
metre mètre *nm*
Mexican mexicain-e
Mexico Mexique *nm*
microwave oven four à micro-ondes *nm*
middle milieu *nm*
midnight minuit *nm*
milk lait *nm*
mind esprit *nm*
mineral minéral-e
minority minorité *nf*
minute minute *nf*
miss ennuyer (s'ennuyer de) (Can.); manquer
Miss mademoiselle *nf*
mistake faute; **to make a ~** se tromper
misunderstanding malentendu *nm*
modern moderne
modest modeste
moist humide
moment moment *nm*
Monday lundi *nm*
money argent *nm*
money dispensing machine distributeur *nm*
monitor moniteur-monitrice *nmf*
month mois *nm*
monthly mensuel-mensuelle
more plus
more and more de plus en plus
more or less plus ou moins
morning matin *nm*
Moroccan marocain-e
Moslem musulman-e
most la plupart (de / des)
mother mère *nf*
mother-in-law belle-mère *nf*
motherly maternel-maternelle
motorcycle motocyclette *nf*
mountain montagne *nf*; **in the ~** à la montagne
mourning deuil *nm*

mouse souris *nm*
mousse mousse *nf*
mouth bouche *nf*
movement mouvement *nm*
movie film *nm*
movie theatre cinéma *nm*
movies cinéma *nm*
museum musée *nm*
music musique *nf*
musical comedy comédie musicale *nf*
musician musicien-musicienne *nmf*
must devoir
My goodness! Mon dieu !
My God! Mon Dieu !
My name is ... Je m'appelle ...

naïve naïf-naïve
name nom *nm*
nationality nationalité *nf*
native (langue) maternel-maternelle
Native person amérindien-amérindienne
natural naturel-naturelle
nature nature *nf*
near près de / proche
necessary nécessaire
necessity nécessité *nf*
neck cou *nm*
need besoin *nm*
need (to need) avoir besoin (de)
needle (injection) piqûre *nf*
negation négation *nf*
neighbourhood quartier *nm*
neither non plus
neither one ni l'un-e ni l'autre
neither ... nor ne ... ni ... ni
nephew neveu *nm*
nervous nerveux-nerveuse
Netherlands Pays-Bas *nm*
never jamais
never ne ... jamais
nevertheless quand même
new neuf-neuve / nouveau-nouvelle
New Brunswick Nouveau-Brunswick *nm*
Newfoundland Terre-Neuve *nf*
news informations / nouvelles *nf*
newspaper journal *nm*
newsstand bureau de tabac / kiosque à journaux / tabac *nm*
next puis
next prochain-e
next to à côté de
nice fin-e (Can.)
nice sympathique / sympa *(fam.)* / gentil-gentille
niece nièce *nf*
Nigerian nigérien-nigérienne
night nuit *nf*
nightmare cauchemar *nm*
no non / aucun-e
no longer ne ... plus

no one ne ... personne
non-sexist non-sexiste
nonetheless néanmoins
noon midi *nm*
norm norme *nf*
normally normalement
north nord *nm*
north-east nord-est *nm*
north-west nord-ouest *nm*
nose nez *nm*
not pas (ne ... pas)
not a single ne ... aucun-e
not any ne ... aucun-e
not at all pas du tout
not bad pas mal
not very well pas très bien / pas tellement
not yet pas encore / ne ... pas encore
notebook cahier *nm*
nothing ne ... rien
notice remarquer
noun nom *nm*
noun nominal-e
noun phrase proposition nominale *nf*
Nova Scotia Nouvelle-Ecosse *nf*
novel roman *nm*
November novembre *nm*
now maintenant
number numéro / nombre *nm*
numerical numérique

O.K. D'accord.
obey obéir
object objet *nm*
obliged obligé-e
obviously évidemment
occupy occuper
October octobre *nm*
of de
of course bien entendu / bien sûr
of which dont
of whom dont
offend offenser
offended offensé-e
offer offrir
office (study) bureau *nm*
often souvent
old vieux-vieille; to be X years ~ avoir X ans
on sur / à
on condition that à condition que
on holiday en vacances
on my account à mon compte
on the hot seat sur la sellette
on the other hand par contre
on time à l'heure
once again une fois de plus
one has to falloir (il faut)
one more time une fois (*nf*) de plus
onion oignon *nm*
only ne ... que / seulement

Ontario Ontario *nm*
open ouvrir
operation opération *nf*
operation (to have an ~) être opéré-e
opinion avis *nm*; to be of the same ~ être du même avis
opportunity occasion *nf*
optimistic optimiste
or ou
orange orange *nf*
order ordre *nm*
order commander
ordinarily ordinairement
ordinary ordinaire
organize organiser
other autre
outdoors en plein air
outing (to go on an ~) faire une excursion
outside dehors
outside of en dehors de / hors de
over there là-bas
owe devoir
own propre
owner propriétaire *nmf*

page page *nf*
pain douleur *nf*
paint peinture *nf*
pants pantalon *nm*
panty hose bas culotte (Can.) collant (Fr.) *nm*
paper papier *nm*
pardon pardon
pardon excuser (excusez)
pardon me? comment ?
parent parent *nm*
park parc *nm*
part partie *nf*; to be ~ of faire partie de
partener partenaire *nmf*
partial partiel-partielle
participate participer
participle participe *nm*
particular particulier-particulière
partitive partitif-partitive
party soirée *nf*
pass by passer
passport passeport *nm*
past passé-e
past passé *nm*
pastime passe-temps *nm*
pastry pâtisserie *nf*
pastry shop pâtisserie *nf*
pâté pâté *nm*
patient patient-e
pay payer
pay attention faire attention
peanut arachide *nf*
peanut butter beurre d'arachide *nm*
pear poire *nf*

peas petits pois *nm*
pen stylo *nm*
pencil crayon *nm*
people gens *nm*
people (national or ethnic group)
  peuple *nm*
pepper poivre *nm*
perfect parfait-e
perfume parfum *nm*
perfume store parfumerie *nf*
permit permettre
person personne *nf*
personal personnel-personnelle
pessimistic pessimiste
pet animal de compagnie *nm*
pharmacy pharmacie *nf*
philosophy philosophie *nf*
phone téléphone / téléphoner
photo photo *nf*
phrase proposition *nf*
physical physique
physics physique *nf*
piano piano *nm*
picnic pique-nique *nm*
picnic pique-niquer; **to go on a** faire
  un pique-nique
picture photo *nf*
pie tarte *nf*
piece morceau *nm*
piece of advice conseil *nm*
pill comprimé *nm* / pilule *nf*
pity plaindre
pizza pizza *nf*
place endroit *nm* / place *nf*
place in line place *nf*
plan planifier / compter
plan projet *nm*
plane avion *nm*
platform quai *nm*
play pièce de théâtre *nf*
play jouer
pleasant agréable
please s'il vous plaît
please plaire / faire plaisir
pleased content-e
pleasure plaisir *nm*
plumber plombier-femme / plombier
  nmf (Fr.) plombier-plombière
  nmf (Can.)
plural pluriel *nm*
poem poème *nm*
poet poète *nmf*
poetry poésie *nf*
point of view point de vue *nm*
police station poste de police /
  commissariat *nm*
policy politique *nf*
politely poliment
political science sciences politiques *nf*
politics politique *nf*
poll sondage *nm*

pollute polluer
pollution pollution *nf*
poor pauvre
popcorn machine machine à popcorn *nf*
popular populaire
pork porc *nm*
pork butcher charcuterie *nf*
Portugese portugais-e
position poste / position *nm*
possibility possibilité *nf*
possible possible
post office poste *nf* / bureau de poste *nm*
poster affiche *nf*
postpone remettre
potato pomme de terre *nf*
pound livre *nf*
practical pratique
practice pratiquer
practice pratique *nf*
pray prier
precede précéder
prefer préférer
preference préférence *nf*
prepare préparer
preposition préposition *nf*
prescription ordonnance *nf*
present présent-e
present (to be ~) assister
present-day actuel-actuelle
pretend faire semblant
pretty joli-e
previous précédent-e
previously auparavant
price prix *nm*
printer imprimante *nf*
private privé-e
probable probable
probably probablement
problem problème *nm*
process (to be in the ~ of) être en train de
produce produits (d'alimentation) *nm*
professor professeur *nmf* (Fr.)
  professeur-professeure *nmf* (Can.)
programme programme *nm* /
  émission *nf*
progress progrès *nm*
progress (to make ~) faire des progrès
promise promettre
pronominal pronominal-e
pronoun pronom *nm*
property propriété *nf*
protect protéger
proud fier-fière
provided that pourvu que / à condition
  que
province province *nf*
psychological psychologique
psychology psychologie *nf*
public public-publique
public gardens jardins publics *nm*
pullover (sweater) pull-over *nm* (Fr.)

pun jeu de mots *nm*
punish punir
purchase achat *nm*
purple violet-violette
put mettre; **~ down** poser; **~ in**
  introduire / rentrer / installer; **~ on**
  mettre; **~ up/on** monter
pyjamas pyjama *nm*

quantity quantité *nf*
quarter quart / quartier; **a ~ past** quart
  (et quart); **a ~ to** moins le quart (Fr.) /
  moins quart (Can.)
Quebec québécois-e
Québec Québec *nm*
Quebecker québécois-e
question question *nf*
questioning interrogation *nf*
quiche quiche *nf*
quite assez / tout à fait **You are ~ right!**
  C'est exact ! Vous avez raison !

racism racisme *nm*
racket raquette *nf*
radio radio *nf*
radio radiophonique
rain pluie *nf*
rain mouiller (Can.)
rain pleuvoir
rain boots bottes *nf*
raincoat imperméable *nm*
raise lever (levez la main)
raisin raisin sec *nm*
rapid rapide
rarely rarement
rate taux *nm*
rather plutôt / assez
reaction réaction *nf*
read lire
reading lecture *nf*
ready prêt-e
ready (to get ~) se préparer
real estate agency agence immobilière *nf*
realistic réaliste
reality réalité *nf*
realize se rendre compte
really vraiment
reasonable raisonnable
reassure (oneself) se rassurer
receive recevoir
recent récent-e
recently récemment
receptionist réceptionniste *nmf*
recipe recette *nf*
reciprocal réciproque
recognize reconnaître
recommend recommander
record disque *nm*
red rouge

red (hair) roux-rousse
reduce réduire
refer back to renvoyer à
reflect réfléchir
reflection réflexion *nf*
reflexive verb verbe pronominal
reflexive (verb) réfléchi (verbe ~)
refrigerator réfrigérateur *nm*
refuse refuser
region région *nf*
register registre *nm*
regular régulier-régulière
regularly régulièrement
relative relatif-relative
relax se détendre
relief soulagement *nm*
relieved soulagé-e
religion religion *nf*
religious religieux-religieuse
remedy remède *nm*
remember se rappeler / se souvenir
remind rappeler
rent loyer *nm*
rent louer
repair réparer
repaired (to get ~) faire réparer
repeat répéter
replace reposer / remettre / remplacer
reproach reproche *nf*
research recherche *nf*
researcher chercheur-chercheuse *nmf*
reserve réserver
residence résidence *nf*
resist résister
resolve résoudre
responsibility responsabilité *nf*
rest repos *nm*
rest reposer (se)
restaurant restaurant *nm*
restoration restauration *nf*
result résultat *nm*
retirement retraite *nf*
retrace one's steps revenir sur ses pas
return rendre / retourner
return to school rentrée scolaire *nf*
review révision *nf*
rice riz *nm*
rich riche
ride (to go for a ~) promener (se);
  (to take for a ~) promener
ridiculous ridicule
right droit *nm*; to be ~ avoir raison; to
  have the ~ avoir droit; to the ~ of à
  droite de
river rivière *nf*
road routier-routière
roast rôti *nm*
roast beef rosbif *nm*
rock rock
roll petit pain *nm*
room (in house) pièce *nf*

room (to have ~ for) avoir de la place
  (*nf*) pour
running suit survêtement *nm*
rural rural-e
Russian russe

sad triste
sadness tristesse *nf*
salad salade *nf*
salesperson vendeur / vendeuse *nmf*
salt sel *nm*
same même
sandals sandales *nm*
sandwich sandwich *nm*
Saturday samedi *nm*
sausage saucisse *nf*
say dire
Say! Dites !
scared stiff (to be ~) avoir une peur bleue/
  avoir la trouille (*fam.*)
scarf écharpe *nf*
schedule horaire *nm*
scholarship bourse *nf*
school scolaire
school école *nf*
science science *nf*
scientist scientifique *nmf*
Scottish écossais-e
screen écran *nm*
sea (at the seaside) mer *nf* (à la ~ ; au
  bord de la ~)
search for fouiller
season saison *nf*
seat place *nf*
seat siège *nm*
secondary school école secondaire *nf*
secretary secrétaire *nmf*
secretary's office secrétariat *nm*
security deposit caution *nf*
see voir
See you! À la prochaine !
See you Monday! À lundi !
See you soon! À bientôt !
seem avoir l'air / sembler
selfish égoïste
sell vendre
send envoyer
Senegalese sénégalais-e
sensational sensationnel-sensationnelle
sensitive sensible
sentence phrase *nf*
September septembre *nm*
series série *nf*
serious grave / sérieux-sérieuse
serve servir
set the table mettre la table
settle in s'installer
several plusieurs
sexist sexiste
shake hands serrer la main

shame (to be ashamed) avoir honte *nf*
shape forme *nf*
share partager
sharp aigu-aiguë / pointu-e
shave raser (se)
shirt chemise *nf*
shock choquer
shocked choqué-e
shoe chaussure *nf* / soulier *nm*
shoe store magasin de chaussures *nm*
shop commerce *nm* / boutique *nf*
shopping (to go ~) faire des courses
shopping centre centre commercial *nm*
  (Fr.) centre d'achats *nm* (Can.)
shore rive *nf* / bord *nm*
short court-e
short petit-e
short-sleeved à manches courtes
shortly tout à l'heure / bientôt
shorts short *nm*
should devoir
shoulder épaule *nf*
shovel pelle
shovel snow pelleter la neige
show montrer
shower douche *nf* / averse *nf*
shower (to take a ~) doucher (se)
shy timide
sick malade
sickness maladie *nf*
sigh soupirer
silent silencieux-silencieuse
silly bête
similarity ressemblance *nf*
since depuis / depuis que / puisque
sincere sincère
sing chanter
singer chanteur-chanteuse *nmf*
sister sœur *nf*
sister-in-law belle-sœur *nf*
sit down asseyez-vous (Fr.) assoyez-
  vous (Can.)
sit down at the table se mettre à table
site site *nm*
skating patinage *nm*
ski ski *nm*; ~ cap tuque *nf*; ~ jacket
  anorak *nm*
ski skier
skiing (downhill, cross-country, water)
  ski (alpin, nordique, nautique) *nm*
skiing (to go ~) faire du ski
skirt jupe *nf*
sky ciel *nm*
sleep sommeil *nm*
sleep dormir
sleep in faire la grasse matinée
sleepy (to be ~) avoir sommeil
sleeve manche *nf*
slice tranche *nf*
slim mince
slow lent-e

slowly lentement
small petit-e
small talk (to make ~) parler de choses et d'autres / bavarder
smell sentir
smile sourire *nm*
smoke fumer
snack collation *nf* (Can.) goûter *nm* (Fr.)
sneakers tennis / baskets *nm* (Fr.)
sneakers espadrille *nf* (Can.)
sneeze éternuer
snobbish snob
snow neige *nf*
snow neiger
snow boots bottes *nf*
snowstorm tempête de neige *nf*
so alors / tellement
so many of tant de
so much of tant de
so much the better tant mieux
so that afin que / pour que
so-so comme ci, comme ça
soccer soccer *nm* (Can.) football *nm* (Fr.)
social social-e
social error faux pas *nm*
social sciences sciences humaines *nf*
social studies sciences humaines *nf*
society société *nf*
sociology sociologie *nf*
sock chaussette *nf*
soft doux-douce
soft drink boisson gazeuse *nf* (Fr.) liqueur douce *nf* (Can.)
software logiciel *nm*
soldier soldat *nm*
solution solution *nf*
some quelques
someone quelqu'un
something quelque chose
sometimes quelquefois / parfois
son fils *nm*
soon bientôt
sorrow peine *nf*
sorry pardon
sorry désolé-e
sorry (to be ~) regretter
sort sorte *nf* / type *nm*
soup soupe *nf*
south sud *nm*
South of France sud de la France / Midi *nm*
south-east sud-est *nm*
south-west sud-ouest *nm*
souvenir souvenir *nm*
space espace *nm*
Spanish espagnol-e
spatial spatial-e
speak parler
specialty spécialité *nf*
speech discours *nm*

spell épeler
spend (time) passer
spicy épicé-e
spiritual spirituel-spirituelle
splendid splendide
spoonful cuillerée *nf*
sport sport *nm*
spot place *nf*
sprain fouler (se)
spring printemps *nm*
square place *nf*
squash squash *nm*
stadium stade *nm*
stage étape *nf*
stairs escalier *nm*
stamp timbre *nm*
stand in line faire la queue
state état *nm*
state disposition *nf*
stationery store papeterie *nf*
stay séjour *nm*
stay rester; **~ in shape** rester en forme
steak steak / bifteck *nm*
step étape *nf*
stereo stéréo *nm*; **~ set** chaîne stéréo *nf*
still encore
stockings bas *nm*
stomach ventre *nm*
stomach ache (to have a ~) avoir mal au cœur
stop arrêter (s')
store magasin *nm*
storekeeper commerçant-e *nfm*
storm orage *nm* / tempête *nf*
story histoire *nf*
stove cuisinière *nf*
straight ahead tout droit
strange bizarre
street rue *nf*
stress pronoun pronom tonique *nm*
strike frapper
strong fort-e
strongly fortement
student étudiant -étudiante *nmf*
studies études *nf*
study étudier
study cabinet de travail *nm*
stupid stupide
sturdy solide
style style *nm*
subject sujet *nm*
subjunctive subjonctif *nm*
suburbs banlieue *nf*
subway métro *nm*
succeed réussir
such pareil-pareille
suggest suggérer
suit costume *nm*
summer été *nm*
sun soleil *nm*
Sunday dimanche *nm*

sunglasses lunettes de soleil *nf*
sunny ensoleillé-e
super super *(fam.)*
superb superbe
superlative superlatif *nm*
supermarket supermarché *nm*
supper souper *nm*
supplementary fees frais / redevances / charges supplémentaires *nf*
supply fournir
suppose supposer
supposed (to be ~ to) devoir
surprise surprise *nf*
surprise surprendre
surprised surpris-e
surprising surprenant-e
sweater chandail *nm* (Can.) gilet; pull *nm* (Fr.)
sweatshirt sweat *nm*
sweatshirt sweat-shirt *nm*
swim nager
swimming natation *nf*; **to go ~** se baigner / faire de la natation
swimming pool piscine *nf*
swimsuit maillot de bain *nm*
Swiss suisse
symptom symptôme *nm*
synthesis synthèse *nf*
syrup sirop *nm*
system système *nm*

t-shirt tee-shirt / T shirt *nm*
table table *nf*
take prendre; **~ an exam** passer un examen; **~ (person)** emmener; **~ advantage of** profiter de; **~ care of (oneself)** soigner (se); **~ charge of** s'occuper de; **~ down** descendre; **~ in** rentrer; **~ leave** prendre congé; **~ out** sortir; **~ place** avoir lieu
tall grand-e
tank top débardeur *nm*
tape player lecteur de cassettes / magnétophone *nm*
taste goût *nm*
taste goûter
tea thé *nm*
teach enseigner
teacher professeur *nmf* (Fr.) professeur-professeure *nmf* (Can.)
team équipe *nf*
teasing taquinerie *nf*
telephone téléphone *nm*
television télévision *nf*
television set téléviseur *nm*
tell raconter
temperature température *nf*
tennis tennis *nm*
tense temps *(conjugation)* *nm*
terrified (to be ~) paniquer

test examen *nm*
thank remercier
thank you merci
that cela / que / ça; ~ **day** ce jour-là; ~
  irritates me! Ça m'énerve!; ~ **is** c'est-à-
  dire; ~ **was a close call!** On a eu chaud!;
  ~ **'s right!** C'est ça !; ~ **'s the main**
  thing! C'est l'essentiel; ~ **'s too bad!**
  C'est dommage !
the day after tomorrow après-demain
the day before yesterday avant-hier
the next day le lendemain *nm*
the same pareil-pareille / le-la même
The weather is nice! Il fait beau !
The weather is poor! Il fait mauvais !
theatre théâtre *nm*
then alors / ensuite / puis
there là; ~ **is...** Voilà ...
There is / There are... Il y a ...
There's no harm done! Il n'y a pas de
  mal !
therefore donc
thesis thèse *nf*
thigh cuisse *nf*
thing chose *nf*
think penser / réfléchir
thirsty (to be ~) avoir soif
This is unbelievable! Ce n'est pas
  possible !
this week cette semaine
threshold seuil *nm*
Thursday jeudi
ticket dispensing machine distributeur de
  billets *nm*
tie cravate *nf*
time fois / époque *nf*
time temps *nm*
time heure *nf*
timetable horaire *nm*
tire fatiguer
tired fatigué-e
tiring fatigant-e
to chez / dans
toaster grille-pain *nm*
today aujourd'hui
together ensemble
toilet toilettes *nf* / W.-C. *nm* / cabinets
  nm (Fr.)
tomato tomate *nf*
tomorrow demain
tonight ce soir
Too bad! Tant pis ! / Dommage !
too many (of) trop (de)
too much (of) trop (de)
tooth dent *nf*
torrential rains pluies torrentielles *nf*
tourism tourisme *nm*
tourist touriste *nmf*
touristy touristique
towards envers
toy jouet *nm*
traffic jam embouteillage *nm*

traffic light feu *nm*
train train *nm*
train station gare *nf*
transportation transport *nm*
travel voyager
travel agency agence de voyage *nm*
tree arbre *nm*
trip voyage *nm*; **to make a ~** faire un
  voyage
trouble troubler
troubled troublé-e
true vrai-e
trust confiance *nf*
truth vérité *nf*
try essayer
Tuesday mardi *nm*
tuna thon *nm*
turn tourner
type type *nm*
typical typique
typically typiquement

ugly laid-e
Ukranian ukrainien-ukrainienne
umbrella parapluie *nm*
unacceptable inadmissible / insupportable
unbearable insupportable
unbelievable incroyable
uncle oncle *nm*
under sous
understand comprendre
understood compris
underwear sous-vêtements *nm*
undoubtedly sans doute
unemployment chômage *nm*
unfortunately malheureusement
unhappy malheureux-malheureuse
unhealthy malsain-e
United States États-Unis *nm*
university université *nf*
university universitaire
  faculté *nf* (Fr.)
unless à moins que
unlikely peu probable
unmarried célibataire
unpleasant désagréable
unrealistic irréaliste
until jusqu'à / jusqu'à ce que
up (to get ~) se lever
up to jusqu'à
up-to-date à jour / au courant
urban urbain-e
usage emploi *nm*
use se servir / utiliser / employer
useful utile
usually d'habitude

vacation vacances *nf*
vacuum cleaner aspirateur *nm*
various divers-e

VCR magnétoscope *nm*
veal veau *nm*
vegetable légume *nm*
verb verbe *nm*
very très
very large department store grande
  surface *nf*
very well très bien
victim victime *nf*
village village *nm*
violence violence *nf*
violent violent-e
visit rendre visite à (*persons*) / visiter
  (*things*)
visit visite *nf*
volcanic volcanique; ~ **eruption** éruption
  volcanique *nf*
volleyball ballon-volant *nm* (Can.)
volleyball volleyball *nm*
vomit vomir

wait attendre
waiter serveur *nm*
waitress serveuse *nf*
wake up réveiller (se)
walk marcher
walk promenade *nf*; **to go for a ~** se
  promener; **to take a ~** faire une
  promenade; **to take for a ~** promener
walking (to go ~) faire de la marche
walkman baladeur *nm*
wall mur *nm*
wallet portefeuille *nm*
want vouloir
war guerre *nf*
warm chaud-chaude / chaleureux-
  chaleureuse
wash laver (se)
washer machine à laver *nf* (Fr.) / laveuse
  nf / lave-linge *nm* (Can.)
washing machine machine à laver *nf*
  (Fr.) / laveuse *nf* / lave-linge *nm* (Can.)
watch montre *nf*
watch regarder
water eau *nf*
water skiing ski nautique *nm*
water skiing (to go ~) faire du ski
  nautique
way chemin *nm*
weak faible
weakness faiblesse *nf*
wear porter
weather temps *nm*; ~ **forecast** bulletin
  météorologique *nm* / météo *nf* (*fam.*) /
  prévisions météorologiques *nf*
Wednesday mercredi *nm*
week semaine *nf*
weekly hebdomadaire
weigh peser
weight poids *nm*
welcome bienvenue *nf*

welcome recevoir
well bien
well (to be ~) aller bien
Well ... listen... Bon / Eh bien (Ben) ...
  écoutez ...
west ouest *nm*
West Indies Antilles *nf*
What... Qu'est-ce que ... /
  Qu'est-ce qui ...
what quoi / quel-quelle
What's the matter with you? Qu'est-ce
  que tu as ?
What's the matter? Qu'est-ce qu'il y a ?
What's the weather like? Quel temps
  fait-il ?
when lorsque / quand
where où
whereas alors que
which que / qui / quel-quelle
while alors que
while (a ~) bout de temps
while (a short ~) peu de temps
white blanc-blanche
who qui
who qui est-ce que
Who... Qui est-ce qui ...
Who is it? Qui est-ce ?
whom que

why pourquoi
widowed veuf-veuve
wife femme *nf*
will volonté *nf*
wind vent *nm*
window fenêtre *nf*
wine vin *nm*; **~ glass** verre à vin *nm*
wine-grower viticulteur *nm*
winter hiver *nm*
winter coat manteau d'hiver / anorak *nm*
wish souhaiter / désirer
wishes vœux *nm*
with avec
within d'ici (**time**)
without sans / sans que
woman femme *nf*
wonder se demander
wonderful formidable
wonderfully à merveille
wood fire feu de bois *nm*
wool laine *nf*
word mot *nm*
word processing traitement de texte *nm*
work (It works!) marcher / fonctionner
  (Ça marche !)
work travail *nm*
work travailler
work of art œuvre d'art *nf*

worker ouvrier-ouvrière *nmf*
working class ouvrier-ouvrière
world monde *nm*
worried inquiet-inquiète
worry inquiétude *nf*
worry inquiéter (s')
Would you mind...? Voulez-vous bien ... ?
Would you please...? Voulez-vous bien ... ?
Wow! Oh là là !
write écrire
writing rédaction *nf*
wrong (to be ~) avoir tort

year an *nm* / année *nf*
yellow jaune
yes oui / si
yesterday hier
yet pourtant
You poor thing! Mon / Ma pauvre !
You're welcome! De rien ! / Bienvenue !
  (Can.)
young jeune
young ladies mesdemoiselles *nf*
youth jeunesse *nf*

Zairean zaïrois-e

Credits

We wish to thank the authors, publishers, and copyright holders for their permission to use or adapt the following.

Literary Acknowledgements

Mise en route, p. 4: Richard Martineau, "Le look, c'est un must." *L'actualité*, 1 mai 1992, p. 94. *Chapitre préliminaire, p. 34:* École des langues vivantes, Université Laval, 1990. *Chapitre 2, p. 98:* Barnabé Laleye, "Réponse," *Présence africaine,* vol. 116, 1980, p. 107. *Chapitre 4, p. 160: Cette semaine au musée, du 28 juillet au 5 août, 1990,* Musée de la civilisation (Québec). *Chapitre 5, p. 195-97: Région de Québec : Guide touristique,* Office de Tourisme et des Congrès de la Communauté urbaine de Québec, 10e edition 1993-94. *Chapitre 7, p. 246: tv HEBDO,* 22 au 28 juin 1991, vol. xxxv, no. 9, Les Éditions Télémédia. *Chapitre 7, p. 260:* Ronald Bourgeois, "Message du Conseil acadien," *Symphony Nova Scotia 1992-93. Chapitre 9, p. 326-27:* "Un consommateur ... distinct," *L'actualité,* 1 juin 1992. *Chapitre 10, p. 359:* Arthur Rimbaud, "Le dormeur du val," *Poésies. Chapitre 12, p. 417:* Christian Rioux, "Montréal noir," *L'actualité,* 15 décember 1992, p. 32-39. *Chapitre 14, p. 457:* Bruno Dostie, "À quelle époque auriez-vous aimé vivre?" *L'actualité,* 15 octobre 1992, p. 101.

Photo Acknowledgements

Mise en route; P. 1: B. Edward Gesner. *P. 2 (top left):* B. Edward Gesner. *P. 2 (top right):* © photo Lyne Fortin. *P. 3 (bottom left):* G. Gasquet/HOA-QUI. *P. 3 (top right):* J.A. Kraulis/Masterfile. *P. 3 (bottom right):* Tourisme Québec. *P. 4:* Patrice Massée/Toy Records. *P. 11:* Hudson's Bay Co. *P. 17:* Wendy Graham. *Chapitre préliminaire; P. 18:* Tourisme Québec. *P. 20:* Marc Robitaille/Université Laval. *P. 21:* Zinette Kahn/Industry, Science and Technology, Canada. *P. 25:* Canadian Nuclear Association. *P. 26:* B. Edward Gesner. *P. 27:* Ponopresse Int. Inc. *P. 35:* Renée Méthot/Université Laval. *Chapitre 1; P. 38:* Louis Tétu. *P. 40:* Université Laval. *P. 41:* B. Edward Gesner. *P. 45:* B. Edward Gesner/James W. Brown. *P. 47:* Pepsi-Cola Ltd./James W. Brown. *P. 49:* Industry, Science and Technology, Canada. *P. 52:* Industry, Science and Technology, Canada. *P. 53:* B. Edward Gesner. *P. 62:* Jean Longpré/Les Éditions Télémédia/Magazine *Coup de Pouce. P. 65-67:* Université Laval. *Chapitre 2; P. 70:* Tourisme Québec. *P. 72:* Fred Bird & Associates Ltd. *P. 74:* Vêtement Océan Canada. *P. 77:* Parcs Canada. *P. 79:* Certified General Accountants' Association of Canada. *P. 83:* Scott Paper Ltd. *P. 89:* B. Edward Gesner. *P. 90: P. 26:* CODOFIL (Conseil pour le développement du français en Louisiane). *P. 91:* Danny Izzo/Lafayette Convention and Visitors Commission. *Chapitre 3; P. 100:* Tourisme Québec. *P. 102:* Pierre Courtinard. *P. 103:* Pierre Courtinard. *P. 104:* Christopher Carson. *P. 106:* Lego Canada. *P. 107: Le Figaro,* 1993. *P. 118:* Louis Tétu. *P. 120:* Paul Casavant Photographe. *P. 122 (middle):* Sylvain Majean/Tourisme Québec. *P. 122 (bottom):* Giles Rivest/Tourisme Québec. *P. 129:* Au Coin Berbère/Bistro Piccola/Chez Beauchesne/Crocodile/El Coyote/La Lune Indienne/La Mer à Boire Sec/L'Amalfitana/Le Pégase/Thursday's. *Chapitre 4; P. 133:* Louis Tétu. *P. 134:* Industry, Science and Technology, Canada. *P. 139:* B. Edward Gesner/James W. Brown. *P. 140:* Industry, Science and Technology, Canada. *P. 147:* Embree Industries Ltd. *P. 148:* B. Edward Gesner. *P. 149:* Tourisme Québec. *P. 150:* Anne Gardon/Réflexion Photothèque. *P. 154:* Document SNCF (Société nationale des chemins de fer français). *P. 162:* © copyright Schwerdt Graphic Arts Ltd. (MapArt) 1994 Edition. Published by Peter Heiler Ltd. (MapArt). *Chapitre 5; P. 164:* Les Restaurants McDonald du Canada Limited/B. Edward Gesner. *P. 166:* Yves Tessier/Tessima. *P. 168*

Index

Reader Reply Card

We are interested in your reaction to *Bonne route ! À la découverte du français dans le monde* by De Méo, Brown, and Gesner. You can help us to improve this book in future editions by completing this questionnaire.

1. What was your reason for using this book?
   - ❑ university course
   - ❑ college course
   - ❑ continuing education course
   - ❑ professional development
   - ❑ personal interest
   - ❑ other _____

2. If you are a student, please identify your school and the course in which you used this book.

3. Which chapters or parts of this book did you use? Which did you omit?

4. What did you like best about this book? What did you like least?

5. Please identify any topics you think should be added to future editions.

6. Please add any comments or suggestions.

7. May we contact you for further information?

NAME: _____

ADDRESS: _____

_____

PHONE: _____

(fold here and tape shut)

0116870399-M8Z4X6-BR01

Heather McWhinney
Publisher, College Division
HARCOURT BRACE & COMPANY, CANADA
55 HORNER AVENUE
TORONTO, ONTARIO
M8Z 9Z9